HEGEL-STUDIEN BEIHEFT

HEGEL-STUDIEN

Herausgegeben von
Friedhelm Nicolin und Otto Pöggeler

Beiheft 42

FELIX MEINER VERLAG
HAMBURG

Verfassung und Revolution

Hegels Verfassungskonzeption und die Revolution der Neuzeit

Herausgegeben von
Elisabeth Weisser-Lohmann
und
Dietmar Köhler

FELIX MEINER VERLAG
HAMBURG

Inhaltlich unveränderter Print-on-Demand-Nachdruck der Auflage von 2000.

Bibliographische Information der Deutschen Nationalbibliothek

Die Deutsche Nationalbibliothek verzeichnet diese Publikation in der Deutschen Nationalbibliographie; detaillierte bibliographische Daten sind im Internet über ‹http://portal.dnb.de› abrufbar.

ISBN: 978-3-7873-1550-5
ISBN eBook: 978-3-7873-3451-3
ISSN: 0073-1578

 Gesamtherstellung: BoD, Norderstedt. Gedruckt auf alterungsbeständigem Werkdruckpapier, hergestellt aus 100 % chlorfrei gebleichtem Zellstoff. Printed in Germany. *www.meiner.de/hegel-studien*

INHALT

Elisabeth Weisser-Lohmann (Hagen)

Einleitung

»Deutschland ist kein Staat mehr« – mit diesem Resümee faßt Hegel 1802/3 jene Entwicklungen zusammen, die für das sogenannte Heilige Römische Reich Deutscher Nation zur Preisgabe der Staatlichkeit zugunsten eines Daseins als bloßes Reich geführt haben. Sie »getrauen sich Deutschland nicht eigentlich mehr einen Staat zu nennen, aber sie meinen, es sey doch noch ein Staats*körper*, ein *Reich*«.[1] Stellt man Hegels Diktum in den Kontext zeitgenössischer Analysen der Reichsverfassung, so verwundert an diesem Urteil weniger, daß Hegel dem Reich für den Zeitpunkt der Niederschrift die Staatlichkeit abspricht, weit mehr mag die damit verknüpfte Behauptung, daß Deutschland einmal Staat war, Anlaß zur Irritation sein. Deutschlands Nichtstaatlichkeit leitet Hegel aus dem Faktum her, daß die Reichsgeschichtsschreibung auf eine begriffliche Festlegung der deutschen Verfassung verzichtet hat. Um Staat zu sein, hätte Deutschland Klarheit über seinen verfassungsmäßigen Status schaffen müssen. Die vorliegenden Verfassungsanalysen genügen weder Hegels inhaltlichen noch seinen systematischen Ansprüchen an eine Verfassungslehre. Mosers Bearbeitung des deutschen Staatsrechts faßt zwar eine ungeheuere Masse von Rechten zusammen, diese Rechte sind aber nicht Rechte des Staats, sondern sie bilden ein, so Hegel, »System von Recht *gegen* den Staat«. »Die deutsche Verfassung (besteht, E.W.-L.) ihrem grösten Theile [nach] *eigentlich* in der allgemeinen Garantie der Aufhebung des Staates« (*GW* 5, 56). Die seit dem 15. Jahrhundert gängige Formel von dem Heiligen Römischen Reich Deutscher Nation formuliert für Hegel lediglich den Anspruch des Reiches, sich von der Sancta Ecclesia zu lösen und sich als eigenständiges Sacrum Imperium und damit als Staat zu etablieren. Für Hegel sind diese Lösungsbemühungen letztlich an der ›Ungeschicklichkeit‹, die Kirche vom Staat zu trennen, gescheitert. Eigentlicher Sieger in diesem Konflikt sind die »Staaten« der deutschen Nation, die mit den Anspruch auftreten, »rex imperator in regno suo« zu sein. Die Reichsreformen des 15. und 16. Jahrhunderts setzten zwar eine ständische Reichskonzeption durch, ohne aber die Grundfrage der verfassungsmäßigen Stellung des Reiches zu klären. Bei allen Gemeinsamkeiten, die Hegel in dieser Frage mit S. Pufendorf, der dieses Reich als ein »Monstrum« bezeichnet, verbindet, muß der Ausgangspunkt der Hegelschen Kri-

[1] *G.W.F. Hegel: Fragmente einer Kritik der Verfassung Deutschlands* (1799–1803). In: *G.W.F. Hegel: Schriften und Entwürfe (1799–1808)*. Unter Mitarbeit von T. Ebert hrsg. von M. Baum und K. R. Meist. Verf. des Anhangs K.R. Meist. Gesammelte Werke. Bd 5. Hamburg 1998. 1–202, 52. (Im folgenden unter der Sigle *GW* 5 zitiert).

tik beachtet werden. Hegel teilt letztlich nicht Pufendorfs Staatsbegriff. Pufendorf ist der naturrechtlichen Tradition verpflichtet, die die Entstehung des Staates als eine Folge von Verträgen konstruiert. Der Ausgangspunkt für Hegels Analyse der Reichsverfassung ist die These, daß Deutschland einmal Staat war. Erst ältere und jüngere geschichtliche Entwicklungen haben in Deutschland zur Auflösung der Staatlichkeit geführt. Hegels Vorwurf an die Verfassungslehre des Reiches, daß ihre Darstellungen der notwendigen begrifflichen Klarheit entbehren, ist letztlich auf den Zustand der Reichsverfassung selbst zurückzuführen: »was nicht mehr begriffen werden kann ist nicht mehr« (*GW* 5, 161). Die spätestens mit der Kirchenspaltung sich de facto vollziehende Auflösung offenbart sich mit all' ihren Konsequenzen in den Koalitionskriegen. Daß Deutschland kein Staat mehr ist, zeigt sich jetzt in dem Fehlen einer handlungsfähigen höchsten Gewalt.

Für Hegel ist die Stellung des Kaisers wie auch die Struktur der Reichsverfassung in entscheidender Weise durch die Rezeption des römischen Rechts umgestaltet worden. Die Handlungsunfähigkeit des Kaisers hat ihre Ursache in der Ablösung des Staatsrechts durch das (römische) Privatrecht. Dieses Privatrecht machten sich die Stände zu Nutzen in der Absicht, die eigenen Ansprüche im Reich festzuschreiben und zu institutionalisieren. Die auf H. Conring (1606–1681) und Bogislaw Philipp von Chemnitz (d.i. Hippolithus à Lapide, 1605–1678) zurückgehende Unterscheidung zwischen römischem Recht (d.i. Privatrecht) und Staatsrecht erfüllte im Rahmen der Reichsverfassungsdiskussion die Aufgabe, die Eigenständigkeit der deutschen Rechts- und Verfassungsgeschichte zu erweisen. Conring wies nach, daß die deutschen Könige nach deutschem Recht gerichtet haben, erst die Assessoren des Kammergerichts waren auf das römische Recht verpflichtet. Die Unterscheidung zwischen Privat- und Staatsrecht leistet allerdings, so Hegels Kritik an Conring, für das Staatsrechts des Reiches wenig, werden die Reichsstände hier doch als Staaten konstruiert. Der bloße Nachweis einer eigenständigen Rechtstradition ersetzt nicht die notwendige Klärung des verfassungsrechtlichen Status des Reiches.[2] Die in der Rechtslehre entbrannte Diskussion um die Verfassungsform des Reiches hatte für

[2] Die Rezeption des römischen Rechts ist ein gemeineuropäischer Vorgang – die Rezeption in complexu ist aber nur in den Ländern des Deutschen Reiches vollzogen worden, vgl. *C. Krampe: Privatrecht.* In: Staatslexikon der Görres-Gesellschaft, Bd 4, 573. K. R. Meist hat darauf verwiesen, daß für Hegels Urteil über die beiden Rechtsgelehrten des 17. Jahrhunderts wohl *Johann Christoph Krauses Abhandlungen aus dem deutschen Staatsrecht* entscheidend geworden sind. Krause »hat [...] wesentliche Gesichtspunkte von Hegels vergleichsweise brüskem und zugleich zwiespältigem Urteil über jene beiden Rechtsgelehrten des 17. Jahrhunderts vorweggenommen.« Vgl. den Kommentar von K. R. Meist in den Anmerkungen zur historisch-kritischen Neuedition der Verfassungsschrift in *GW* 5, 761. Krause brandmarkte die »Wiederentdeckung und Restitution des römischen Rechts im Hochmittelalter durch die besonders von den Für-

verfassungsrechtlichen Grundbestimmungen des modernen Staates sind allererst auf dieser Basis formulierbar. Es sind diese Grundbestimmungen der praktischen Philosophie, die in den folgenden Jahren die Ausgangsbasis bilden für die Ausformulierung und Ausgestaltung der Staats- und Verfassungskonzeption. Hegels Heidelberger und Berliner Verfassungslehre bildete im Rahmen des Kolloquiums einen zweiten Themenschwerpunkt.

Die Frage nach Hegels geschichtsphilosophischer Verortung von Reformation und Glaubensspaltung im Hinblick auf deren Beitrag für die Konstitution des modernen Staates greift A. Großmann in seinem Beitrag, »*Über die freie Übereinstimmung von Staat und Religion*«, auf. In der *Verfassungsschrift* machte Hegel letztlich die Spaltung der Religion für den Bruch der Verfassung des Reiches verantwortlich. Diese Spaltung macht für Hegel aber auch deutlich, »worauf ein Staat beruhen kann« (*GW* 5, 94). Zu den Fundamenten des Staates zählt nicht mehr die Einheit der Religion, der moderne Staat hat vielmehr – dies ist die verfassungspolitische Konsequenz der Glaubensspaltung – eine über den Konfessionen stehende Ordnung auszubilden. In seiner Rechtsphilosophie aber auch in den Vorlesungen zur Philosophie der Weltgeschichte reflektiert Hegel die historischen Entstehungsbedingungen des modernen Staates und fragt nach deren Konsequenzen für das systematische Verhältnis von Religion und Staat. Z. e. erklärt Hegel die Religion zur sittlichen Grundlage des Staates, z. a. verweigert er ihr »alle Beziehungen des Staates« zu ergreifen. Hegels spätes Votum, etwa in der dritten Auflage der *Enzyklopädie der philosophischen Wissenschaften* (1830), für den Protestantismus als der dem modernen Staat allein adäquaten religiösen Gesinnung scheint mit dieser Deutung der Glaubensspaltung schwer vereinbar. Großmann fragt daher, ob Hegel konsequenterweise nicht statt einer exklusiv in der christlichen bzw. in der protestantischen Religion begründeten Verbindlichkeit das Wort zu reden, eine Pluralität möglicher Quellen von Verbindlichkeit anstreben müßte.

Anknüpfend an Hegels Jenaer Programm einer praktischen Philosophie, die in der Normativität ihrer Grundsätze die jeweiligen historischen Bedingungen zu reflektieren vermag, rekonstruiere ich in meinem Beitrag das praktische Anliegen der Verfassungskonzeption der *Grundlinien*. Daß Hegel mit der Verfassungskonzeption der *Grundlinien* ein spezifisch praktisch-philosophisches Anliegen verfolgt, zeigt sein Versuch, den Staat als sittliche Gestalt zu rekonstruieren. In den Jenaer Anfängen steht Hegels Konzeption der Sittlichkeit noch ganz in der Tradition der antiken Polis-Sittlichkeit. Die Forderung der Französischen Revolution nach Freiheit des Einzelnen läßt sich nicht, diese Einsicht schlägt am Ende der Jenaer Zeit auf die praktische Konzeption Hegels durch, als negative Sittlichkeit auf die Sphäre von Arbeit und Bedürfnis begrenzen. Das freie Individuum wird zum Schicksal und zur Wahrheit der sittlichen Welt. Wie aber ist ausgehend vom freien Einzelnen in der politischen Sphäre Allgemeinheit im Handeln erreichbar, wie können für alle verbindliche Gesetze als mit dieser Freiheit in Einklang stehend gedacht werden? Für Hegel bleibt am Ende der Jenaer Zeit das tätige Individuum zur Partialität verurteilt. Allgemeinheit im politischen Handeln ist mit der Forderung nach der Freiheit aller nicht zu vereinbaren. In den folgenden Jahren entwickelt Hegel eine Konzeption der Bildung, die – und das ist eine der spätesten Konsequenzen dieses Ansatzes – in einer eigenständigen Sphäre der Sittlichkeit ihren Ort hat. Die bürgerliche Gesellschaft als das Reflexionsverhältnis der Sittlichkeit ist für das Individuum die Stätte der Bildung zum Allgemeinen. Die Arbeit und die Institutionen der bürgerlichen Gesellschaft ermöglichen dem Einzelnen Einsicht in das Allgemeine. Das Allgemeine kann auf dieser Basis wieder die tätige Zustimmung aller finden. Die Institutionen der bürgerlichen Gesellschaft wie die des Staates müssen sich von diesem Ansatz her als in der Einsicht der Individuen rekonstruierbare ausweisen lassen. Bildung, wie sie die bürgerliche Gesellschaft ermöglicht, bereitet damit dem »Handeln« in der politischen Sphäre den Weg. Sittlichkeit ist mit der Heidelberger Neukonzeption der bürgerlichen Gesellschaft wieder als das Tun des Allgemeinen durch und in den Institutionen des Staates bestimmbar geworden. Die Institutionen der »Inneren Verfassung« des Staates müssen für Hegel dem Anspruch genügen, sich als Momente verwirklichter Freiheit auszuweisen.

Vermag eine werkimmanente Analyse der Hegelschen Verfassungslehre die für Hegel entscheidenden Motive freizulegen, das Hauptproblem der Rezeptionsgeschichte der Hegelschen Rechtsphilosophie – der Dauerstreit um die politische Zuordnung (liberal oder illiberal) – bleibt für einen werkimmanenten Interpretationsansatz ungelöst. Hans Boldt stellt in seinem Tagungsbeitrag, *Hegel und die konstitutionelle Monarchie*, Hegels Staatskonzeption in den Kontext der zeitgenössischen Verfassungsdebatten und Verfassungswirklichkeit zurück. Verfassungsgeschichtlich steht die Verfassungskonzeption der Hegelschen Rechtsphilosophie am Ende einer ersten Verfassungswelle im zweiten Jahrzehnt des 19. Jahrhunderts. Im Zuge dieser ersten Verfassungswelle etablierten sich die deutschen Länder allmählich als Verfassungsstaaten. Gemeinsam ist diesen Verfassungen, daß sie im »Gegensatz zu den Vereinigten Staaten von Nordamerika und zu Frankreich« nicht von einer verfassungsgebenden Versammlung erlassen, sondern »vom Monarchen oktroyiert wurden«. Grundrechte in Form von Bürgerrechten und staatsorganisatorische Bestimmungen bildeten den Hauptbestand dieser Verfassungen. Das Zentralproblem der damaligen Verfassungsgebung war die Frage »der Beteiligung des Volkes an der Ausübung der Staatsgewalt«, ein Problem, das weder die Bundesakte noch die Wiener Schlußakte letztbestimmt festgelegt hatte. Das Spektrum der Parteinahme in dieser Frage zeigt, daß Hegels Konzeption nicht einfach einer der vorhandenen

Richtungen zuzuordnen ist. Wie differenziert diese Fragestellung zu erörtern ist, zeigt Boldts verfassungsgeschichtliche Analyse der Hegelschen Rechtsphilosophie.

Der Staatsbegriff etwa nimmt in seiner Zusammenstellung im Untertitel der *Grundlinien* mit dem Naturrecht keineswegs ältere Auffassungen auf. Denn die bürgerliche Gesellschaft ist hier nicht im Sinne der societas civilis als Staat zu verstehen. Die »konstitutionelle Monarchie« begreift Hegel im Einklang mit den Zeitgenossen im Sinne der antiken Mischverfassungstheorie. Hegel gibt auch dieser Lehre eine spezifische Wendung, wenn er die demokratischen und aristokratischen Elemente in der konstitutionellen Monarchie als nicht mehr demokratisch oder aristokratisch versteht. Als politisch unzulänglich erweist sich, so Boldt, Hegels Versuch das Verhältnis der Gewalten zueinander nicht im Sinne einer gegenseitigen Beschränkung zu verstehen. Hegels Konzeption, die das Enthaltensein der Momente der beiden anderen Gewalten in jeder der drei Gewalten vorsieht, genügt den politischen Anforderungen an eine Gewaltenteilungslehre nicht. Politisch vollkommen plausibel ist dagegen die von Hegel-Interpreten immer wieder kritisierte Stellung der fürstlichen Gewalt an erster Stelle der Hegelschen Verfassungsdarstellung. Hinsichtlich der Beteiligung der Stände an der gesetzgebenden Gewalt fällt auf, daß Hegel auf den Staatsbürgerbegriff verzichtet, obwohl der Begriff zu dieser Zeit bereits Eingang in die damaligen Verfassungen gefunden hat: Hegels bürgerliche Gesellschaft ist eine neuständische Gesellschaft.

Die verfassungsgeschichtliche Verortung der Hegelschen Konzeption zeigt Hegel als einen aufmerksamen Rezipienten der zeitgenössischen Diskussionen, der einzelne Positionen aufnimmt, andere verwirft oder aber in einen anderen Begründungszusammenhang stellt; Boldts Rekonstruktion dieses Zusammenhangs macht deutlich, wie schwer es ist, aus verfassungsgeschichtlicher Sicht eine Antwort auf die Frage, ob Hegel »liberal« oder »illiberal« gewesen ist, zu geben. Zumal der Liberalismus auch zu Hegels Zeit keine eindeutig umrissene politische Richtung darstellte. Das Problem einer politischen Verortung der Hegelschen Verfassungskonzeption nach Maßgabe des damaligen bzw. gegenwärtigen Parteienspektrums führt zur Frage nach der verfassungsgeschichtlichen Modernität Hegels. Die Geschichte zeigt auch hier, daß »die Entwicklung nicht einlinig vom Alten zum Neuen geht«. Hegels Verfassungsbegriff ist nicht der moderne liberale seiner Zeit und unserer Zeit, aber »er wird immer wieder dort aufgegriffen, wo es um eine Destruierung oder Relativierung des liberalen Verfassungsideals geht«.

Weit mehr als jene Historiker, die mit der französischen Revolution in erster Linie eine leitende Idee verbinden, sahen, so Jean Furet, die Zeitgenossen der Revolution die Vielschichtigkeit der Revolution. Wieviel, so fragt Otto Pöggeler, ist von dieser Vielschichtigkeit des Hegelschen Urteils bei den Interpreten Hegels geblieben und wie ist Hegels Verhältnis zur Französischen Revolution heute zu fassen? Entscheidend für die Auseinandersetzung um das Verhältnis Hegels zur französischen Revolution wurde nach dem 2. Weltkrieg ein Vortrag Joachim Ritters. Ausgehend von der Leitvorstellung der *Differenzschrift* – Geschichte bildet sich in ständig neuen Entzweiungen weiter – entwickelte Ritter seine Thesen. Erst indem in der Moderne Staat und bürgerliche Gesellschaft auseinandertreten, kann der moderne Mensch als Bürger gefaßt werden, als weltanschaulich neutrale Rechtsperson. Für Ritter und seine Schüler ist die Differenzierung der Moderne, die verfassungstheoretische Unterscheidung von Staat und Gesellschaft, »Bedingung der individuellen Freiheit«. Mit diesem Deutungsansatz wurde, so stellt Pöggeler mit Lübbe fest, für Ritter und seine Schüler, eine »liberale und soziale Interpretation oder Uminterpretation der Verfassungslehre von Carl Schmitt« leitend. Schmitt selbst hat »im Hegelianismus A. Kojèves die entscheidende Gegenposition erkannt«, dem »Teilen und Weiden« in der einheitlichen Weltproduktion der bürgerlichen Gesellschaft stellt er das »Nehmen«, das als Landnahme Geschichte begründet, entgegen. In der Kontroverse zwischen Schmitt, Kojève und Leo Strauss um den *Begriff des Politischen* besteht Schmitt gegen Strauss darauf, daß die Politik als »Ausgrenzung einer Gemeinschaft« gewahrt werden muß. Für Strauss muß »eine politische Philosophie Ordnung aufzeigen jenseits des Streites der Meinungen«. Gegen die homogene Weltgesellschaft, die für Kojève das Ziel der Geschichte ist, hofft Schmitt auf den »Aufhalter (katechon), der die Geschichte in individualisierten Zusammenhängen festhält und so den Raum öffnet für religiöse Entscheidungen«. Kojèves Ansatz ist ebenso wie derjenige Schmitts von seinen geschichtlichen Verwurzelungen her zu sehen. Schmitt suchte in Hegels Jenaer Naturrechtsaufsatz die eigene Geschichte als die des citoyen zu deuten, der sein eigenes Schicksal tragisch erfährt. Kojève, durch die Oktober-Revolution aus Rußland vertrieben, suchte Klarheit über die historische Bedeutung der französischen Revolution, die ja nur der Anfang einer Kette von Revolutionen sein sollte. Diese Kette ist für Kojève der Weg der Geschichte zu einer homogenen bürgerlichen Weltgesellschaft, ein Weg auf dem als geschichtlicher Übergang selbst eine Tyrannei ihren Sinn haben kann.

Für das Selbstverständnis Deutschlands vor dem ersten Weltkrieg bot diese hegelisch konzipierte Weltzivilisation keine Anknüpfungspunkte. Erst nach dem zweiten Weltkrieg rückt vermittelt über Frankreich Hegels Antwort auf die französische Revolution wieder in den Blick und damit aber auch die Frage danach, was denn Hegels Antwort war. Die Entwicklung des Hegelschen Denkens zeigt, so Pöggeler, daß »Gedanken, über deren Prinzipien entschieden war, bedurften bei Hegel zur Konkretisierung und Anwendung vieler Jahre«. Hegel beschließt den *Naturrechts*aufsatz mit der Forderung, im gegliederten Volk die schönste Gestalt der Individualisierung der Sittlichkeit zu erkennen. Das »Volk« als Leitbegriff der Hegelschen Konzeption fordert gegen das Repräsentationsmodell der Revolution (»one man, one vote«) eine »existentielle« aus Kommunen und Korporationen erwachsene Repräsentation. Die Jenaer Potenzenlehre von 1803/4 legt zusammen mit der Realphilosophie von 1805/6, in der Hegel das Ich als Intelligenz und Wille faßt und zur Grundlage der Gestalten des wirklichen Geistes macht, die Grundbestimmungen fest, um Arbeit, Tausch und Recht zu unterscheiden. »Damit wurde«, so Pöggeler, Hegel fähig, die »tragische Entzweiung zwischen dem Citoyen und dem Bourgeois zu überwinden und die ständische Gliederung funktional aus den Aufgaben des Gemeinwesens zu entfalten«. Daß diese Antwort auf die französische Revolution von der preußischen Regierung mit der Neukonzeption der Städteordnung preisgegeben wurde, mußte Hegel 1830 zur Kenntnis nehmen. Die politischen Entwicklungen verbieten einen engen Anschluß an Hegels politische Option. Der Hegels Verfassungskonzeption leitende Grundgedanke sollte hier aus der Auseinandersetzung Hegels mit der Französischen Revolution formuliert und gewonnen werden. Die Frage nach der Aktualität dieses Anliegens ist erst vor diesem Hintergrund zu diskutieren. Wenn die vorliegenden Beiträge für diese Auseinandersetzung Grundlagen bereitstellen und für eine Neubewertung des Verhältnisses von Verfassung und Revolution bei Hegel Impulse zu geben vermögen, so hat das Kolloquium seine Aufgabe erfüllt.

Danken möchten wir an dieser Stelle insbesondere der Fritz-Thyssen Stiftung, die durch ihre finanzielle Unterstützung dieses Kolloquium ermöglicht hat.

Bochum, Ostern 2000

Es bedarf hier der Erwähnung der realen weltpolitischen Vorgänge nicht, in die sich diese verspäteten Ideale der Gewinnung und Behauptung faktisch uneingeschränkter nationalstaatlicher Souveränität und Autarkie umgesetzt haben. Ich erlaube mir statt dessen aus Abkürzungsgründen eine Erinnerung an signifikantes Selbsterlebtes, nämlich an den Befehl, der mich in Pimpfenrolle als Quintaner erreichte, daß ich mich an die »Front« zu begeben habe. Näherhin handelte es sich um die Front in der »Erzeugungsschlacht«, und konkret ging es um Bucheckernsammeln. Darauf bezog sich sachangemessen drei Jahre später, als im Krieg Selbstgenügsamkeit Lebensmittelkarten bedeutete, unser zugleich philosophisch erfahrener Geschichtslehrer, indem er diskret nachhaltige Wirkungen des Fichteschen Konzepts eines geschlossenen Handelsstaates erwähnte,[7] innerhalb dessen teils merkantilistisch, teils frühsozialistisch bewegt die Bürger ihre Spinnstoffversorgung statt auf Welthandelswegen über fleißiges Wollgrassammeln sicherzustellen hatten.

Um Mißverständnissen vorzubeugen, die unvermeidlich sind, wenn man die These vom singulären Charakter nationalsozialistischer Herrschaft übertreibt, sei ausdrücklich noch erwähnt, daß selbstverständlich auch der totalitäre Internationalsozialismus Autarkieideale kultiviert hat. Das »Weltfriedenslager«, welches die im 2. Weltkrieg siegreiche Sowjetunion um sich versammelte, war in seiner imperialen Weite zugleich von strikt geschlossenen Grenzen umgeben. Dazu paßt, daß Stalin den sozialistischen Brudervölkern die Annahme der ihnen angebotenen Marshallplanhilfe verbot. Mit der wachsenden Evidenz seiner Zukunftsunfähigkeit geriet dann der Kommunismus rückschauend plausiblerweise vor die Alternative, sich entweder zu öffnen und damit aufzugeben oder, wie im Falle des nordkoreanischen Museumskommunismus, selbst um den Preis der Verelendung kompromißlos selbstgenügsam zu existieren. Der Wunsch, sich selbst zu genügen, scheint sich aus anthropologisch tiefreichenden Antrieben zu erzeugen. Anders ließe sich schwerlich verstehen, wieso es auch im weltoffenen System unseres eigenen Staates politische Kräfte gibt, die es vorziehen möchten, bündnisfrei und entlastet von Globalisierungszwängen zu existieren, was sich im Falle einer offiziellen Kandidatin für das Amt des Bundespräsidenten nicht zufällig in offene Bewunderung für den inzwischen verstorbenen Führer des selbstgenügsamen Volkes von Nordkorea zum Ausdruck brachte.

Die totalitären Selbstgenügsamkeitsprätentionen sind zivilisationsevolutionär rückwärtsgewandte Versuche, sich dem Prozeß regional und sozial expandierender wechselseitiger Abhängigkeiten maximal zu entzie-

[7] *Johann Gottlieb Fichte: Der geschlossene Handelsstaat.* Ein philosophischer Entwurf als Anhang zur Rechtslehre und Probe einer künftig zu liefernden Politik. Werke Band III. Zur Rechts- und Sittenlehre. Hrsg. von I.H. Fichte. Berlin 1971. 397 ff.

hen. Andererseits sind die realen Autarkieverluste, die Staaten in der zivilisatorischen Evolution erleiden, ihrerseits nicht total. Entsprechend unterliegen selbstverständlich auch liberal verfaßte Staaten Zwängen der Autarkiebehauptung, und für die makrohistorisch beobachtbare Richtung der zivilisatorischen Evolution ist die aus solchen Zwängen resultierende Politik insbesondere in denjenigen Fällen signifikant, wo sie ersichtlich Reliktcharakter annimmt. Um ein solches Relikt handelte es sich, zum Beispiel, bei der über Jahrzehnte hin in der Bundesrepublik Deutschland üblich gewesenen Kennzeichnung der Kohlesubvention als einer Fälligkeit zur Sicherung »nationaler Energiereserven«. Aber so sieht man das heute, während noch in der politischen Ölversorgungskrise Anfang der siebziger Jahre eine Politik der Vorratsbildung zur Sicherung nationaler Selbstversorgung plausibel erschien. Heute werden die seinerzeit angelegten Ölverräte verkauft, um durch eine weitere Absenkung der Neuverschuldungsrate Deutschland Euro-fähig zu machen. – Analog war und ist auch die Force de frappe nicht ein volltaugliches Instrument uneingeschränkter nationaler verteidigungspolitischer Souveränität, vielmehr der aufwendig neu geschaffene Rest vormaliger Großmachtstellung, komplementär zur Emanzipation des NATO-Mitglieds Frankreich aus der Militärintegration dieses Bündnisses.

Mit der Schildung primär symbolischer Selbstgenügsamkeitsprätentionen, die für faktisch erlittene Autarkieverluste durchsichtig sind, ließe sich lange fortfahren – von Versuchen zur Festschreibung von Quoten für heimische Unterhaltungsserien in den TV-Programmen bis hin zu mannigfachen nationalen Bemühungen, in der Rüstungsgüterproduktion zumindest sektoral autark zu bleiben. Zumeist gänzlich unspektakulär verlaufen demgegenüber die Prozesse der Verdichtung internationaler Kooperation zur Kompensation faktisch eingetretener Minderungen nationalen Selbstands. Politisch unauffällig verbleiben dabei insbesondere die mannigfachen Formen technisch erzwungener internationaler Zusammenarbeit – von der vertragsgebundenen Teilnahme an den Sicherheitssystemen des Flugverkehrs bis hin zu den Vereinbarungen über die Nutzung knapper, nicht vermehrbarer Ressourcen, die entweder einvernehmlich oder gar nicht verfügbar bleiben. Das gilt für Frequenzen im grenzüberschreitenden Funkverkehr, analog auch für Bedingungen der Bestandserhaltung, die international einvernehmlich beachtet sein wollen, wenn die Nutzung biotischer Meeresressourcen dauerhaft möglich bleiben soll. Mühselig, aber unaufhaltsam verschaffen sich inzwischen auch Regeln der Beschränkung global wirksamer Emissionen Beachtung und Geltung. Die exemplarische Vergegenwärtigung internationalen Vertragsrechts, in dem sich das umsetzt, erübrigt sich hier. Der völkerrechtliche Laie bleibt überrascht, wenn er sich, sagen wir über eine Lektüre der Abkürzungsverzeichnisse in den einschlägigen Handbüchern, die dramatisch verlaufende Expansion des Völkerrechts vergegenwärtigt, in die sich die nationalen Rechtssysteme inzwischen eingebunden finden.[8] Der Überraschungseffekt aus der Kenntnisnahme der inzwischen erreichten Dichte völkerrechtlicher Regelungen, die ja zugleich Einschränkungen des zentralen nationalen Souveränitätsrechts der Gesetzgebung darstellen, ergibt sich im Kontrast zu der eher schwachen Aufmerksamkeit, die der Entwicklung des Völkerrechts medial in den nationalen Öffentlichkeiten entgegengebracht wird. Dahinter verbirgt sich nicht Gleichgültigkeit, vielmehr die triviale Unwidersprechlichkeit von Sachzwängen, denen man sich zur Nachteilsvermeidung zu unterwerfen hat und deren komplexe Kausalität in vertragsfähige Handlungsregeln zu übersetzen vor allem Expertenangelegenheit ist.

Gelegentlich löst die Wucht der mit faktischen Souveränitätsverlusten verbundenen Zwänge internationaler Kooperation auch Emphase aus – zum Beispiel die emphatische Beschwörung des »Gemeinschaftlichen Erbes der Menschheit«, das es von den Wäldern im Tropengürtel bis hin zu knappen Süßwasservorräten auf der Höhe der Wendekreise zu sichern gelte. Der Struktur nach handelt es sich bei diesem »Erbe« regelmäßig um Güter, deren Nutzung international in wachsendem Maße konfliktträchtig ist, während zugleich die Evidenz bezwingender wird, daß die bescheidenen Vorteile einvernehmlicher, juridisch verbindlich gemachter Konfliktlösungen gegenüber hochriskanten, national autarken, also machtpolitischen Dezisionen den Vorzug verdienen.

Generalisiert bedeutet das: Das Handeln formell souveräner Völkerrechtssubjekte in politisierten, das heißt von Interessenskonflikten erfüllten Großräumen, die sich staatlich nicht integrieren lassen, wird mit zivilisationsbedingt real wachsender Abhängigkeit dieser Subjekte zum international oder gar supranational vertraglich gebundenen Handeln.

Die Erde wird zum politisch geschlossenen Raum und »Globalisierung« ist dafür das aktuelle, Theoriebildungsversuche bündelnde Stichwort.[9] Philosophen gelingt es gelegentlich, Vorgänge solcher epochenprägenden Bedeutsamkeit ins Bild und auf den Begriff zu bringen. Das ist Hans Blumenberg mit seinem Begriff der »geotropen Astronautik« gelungen[10] – einem

[8] Vgl. dazu exemplarisch das »Abkürzungsverzeichnis« bei *Knut Ipsen: Völkerrecht.* Ein Studienbuch, in Zusammenarbeit mit Volker Epping, Horst Fischer, Christian Gloria, Wolff Heintschel v. Heinegg. München 1990. XIX-XXXVIII, ferner auch das »Sachverzeichnis« a.a. O. , 1109–1132.

[9] *Hermann Lübbe: Globalisierung.* Zur Theorie der zivilisatorischen Evolution. In: *Globalisierung und Wettbewerb.* Hrsg. von R. Biskup. Bern, Stuttgart, Wien 1996. 39–63.

[10] *Hans Blumenberg: Die Genesis der Kopernikanischen Welt.* Frankfurt am M. 1975. 782 ff: »Reflexive Teleskopie und geotrope Astronautik«.

Begriff für die technisch ermöglichte, kulturell wie politisch tiefgreifende Wirkung des Anblicks der Erde aus Mondfahrerdistanzen: Just in dem Augenblick, in welchem die Eroberung des Raumes kosmische Tiefe gewinnt, wird die Erde zugleich als geschlossener Raum optisch sichtbar, der die Herstellung einer Ordnung verlangt, ohne die auf Dauer nicht einmal Raumfahrt möglich bliebe. Der staatstheoretische Aspekt der Sache liegt in der Evidenz, daß die politisch fällige rechtliche Ordnung geschlossener Räume von globaler Weite nicht eine Staatsordnung sein kann.

Politisch wichtiger als die internationalen Kooperationsformen, die Sachgesetzlichkeiten, also den Kausalitäten ebenso großräumig wie intensiv gewordener Interaktionen gehorchen, bleiben natürlich die Kooperationen und Zusammenschlüsse in friedensichernder Absicht, unter denen die NATO über die ganze Dauer des Kalten Krieges hin das wichtigste Bündnissystem gewesen und geblieben ist. Selbst ein erfolgreicher Versuch, die Europäische Union auch militärpolitisch zu integrieren, wäre nicht geeignet, die verteidigungspolitischen Souveränitätsverluste der europäischen Nationalstaaten NATO-analog auszugleichen. Nicht die europäische, vielmehr einzig die atlantische Gemeinschaft ist heute noch in der Lage, die Funktion der Gewährleistung äußerer Sicherheit zu erfüllen, die wir früher zu den klassischen Funktionen souveräner Staaten zu zählen hatten.

Intellektuelle Nostalgien, die am traditionellen Begriff der Politik hängen mögen, der sich in letzter Instanz im Handeln souveräner Staaten erfüllt, haben selbstverständlich auch noch ihre Gelegenheiten behalten. Der Begriff der Weltmacht ist kein leerer Begriff, und die aktuelle Üblichkeit, die USA als einzig noch verbliebene Weltmacht zu apostrophieren, dürfte ephemeren Charakter haben. Weltmächte nehmen auch heute das Souveränitätsrecht klassischer Staaten in Anspruch, für die Bedingungen ihrer Selbsterhaltung gegebenenfalls mit allen Machtmitteln einzutreten. Der Golfkrieg war ja ersichtlich mehr als militärischer Widerstand gegen einen Völkerrechtsbruch. Es handelte sich vielmehr um einen Akt der Wiederherstellung des politischen Ordnungsrahmens in einer prekären Weltregion, von der allein schon in energiepolitischer Hinsicht die hochentwickelten Industrieländer einschließlich der USA fortdauernd abhängig sind. Aber selbst die USA hatten gute Gründe, sich für ihre militärische Aktion die Legitimität eines Beschlusses des Weltsicherheitsrates zu verschaffen. Indem also die USA weltmachtgemäß handelten, dementierten sie zugleich, völkerrechtlich selbstgenügsam zu handeln. Damit gewann eine militärische Unternehmung, die durchaus den eigenen nationalen Interessen diente, zugleich den Charakter einer Aktion mit dem Zweck, dem Völkerrecht Nachachtung zu verschaffen. Entsprechend wurde der Vorgang dann auch zur Gemeinschaftsaktion – unter Mitwirkung Großbritanniens vor allem, aber auch

Frankreichs, das es, bei partiell durchaus regional anders gelagerten nationalen Interessen, vorzog, in einer weltpolitischen Angelegenheit dieses Ranges nicht nicht dabeizusein.

Der Wandel staatlicher Souveränität, der in einem solchen Vorgang sichtbar wird, ist tiefreichend. Selbst eine Weltmacht bekundet heute öffentlich, über die Quellen der Legitimität ihres Handelns nicht mehr uneingeschränkt zu verfügen, und das hat Konsequenzen bis auf die Ebene der waffentragenden Soldaten hinab. Die Befehle, denen sie in ihrem Waffengebrauch folgen, sind nicht mehr aus einer einzigen ungeteilten und unteilbaren Souveränität ableitbar. Es sind vielmehr Befehle im Rahmen einer abgestuften und damit geteilten Souveränität – so jedenfalls in der hier förmlich respektierten Hierarchie legitimationsverschaffender Instanzen. Der deutsche Außenminister übertrieb freilich in politisch höchst mißverständnisträchtiger Weise, indem er fand, die UNO sei zum Monopolisten legitimer Gewalt geworden. Andererseits: Soldaten beliebiger Nationalität, die auf Golanhöhen im UNO-Auftrag unter dem Oberbefehl von Offizieren ganz anderer Nationalität Sicherungsdienste leisten, vermögen doch ersichtlich die Risiken, denen sie durch den Nah-Befehl ihres heimischen Unteroffiziers ausgesetzt werden, nicht mehr in traditionell ungeteilter Loyalität ihrem Vaterland gegenüber zu übernehmen. Mit der Mannigfaltigkeit der legitimitätsverschaffenden Instanzen teilen sich auch die Loyalitäten, und die Kameradschaft, die zur Beisetzung eines bei einem OSZE-legitimierten Einsatzes getöteten Landminenopfers »Ich hatt' einen Kameraden« singt, ist nicht mehr unvermittelt als Kameradschaft eines nationalen Verbandes interpretierbar.

Zweitens ist jetzt die These zu erläutern, daß die zunehmenden wechselseitigen Abhängigkeiten unserer Herkunftsstaaten sowie die Effizienz komplementär sich entwickelnder internationaler Organisationen Tendenzen der Pluralisierung der Staatenwelt und näherhin den Zerfall großstaatlicher Territorialherrschaften begünstigen, insbesondere soweit diese staatlichen Großgebilde mit den Selbstbestimmungsansprüchen der in sie integrierten Kommunitäten nicht mehr kompatibel sind. – In den späten fünfziger Jahren wurde in Deutschland der Begriff der Weltinnenpolitik populär. Er wurde es in plausibler Weise unter den Herausforderungen einer waffentechnisch bedingten, gänzlich neuen weltpolitischen Situation, in der der Krieg, als mit allen verfügbaren Mitteln geführter Krieg, definitiv nicht mehr in irgendeinem pragmatisch erläuterungsfähigen Sinne als Fortsetzung der Politik mit anderen Mitteln hätte gelten können, vielmehr einzig noch als das Scheitern pragmatisch zwingend gebotener Politik seiner Verhinderung. Militärisch-strategisch bedeutete das Abschreckung und in der politischen Kooperation mit dem Abschreckungsgegner »vertrauensbildende Maßnahmen«, wie man sie später nannte, also Interaktionen mit dem Zweck glaubwürdiger Bekanntmachung der eigenen Einsicht in die zwingende Notwendigkeit, sich abschrecken zu lassen.[11] Dem Neologismus »Weltinnenpolitik« hätte dann, im Zuordnungsverhältnis traditioneller staatstheoretischer Konzepte gedacht, ein »Weltstaat« entsprechen müssen. Aber davon zu reden blieb Sache von Außenseitern. Es wäre ersichtlich ein massiver Kategorienfehler gewesen, die nach dem Ende des Zweiten Weltkriegs anzahlmäßig rasch zunehmenden internationalen Organisationen mit weltweiter Zuständigkeit als Vorläuferinstitutionen eines künftigen Weltstaates anzusehen.

Immerhin wurde die Vorstellung, ja Anregung, die neue Weltordnung als eine Ordnung im Zuordnungsverhältnis einiger weniger Großraumherrschaften einzurichten, zeitweise einflußreich. Insbesondere gilt das für Churchills Aufruf, das kriegszerstörte und geschwächte Europa politisch durch Errichtung einer Art »Vereinigter Staaten von Europa« zu konsolidieren. Die berühmte Zürcher Rede Winston Churchills vom 19. September 1946[12] wird bis heute zu den wichtigsten Urkunden der Idee einer politischen Einigung Europas gezählt, und bis in den Beginn der neunziger Jahre hinein blieb, zumal in Deutschland, die staatsnamenanaloge Kennzeichnung »Vereinigte Staaten von Europa« ein Standardelement europapolitischer Grundsatzreden. Inzwischen wird auch von maßgebenden deutschen Politikern die Vorstellung, für die künftige institutionelle Verfassung der Europäischen Union seien die Vereinigten Staaten und damit ein Großstaat das geeignete Muster, ausdrücklich als mißweisend zurückgewiesen, und das hat gute Gründe.[13] Gewiß: Am staatstheoretisch zentralen Souveränitätsrecht der Gesetzgebung fehlt es der Europäischen Gemeinschaft nicht. Europäisches Recht gilt in den Mitgliedsländern der Gemeinschaft längst in einem Umfang, der die Bürger dieser Länder regelmäßig in Erstaunen versetzt, wenn sie davon erstmalig explizit Kenntnis gewinnen. Um so auffälliger wird dann zugleich, daß die Legitimität des europäischen Rechts eine wesentlich andere als die Legitimität des Rechts demokratisch verfaßter Staaten ist. Das müßte noch nicht viel besagen, wenn dieser Bestand, der gern als »Demokratiedefizit« der Europäischen Gemeinschaft qualifiziert

[11] Vgl. dazu *Nukleare Abschreckung – politische und ethische Interpretation einer neuen Realität*. Unter Mitwirkung von Lothar Waas hrsg. von U. Nerlich u. T. Rendtorff. Baden-Baden 1989.

[12] Der Text der Ansprache Churchills ist, unter anderem, abgedruckt bei *Max Sauter: Churchills Schweizer Besuch 1946 und die Zürcher Rede*. Ein dokumentarischer Bericht. Herisau 1976. 77–79. – »... we must re-create the European Family in regional structure called, it may be, the United States of Europe«, so Churchill wörtlich a. a. O., 79.

[13] Zu diesen Gründen vgl. *Hermann Lübbe: Abschied vom Superstaat*. Vereinigte Staaten von Europa wird es nicht geben. Berlin 1994.

wird,[14] in absehbarer Zeit durch Erhebung des Europäischen Parlaments zu einem uneingeschränkt gesetzgebungskompetenten Voll-Parlament sich ausgleichen ließe. Eben damit ist aber nicht zu rechnen, und das nicht aus kontingenten Gründen noch andauernder Wirksamkeit von Relikten nationalstaatlicher Traditionen, vielmehr aus Gründen der Funktionsbedingungen demokratisch legitimierter staatlicher Ordnung.[15] Ein vollkompetentes europäisches Parlament hätte ein europäisches Staatsvolk zu repräsentieren, und diese Repräsentation setzt voraus, daß die repräsentierte Entität, eben das Volk, über seinen Charakter als ein staatstheoretisches Konstrukt hinaus auch eine empirisch identifizierbare, erlebbare, ja demoskopisch vermeßbare soziale, kulturelle und politische Realität wäre. In diesem anspruchsvollen Sinne gibt es kein europäisches Staatsvolk und es gibt auch die europäische Öffentlichkeit nicht, innerhalb derer sich europapolitisch relevante öffentliche Meinungen bilden könnten, die von europäischen Parteien aufgenommen, organisiert und aktionsfähig gemacht werden würden. Die europapolitisch herrschenden öffentlichen Meinungen sind unverändert primär national gebundene Meinungen, die von nationalen Parteien formiert und in nationalen politischen Systemen zur Geltung gebracht werden, was selbstverständlich im modernen Europa sich verdichtende internationale Kooperationen einschließt.

Es war daher ebenso realistisch wie staatstheoretisch konsequent, daß im strikten Gegensatz zu residualen deutschen Vorstellungen eines demokratisch verfaßten, parlamentarisch vollkompetent präsenten und somit staatsanalog souveränen europäischen Gemeinwesens der französische Staatspräsident im Vorlauf zur Reihe der Konferenzen für die Revision des Maastrichter Vertrages statt einer funktionalen Aufwertung des europäischen Parlaments die Errichtung einer Körperschaft, die aus Vertretern der nationalen Parlamente zu bilden sei, vorschlug. »Une participation des Parlements nationaux pourrait être organisée. En particulier, le haut conseil parlementaire pourrait être associé à la préparation des textes qui intéressent les droits civils ou pénal ...«.[16] Die Vorstellung, daß das Parlament von Westminster auf staatstheoretisch zentrale Rechte zugunsten eines europäischen Parlaments in Straßburg verzichten könnte, wäre oh-

[14] Zum Legitimitätsproblem der EU cf. *Winfried Kluth: Die demokratische Legitimation der Europäischen Union.* Eine Analyse vom Demokratiedefizit der Europäischen Union aus gemeineuropäischer Verfassungsperspektive. Berlin 1995.

[15] Vgl. dazu *Peter Graf Kielmannsegg: Läßt sich die Europäische Union demokratisch verfassen?* In: *Reform der Europäischen Union.* Materialien zur Revision des Maastrichter Vertrages 1996. Strategien für Europa. Hrsg. von W. Weidenfeld. Gütersloh 1995. 229–242.

[16] Avant la conférence intergouvernementale de Turin. Europe: le texte confidentiel qui fixe les grandes orientations françaises. In: LE FIGARO. N° 16 021 (Mardi, 20 février 1996), 6.

nehin sonderbar. Auch Churchill hatte ja bei seinem Aufruf, »United States of Europe« zu errichten, an eine europäische Gemeinschaft gedacht, der Großbritannien selber selbstverständlich nicht angehören würde. Churchill sah vielmehr Großbritannien auch weiterhin als Dominanzmacht im Commonwealth als einem gegenüber dem geeinten (West-)Europa sowie der mit dem Ausgang des Zweiten Weltkriegs zur Weltmacht aufgestiegenen Sowjetunion unabhängigen und eigenständigen politischen Großraumordnung.

Die tatsächliche Entwicklung verlief in der zweiten Hälfte unseres Jahrhunderts überwiegend in entgegengesetzter Richtung. Die Pluralisierung der Staatenwelt, die schon in der ersten Hälfte des Jahrhunderts mit dem Zerfall des osmanischen Reiches sowie der österreichisch-ungarischen Doppelmonarchie ihren Anfang nahm, hat sich fortgesetzt. Seit den Pariser Vorortverträgen hat sich in nur sieben Jahrzehnten die Zahl souveräner Staaten in den riesigen Räumen Ostmitteleuropas, des Balkans und des vorderen Orients versiebenfacht, und etliche Anzeichen sprechen dafür, daß dieser Prozeß noch keineswegs abgeschlossen ist. Aus westeuropäischer Perspektive gesehen liegt es nahe, diesen Vorgang für einen Rückfall in Vergangenheiten zu halten, denen gegenüber dann die Integration der traditionellen Klein- und Mittelstaaten in supranationale staatsanaloge Institutionen nach Art der Europäischen Union die Zukunft repräsentiere. Indessen: Die Attraktion, die die Europäische Union in der Tat alsbald nach dem Zerfall des Ostblocks gerade auch für die ostmitteleuropäischen Länder gewonnen hat, beruht ja gerade nicht auf einer unausgesprochenen Sehnsucht nach neuerlicher Entlastung von den Mühseligkeiten der soeben neu gewonnenen staatlichen Selbständigkeit. Attraktiv ist vielmehr die Wohlfahrtsverheißung eines politisch organisierten freien Marktes von kontinentaler Weite einschließlich des in dieser Marktorganisation inzwischen üblich gewordenen Gießkannensegens durch Umverteilung von Subventionsmitteln. Attraktion hat ein suprastaatliches Gebilde, das im Unterschied zu den nationalstaatlichen Einigungen des 19. Jahrhunderts die integrationswilligen Kleinstaaten gerade nicht schwächt oder gar aufhebt, vielmehr relativ stärkt. Exemplarisch heißt das: Nach seiner Einwohnerzahl repräsentiert Luxemburg ein halbes Prozent des deutschen politischen Potentials. Im Europäischen Rat aber hat seine Stimme immerhin das Gewicht eines Fünftels der Stimme seines zweihundertmal größeren Nachbarn. Der Staatsbürger Luxemburgs ist somit in der Europäischen Union um das Vierzigfache stärker repräsentiert als der Staatsbürger Deutschlands.

Diese immerhin vertraglich festgeschriebenen Relationen haben nicht den Charakter politischer Kuriositäten. Sie gehören zu den Erfolgsvoraussetzungen der europäischen Einigung. Deren Sinn ist somit die Sicherung der Bedingungen der staatlichen Eigenständigkeit selbst noch der Kleinsten im Kontext zivilisationsevolutionär großräumig expandierender wechselseitiger Abhängigkeiten.

Zu dieser Entwicklung paßt, daß in weltwirtschaftlichen Zusammenhängen auch der nationalökonomische Erfolg mit der Staatsgröße keineswegs korreliert. In Europa sind es gerade die kleinen Staaten, die im internationalen wirtschaftspolitischen Vergleich am besten dastehen – Dänemark und neuerdings wieder die Niederlande, Luxemburg und die Schweiz, vom Sonderfall Liechtenstein ganz zu schweigen. Kleinstaatliche Organisationsformen scheinen Kräfte der Selbstorganisation zu stimulieren, und davon wird in den Erläuterungen zur dritten These noch die Rede sein müssen. – Generalisiert bedeutet das: Die internationalen und supranationalen Zusammenschlüsse gleichen in ihrer Pragmatik gerade nicht den Staatseinigungsvorgängen des 19. Jahrhunderts. Es bilden sich nicht neue Großstaaten, an die ihre Vorgängerstaaten ihre Staatseigenschaft verlieren. Die passende Analogie scheint eher die der Bildung von Zweckverbänden zu sein, in die die Körperschaften, die sich in ihnen vereinigen, gerade nicht aufgehen, in denen sie vielmehr, um ihre Selbständigkeit zu erhalten, auf vertraglicher Basis gemeinschaftlich erledigen, was jenseits der Möglichkeiten eines jeden Einzelnen liegt.[17] Je funktionstüchtiger die in der Tat aus Gründen fälliger Kompensation modernisierungsabhängig unvermeidlicher faktischer Souveränitätsverluste nötigen internationalen Organisationen sind, um so größer werden die Chancen der Konservierung staatlicher, ja kleinstaatlicher Eigenständigkeit. Das scheint die Pragmatik zu sein, die den skizzierten Vorgängen staatlicher Pluralisierung Rationalität verleiht. Sogar separatistische Bewegungen könnten diese Raison für sich in Anspruch nehmen. Und in der Tat: Wenn schließlich sogar das souveräne Malta Mitglied der Europäischen Union geworden sein sollte, dürfte den Angehörigen der separatistischen Bürger-Minorität Korsikas, auch wenn ihr Scheitern politisch programmiert wäre, erst recht nicht mehr plausibel zu machen sein, wieso nicht auch ihre relativ große Insel im Genuß der Zweckverbandsvorzüge des geeinten Europas staatlich eigenständig verfaßt sein könnte.

Um es zu wiederholen: Wachsende internationale Abhängigkeiten, faktische Souveränitätsverluste also, Souveränitätsteilung schließlich und damit Verlust derjenigen Staatsqualität, die früher einmal an der einen, für unteilbar

[17] So nach der konzeptbildungsträchtigen Analogievermutung von *Hans Peter Ipsen: Europäisches Gemeinschaftsrecht.* Tübingen 1972, pp. 196 ff. – Vgl. dazu auch *Josef Isensee: Europäische Union* – Mitgliedstaaten im Spannungsfeld von Integration und nationaler Selbstbehauptung, Effizienz und Idee. In: Konferenz der deutschen Akademien der Wissenschaften. Hrsg. von d. Akademie der Wissenschaften und der Literatur, Mainz: Europa – Idee, Geschichte, Realität. 2. Symposion der deutschen Akademien der Wissenschaften. Mainz am Rhein 1996. 71–106, 90 ff.: »Europa als Zweckverband«.

gehaltenen Souveränität hing[18] – das alles und die Anerkennung dessen und überdies die produktive politische Umsetzung dieser Anerkennung in supranationale und internationale Kooperation bleibt die Voraussetzung erfolgreicher Konservierung staatlicher Eigenständigkeit. Aber um diese ist es im politischen Hauptzweck unverändert zu tun, und die Zahl der informellen Kommunitäten, die staatliche Souveränität erstreben, nimmt im Prozeß der politischen Organisation sehr großer Räume zu und nicht etwa ab.

Angemerkt sei schließlich noch, daß zu den internationalen Organisationen, von deren Wirksamkeit inzwischen sogar größere Staaten partiell abhängig geworden sind, nicht nur staatsvertraglich gebildete Organisationen gehören, vielmehr in etlichen Fällen auch private international operierende Organisationen, Greenpeace zum Beispiel oder Amnesty International. Die Antwort auf die Frage nach den Effizienzbedingungen dieser privaten Gruppierungen verlangt, die sogenannte Weltöffentlichkeit, über die die totalitären Repräsentanten verspäteter Autarkie-Ideale zu spotten pflegten, als einen Faktor der internationalen Politik ernstzunehmen. In einer medial integrierten Welt kann »Rainbow Warrior« publizitätsgeschützt operieren und ihre Versenkung wird zu einer Affäre, aus der die Schiffseigner ihren Nutzen zu ziehen wissen.[19]

Drittens ist jetzt die These zu erläutern, daß die zivilisatorische Komplexität moderner Lebenswelten die politische Selbstorganisation kleiner Einheiten erzwinge und innerstaatlich Tendenzen der Dezentralisierung begünstige und verfassungsrechtspolitisch die Herausbildung föderaler Strukturen. – Auch schon die in den Erläuterungen zur zweiten These skizzierte Pluralisierung der Staatenwelt fügt sich zur modernitätserzwungenen Tendenz politischer Selbstorganisation kleinerer Kommunitäten. Das hat sich zunächst überwiegend unter der Legitimation irresistibel wirkender Selbstbestimmungsansprüche vollzogen. Das Selbstbestimmungsrecht gehört bekanntlich zu den völkerrechtsgeschichtlich jungen Rechten[20], und es ist historisch plausibel, daß zur pragmatischen Theorie des Selbstbestimmungsrechts in der Spätphase der österreichisch-ungarischen Doppelmonarchie in herausragender Weise österreichische Wissenschaftler und Politiker beigetragen haben[21].

[18] Vgl. hierzu *Helmut Quaritsch: Souveränität.* Entstehung und Entwicklung eines Begriffs in Frankreich und Deutschland vom 13. Jh. bis 1806. Berlin 1986.

[19] Zur völkerrechtlichen Handhabung dieser Affäre vgl. *Knut Ipsen: Völkerrecht* (vgl. Anm. 8), 968.

[20] *Daniel Thürer: Das Selbstbestimmungsrecht der Völker.* Ein Überblick. In: Archiv des Völkerrechts. Hrsg. von H.-J. Schluchauer, J. v. Münch, O. Kimminich, W. Rudolf. 22 (1984), 113–137.

[21] Vgl. dazu exemplarisch *Dr. Karl Renner: Das Selbstbestimmungsrecht der Nationen* in besonderer Anwendung auf Österreich. Zugleich zweite, vollständig umgearbeitete Auflage von des Verfassers Buch *Der Kampf der österreichischen Nationen um den Staat.* Leipzig und Wien 1918.

Das Selbstbestimmungsrecht der Völker ist ersichtlich ein Recht mit großem Konfliktpotential. In unserem eigenen Jahrzehnt demonstrieren uns das, in Europa, vor allem die Ereignisse in der Kaukasus-Region sowie im Vorgang der Auflösung Jugoslawiens. Entsprechend wird das Selbstbestimmungsrecht auch in der Politik der Mitgliedsländer der Europäischen Union, zum Beispiel im Rahmen ihrer Mitgliedschaft in der OSZE, nicht an die große Glocke gehängt.[22] Indessen: Volksgruppenkonflikte werden sich modernisierungsabhängig verschärfen, soweit Selbstbestimmungsansprüche der fraglichen Gruppen unbeachtet bleiben. Wer die Entschärfung dieser Konflikte durch Bagatellisierung des Selbstbestimmungsrechts der Völker für aussichtsreich hält, neigt entsprechend dazu, den Volksbegriff für einen Atavismus zu halten. In der Tat würde jeder Versuch, aus der historisch kontingenten Vielfalt faktisch vorliegender politischer Volkszugehörigkeitserfahrungen einen normativ brauchbaren und zugleich inhaltlich sei es kulturell, sei es ethnisch gefüllten Volksbegriff zu destillieren, in Willkür enden. Erst recht läßt sich freilich die Existenz oder Nichtexistenz von Völkern als völkerrechtlichen Selbstbestimmungssubjekten in der gegenwärtigen Welt nicht mehr machtpolitisch bei Gipfeltreffen, in Friedenskonferenzen oder durch Diplomatenrunden am Grünen Tisch dekretieren. Das Selbstbestimmungsrecht der Völker bedarf heute der Positivierung durch völkerrechtlich anerkannte Verfahren, in denen die Selbstkonstitution eines Volkes als Staatsvolk sich vollzieht – auf der Basis welcher faktischen Zusammengehörigkeitserfahrungen auch immer.[23]

Einforderung von Selbstbestimmungsrechten, die auf staatliche Separation drängen, sind in den Mitgliedsländern der Europäischen Union primär, wenn auch nicht exklusiv, Sache von marginalen Gruppen, die, wie schon erwähnt, in Extremfällen sich radikalisieren und zu terroristischen Mitteln greifen. Aber auch moderat wirkende Kräfte gibt es, die gegenwärtig in Europa, statt Großstaatsbildung, gebietskörperschaftliche Pluralisierung und schließlich Föderalisierung begünstigen. So läßt sich gegenwärtig vor allem die gemeineuropäisch beobachtbare Bewegung des sogenannten Regionalismus[24] charakterisieren. Kritiker haben im Regionalismus Formen modernitätsverweigernder Vergangenheitszugewandtheit erkennen wollen.

[22] Eindrucksvoll zeigt sich das in der Zurückhaltung der Teilnehmerstaaten an der Kopenhagener Konferenz der KSZE 1990. Vgl. dazu *Das Dokument des Copenhagener Treffens über die menschliche Dimension der KSZE*, Copenhagen 1990.

[23] Wie sich, nämlich unter den hochföderalen verfassungsrechtlichen Bedingungen der Schweiz, die Selbstkonstitution eines Staatsvolks im Vorgang einer Staatskonstitution vollzieht, mag man exemplarisch am Fall der Separation des Jura von Bern studieren. Vgl. dazu den politisch-historischen Bericht von *Marcel Schwander: Jura – Konfliktstoff für Jahrzehnte*. Zürich, Köln 1977.

[24] Vgl. dazu meinen Aufsatz *Die große und die kleine Welt*. Regionalismus als europäische Bewegung, in: *Hermann Lübbe: Die Aufdringlichkeit der Geschichte*. Herausforde-

Man vermutet »Provinzialismus« und Defizite fälliger Orientierung an den Herausforderungen der Zukunft einschließlich der Zukunft europäischer Einigung. In Wahrheit ist diese Vermutung unbegründet. Es ist gerade die Aufgeschlossenheit gegenüber demjenigen, was uns alle in der modernen Zivilisation großräumig miteinander verbindet, die komplementär dazu Interessen kultureller und politischer Selbstbehauptung herkunftsgeprägter Besonderheiten weckt sowie den Willen, für diese Besonderheiten Selbstbestimmungsrechte in Anspruch zu nehmen. Man vergegenwärtige sich diesen Zusammenhang exemplarisch am Phänomen des Sprachengebrauchs. In der Wissenschaft wie in der Wirtschaft und selbstverständlich auch in der Politik vollzieht sich die sich globalisierende Kommunikation zumeist im Medium eines überwiegend freilich nur rudimentär beherrschten Englisch, und sogar in der Europapolitik bedienen sich Kontinentaleuropäer, wenn sie auf Dolmetscher verzichten möchten, der Sprache des europäischen Inselvolkes. Genau komplementär zu diesem Prozeß der Herausbildung einer neuen lingua franca revitalisieren sich überall jene Regionalsprachen, die man schon für Relikte der Vormodernität gehalten hatte. Vom niederländischen Friesland über Südtirol bis zum Nordrand der Karawanken nimmt die Häufigkeit zweisprachiger Ortstafeln zu. Schweizer Banknoten werden nicht mehr, wie noch vor einem Vierteljahrhundert, dreisprachig, vielmehr viersprachig beschriftet. In Barcelona hat man den spanischen Kronprinzen in offizieller Rede bereits katalanische Sätze sprechen hören. Okzitanen und Kelten, Ladiner und Basken treten aus ihrer Marginalität heraus und demonstrieren so, daß im Horizont einer zivilisatorischen Evolution von kontinentaler, ja globaler Reichweite die alten Polaritäten von metropolitan geprägter hoch- und nationalsprachlich privilegierter Kultur einerseits und volkssprachlich marginalisierter Provinz andererseits sich aufzulösen beginnen. Statt dessen bringen sich, komplementär zur herkunftsindifferent erwerbbaren zivilisatorischen Kompetenz, Ansprüche auf Geltungsgleichheit beliebiger kultureller Herkunftsprägungen zur Geltung. Soweit diese Prozesse politisch bis in ihre rechtlichen Konsequenzen hinein erfolgreich verlaufen, bewirken sie schließlich, daß Bevölkerungsgruppen, die früher einmal als »Minderheiten« gekennzeichnet wurden, statt sich aufzulösen, sich der Subsumtion unter die Kategorie »Minderheit« überhaupt entziehen.

Dabei wäre es falsch, zumindest einseitig zu finden, die regionalistischen Bewegungen seien eben nichts als ein Kompensationsphänomen – nützlich für den emotionalen Ausgleich der belastenden Seiten zivilisatorischer Modernisierungsvorgänge, im übrigen aber politisch irrelevant, nämlich für die

rungen der Moderne vom Historismus bis zum Nationalsozialismus. Graz, Wien, Köln 1989. 30–45.

Zwecke der politischen Selbstorganisation moderner Gesellschaften, die ihre Kleinstaatlichkeit zu überwinden und in großstaatliche Organisationsformen sich einzufügen hätten, die der Großräumigkeit moderner zivilisatorischer wechselseitiger Abhängigkeiten gewachsen sind. Die Sache verhält sich grundsätzlich anders, und man erkennt das, wenn man sich vergegenwärtigt, daß ineins mit der wachsenden regionalen und sozialen Reichweite unserer wechselseitigen Abhängigkeiten auch die Komplexität unserer modernen Lebensvoraussetzungen anwächst, und zwar dramatisch. Wachsende zivilisatorische Komplexität, gewiß, mehrt auf der einen Seite auch den Bedarf an gewissen zentralen Steuerungskapazitäten, und die neuen internationalen und supranationalen Institutionen sind funktional auf diesen wachsenden zentralen Regelungs- und Steuerungsbedarf bezogen.

Aber ineins mit diesem Vorgang wächst zugleich der Anteil zivilisatorischer Lebensvoraussetzungen, die zentraler Regulierung gar nicht mehr fähig sind.

Der entscheidende Sachgrund dieser relativ abnehmenden Steuerungspotenz politischer Zentralen von der Art der alten Einheitsstaaten ist informationsverarbeitungstechnischer Natur. In modernen, komplexen Zivilisationen sind Zentralen – nationale wie internationale – sowohl erhebungspraktisch wie verarbeitungspraktisch der dramatisch anwachsenden Menge der Informationen, die zur Selbsterhaltung und Fortentwicklung der Systeme erhoben und verarbeitet sein wollen, immer weniger gewachsen. Der klassische Zentralstaat wird als eine historisch überlebte, nicht zukunftsfähige politische Organisationsform erkennbar, und im Rückblick läßt sich sagen, daß der real existent gewesene Sozialismus nicht zuletzt an seinem modernitätswidrigen planungspraktischen »demokratischen« Zentralismus gescheitert ist. Aus dieser Erfahrung ergeben sich auch Konsequenzen für die Organisation der Europäischen Union.

Man vergegenwärtige sich die relativ abnehmende Administrationskompetenz ortsferner großstaatlicher Zentralen am Exempel des Straßenbaus. Jeder Pkw-Reisende, der heute durch die einmal napoleonisch beherrscht gewesenen Regionen Europas fährt, kennt die Landstraßen, die heute noch den damals auf dem Reißbrett gezogenen Trassen folgen – über mehr als ein Dutzend Kilometer schnurrstracks von Kirchturm zu Kirchturm führend und hier und da noch mit den inzwischen denkmalpflegerisch konservierten Alleen ausgestattet, die einst marschierenden Militärkolonnen Schatten zu spenden hatten. Dergleichen war damals möglich. Das flache Land bot sich als ein Raum dar, in welchem die infrastrukturbeschädigenden Eingriffe straßenbautechnischer Art gering waren. Handelte es sich um Bauernland, so konnten die Einsprüche der allenfalls Geschädigten ohnehin als unbeachtlich gelten. Aufklärend ließ sich, und zwar zu Recht, nötigenfalls sagen, die administrativ von oben verfügte Straßenbaumaßnahme komme gesamthaft doch der Wohlfahrt des Landes und damit langfristig gesehen auch den aktuell unangenehm Betroffenen zugute.

Es bedarf nur geringer technischer und politischer Phantasie, um zu sehen, daß solche Rationalität, die einst in der Tat zentral optimal exekutierbar war, bei der höchst komplex gewordenen Flächennutzung in hochentwickelten Industriegesellschaften nicht mehr möglich ist. Ferngasleitungen durchziehen das Gelände. Wasserversorgungsnetze binden Siedlungen zusammen, auf den Versorgungs- und Entsorgungsbedarf höchst unterschiedlicher Industrien ist Rücksicht zu nehmen. Baugebiete, die sich in der Entwicklung befinden, haben Anschluß- oder Lärmschutzinteressen. Ökonomisch höchst relevante Nutzungserwartungen von Grundeigentümern sind zu beachten. Naturschutzgebiete sind zu verschonen, und Kommunen oder Ortsteile konkurrieren im Geltendmachen ihrer nachteiligen oder auch vorteilhaften Betroffenheiten, etc.

Organisationstechnisch bedeutet das: Mit der Komplexität und Großräumigkeit moderner zivilisatorischer Lebensverhältnisse wächst zugleich der Bedarf an sektoraler, aber eben auch regionaler und lokaler Selbstorganisation beliebiger Kommunitäten einschließlich gebietskörperschaftlicher Kommunitäten. Eben das setzt sich in Selbstbestimmungs- und Selbstverwaltungsansprüche um. Die Impulse, denen diese Ansprüche sich verdanken, sind insoweit nicht Impulse der Modernitätsflucht hinein in die Pseudoidyllik kleiner Räume. Es handelt sich vielmehr um Impulse aus der Erfahrung organisationstechnischer Notwendigkeiten,[25] das heißt aus der Erfahrung, daß die eigenen Angelegenheiten sich zentral nur in einigen wenigen, freilich sehr wichtigen Bereichen handhaben lassen, im übrigen aber und zum weitaus größeren Anteil selbstbestimmt erledigt sein wollen.[26]

Die Konsequenzen dessen lassen sich in den aktuellen verfassungsrechtspolitischen Entwicklungen der europäischen Länder erkennen. Sogar Frankreich hat bekanntlich inzwischen über seine mehr als neunzig revolutionär geschaffenen Departements ein Netz von Regionen gelegt, die nicht Verwaltungseinheiten, vielmehr Selbstverwaltungseinheiten darstellen. Ihre Kompetenzen sind schwach. Nichtsdestoweniger handelt es sich um eine kleine Revolution, wie man erkennt, wenn man sich vergegenwärtigt, daß dergleichen noch unter De Gaulle nicht möglich gewesen war. Für Spanien und für Italien gilt Analoges, und es ist kein Zufall, daß ineins mit der Integration in die Europäische Union auch die traditionellen Föderalstaaten,

[25] Vgl. dazu *Renate Mayntz: Gesellschaftliche Modernisierung und die veränderte Rolle des Staates.* In: Max-Planck-Gesellschaft. Jahrbuch 1995. 57–70.

[26] Vgl. dazu *Umbruch in Politik und Verwaltung.* Ansichten und Erfahrungen zum New Public Management in der Schweiz. Hrsg. von P. Hablützel, T. Haldemann, K. Schedler, K. Schwaar. Bern, Stuttgart, Wien 1995.

also vor allem Deutschland und Österreich, verfassungsrechtspolitisch inzwischen einem Prozeß der Stärkung von Länderkompetenzen ausgesetzt sind.

Die skizzierte modernitätsabhängige Tendenz zur Regionalisierung und Föderalisierung induziert zugleich gänzlich neue Formen internationaler Beziehung. Dafür steht exemplarisch die in Europa inzwischen weithin etablierte Praxis der Kooperation regionaler Gebietskörperschaften, von Ländern, ja von Kommunen, über Staatsgrenzen hinweg. Dabei handelt es sich stets um die Handhabung von Sachproblemen, die nach ihrer Natur staatsgrenzenüberschreitenden Charakter haben. Die Auswirkungen des Tourismus, die Konsequenzen staatsgrenzenüberschreitender Arbeitsmärkte, ökologische Probleme, die sich ja bekanntlich auch durch Zollschranken nicht aufhalten lassen – das sind Probleme dieser Art, auf die sich die internationale Kooperation substaatlicher Gebietskörperschaften bezieht. Das alles hat rechtlich selbstverständlich stets den Segen der formal zuständigen Staatsregierungen – bislang jedenfalls. Die Praxis indessen vollzieht sich vor Ort und wird in ihren Ergebnissen zumeist in den Zentralen widerspruchslos notiert und sanktioniert. Im Kontext der neuerlich anstehenden Generalrevision der Schweizer Bundesverfassung wird sogar von einigen Kantonen die Gewährleistung außenpolitischer Kompetenzen verlangt.[27] Noch einmal: Es handelt sich hier um internationale Kooperationen substaatlicher Körperschaften. Hier wird unbeschadet der Kompetenzen zentralstaatlich monopolisierter Außenpolitik ein System internationaler Beziehungen hergestellt. Das alles ließe sich im Ensemble von Kategorien traditioneller Zentralstaatszuständigkeiten nur mit Mühe verorten.

Der revitalisierte Wille zu politischer Selbstbestimmung bringt sich aber im modernen Europa nicht nur in den Regionen, in den Ländern und Kantonen zur Geltung. Er prägt auch die Kommunalpolitik. Der Beteiligungswille der Bürger bringt sich vor Ort zur Geltung, und die Entwicklung des

[27] Für die im Entwurf zu einer nachgeführten Verfassung, der inzwischen in die Vernehmlassung gegangen ist, vorgesehenen besonderen Mitwirkungsmöglichkeiten der Kantone im »Bereich der Außenpolitik« fühlt sich Leonhard Neidhart »an die Zeiten der Tagsatzung erinnert«. Man sollte allerdings die Frage offenlassen, ob solche Erinnerung sich im Widerspruch zu den europapolitischen Tendenzen unserer Tage befände oder eher in Übereinstimmung damit. – *Leonhard Neidhart: Verfassungsrevision – eine gelungene Reform.* Auf der Suche nach Zustimmungsmobilisatoren. In: Neue Zürcher Zeitung, Nr. 24 (Dienstag, 30. Januar 1996), 27. – Strukturell analog zu diesem europäischen Vorgang agieren auch in den USA Teilstaaten ohne Völkerrechtssubjektstellung mit außenpolitischer Wirkung – Connecticut und auf der anderen Seite des Kontinents auch Kalifornien, indem sie, wie berichtet wird, öffentliche Auftragsvergabe an Geschäftspartner im Ausland von deren außenpolitischer Korrektheit oder analogem Wohlverhalten zum Beispiel in umweltpolitischer Hinsicht abhängig machen, was mit verbindlichen Regeln der Welthandelsorganisation schwerlich vereinbar zu sein scheint.

Gemeindeverfassungsrechts ist überall in Europa vom Zweck der Stärkung der Selbstverwaltungsrechte der Bürger geprägt.

Dazu paßt, kommunal wie regional, die sich verfassungsrechtspolitisch ausbreitende Neigung zum Plebiszit. Für das Personalplebiszit, das heißt für Formen der Direktwahl von Amtsträgern, gilt das zumal. Aber auch das Sachplebiszit breitet sich aus. Das widerspricht nur scheinbar unserer wachsenden Angewiesenheit auf das Expertenurteil in der administrativen und politischen Handhabung sehr komplexer Systeme. Genau in den Fällen nämlich, wo sich das Expertenurteil der Kalkulierbarkeit aus der Perspektive Common-sense-gefestigter gemeinsamer Interessen entzieht, reagiert der Stimmbürger mit Rückruf von Entscheidungskompetenzen, die an gewählte Repräsentanten delegiert waren, und eben das setzt sich in den Willen zum Plebiszit um.

Der Zentralstaat – das war eine erfolgreiche Organisationsform von Gesellschaften, die noch primär agrarisch geprägt waren, und auch die Herausforderungen der Frühindustrialisierung waren noch zentralistisch zu bewältigen. Die moderne, durch hochverdichtete Netze zusammengebundene Industriegesellschaft hingegen läßt sich demgegenüber zentralistisch nicht mehr organisieren. Entsprechend wächst mit der Netzverdichtung und mit dem ihr entsprechenden Grad der Komplexität moderner Lebensverhältnisse unsere Angewiesenheit auf Formen lebendiger politischer Selbstorganisation nicht zuletzt in kleinen Einheiten und Kommunitäten. Europa wird schweizähnlicher, und schon die Sachzwänge, die die politische Selbstorganisation moderner Zivilisationen beherrschen, werden bei Strafe ihres Scheiterns die europäische Einigung in einer Weise bestimmen, für deren Verständnis die historischen Muster alter Großstaatsbildungen, und seien sie bundesstaatlicher Art, keine geeigneten Vorbilder sind. Verständnisfördernd dürfte eher das Studium der Verfaßtheit des Alten Reiches insbesondere nach 1648 sein und damit die Einsicht in die Funktionsbedingungen einer Ordnung rechtsgebundenen, begrenzten Zusammenwirkens von Ständen extrem heterogener Binnenverfassung und Größenordnung bis hin zur völkerrechtlichen Subjektstellung der außenpolitisch Handlungsfähigen unter diesen Ständen.[28] Hegel nannte, wie eingangs zitiert,[29] das Alte Reich eine Unbegreiflichkeit und schloß daraus auf seine staatliche Nicht-Existenz, die dann nur wenige Jahre später auch formell zur völkerrechtlichen Tatsache wurde. Das war aus der Perspektive des modernen, im Außen- wie im Binnenverhältnis zu ungeteilter Souveränität und in dieser Souveränität

[28] Vgl. dazu *Karl Otmar v. Aretin: Das Alte Reich 1648–1806.* Band 1: Föderalistische oder hierarchische Ordnung (1648–1684). Stuttgart 1993.17 ff.: »Die Reichsverfassung nach dem Westfälischen Frieden«.

[29] Vgl. Anm. 1

zur Einheit gelangten Staates gesagt. Erhöbe man das zum Ideal und mäße daran die Verfaßtheit der Europäischen Union in ihrem gegenwärtigen und absehbar erreichbaren Zustand, so müßte sie einem erscheinen wie Hegel das Alte Reich.

Abschließend bleibt noch, knapper, die vierte These zu erläutern, wonach mit der Egalisierung und Ausbreitung politischer und zivilisatorischer Partizipations- und Selbstorganisationschancen die kulturelle Homogenität der Bevölkerung moderner Staaten abnimmt und in der Konsequenz dessen der sogenannte Grundkonsens sich minimalisiert und formalisiert. – Im uneingeschränkt positiven Aspekt der Sache bedeutet das, daß modernisierungsabhängig in allen hochentwickelten Staaten die früher einmal so genannte Massengesellschaft zerfällt. Insbesondere zwischen den beiden Weltkriegen hatte das Theorem von der unaufhaltsamen Heraufkunft der Massengesellschaft Konjunktur. Ortega y Gassets berühmtes Buch »Der Aufstand der Massen«, zuerst 1929 erschienen, wurde in alle großen europäischen Sprachen übersetzt und gewann rasch Bestsellerruhm. Auch Karl Jaspers diagnostizierte Phänomene sozialer und kultureller Vermassung – vor allem im berühmten Göschen-Bändchen Nr. 1000, das die »geistige Situation« zum Thema hatte – im Jahre 1930. Die Heraufkunft der totalitären Mächte mit ihren kulturell wie politisch zentral steuernden Einheitsparteien, so schien es, bestätigte die Vermassungsdiagnose.[30] Aber auch noch nach dem Ende der Diktatur der Nationalsozialistischen Deutschen Arbeiterpartei behielt das Vermassungstheorem Aktualität, zumal in der Zivilisationskritik der frühen Frankfurter Schule.[31] Insbesondere wurde vermutet, daß mit den hochverdichteten massenintegrierenden elektronischen Medien und mit dem Konsum der Produkte der den Massen zuliefernden »Unterhaltungsindustrie« Wirkungen unaufhaltsamer Nivellierung verbunden seien.

Wenn man sich heute erneut mit dieser Diagnose beschäftigt, so wundert man sich: Statt Vermassung, Nivellierung und Konformismus prägt Pluralisierung und Individualisierung das soziale, kulturelle und politische Bild massenmedial integrierter Gesellschaften. Wieso haben die Massengesellschaftstheoretiker unrecht behalten?[32] Sie haben nicht mit den Differenzie-

[30] Wie sogar die Geschichtswissenschaft bis über den Zweiten Weltkrieg hinaus sich von der Vermassungsthese leiten ließ, berichtet *Winfried Schulze: Deutsche Geschichtswissenschaft nach 1945*. München 1989. 77 ff.: »›Vermassung‹ als Signatur des 20. Jahrhunderts«.

[31] Nämlich bei *Max Horkheimer, Theodor W. Adorno: Dialektik der Aufklärung*. Philosophische Fragmente (1944). Frankfurt am Main 1988.

[32] Zum zivilisationstheoretischen Kontext dieser Frage und ihrer Beantwortung vgl. mein Buch *Modernisierung und Folgelasten*. Trends kultureller und politischer Evolution. Berlin, Heidelberg, New York 1997.

rungsfolgen der egalitären Freisetzung selbstgenutzter Betätigungschancen gerechnet, die in netzverdichteten Zivilisationen mit ihrer abnehmenden Zentralität allgemein zugänglich werden.

Beim Sport begreift den elementaren Zusammenhang von Chancenegalität und nutzungsabhängiger Differenzierung jeder: Wenn massenhaft Tennis oder Schach gespielt wird, so pflegt das nicht auf das Niveau dieser Sportarten zu drücken. Das Gegenteil ist der Fall: Je breiter die Basis, um so höher heben sich die Spitzenkönnerschaften heraus. Realisierte Chancengleichheit treibt Leistungseliten hervor. Auch der im 19. Jahrhundert und bis in unser eigenes Jahrhundert hinein immer wieder einmal thematisierte Widerspruch von Gleichheit und Freiheit erweist sich in kommunikativ und austauschpraktisch zusammengebundenen Gesellschaften als ein irreführender Mythos. In modernen Gesellschaften entfalten sich freiheitsabhängig Leistungskulturen von Chancengleichheitsnutzern.[33] Insbesondere sind es heute die Massenmedien selbst, die, statt eine homogene Massenkultur, Kompetenzdifferenzierung bewirken. Freiheitsabhängige, massenhaft differenzierte Formen der Nutzung der Medien treiben die Kompetenzniveaus fortschreitend weiter auseinander – nach unten freilich wie nach oben.

Statt mit diesem kulturellen Inhomogenisierungseffekt, der mit hochentwickelten, egalitär verfaßten Massengesellschaften verbunden ist, beschäftigt sich die populäre Zivilisationskritik noch immer überwiegend mit Trivialitäten. Sie erhebt gewisse Konsumgüter, Cola-Getränke oder einige Produkte der Fast-Food-Industrie zum Beispiel, zu Metonymen der Vermassung. Die Pop-art hat das ikonographisch bekräftigt und damit reflexiv zum Gegenstand intellektueller Aufmerksamkeit gemacht, was uns aus der Werbung ohnehin schon bekannt war.

Man erkennt indessen rasch, daß interessanter als die kulturkritische Kommentierung unbestreitbar penetranter Omnipräsenz trivialer Zivilisationsgüter das Studium der wirtschaftlichen Verflechtungen ist, die sich als die Erfolgsbedingungen der modernen Konsumökumene hinter ihnen verbergen. Die Vorzugsseite der Sache darf man keineswegs einseitig bei den Anbietern vermuten. Ohne Evidenz der Lebensvorzüge moderner Konsumgüter bliebe ihr Erfolg unverständlich, und es ist nicht ein Mißverständnis, vielmehr Einsicht in einen wesentlichen Aspekt unserer Alltagsfreiheit, daß in Moskau die Eröffnung der ersten Filiale einer amerikanischen Fast-Food-Kette zum Symbol des Triumphs über die Planwirtschaftsirrationalität erhoben wurde.

[33] Vgl. dazu meinen Aufsatz *Elites in an Egalitarian Society*. In: *Rudolf Henn, Lothar Späth, Hermann Lübbe, Gerhard Krüger: Employment and the Transfer of Technology*. Berlin, Heidelberg, New York, Tokyo 1986. 21–37.

Aber zurück zu den kulturellen Differenzierungswirkungen unterschiedlicher Nutzung der in modernen Gesellschaften massenhaft zugänglich gewordenen, egalitär verteilten Partizipations- und Kommunikationschancen. »Individualisierung« lautet dafür das heute meistgebrauchte bündelnde Schlagwort, und gern verbindet sich damit die Vermutung, die kulturelle Homogenität als die auch staatstheoretisch für unabdingbar gehaltene Voraussetzung politischer Gemeinschaftsbildung zerfalle. Sogar für die Europäische Union hat man inzwischen geltend gemacht, daß die Revitalisierung ihrer kulturellen, insbesondere auch christlichen Herkunftseinheit zu den entscheidenden Bedingungen ihrer politischen Zukunftsfähigkeit gehöre.

Lebendigkeit der Kultur, die uns herkunftsabhängig prägt, wird man sich allerdings auch im Interesse der Zukunftsfähigkeit der politischen Kommunitäten, denen wir angehören, wünschen müssen. Nichtsdestoweniger nimmt mit der regionalen und sozialen Expansion unserer wechselseitigen Abhängigkeiten der Umfang gemeinschaftstiftender kultureller Gehalte ab, die jedermann als verbindlich angesonnen werden können. Zivilisationsabhängig expandierende wechselseitige Abhängigkeiten – eben das bedeutet ja, daß wir in einer rasch wachsenden Menge von Handlungs- und Lebenszusammenhängen den jeweils anderen als andere begegnen, und Gemeinschaftsbildungen verlaufen nicht mehr über die Homogenisierung der Kultur, aus der wir jeweils im emphatischen Sinne tatsächlich leben, vielmehr über kulturinhaltsindifferente, also formalisierte Normen rechtlicher Interaktionsregulierung. Auch für die Grundwerte gilt doch just diese Charakteristik, wenn man sie als Schutzregeln genau derjenigen Lebensbereiche versteht, die sich nicht demokratisieren lassen, die somit nicht zur Disposition von Mehrheitsentscheidungen gestellt werden können, die eben damit politischen Entscheidungsprozessen entzogen sind und somit nichts als wechselseitige inhaltsindifferente Anerkennung verlangen.

Das hat Konsequenzen für unsere staatstheoretischen Vorstellungen von den Homogenitätsbedingungen gelingender politischer Körperschaftsbildung bis auf die Ebene der Europäischen Union hinauf. Es trifft nicht zu, daß das, was wir heute »Identität« zu nennen pflegen, kollektive Herkunftsprägung also, Voraussetzung gelingender Körperschaftsbildung sei. Eher scheint es zuzutreffen, daß körperschaftliche Zugehörigkeitserfahrungen sich auf der Grundlage pragmatischer Erfolgserfahrungen bilden.

Wie wären sonst, sogar auf substaatlicher, kleinräumiger Ebene die rasche Entstehung lebendiger Zugehörigkeitserfahrungen zu neu geschaffenen Ländern, ja zu Verwaltungseinheiten erklärbar, die zu den Herkunftsidentitäten, die in ihnen neu zusammengefügt werden, sich höchst kontingent verhalten? Exemplarisch heißt das: Das heute im Landschaftsverband Westfalen-Lippe institutionell gewordene Bewußtsein der Identität dieser Region, das hier übrigens, historisch erklärbar, ungleich ausgeprägter ist als im Rheinland, ist doch keineswegs ein Bestand von großer Herkunftstiefe und traditionaler Mächtigkeit. Vielmehr ist die neupreußische Provinz Westfalen ein politisch-administratives Kunstgebilde, aus höchst heterogenen Herkunftselementen zusammengestückt, gewesen – von den lutherischen Gebieten Ravensbergs über die reformierten Territorien Steinfurts und Tecklenburgs oder die integrierten katholisch-geistlichen Herrschaftsgebiete des Münsterlandes bis hin zu reichsstädtisch geprägten Kommunitäten und den nicht einmal mehr niederdeutschen, nämlich jenseits des Rothaargebirges gelegenen Regionen des Siegerlandes. Was hat denn hier über dergleichen Herkunftsunterschiede hinweg Einheit gestiftet, die heute, sogar demoskopisch meßbar,[34] durchaus vorhanden ist? Es sind die im Rahmen einer modernen Provinzialverwaltung ablaufenden wirtschaftlichen, sozialen und kulturellen Fortschritte gewesen, die hier überzeugend gewirkt haben, indem sie alles Trennende, insbesondere die Konfessionsdifferenzen eben unberührt ließen, das heißt zu Inhalten indisponibler subjektiver Rechte machten.

Für andere Regionen Deutschlands ließen sich ähnliche Geschichten erzählen – für das alte Großherzogtum Oldenburg zum Beispiel, in welchem ja von Herkunftshomogenität zwischen Friesen und Niedersachsen, zwischen Lutheranern im Nordern und Katholiken in den Territorien des alten Niederstifts Münster auch nicht die Rede sein kann. Nichtsdestoweniger ist bis heute, selbst nachdem Oldenburg inzwischen zum Teil eines verwaltungstechnisch überrissen groß gewordenen niedersächsischen Verwaltungsbezirks herabgestuft worden ist, zwischen Dinklage und Jever die Hymne »Heil Dir, o Oldenburg« nicht vergessen, und die gewiß bescheidene, aber gesamthaft eben doch überzeugende Erfolgsgeschichte eines kleinen Landes mit neuen, erweiterten Grenzen im Rahmen der wirtschaftlichen, sozialen und rechtlichen Fortschritte des 19. Jahrhunderts erklärt das, zumal Oldenburg von den Unerträglichkeiten des Kulturkampfs einigermaßen verschont blieb.[35]

Heute rücken wir uns nun in den international und supranational organisierten Großräumen unserer modernen Zivilisation nicht nur in unserer herkunftsabhängigen Verschiedenheiten, vielmehr überdies in unseren rasch an Auffälligkeit gewinnenden Prägungen kraft unterschiedlicher Nutzung egalitär verteilter Partizipations- und Kommunikationschancen ein-

[34] Vgl. dazu *Peter Schoeller: Die Problematik des Richtbegriffs »Landsmannschaftliche Verbundenheit« bei der Länder-Neugliederung*. In: Westfälische Forschungen. Hrsg. von P. Schoeller und A. Hartlieb von Wallthor. Münster, Köln, Wien 26 (1974).

[35] Vgl. dazu *Albrecht Eckhardt: Der konstitutionelle Staat (1848–1918)*. In: *Geschichte des Landes Oldenburg*. Ein Handbuch. Hrsg. von A. Eckhardt. Oldenburg 1987. 333–402, bes. 372 f.

ander immer näher. Weniger als je zuvor läßt sich somit die Einheit der Staaten durch die Einheit der das Staatsvolk zusammenbindenden Kultur charakterisieren. Die Einheit politischer Kommunitäten verbleibt in der modernen Zivilisation als Einheit des Rechts, dessen kulturelle Lebendigkeit in letzter Instanz sich aus der Erfahrung nährt, daß es uns über die Rechtsanerkennung hinaus von politisch verbindlichen kulturellen Homogenitätsansprüchen entlastet hält.

Matthias Pape (Karlsruhe)

Revolution und Reichsverfassung – Die Verfassungsdiskussion zwischen Fürstenbund und Rheinbund

Die Neugestaltung Deutschlands durch Napoleon erscheint in der Rückschau als völliger Bruch mit der jahrhundertealten Reichsverfassung. Wie tief der Kontinuitätsbruch der deutschen Geschichte wirklich reichte, vermochten die Zeitgenossen noch nicht zu ermessen. Die Reaktionen auf Napoleons Politik im Reich waren geteilt. Lehnten die einen Napoleon wegen seines Strebens nach der »Universalmonarchie« ab, der sie die Idee des europäischen Gleichgewichts entgegenstellten,[1] so suchten die anderen den Prozeß der Umgestaltung Deutschlands in die Kontinuität der Reichsgeschichte einzuordnen. Wieder andere begrüßten Napoleons Verfassungspolitik als Bruch mit der überkommenen Reichstradition und beriefen sich auf die Ideale der Französischen Revolution. Die meisten hielten es jedoch für undenkbar, daß ein jahrhundertealtes Staatsgebilde wie das Reich mit einem Schlag nicht mehr existieren sollte. So erklärt sich das starke Bedürfnis, auch nach dem Ende des Alten Reichs an dessen Idee festzuhalten, das nun »aus der Wirklichkeit in die Welt von Traum und Symbol versetzt« wurde und seither große Dynamik entwickelte.[2] Zu den wichtigsten An-

[1] So Friedrich Gentz in seiner Schrift *Über den ewigen Frieden* (1800): Die Gleichgewichtsidee als wichtigstes Regulativ der Politik der großen Mächte solle helfen, »die schwächeren [Staaten] durch ihre Verbindung mit mächtigeren gegen die Unternehmungen eines präponderierenden Staates soviel als möglich sicherzustellen. Man wollte die natürliche Föderativverfassung von Europa so geschickt organisieren, daß jedem Gewicht in der großen politischen Masse irgendwo ein Gegengewicht zusagte.« Neudruck bei *Kurt von Raumer: Ewiger Friede.* Friedensrufe und Friedenspläne seit der Renaissance. München 1953 (Orbis Academicus), 461–497. Hier 479 f. – Das Begriffspaar »Universalmonarchie« und »System des europäischen Gleichgewichts« auch in den Entwürfen zu Hegels sog. Verfassungsschrift. Jetzt in: *Fragmente einer Kritik der Verfassung Deutschlands* (1799–1803). In: *Georg Wilhelm Friedrich Hegel: Schriften und Entwürfe (1799–1808).* Hrsg. von M. Baum u. K. R. Meist. Hamburg 1998: Gesammelte Werke, Bd 5, 1–219. Hier 148 f.

[2] *Thomas Nipperdey: Deutsche Geschichte 1800–1866.* Bürgerwelt und starker Staat. München 1983, 14. – Die Kontinuität nationaler Vorstellungen zwischen Altem Reich, Rheinbund und politischer Neuordnung 1814/15 und das eher defensive Nationalbewußtsein betont *Heinz Angermeier: Deutschland zwischen Reichstradition und Nationalstaat.* Verfassungspolitische Konzeptionen und nationales Denken zwischen 1801 und 1815. In: Zeitschrift der Savigny-Stiftung für Rechtsgeschichte, Germ. Abt. 107 (1990), 19–101. – *Ders.: Nationales Denken und Reichstradition am Ende des alten Reiches.* In: *Heiliges Römisches Reich und moderne Staatlichkeit.* Hrsg. von W. Brauneder. Frankfurt am Main [u.a.] 1993 (Rechtshistorische Reihe, Bd 112), 169–186. – Zu den Reformvorschlägen der Reichspublizistik, allerdings nicht über 1800 hinausführend, *Wolfgang Burgdorf: Reichskonstitution und Nation.* Verfassungsreformprojekte für das Heilige Römische Reich Deutscher Nation im politischen Schrifttum von 1648–1806. Mainz 1998

knüpfungspunkten zählte die föderative Gestaltung Deutschlands, von der sich alle Reformvorschläge leiten ließen und die auch Napoleon mit seinen Zielen verbunden hat.[3]

Im Folgenden wird die Verfassungsdiskussion zwischen Gründung des Deutschen Fürstenbundes (1785), Baseler Frieden (1795), Lunéviller Frieden (1801), Säkularisation und Mediatisierung (1803) und Rheinbund (1806–1813) nachgezeichnet. Das Besondere dieser Diskussion liegt im Fortwirken der Reichstradition und in den gleichzeitigen Bestrebungen, diese mit den Errungenschaften der Französischen Revolution, wenn auch modifiziert und den deutschen Verhältnissen angepaßt, zu verbinden.[4] Die Auseinandersetzung mit der Revolution führte zur entscheidenden Frage der Repräsentation: ob an der ständischen Repräsentation festgehalten oder ob die Repräsentativverfassung der Französischen Revolution eingeführt werden solle.[5]

Die verschiedenen politischen Optionen, die um 1800 möglich waren, sollen in systematischer Form an repräsentativen Äußerungen vorgestellt werden, wobei sich die Grenzlinien zwischen den politischen Lagern, die im steten Fluß waren, nicht immer scharf ziehen lassen. Zunächst wird (I.) die Reichsreformdiskussion zur Zeit des Deutschen Fürstenbundes um 1785 dargelegt. Dem folgt (II.) ein Überblick über die Friedensvertragsbestimmungen seit 1795, mit denen das revolutionäre Frankreich die Umgestal-

(Veröffentlichungen des Instituts für Europäische Geschichte Mainz, Abt. Universalgeschichte, Bd 173).

[3] Auch in der Schweiz beseitigte Napoleon 1803 den Zentralismus der vom Pariser Direktorium 1798 oktroyierten Verfassung und erließ die Mediationsakte, welche die Schweiz wieder zum Staatenbund mit 19 souveränen Kantonen machte. Die Schweiz wurde allerdings zum französischen Vasallenstaat, der Truppen stellen und den Druck der Kontinentalsperre auf sich nehmen mußte. Diese Vorgänge bilden gleichsam das Vorspiel für die Bildung deutscher Vasallenstaaten 1806 im Rheinbund.

[4] Diese Kontinuitätslinie blenden die meisten Handbücher aus, die in der Französischen Revolution eine Zäsur der deutschen Geschichte sehen, so z.B. *Ernst Rudolf Huber: Deutsche Verfassungsgeschichte seit 1789.* Bd I: Reform und Restauration 1789 bis 1830. Durchgesehener Nachdruck der zweiten, verb. Aufl. Stuttgart [u.a.] 1990. – *Elisabeth Fehrenbach: Vom Ançien Régime zum Wiener Kongreß.* München, Wien 1981 (Oldenbourg Grundriß der Geschichte, Bd 12). – *Manfred Botzenhart: Reform, Restauration, Krise.* Deutschland 1789–1847. Frankfurt am Main 1985 (Neue Historische Bibliothek). – Auch *Heinz Duchhardt: Protestantisches Kaisertum und Altes Reich.* Die Diskussion um die Konfession des Kaisers in Politik, Publizistik und Staatsrecht. Wiesbaden 1975 (Veröffentlichungen des Instituts für Europäische Geschichte Mainz, Abt. Universalgeschichte, Bd 87), Kap. VI. 4: Fürstenbund, neue Kuren und Auflösung des Reiches. – *Ders.: Altes Reich und europäische Staatenwelt 1648–1806.* München 1990 (Enzyklopädie deutscher Geschichte, Bd 4).

[5] Vgl. *Eberhard Schmitt: Repräsentation und Revolution.* Eine Untersuchung zur Genesis der kontinentalen Theorie und Praxis parlamentarischer Repräsentation aus der Herrschaftspraxis des Ançien régime in Frankreich (1760–1789). München 1969 (Münchener Studien zur Politik, Bd 10).

tung und Auflösung der Reichsverfassung allmählich erzwang. Anschließend werden (III.) die verfassungspolitischen Vorstellungen des reichspatriotischen Lagers nach der Säkularisation, sodann (IV.) die Erwartungen der von den Idealen der Französischen Revolution erfüllten Partei und schließlich (V.) die Hoffnungen des antinapoleonischen Lagers umrissen.[6]

Wenn es auch in der Formationsphase zu moderner Staatlichkeit in Deutschland, die 1806 im Rheinbund zu einem ersten Abschluß kam, noch keine festgefügten »Lager« oder »Parteien« im Sinne des späteren Parteiensystems gab, so scheint doch eine Systematisierung der Stimmen hilfreich, die den Richtungsstreit um die politische Zukunft des Reichs führten. Dieser Streit wurde nicht in den Repräsentativkörperschaften – Reichstag und Landtagen –, sondern in den historisch-politischen Zeitschriften ausgetragen, von denen viele an der Wende zum 19. Jahrhundert gegründet worden waren, um das schlagartig gestiegene Informationsbedürfnis des politisch interessierten Publikums zu stillen.[7] Sie bieten auch den angemessenen Bezugsrahmen, um Hegels Verfassungsschrift einzuordnen. Streitschrift und Zeitschrift, Aufsatz und Rezension waren das Mittel des »Parteienkampfes« um 1800. Die dadurch hergestellte Öffentlichkeit für die politische Debatte unterschied die Situation grundlegend von den Voraussetzungen der Kabinettspolitik des Ançien Régime, die wenig Rücksicht auf die öffentliche Meinung nehmen mußte. Der Prozeß der Meinungsbildung vollzog sich nicht zuletzt im brieflichen Austausch. Ohne die Briefkultur der ›Goethezeit‹ läßt sich das dichte Informationsnetz, das Gelehrte, Publizisten und Verleger miteinander verband, nicht erklären. Zentrale Briefnachlässe sind eine wichtige Quellenbasis für die »Medien- und Kommunikationsgeschichte«.[8]

[6] Grundlegend *Fritz Valjavec: Die Entstehung der politischen Strömungen in Deutschland 1770–1815*. München 1951. Nachdruck mit einem Nachwort von Jörn Garber. Kronberg, Düsseldorf 1978.

[7] *Angermeier: Deutschland zwischen Reichstradition und Nationalstaat* (wie Anm. 2) zieht Zeitschriften bewußt nicht heran. – Vgl. *Paul Hocks u. Peter Schmidt: Literarische und politische Zeitschriften 1789–1805*. Von der politischen Revolution zur Literarrevolution. Stuttgart 1975 (Sammlung Metzler, Bd 121). – *Andrea Hofmeister-Hunger: Pressepolitik und Staatsreform*. Die Institutionalisierung staatlicher Öffentlichkeitsarbeit bei Karl August von Hardenberg (1792–1822). Göttingen 1994 (Veröffentlichungen des Max-Planck-Instituts für Geschichte, Bd 107). – *Birgit Fratzke-Weiß: Europäische und nationale Konzeptionen im Rheinbund*. Politische Zeitschriften als Medien der politischen Öffentlichkeit. Frankfurt am Main [u.a.] 1997 (Europäische Hochschulschriften, Reihe 3, Bd 756) (untersucht *Politisches Journal, Minerva, Europäische Annalen* und *Die Zeiten*).

[8] Dem kommunikationstheoretischen Ansatz folgt *Fratzke-Weiß: Europäische und nationale Konzeptionen im Rheinbund* (Anm. 7). – Wie die Zeitschriften, so zirkulierten auch die Briefe in Freundeskreisen. So war Johannes von Müller eine Schaltstelle des Briefaustauschs in den politisch-literarischen Kreisen in Mainz, Wien und Berlin um 1800 und stand mit den führenden Verlegern und Organen in Verbindung. Müllers Bibliothek und Briefnachlaß, einer der größten der Zeit, wird von der Forschung kaum

Die windungsreiche Geheimdiplomatie, die zur Aushöhlung der Reichsverfassung während der Revolutionskriege geführt hat, aber den Augen der kritischen Öffentlichkeit verborgen blieb, wird im Folgenden nicht berücksichtigt. Es geht (zumal in den Abschnitten III und IV) um die öffentlich geführte Diskussion in den Zeitschriften. Alle Diskussionsbeiträge liefen auf die Frage nach der Beurteilung Napoleons und seiner politischen Ziele in Deutschland hinaus (dazu bes. Abschnitt V). An dieser Frage treten bis heute die Meinungen auseinander, wenn auch nicht mehr so rigoros wie vor 1945. Um so mehr bedarf der Klärung, wie unterschiedliche Vorstellungen und Hoffnungen sich mit Napoleon verbinden konnten, und um so wichtiger ist es, das Urteil nicht vom Ende der napoleonischen Herrschaft abhängig zu machen, nahmen doch die meisten an, Napoleons Herrschaft sei auf lange Dauer gegründet.

I. Reichspatriotismus und Reichsverfassung im ausgehenden 18. Jahrhundert – Der Deutsche Fürstenbund

Die Folgen der Französischen Revolution begruben im Alten Reich die Ansätze zur Reichsreform unter sich, um die seit den frühen achtziger Jahren die Fürsten der kleineren Reichsterritorien gerungen hatten. Diese hatten Musterstaaten im Geiste des aufgeklärten Absolutismus geschaffen, so Karl Friedrich von Baden, Carl August von Sachsen-Weimar, Ernst II. von Sachsen-Gotha oder Franz von Anhalt-Dessau. Der preußisch-österreichische Gegensatz, der sich mit dem Siebenjährigen Krieg verfestigt hatte, führte für die kleineren Reichsstände die Gefahr herauf, zur Manövriermasse, womöglich sogar zur Beute der beiden Vormächte zu werden, die nach Vermehrung ihres Einflusses und nach Vergrößerung ihres Territoriums strebten.[9] Eine Warnung war allen die von Rußland ausgelöste Teilung Polens im Jahr 1772, bei der das Arrondierungsbedürfnis Preußens und Österreichs krass hervorgetreten war. Die Fürsten des *parti mitoyen* im Reich wollten die Lähmung der Reichsverfassung überwinden, zu welcher der deutsche Dualismus geführt hatte. Die Rechtssicherheit der kleineren Staaten hing nicht

benutzt, auch nicht von Fratzke-Weiß für ihre Netzwerkanalyse, 87–141. – Vgl. u. Anm. 20; zuletzt *Matthias Pape: Art. Johannes von Müller.* In: Neue Deutsche Biographie, Bd 18. Berlin 1997. 315–318.

[9] Kritisch gegenüber beiden deutschen Vormächten *Karl Otmar Freiherr von Aretin: Heiliges Römisches Reich 1776–1806.* Reichsverfassung und Staatssouveränität. 2 Bde. Wiesbaden 1967 (Veröffentlichungen des Instituts für Europäische Geschichte Mainz, Abt. Universalgeschichte, Bd 33). – Vgl. die grundsätzlichen Einwände von *Max Braubach*, in: Rheinische Vierteljahrsblätter 33 (1969), 534–540; jüngst *Burgdorf: Reichskonstitution und Nation* (wie Anm. 2).

von ihrem geringen politisch-militärischen Gewicht ab, sondern von der Handlungsfähigkeit der Reichsorgane, die als Klammer der Reichseinheit fungierten, aber mehr schlecht als recht funktionierten, wozu Kaiser Joseph II. beigetragen hatte.

Joseph II. hatte den Reichstag wegen eines nichtigen Anlasses (des konfessionellen Streits um eine Stimme des Reichsgrafenkollegiums, die bisher protestantisch geführt worden war[10]) weitgehend lahmgelegt; am Reichskammergericht in Wetzlar, an dem 61.000 Prozesse anhängig waren, setzte er 1767 eine Kammergerichtsvisitation in Gang, ohne den Reichstag damit zu befassen,[11] der Reichshofrat arbeitete immer noch ohne gesetzliche Verfahrensordnung; zudem lag der Kaiser mit dem Reichserzkanzler über die Führung der Reichskanzlei im Streit. Als er 1778 im Bayerischen Erbfolgekrieg militärisch und erneut 1784 mit den Mitteln der Geheimdiplomatie den Tausch der österreichischen Niederlande gegen Bayern anstrebte,[12] schlossen sich 1785 die mittleren und kleineren Reichsstände unter der Führung Friedrichs II. von Preußen im Deutschen Fürstenbund zusammen.[13] Die Gründung des Fürstenbundes stand unter der Devise »Erhaltung der Reichsverfassung«. Friedrich stellte die Union bewußt in die Tradition der reichsständischen Einung »nach dem Modell der schmalkaldischen«, der militärisch erfolgreichen und berühmtesten Fürsteneinung gegen den Kaiser.[14] Damit knüpfte der Fürstenbund an die Idee der Sicherung reichsständischer Libertät gegenüber dem Kaiser an. Der Fürstenbund strebte nach außen hin die »constitutionsmäßige Erhaltung des deutschen Reichssystems und der Reichsständischen Gerechtsame nach den Reichsgesetzen und Reichsfriedensschlüssen« an. Unter dieser Devise konnten die mittleren und kleineren Reichsstände (Sachsen, Hannover, Baden, Sachsen-Weimar-Eisenach, Sachsen-Gotha-Altenburg, Anhalt-Dessau u.a.) der Union beitreten, ohne den Kaiser zu brüskieren. Preußen hatte indessen nur ein Ziel: den

[10] Vgl. *Johannes Arndt: Das niederrheinisch-westfälische Reichsgrafenkollegium und seine Mitglieder (1653–1806).* Mainz 1991 (Veröffentlichungen des Instituts für Europäische Geschichte Mainz, Abt. Universalgeschichte, Bd 133), 178–186. – Zur öffentlichen Diskussion *Burgdorf: Reichskonstitution und Nation* (wie Anm. 2), 247–254.

[11] Zur öffentlichen Diskussion *Burgdorf,* ebd. 236–247.

[12] Vgl. *Karl Otmar von Aretin: Die bayerische Staatsidee und die Tauschpläne des Kurfürsten Karl Theodor 1778–1799.* In: *Ders.: Bayerns Weg zum souveränen Staat.* Landstände und konstitutionelle Monarchie 1714–1818. München 1976. 64–119.

[13] Zu Friedrichs Motiven *Theodor Schieder: Friedrich der Große.* Ein Königtum der Widersprüche. Berlin 1983. 260–283. – Zu den Zielen des *parti mitoyen* am besten *Hans Tümmler: Carl August von Weimar, Goethes Freund.* Eine vorwiegend politische Biographie. Stuttgart 1978. Kap. 3. – Bei *Angermeier: Deutschland zwischen Reichstradition und Nationalstaat* (wie Anm. 2) irrtümlich stets 1786 als Gründungsjahr des Fürstenbundes.

[14] Zit. n. *Schieder: Friedrich der Große* (wie Anm. 13), 278. – Zum Schmalkaldischen Bund von 1530 und zu seiner Auswirkung auf die Reichsverfassung vgl. *Stephan Skalweit: Reich und Reformation.* Berlin 1967. 253–264, 323–342.

bayerisch-niederländischen Tauschplan zu verhindern. Als das erreicht war, blieben die kleinen Reichsstände auf sich allein gestellt, um ihr eigentliches Ziel, die Reichsreform, durchzuführen.

Das ideelle Fundament des Fürstenbundes bildete der Reichspatriotismus, der in den beiden Jahrzehnten vor der Französischen Revolution in der Staatsrechtswissenschaft, Publizistik und Geschichtsschreibung sowohl in Norddeutschland (Justus Möser, *Patriotische Phantasien*, 1770) als auch in Süddeutschland (Friedrich Carl von Moser, *Von dem deutschen Nationalgeist*, 1766) und in Österreich (Joseph von Sonnenfels, *Über die Liebe des Vaterlandes*, 1771) wiederaufgelebt war. Sein Bezugspunkt waren Reichstradition, -geschichte und -verfassung. Moser forderte schon 1767 in den *Patriotischen Briefen* eine Umgestaltung der Reichsverfassung, die eine politische Mitwirkung der Bürger durch gewählte Repräsentanten am Reichstag nach dem Vorbild des Unterhauses in Großbritannien ermöglichen sollte[15] – Fragen, um die auch Hegel später in seiner Verfassungsschrift kreiste. Der Wiener Hof, in dessen Diensten Moser zeitweilig stand, war weit davon entfernt, diesen Vorstellungen zu folgen. Der Reichspatriotismus, von Moser noch einmal eng mit dem Haus Habsburg verknüpft, löste sich nach 1780 in dem Maße vom Kaiser, in dem Joseph II. die Reichsverfassung in Frage stellte.[16] In der deutschen Kleinstaatenwelt galt die Reichsverfassung als beste Garantie von ständischer Freiheit, Recht und Gerechtigkeit.

Wie kein anderer gab Johannes von Müller dem Reichspatriotismus in den achtziger Jahren Ausdruck. Müller galt Herder, dem jungen Hegel und den Romantikern, ob in Berlin, Heidelberg oder Wien, als der maßgebliche Historiker.[17] Müllers Ruhm hatten seine Schweizergeschichte (eine Hauptquelle für Schillers *Wilhelm Tell*), die in der Tradition der rhetorischen Ge-

[15] Vgl. *Thomas Würtenberger: An der Schwelle zum Verfassungsstaat.* In: Aufklärung 3 (1988), 53–88. Hier 65. – Dazu jüngst *Burgdorf: Reichskonstitution und Nation* (wie Anm. 2), 219–226; zu weiteren (anonymen) Schriften mit Grundsatzkritik an der Reichsverfassung (von 1787 und 1796/98) ebd. 313–315, 475–477. – Auch *Monika Neugebauer-Wölk: Verfassungsideen in praktischer Absicht*? Entwürfe für eine deutsche Republik 1792–1799. In: Comparativ [Leipzig], Jg. 1992, 4. 62–84.

[16] Vgl. *Karl Otmar Freiherr von Aretin: Reichspatriotismus.* In: Aufklärung 4 (1989) 2. 25–36.

[17] Vgl. *Johannes von Müller – Geschichtsschreiber der Goethezeit.* Hrsg. von C. Jamme u. O. Pöggeler. Schaffhausen 1986. Hier bes. *O. Pöggeler: Der Geschichtsschreiber Johannes von Müller im Blickfeld Hegels*, 277–307. - *Christoph Jamme: Hegel als Leser Johannes von Müllers.* Mit einem Hegelschen Exzerpt und unveröffentlichten Briefen Sinclairs an Müller. In: Hegel-Studien 16 (1981), 9–40. – *Ernst Schulin: Zur Geschichtsschreibung im Zeitalter der Französischen Revolution zwischen Aufklärung und Historismus.* In: Tel Aviver Jahrbuch für deutsche Geschichte 18 (1989), 1–28. – *Matthias Pape: Staatstheorie und Geschichtsauffassung zwischen Aufklärung und Romantik.* Johannes von Müller als Wegbereiter des neuen geschichtlichen Bewußtseins in Österreich. In: Historicum. Zeitschrift für Geschichte (Linz a.d. Donau), Ausgabe Frühling 1997. 7–15.

schichtsschreibung stand und den Freiheitskampf des Schweizer Volks gegen die usurpierte Herrschaft der Habsburger darstellte,[18] seine schon früh veröffentlichten Briefe[19] und über 350 Rezensionen begründet[20]. In der »Vorrede« zum dritten Band der *Geschichten schweizerischer Eidgenossenschaft*, die 1788 am Hof des Reichserzkanzlers in Mainz entstanden, schrieb Müller:[21]

»Der Staat, worin ich lebe [das Reich], und mein Geburtsland [die Schweiz] sind beyde durch Verbindung mit andern sicher, und gleich interessirt für die große Sache, daß in der menschlichen Gesellschaft barbarischer Despotismus und trotzige Gewalt nicht so viel vermöge als Licht und Recht. Beyde Bundessysteme, das Teutsche und das Schweizerische (denn auch das Reich ist eine nur anders geformte Eidgenossenschaft), haben Grundsätze der Gerechtigkeit, Begierde des Friedens und ein interessantes Verhältniß zu dem allgemeinen System mit einander gemein. Sie haben mit einander gemein, daß im Reich und in der Schweiz für das Nationalbeste die heilsamsten, für die Erhaltung die nothwendigsten, die preiswürdigsten und unverdächtigsten Maßregeln leicht ins Werk gesetzt werden können, sobald unzeitige Aengstlichkeit, politische Pedanterey, Schlummer und Eifersucht einer wahren Vaterlandsliebe und edlen Offenheit weichen müssen. Es wäre zu wünschen, daß, begeistert von hoher Nacheiferung, diese zwey Bundesrepubliken für das Wohl der Bürger und Bauern, und gegen künftige Gefahren, eine wachsamer, eine thätiger und stärker als die andere zu seyn trach-

[18] Müllers rhetorische Geschichtsschreibung, welche die Zeitgenossen in den Bann schlug, setzten seine Schüler nicht mehr fort. Sie wurde einer späteren Zeit so fremd, daß sie Müller zum Vertreter des »Frühhistorismus« stilisierte. Der Georgekreis hat sich gerade wegen Müllers Sprache wieder für sein Werk interessiert. – Vgl. z.B. *Friedrich Gundolf: Johannes von Müllers Schweizer Geschichte als deutsches Sprachdenkmal.* In: Wissen und Leben 25 (1922/23), 1–10, 53–63. Wieder in: *Johannes von Müller. Geschichten schweizerischer Eidgenossenschaft.* Ausgewählt u. eingeleitet von F. Gundolf. Leipzig 1923 (Die Schweiz im deutschen Geistesleben, Bd 13–15), 5–28. – Vgl. die von Ernst Bertram angeregte Dissertation von *Paul Requadt: Johannes von Müller und der Frühhistorismus.* München 1929.

[19] Vgl. z.B. *Briefe eines jungen Gelehrten an seinen Freund* [Briefe Müllers an Carl Viktor von Bonstetten]. Zum Besten der Schweizerwaisen herausgegeben [von Friederike Brun]. Tübingen 1802. – *Briefe zwischen Gleim, Wilhelm Heinse und Johann von Müller aus Gleims Nachlaß.* Hrsg. von W. Körte. Zürich 1806.

[20] Vgl. *Matthias Pape: Goethe und Johannes von Müller im Briefwechsel.* Zur Gründungsgeschichte der Jenaischen Allgemeinen Literatur-Zeitung. In: Jahrbuch des Freien Deutschen Hochstifts 1986. 155–178. – Müllers Rezensionen sind erst ansatzweise nachgewiesen. Vgl. *Ders.: Johannes von Müllers Rezensionen in der Jenaischen Allgemeinen Literatur-Zeitung.* In: Schaffhauser Beiträge zur Geschichte 63 (1986), 165–181. – *Ders.: Johannes von Müllers Rezensionen in der Allgemeinen Literatur-Zeitung* [Halle]. Ebd. 67 (1990), 289–320.

[21] Winterthur 1788. Neudruck in: *Johannes von Müller: Sämmtliche Werke.* Hrsg. von J. G. Müller. 27 Bde, Tübingen 1810–1819, Bd 19. Zitat LXIIf.

tete. Sie werden ohnedem keine die andere lang überleben; so wenig das Reich untergehen kann ohne äußerste Erschütterung benachbarter Staaten, so wenig darf die Erhaltung der Schweiz gleichgültiger scheinen als die von Bayern.

Daher (obwohl beyde nicht mehr wie ehemals *aneinander* geflochten sind, sondern besser *neben einander* bestehen) ich dafür gehalten habe, daß die Befestigung der einen und andern ein gemeinschaftlicher Vortheil sey. Der ist auch ein guter Eidgenosse, der mit reinem Patriotismus, angeborner Offenheit und Volksliebe die Gesetze und Interessen des Reichs bearbeitet, so wie der nicht weniger ein guter Diener des ersten Kurfürsten und Erzcanzlars [ist], welcher seine übrigen Stunden jener Schwester Eidgenossenschaft, seinem unvergeßlichen Vaterland weihet.«

Müller traf damit den Nerv der patriotisch gesinnten Zeit. Er wollte den »Nationalgeist« stärken, ohne den kein Volk leben könne. Zukunft habe nur die Nation, die ihren »Grundsätzen und Sitten« treu bleibe. Müller wollte diese Grundsätze der Schweizer Nation und mittelbar auch der deutschen Nation vor Augen stellen.[22] Dieser in der Aufklärung wurzelnde Patriotismus lag *vor* dem irrationalen Nationalismus, der von der Französischen Revolution ausstrahlte und einen solchen dann auch in Deutschland wachrief und behauptete sich später *neben* ihm.[23]

Zum Zentrum der Diskussion über die Reform der Reichsverfassung wurde seit 1785 der Hof des Reichserzkanzlers in Mainz, der dem Fürstenbund als ranghöchster und einziger katholischer Reichsfürst beigetreten war, um sich in der Tradition eines Berthold von Henneberg und Johann Philipp von Schönborn zum Führer des *parti mitoyen* gegen den Kaiser zu machen. Zur Fürstenbundspartei am Mainzer Hof zählten neben Erzbischof Friedrich Karl Joseph von Erthal dessen Nichte, Gräfin Sophie von Coudenhove, die ihren Einfluß bei Hofe zur Stärkung der preußischen Partei im Domkapitel nutzte, der preußische Gesandte Johann Friedrich vom Stein, Erthals Koadjutor Carl Theodor von Dalberg und als eigentlicher Protagonist der Kurmainzer Fürstenbundspolitik Johannes von Müller, den Erthal in die Geheime Staatskonferenz berufen hatte.[24] In Mainz liefen unmit-

[22] Vgl. Müllers Ausarbeitung zum »Namen Teutschland« und zur »teutschen Nation«, Juni 1789. Nachlaß Johannes von Müller. Stadtbibliothek Schaffhausen, Faszikel 133–3, 55.

[23] Vgl. *Rudolf Vierhaus: »Patriotismus«* – Begriff und Realität einer moralisch-politischen Haltung [zuerst 1980]. Wieder in: *Ders.: Deutschland im 18. Jahrhundert.* Politische Verfassung, Soziales Gefüge, Geistige Bewegungen. Ausgewählte Aufsätze. Göttingen 1987. 96–109.

[24] Zu den Parteien am Mainzer Hof *Marita Haller-Dirr: Johannes von Müller und das Reich.* Studien zur Kurmainzer Fürstenbundspolitik. In: Mainzer Zeitschrift 77/78 (1982/83), 1–86; 79/80 (1984/85), 87–154. – *Dies.: Johannes von Müllers »Minerva«, Sophie von Coudenhove.* Marginalien zu neuen Johannes-von-Müller-Briefen. In: Schaff-

telbar vor der Französischen Revolution die Fäden der Reichspolitik noch einmal zusammen.

Erthal verfolgte mit dem Beitritt zum Fürstenbund ein ehrgeiziges Ziel, das mit den Interessen der protestantischen Unionsfürsten nicht zu vereinbaren war: Er wollte die Konfessionen wiedervereinigen und eine von Papst und Kaiser unabhängige, von ihm selbst geführte deutsche Nationalkirche gründen. Darin bestärkte ihn der Mainzer Weihbischof und Generalvikar Valentin Heimes.[25] Diese Politik, die 1786 in der Emser Punktation der Erzbischöfe von Salzburg, Mainz, Köln und Trier gipfelte und in der Tradition der episkopalistischen Bestrebungen seit dem 17. Jahrhundert und des Febronianismus stand,[26] lief auf eine tiefgreifende Umgestaltung der Reichsverfassung hinaus.

Müller wirkte den episkopalistischen Plänen entgegen. Er verfaßte 1787 die *Darstellung des Fürstenbundes* – die wirkungsmächtigste Schrift über die Reichsverfassung vor Hegels Abhandlung, beide durch das einschneidende Ereignis der Revolution voneinander geschieden. Müller griff damit in den von Berlin und Wien lancierten Flugschriftenkampf auf seiten Preußens ein. Die Schrift bot eine eingehende, mit Reflexionen und Sentenzen durchsetzte Darstellung der Reichsverfassung und ihrer historischen Entwicklung seit dem Mittelalter und mündete in die Forderung nach Reformen. Sie erregte wegen ihrer pointierten Sprache Aufsehen: »Europa ist aus allen Krisen durch zweierlei Mittel gerettet worden; durch große Männer, oder durch Associationen. Letztere zu schließen kommt allen zu; der ersten einer zu werden, liegt ausser der menschlichen Wahl: man weiß nicht, wann Gott

hauser Beiträge zur Geschichte 55 (1978), 15–25. – *Hans Tümmler: Die Briefe Carl Augusts von Weimar an Sophie von Coudenhove 1787–1799.* Weimar und Mainz – letzte Versuche zu einer Reform des Alten Reichs. In: Jahrbuch der Sammlung Kippenberg NF 4 (1983), 180–255. – Zur geistigen Welt des ›goldenen Mainz‹: *Mainz – »Centralort des Reiches«.* Politik, Literatur und Philosophie im Umbruch der Revolutionszeit. Hrsg. von Ch. Jamme u. O. Pöggeler. Stuttgart 1986 (Deutscher Idealismus, Bd 11). – Zu den diplomatischen Abläufen *Aretin: Heiliges Römisches Reich 1776–1806* (wie Anm. 9), Kap. III: Der Fürstenbund, 162–240.

25 Heimes', nicht Müllers Einfluß erklärt den schwankenden Kurs der Kurmainzer Fürstenbundspolitik. Das übersieht *Karl Otmar von Aretin: Das Alte Reich 1648–1806,* Bd 3: Das Reich und der österreichisch-preußische Dualismus (1745–1806). Stuttgart 1997. 597, Anm. 56. – *Ders.: Katholische Aufklärung im Heiligen Römischen Reich.* In: *Ders.: Das Reich. Friedensordnung und europäisches Gleichgewicht 1648–1806.* Stuttgart 1986, 403–433. – Vgl. dagegen *Karl-Heinz Drobner: Johann Valentin Heimes (1741–1806).* Weihbischof in Worms und Mainz. Politiker und Seelsorger am Ausgang des Alten Reiches. Paderborn 1988 (Paderborner Theologische Studien, Bd 18). – *Burgdorf: Reichskonstitution und Nation* (wie Anm. 2) übersieht die Reichskirchenpolitik als Faktor der Mainzer Fürstenbundspolitik.

26 Beste Überblicksdarstellung bei *Heribert Raab: Der reichskirchliche Episkopalismus von der Mitte des 17. bis zum Ende des 18. Jahrhunderts.* In: Handbuch der Kirchengeschichte. Hrsg. von H. Jedin, Bd V. Freiburg [u.a.] 1970. 477–507.

einen Gustav oder einen Friedrich sendet; um so mehr gebührt es kleinen Staaten durch Bündnisse sich Kraft und Ansehen zu geben«.[27] Leitgedanke der Schrift – auf die sich Hegel 1801 in Jena bei der Arbeit an der Verfassungsschrift bezog[28] – war die Idee des politischen Gleichgewichts,[29] zu dessen Wiederherstellung im Falle seiner Zerstörung Bündnisse und Allianzen dienen könnten. Müller kreiste immer wieder um die Idee der »teutschen Freyheit«, die »uralte Grundfeste«, »um welche die edelsten Römer das rauhe Germanien beneidet« und die als »Prinzip« der Reichsverfassung alle Revolutionen überlebt habe.[30] Mit ihren vielen Fußnoten, Belegen und Zitaten aus der historischen und Staatsrechtsliteratur war die *Darstellung des Fürstenbundes* in das Gewand einer gelehrten Schrift gekleidet. In Wirklichkeit war sie eine Parteischrift, die durch ihre Rhetorik auf die Unionsfürsten und die Öffentlichkeit wirken sollte. Die Reichsgeschichte erschien als eine einzige Erfolgsgeschichte. Obwohl die Schrift anonym erschien, erkannten die Zeitgenossen an ihrem Stil den Autor der Schweizergeschichte.[31]

[27] Frankfurt, Leipzig 1787, zweite verb. Aufl. 1788. Hier 5. Buch, Kap. 3. – Es erschienen Ausgaben im Groß- und Kleinoktavformat mit unterschiedlicher Paginierung. Neudruck in *Müller: Sämmtliche Werke* (wie Anm. 12), Bd 9, 1811. 11–244 (hier auch die weiteren Schriften Müllers zum Fürstenbund). – Ohne Kenntnis von Müllers Autorschaft *Dieter Stievermann: Der Fürstenbund von 1785 und das Reich.* In: *Alternativen zur Reichsverfassung in der Frühen Neuzeit?* Hrsg. von V. Press u. D. Stievermann. München 1995 (Schriften des Historischen Kollegs. Kolloquien, Bd 23), 209–226. – Zur Fürstenbundspublizistik gibt es eine reichhaltige ältere Literatur. Vgl. *Wolfgang Zorn: Reichs- und Freiheitsgedanken in der Publizistik des ausgehenden 18. Jahrhunderts (1763–1792).* In: Darstellungen und Quellen zur Geschichte der deutschen Einheitsbewegung im neunzehnten und zwanzigsten Jahrhundert, Bd 2. Heidelberg 1959, 11–66. Hier 49–55. – Zuletzt *Burgdorf: Reichskonstitution und Nation* (wie Anm. 2) Kap. 6.

[28] *Hegel: Fragmente einer Kritik der Verfassung Deutschlands* (wie Anm. 1), 123 f.

[29] Vgl. *Edgar Bonjour: Die Idee des europäischen Gleichgewichts bei Johannes von Müller.* In: Historische Zeitschrift 182 (1956), 527–547. Wieder in: *Ders.: Studien zu Johannes von Müller.* Stuttgart, Basel 1957. 277–298. – *Paul Stauffer: Die Idee des europäischen Gleichgewichts im politischen Denken Johannes von Müllers.* Stuttgart, Basel 1960 (Basler Beiträge zur Geschichtswissenschaft, Bd 82).

[30] Dazu das 3. Buch »Von dem Reich der Teutschen«, Kap. 2, 4, 6. – Kap. 7 endet mit der Emphase: »Die Waage hängt. In jener Schaale liegt, was eure Väter, o Teutsche, an dem Römer verachtet, und an seinen Cäsarn gehaßt; in dieser, das ehrwürdige Kleinod euerer biderben Voraltern, die durch so mancher Helden Blut im Lauf achzehn stürmischer Jahrhunderte gegründete, behauptete, befestigte, germanische Freyheit und Reichsverfassung. Dort liegt Gold neben Fesseln; hier der seltene Ruhm, zugleich die stärkste und beste Nation zu seyn. Wer teutschen Sinn hat, kann der zweifeln?« – Zur Idee der »alten deutschen Freiheit« in Hegels Verfassungsschrift *Hans Maier: »... Diese dritte universale Gestalt des Weltgeistes«.* Weltgeschichtliches Denken in Hegels Verfassungsschrift. In: *Hegels Vorlesungen über die Philosophie der Weltgeschichte.* Hrsg. von E. Weisser-Lohmann u. D. Köhler. Bonn 1998 (Hegel-Studien, Beiheft 38), 15–33.

[31] Vgl. *Werner Kirchner: Johannes von Müller über den Fürstenbund.* Aus dem Nachlaß mit einer Einleitung von Otto Pöggeler hrsg. von Ch. Jamme. In: Deutsche Vierteljahrsschrift für Literaturwissenschaft und Geistesgeschichte 55 (1981), 419–456.

Die Reformeuphorie am Mainzer Hof spiegelt sich in vielen weiteren Denkschriften, die Müller für den Kurfürsten verfaßte, um ihn in seiner Reichspolitik zu bestärken: »Frédéric Charles Josephe nous fait luire de plus beaux jours. Dans ces grandes opérations, si décisives pour la dignité des loix, pour les fortunes et la bonheur de cent peuplades, que sans elles on ne sait pas trop pour quelle liberté les Allemands doivent combattre – rien peut se faire sans Mayence, et tout sous ses auspices«.[32]

Das Programm der Fürstenbundspartei war auf Reform *und* Erhalt der Reichsinstitutionen angelegt und weit entfernt von den Umgestaltungsplänen, wie sie Moser zwei Jahrzehnte zuvor in die Diskussion eingeführt hatte und wie sie Hegel anderthalb Jahrzehnte später erwog. Der Reformpartei ging es um die Einheit der Nation im politisch vielgestaltigen Reich – noch nicht um einen Nationalstaat. An der Reichsverfassung sollte grundsätzlich festgehalten werden. Die Reformer wollten dem Reich einen stärkeren nationalen Zusammenhalt durch die Reorganisation von Wissenschaft und Kultur geben. Herder verfaßte im Auftrag des Markgrafen von Baden die *Idee zum ersten patriotischen Institut für den Allgemeingeist Deutschlands* (1787), die in Anlehnung an Pläne von Leibniz die Gründung einer deutschen Akademie der Wissenschaften anstrebte.[33] Müller regte an, innerhalb eines Zeitraumes von 15 Jahren alle Gesetze als Grundlage für eine Verfassungsreform aufzuzeichnen und historische Darstellungen aller Reichsterritorien als Grundlage für eine Reichsgeschichte zu verfassen: »En France le cri de Paris, déterminé par les grands écrivains, arrête le bras du despotisme. Il seroit digne du principe de l'Union de perfectionner ainsi nos loix par les lumières réunis de meilleurs esprits. [...] Ainsi la littérature, comme chez les Ançiens, sera d'une utilité réelle à la patrie. Cet esprit gagnera«.[34] Darin spiegelt sich der Optimismus der aufgeklärten Reichspatrioten wider, die glaubten, Wissenschaft und Literatur könnten Hand in Hand mit der Politik die Verhältnisse ändern. Hierin lag auch eines der Motive Herzog Carl Augusts von Weimar, Literatur und Philosophie den nötigen Freiraum zu ihrer Entfaltung zu gewähren.[35] Alle diese Reformversuche scheiterten schließlich an den widerstreitenden Interessen der Unionsmitglieder, nicht zuletzt an Erthals hochfliegenden kirchenpolitischen Plänen, an denen namentlich Preußen nicht interessiert war.

[32] *Idée d'un Comité préparatoire des affaires de l'Union Germanique* [o.D., 1788]. Nachlaß Johannes von Müller. Stadtbibliothek Schaffhausen, Faszikel 133, Konvolut 2, fol. 11–13.

[33] *Johann Gottfried Herder: Sämtliche Werke.* Hrsg. von B. Suphan. Bd 16, Berlin 1887. 600–616.

[34] *Idée d'un Comité préparatoire* (wie Anm. 32). – Müllers Schüler *Heinrich Luden* legte mit der *Geschichte des Theutschen Volkes* (1825–1837) die erste Nationalgeschichte vor.

[35] Vgl. *Tümmler: Carl August von Weimar* (wie Anm. 13).

Dem Fürstenbund fehlte es nicht an Ideen und guten Vorsätzen, sondern an einer politisch-militärischen, die differierenden Interessen bündelnden Führungsmacht, nachdem Preußen unter Friedrich Wilhelm II. und seinem Außenminister Hertzberg neuen außenpolitischen Zielen zustrebte, die in den Bahnen traditioneller preußischer Machtpolitik und außerhalb des Reichs lagen.[36] Die Hoffnungen der Fürstenbundspartei endeten endgültig, als Österreich und Preußen 1790 einen Ausgleich ihrer Interessen fanden, den Kampf gegen die Revolution aufnahmen und bald darauf auch das Reich in die Auseinandersetzung mit dem revolutionären Frankreich zogen. Unterschwellig lebten die alten Konflikte aus den Jahren vor 1789, die Rivalität zwischen Wien und Berlin und der Selbstbehauptungswille der Klein- und Mittelstaaten gegenüber den beiden Vormächten, weiter und erleichterten der französischen Politik die Einflußnahme im Reich.

Die Sympathien der deutschen Gebildeten für die Revolution, aus deren Sicht ein korruptes und abgewirtschaftetes System abgelöst worden war, dem sie Ähnlichkeiten mit den deutschen Verhältnissen absprachen, verflogen innerhalb von nur zwei Jahren, als sich aus der Erstürmung der Bastille und der Einberufung der Nationalversammlung Jakobinerherrschaft und blutige Terreur entwickelten.[37] Willkürjustiz und Guillotine wirkten auf alle Stände in Deutschland abschreckend. Die anfängliche Begeisterung für die Revolution, wie sie Wieland, Herder und Schiller in Weimar, Heinse, Niklas Vogt und Müller in Mainz oder Schelling, Hölderlin und Hegel in Tübingen empfunden hatten, schlug mit der Hinrichtung Ludwigs XVI. im Januar 1793 in Ablehnung um. Friedrich Carl von Moser lehnte, kaum anders als Friedrich Gentz oder Wilhelm von Humboldt, die Freiheitsidee der Französischen Revolution ab: »Die ganze Idee [von der Freiheit des Menschen] in ihrer Darstellung und würcklichen Anwendung ist Unsinn, ist gegen die Ordnung des Schöpfers in der ganzen Natur. Manigfaltigkeit und Abstufung ist das Grosse und Schöne der Harmonie der Schöpfung, vom Elephanten zur Maus, vom Adler bis zur Fliege«.[38] Wieland betonte den Unterschied zwischen den politisch-sozialen Verhältnissen im Reich und in Frankreich und bekannte sich in seinen

[36] Vgl. *Harm Klueting: Die Lehre von der Macht der Staaten.* Das außenpolitische Machtproblem in der »politischen Wissenschaft« und in der praktischen Politik im 18. Jahrhundert. Berlin 1986 (Historische Forschungen, Bd 29), 236–273.

[37] Breiteste Übersicht bei *Kurt von Raumer: Deutschland um 1800.* Krise und Neugestaltung 1789–1815. In: *Ders. u. Manfred Botzenhart: Deutsche Geschichte im 19. Jahrhundert. Deutschland um 1800*: Krise und Neugestaltung. Von 1789 bis 1815. Wiesbaden 1980 (Handbuch der Deutschen Geschichte, Bd 3/I, 1. Teil).

[38] Zit. n. *Notker Hammerstein: Das politische Denken Friedrich Carl von Mosers.* In: Historische Zeitschrift 212 (1971), 316–338. Hier 329.

Betrachtungen über die gegenwärtige Lage des Vaterlandes (geschrieben im Januar 1793) zur Reichsverfassung: »Die dermalige Deutsche Reichsverfassung ist, ungeachtet ihrer unläugbaren Mängel und Gebrechen, für die innere Ruhe und den Wohlstand der Nazion im Ganzen unendlich zuträglicher und ihrem Karakter und der Stufe von Kultur, worauf sie steht, angemessener als die Französische Demokratie«. »Warum sollten wir so theuer und mit einem so ungeheuren Risiko erkaufen wollen, was wir wahrscheinlich ohne Empörung, ohne Desorganisation, ohne Verbrechen, ohne Aufopferung der gegenwätigen Generazion, von dem bloßen Fortschritt der Aufklärung und Moralität unter uns weit sichrer hoffen dürfen?«[39]

Nur ein Jahrzehnt später hatten die Revolutionskriege die Reichverfassung zum Einsturz gebracht.

II. Revolutionskriege und Reichsverfassung

Der Zusammenbruch der Reichsverfassung war seit 1795 vorgezeichnet, als Preußen im Frieden von Basel aus der Koalition ausschied, um sich den Anteil an der dritten Teilung Polens zu sichern. Preußen willigte in einem geheimen Zusatzvertrag in die Abtretung der linken Rheinseite an Frankreich ein und erhielt dafür die Zusicherung von Entschädigungen durch Säkularisationen im Reich.[40] Die Last des Reichskriegs fiel nun auf Österreich zurück, dessen Außenminister Thugut in Flugschriften den Vorwurf des Reichsverrats gegen Preußen schleudern ließ.[41] Damit war der deutsche Dualismus wieder voll entbrannt. Dem preußischen Sonderfrieden folgten die Staaten Nord- und Mitteldeutschlands im August 1796, indem die Neutralität Norddeutschlands durch eine neue Demarkationslinie erweitert

[39] *C.M. Wielands Sämmtliche Werke.* Bd 29: Vermischte Aufsätze. Leipzig 1797. 366–423. Hier 410 ff.

[40] Vgl. *Napoleonische Friedensverträge.* Bearb. von P. Hersche. Zweite, neubearb. Aufl. Bern 1973 (Quellen zur neueren Geschichte, Heft 5), 8. – Grundlegend *Paul Bailleu: König Friedrich Wilhelm II. und die Genesis des Friedens von Basel* [zuerst 1895]. Wieder in: *Ders.: Preußischer Wille.* Gesammelte Aufsätze. Hrsg. von M. Klinkenborg. Berlin 1924. 105–137. – *Willy Real: Der Friede von Basel.* In: Basler Zeitschrift für Geschichte und Altertumskunde 50 (1951), 27–112; 51 (1952), 115–228. – Nun auch *Basler Frieden 1795.* Revolution und Krieg in Europa. Hrsg. von Ch. Simon. Basel 1995. – *Angermeier: Deutschland zwischen Reichstradition und Nationalstaat* (wie Anm. 2) greift zu kurz, wenn er als Ausgangspunkt das Jahr 1801 wählt.

[41] Vgl. *Otto Tschirch: Geschichte der öffentlichen Meinung in Preußen vom Baseler Frieden bis zum Zusammenbruch des Staates (1795–1806).* Bd 1. Weimar 1933. – Die Flugschriften Müllers, der seit 1793 an der Haus-, Hof- und Staatskanzlei diente, gegen den Baseler Frieden im Teildruck in Müllers Werken (wie Anm. 21), Bd 18, 1814. 275 ff.

wurde.[42] Für Nord- und Mitteldeutschland bedeutete dies den Beginn einer zehnjährigen Friedensperiode. Ranke hat bemerkt, daß Carl August von Weimar, der zur Aufnahme des Obersächsischen Reichskreises in die norddeutsche Neutralitätszone wesentlich beigetragen hatte,[43] dadurch zu seinem Teil die Voraussetzungen für die Entwicklung der hohen Weimarer Klassik und des Jenaer Idealismus, für das Schaffen von Schiller, Fichte, Schelling und Hegel und für die Fertigstellung der »besten Theile« von Müllers Schweizergeschichte gelegt habe – »inmitten der kämpfenden Weltmächte« »unter der Aegide des preußischen Adlers«.[44] Hegel hat die Rolle Preußens kritischer gesehen, dem sich als »Garant[en] der Ruhe des Nordens« die übrigen Staaten fügen mußten: »Als die Nordische Koalition gegen Englands Prätensionen über die neutralen Schiffe in Krieg mit England zu gerathen schien, wurde Hannover[,] eines der Hauptbundesglieder, dem seine Neutralität garantirt war (nebst andern Reichsstädten)[,] von Preussen besetzt, wobei Hannover keine Unterstützung von Deutschland zu erwarten hatte«.[45]

Thugut suchte nun die militärische Entscheidung in Oberitalien – ohne Erfolg. Nach den Siegen 1796/97, die den Ruhm Napoleon Bonapartes begründeten, konnte dieser auch Österreich zum Frieden zwingen. Erzherzog Carl befürwortete den Frieden, Thugut lehnte ihn ab. In den geheimen Artikeln des Friedens von Campoformio wurde die Abtretung des linken Rheinufers geregelt und der Grenzverlauf bereits im einzelnen festgelegt.[46] Die Absicht Frankreichs und Österreichs, alle deutschen Fürsten, die durch den Friedensvertrag linksrheinische Gebiete verlieren würden, anderweitig in Deutschland zu entschädigen (Art. XII), bedeutete die Aner-

[42] Vgl. *Napoleonische Friedensverträge.* Bearb. von P. Hersche. (wie Anm. 40), 8–10. – Zu den Auseinandersetzungen zwischen den Reichsständen um Vermittlung und Bedingungen eines Reichsfriedens mit Frankreich 1794–1801 vgl. *Karl Härter: Reichstag und Revolution 1789–1806.* Die Auseinandersetzung des Immerwährenden Reichstags zu Regensburg mit den Auswirkungen der Französischen Revolution auf das Alte Reich. Göttingen 1992 (Schriftenreihe der Historischen Kommission bei der Bayerischen Akademie der Wissenschaften, Bd 46), 439–566.

[43] Vgl. *Tümmler: Carl August von Weimar* (wie Anm. 13), 112–122. – *Ders.: Der Friede des klassischen Weimar.* Wege und Erfolge Weimarischen Friedensbemühens am Beginn der hohen Klassik 1795/96. Ein Nachspiel zum Frieden von Basel. In: *Ders.: Goethe in Staat und Politik.* Gesammelte Aufsätze. Köln, Graz 1964 (Kölner Historische Abhandlungen, Bd 9), 104–131.

[44] *Leopold von Ranke: Hardenberg und die Geschichte des preußischen Staates von 1793–1813.* 1. Bd, 2. Aufl., Leipzig 1879. 286–288.

[45] So 1801 in den Jenaer Entwürfen zu seiner Verfassungsschrift. *Hegel: Fragmente einer Kritik der Verfassung Deutschlands* (wie Anm. 1), 139.

[46] Vgl. *Napoleonische Friedensverträge.* Bearb. von P. Hersche (wie Anm. 40), 14–18. – Zum italienischen Kriegsschauplatz *Rudolf Lill: Geschichte Italiens in der Neuzeit.* 4. durchges. Aufl. Darmstadt 1988, 67–74.

kennung des Prinzips der Säkularisation durch den Kaiser. Wenn diese zwar erst 1803 durchgeführt wurde und Franz II. erst 1806 die deutsche Kaiserkrone niederlegte, so war diese Entwicklung schon seit 1797 durch die Vertragspolitik der Hofburg vorgezeichnet. Während die Staaten des Dritten Deutschland, wie Kursachsen, im Kaiser immer noch den Schützer der Reichsverfassung sahen und darauf vertrauten, dieser werde die Interessen des Reichs bei den Verhandlungen mit Frankreich mitvertreten, hatten Kaiser Franz II. und sein Außenminister Thugut das Reich heimlich preisgegeben und den Interessen Österreichs geopfert. Thugut hatte sich den Friedensanträgen am Reichstag entgegengestemmt, die Fortsetzung des Reichskriegs gegen das revolutionäre Frankreich, das 1794 die österreichischen Niederlande an sich gerissen hatte, durchgesetzt und seine Kriegspolitik durch Flugschriften rechtfertigen lassen.[47] Die Hofburg verschwieg die Abtretung der linksrheinischen Gebiete auch dann noch, als der Kaiser auf der Grundlage der Integrität des Reichsgebiets zum Friedenskongreß nach Rastatt einlud.

Es war von vornherein illusorisch, den Erhalt des Reichs in Rastatt zu sichern. Die Verhandlungen zogen sich lange hin (von Dezember 1797 bis April 1799), da Österreich die Geheimartikel des Friedens von Campoformio nicht offenlegen wollte. Am Ende erzwangen die französischen Deputierten, begleitet von der erneuten französischen Besetzung von Mainz und der Rheinschanze gegenüber Mannheim, die Abtretung des gesamten linken Rheinufers gegen das Angebot einer rechtsrheinischen Entschädigung. Thugut spielte anschließend auf Zeit, um seine Verhandlungsposition zu verbessern und suchte im zweiten Koalitionskrieg erneut die militärische Auseinandersetzung. Österreich gelang zwar 1799 mit Hilfe der russischen Armee nochmals ein Siegeszug in Norditalien und die Räumung der Appeninhalbinsel zwischen Venedig und Piemont. Thugut schob dann aber die der eigenen Politik lästig gewordene russische Hilfsarmee in die Schweiz ab und nahm in Kauf, daß die Russen nach der Niederlage, die ihnen Masséna bei Zürich beibrachte, in die Heimat abzogen, während der aus Ägypten Ende 1799 zurückgekehrte Napoleon Bonaparte in der Schlacht bei Marengo im Juni 1800 die Niederlagen der Franzosen glänzend wettmachen konnte und damit die Niederlage Österreichs einleitete. Nach der Niederringung des letzten militärischen Aufgebots, das Österreich in der Schlacht bei Hohen-

[47] Hinter Thuguts Politik stand nach dem Eindruck Johannes von Müllers kein »tiefangelegter Plan«, sondern ein Agieren »von einem Tag zum andern«. So Müller Anfang 1804 im Gespräch mit Böttiger. Erstmals gedruckt bei *Karl August Böttiger: Literarische Zustände und Zeitgenossen*. Begegnungen und Gespräche im klassischen Weimar. Hrsg. von K. Gerlach u. R. Sternke. Berlin 1998. 326 f., 333. – Unkritisch *Karl A. Roider: Baron Thugut and Austria's Response to the French Revolution*. Princeton 1987. – Vgl. *Aretin: Heiliges Römisches Reich*, Bd 1 (wie Anm. 9), 321–344.

linden Ende 1800 ins Feld führte, war Thugut gezwungen, endlich Frieden zu schließen – und zwar auch für das Reich.[48]

Während der preußische Sonderfriede Norddeutschland vom Krieg verschont hatte, waren die im Einflußbereich Österreichs und Frankreichs liegenden süddeutschen Territorien durch zwei (und bald drei) Koalitionskriege (1792–1797, 1799–1802, 1805) ausgeblutet. Hier entstand der Eindruck, Österreich habe sie rücksichtslos geopfert, um seine Position zu behaupten. Hegel stellte die Teilung Deutschlands fest: »Die ganze Geschichte des Kriegs, die Trennung des nördlichen Deutschlands vom südlichen[,] die besondere Neutralitäts- und Friedens-Akte des erstern, während das letztere unter dem grausamsten Elend schmachtete, und sich also ganz von jenem verlassen sah, machen es klar, nicht nur daß Deutschland in unabhängige Staaten zertheilt ist, sondern auch ihr Interesse völlig getrennt ist«.[49]

Der Friede von Lunéville vom 9. Februar 1801 bestätigte weitgehend den Frieden von Campoformio.[50] Kaiser und Reich traten das linke Rheinufer vom helvetischen bis zum batavischen Gebiet an Frankreich ab. Dieser Friede – so kommentierte ihn Hegel – »hat endlich Deutschland nicht nur viele Rechte der Oberherrlichkeit in Italien genommen, sondern ihm das ganze linke Rheinufer entrissen und schon für sich die Anzahl seiner Fürsten vermindert und einen Grund gelegt, der die Zahl seiner Stände noch um viele vermindern, und die einzelnen Theile dem Ganzen, und den kleinern Ständen um so furchtbarer machen wird«.[51] Artikel VII des Lunéviller Vertrages sah, wie schon Artikel XII der geheimen Abmachungen von Campoformio, für die deutschen Fürsten eine anderweitige Entschädigung in Deutschland vor. Die in Campoformio vereinbarten Verwaltungs- und Friedensbestimmungen behielten ihre Gültigkeit und gelangten nunmehr zur Durchführung. Die österreichischen Truppen wurden aus dem Reich auf die Erblande zurückgezogen, im Gegenzug räumten die Franzosen das Reich.

Reichsrechtlich umgesetzt wurden die Bestimmungen des Lunéviller Friedens in dem Entschädigungsplan einer Reichsdeputation, den der Zar und Napoleon ausgearbeitet hatten.[52] Der Plan regelte die Säkularisation aller geistlichen Reichsstände und die Mediatisierung fast aller Reichsstädte, der Reichsfürsten, -grafen und der Reichsritterschaft. Der Reichstag ratifi-

[48] Vgl. *Lill: Geschichte Italiens in der Neuzeit* (wie Anm. 46), 74–78. - *Aretin: Heiliges Römisches Reich,* Bd 1 (wie Anm. 9), 345–356.

[49] Vgl. Jenaer Entwürfe zu seiner Verfassungsschrift (wie Anm. 45), 140. – Dazu nur kurz in der Reinschrift der Verfassungsschrift (1802/03). Ebd. 162.

[50] *Napoleonische Friedensverträge.* Bearb. von P. Hersche (wie Anm. 40), 19–25.

[51] So in der Reinschrift seiner Verfassungsschrift (1802/03). In: *Fragmente einer Kritik der Verfassung Deutschlands* (Anm. 1), 192.

[52] Vgl. *Uta Krüger-Löwenstein: Rußland, Frankreich und das Reich 1801–1803.* Zur Vorgeschichte der 3. Koalition. Wiesbaden 1972 (Frankfurter Historische Abhandlungen, Bd 2). Hier 85–94, 102–118.

zierte ihn im Februar 1803.[53] Daß die Kurie die Säkularisation widerspruchslos hinnahm, lag im Episkopalismus begründet. Die Emser Punktation hatte Rom so abgeschreckt, daß es die Schwächung der deutschen Kirche hinnahm. Daher wurden nach dem Zusammenbruch der Reichskirche und der Vakanz vieler Bischofsstühle die kirchlichen Verhältnisse lange nicht geregelt, so daß dem Staatskirchentum in den Rheinbundstaaten kein Einhalt geboten werden konnte.[54]

Die spürbare Erschütterung der Reichsverfassung infolge der Revolutionskriege warf wieder, wie zuletzt 1785 in Mainz, die Frage nach dem geistigen Mittelpunkt Deutschlands auf. Goethe klagte 1795 in Schillers *Horen:* »Aber auch der deutschen Nation darf es nicht zum Vorwurfe gereichen, daß ihre geographische Lage sie eng zusammenhält, indem ihre politische sie zerstückelt. Wir wollen die Umwälzungen nicht wünschen, die in Deutschland classische Werke vorbereiten könnten. [...] Nirgends in Deutschland ist ein Mittelpunkt gesellschaftlicher Lebensbildung, wo sich Schriftsteller zusammen fänden und nach Einer Art, in Einem Sinne, jeder in seinem Fache sich ausbilden könnten. [...] Denn die Bildung der höheren Classen durch fremde Sitten und ausländische Literatur, so viel Vortheil sie uns auch gebracht hat, hinderte doch den Deutschen als Deutschen sich früher zu entwickeln«.[55]

Schiller suchte wie Herder die Einheit der Nation im Geistigen. Angesichts der Auflösung des Reichsverbands notierte er in einem undatierten, vermutlich nach dem Frieden von Lunéville entstandenen Fragment, das später *Deutsche Größe* genannt wurde: »Deutsches Reich und deutsche Nation sind zweierlei Dinge.« »Abgesondert von dem politischen hat der Deutsche sich einen eigenen Wert gegründet, und wenn auch das Imperium unterginge, so bliebe die deutsche Würde unangefochten. Sie ist eine sittliche Größe, sie wohnt in der Kultur und im Charakter der Nation, die von ihren politischen Schicksalen unabhängig ist«.[56]

[53] Gedr. in: *Dokumente zur deutschen Verfassungsgeschichte*. Hrsg. von E. R. Huber. Bd. I: Deutsche Verfassungsdokumente 1803–1850. 3. neubearb. u. verm. Aufl. Stuttgart [u.a.] 1978. Nr. 1.

[54] Vgl. *Rudolf Lill: Die Säkularisation und die Auswirkungen des napoleonischen Konkordats in Deutschland.* In: *Deutschland und Italien im Zeitalter Napoleons.* Hrsg. von A. von Reden-Dohna. Wiesbaden 1979 (Veröffentlichungen des Instituts für Europäische Geschichte Mainz, Abt. Universalgeschichte, Beiheft 5), 91–103.

[55] Literarischer Sansculottismus. Wieder in: *Goethes Werke*. Weimarer Ausgabe, Serie I, Bd 40. Weimar 1901. 196–203. – Vgl. auch *Renate Stauf: Justus Mösers Konzept einer deutschen Nationalidentität.* Mit einem Ausblick auf Goethe. Tübingen 1991 (Studien zur deutschen Literatur, Bd 114).

[56] *Schillers Werke.* Nationalausgabe. Bd 2. Hrsg. von N. Oellers. Tl. 1, Weimar 1983. 431–436; Tl. 2, Kommentar. Weimar 1993. 257–262. – Dazu *Hans A. Kaufmann: Nation und Nationalismus in Schillers Entwurf »Deutsche Größe« und im Schauspiel »Wilhelm*

Unter dem Eindruck der Verhandlungen in Rastatt hatte Hegel 1799 in Frankfurt mit den Vorarbeiten zu seiner Schrift über die Reichsverfassung begonnen, die er 1801 in Jena – ausgelöst durch den Vertrag von Lunéville – zu größeren Teilen ausarbeitete und mit deren Reinschrift er 1802/3 begann, die er aber etwa zur Hälfte unvollendet ließ.[57] Die Schrift war zugleich Beschreibung der Reichsverfassung, kritische Reflexion und Plädoyer für deren Erneuerung. Sie folgte damit der Tendenz von Müllers *Darstellung des Fürstenbundes*, die Hegel wegen ihres Stoffreichtums neben Pütters *Historische[r] Entwickelung der heutigen Staatsverfassung des Teutschen Reichs* (1786/87) und anderen Werken des Reichsrechts herangezogen hat.[58] Sie kreiste auch um dieselben Begriffe wie Müllers Schrift: die deutsche Freiheit und das System des europäischen Gleichgewichts als Mittel gegen die Universalmonarchie. Während jedoch Müller die Reichsgeschichte in leuchtenden Farben gemalt hatte, beklagte Hegel unter den politisch völlig geänderten Verhältnissen, daß sich im Reich die »Anarchie« »von der Freyheit geschieden« habe.[59] Seine Freunde Isaac von Sinclair als Vertreter Hessen-Homburgs und Hölderlin hielten sich Ende 1798/Anfang 1799 in Rastatt und 1802 in Regensburg auf, als über die territoriale Neugliederung im Reich verhandelt wurde.[60] Sie werden Hegel davon berichtet haben. Für Hegel war das Freiheitsideal der Französischen Revolution längst zur Illusion geworden: »Durch den zehenjährigen Kampf, und das Elend eines grossen Theils von Europa, ›ist‹ soviel wenigstens an Begriffen gelernt worden«, »um gegen ein blindes Geschrey der Freyheit unzugänglicher zu werden. In diesem blutigen Spiel ist die Wolke der Freyheit zerflossen, in deren ver-

Tell«. Frankfurt am Main [u.a.] 1993 (Münchener Studien zur literarischen Kultur in Deutschland, Bd 19), 37–47, zur Datierung 71–77. – Zum Nationalbewußtsein auf der Grundlage gemeinsamer Sprache und Kultur, v. a. bei Wilhelm von Humboldt, *Angermeier: Deutschland zwischen Reichstradition und Nationalstaat* (wie Anm. 2), 77–88.

[57] Vgl. den editorischen Bericht von Kurt Rainer Meist zu *Hegel: Gesammelte Werke*, Bd 5 (wie Anm. 1), der neben der Überlieferungs- und Entstehungsgeschichte der Texte einen vorzüglichen Stellenkommentar enthält. Hier 555.

[58] Hegels Notizen aus Pütters *Staatsverfassung des Teutschen Reichs* in: *Hegel: Gesammelte Werke*, Bd 5 (wie Anm. 1), 207–210. – Zu der von Hegel benutzten Literatur vgl. die Überlegungen Meists (wie Anm. 57), 751 ff., 759 f., 786 u. passim. Meist zieht Müller zwar heran (vgl. 772 f.), wenn auch nicht bei der Erörterung des Begriffs der Universalmonarchie, 778.

[59] Vgl. Jenaer Entwürfe zu seiner Verfassungsschrift (wie Anm. 45), 149.

[60] Vgl. *Otto Pöggeler: Politik aus dem Abseits.* Hegel und der Homburger Freundeskreis. In: *Homburg vor der Höhe in der deutschen Geistesgeschichte.* Hrsg. von Ch. Jamme u. O. Pöggeler. Studien zum Freundeskreis um Hegel und Hölderlin. Stuttgart 1981 (Deutscher Idealismus, Bd 4), 67–98. – *Christoph Jamme: Isaak von Sinclair.* Politiker, Philosoph und Dichter zwischen Revolution und Restauration. Bonn 1988 (Neuzeit und Gegenwart, Bd 6), 13 f., 27–29. – *Ursula Brauer: Isaac von Sinclair.* Eine Biographie. Stuttgart 1993 (Schriften der Hölderlin-Gesellschaft, Bd 15), 125–139.

suchten Umarmung sich die Völker in den Abgrund des Elends gestürtzt haben«.[61]

Als Hegel 1798 die Flugschrift des Advokaten Cart gegen die Unrechtsherrschaft der Berner über das Waadtland übersetzte, wies er in einer Anmerkung auf die ständische Repräsentation im Waadtland hin und bezog sich dabei auf Müllers Schweizergeschichte, die er in Frankfurt und in den frühen Jenaer Jahren eifrig las.[62] Die Idee der ständischen Repräsentation war Hegels Antwort auf die Revolution. Er hielt an ihr auch in den Entwürfen seiner Verfassungsschrift fest und suchte die Reform im Rahmen einer Umgestaltung der Reichsverfassung.[63] Eine völlige Aufhebung der seit Jahrhunderten bestehenden Reichsverfassung lag auch im Jahr 1801 noch außerhalb seines Vorstellungsvermögens. Hegel wollte die Kurien der Kurfürsten und der Reichsfürsten erhalten und die Volksrepräsentation durch die Umwandlung der Städtebank in eine gewählte Volksvertretung einführen, während andere (ebenso private) Verfassungsanalysen und -entwürfe zwischen 1791 und 1800 die Reichsverfassung überhaupt ablösen wollten und sich an der französischen Repräsentativ- bzw. Direktorialverfassung orientierten, wie 1799 der (anonyme) Autor der Verfassung für eine Süddeutsche Republik.[64] Als Mediatisierung und Säkularisation 1803 die Reichsverfassung zerschlugen, brach Hegel die Reinschrift ab. Welchen Sinn hätte es nun gehabt, die Reichsverfassung kritisch zu kommentieren?[65]

[61] So 1801 in Jena (wie Anm. 45), 149.

[62] Zur Cart-Schrift *Pöggeler: Der Geschichtsschreiber Johannes von Müller im Blickfeld Hegels* (wie Anm. 17), hier 280–283. Auch *ders.: Hegel und die Französische Revolution.* In diesem Band, 210–225, Kap. II.

[63] Vgl. *Pöggeler: Der Geschichtsschreiber Johannes von Müller im Blickfeld Hegels* (wie Anm. 17), 284 f. – Unzutreffend *Angermeier: Deutschland zwischen Reichstradition und Nationalstaat* (wie Anm. 2) (40–42), Hegel habe mit der Reichstradition radikal gebrochen; in seiner Verfassungsschrift habe sich »philosophischer Tiefsinn« mit »historischer Unkenntnis« gemischt; Hegel habe nicht die Wiederherstellung des Reichs, sondern einen neuen, »reichsfremden Staat« angetrebt. – Auch die frühen Gründungen unabhängiger Republiken 1792/93 im ehemaligen Fürstbistum Basel (Rauracische Republik), in der Südpfalz, den ehemaligen österreichischen Niederlanden (aber nicht in der Mainzer Republik) verliefen in den Bahnen ständischen Verfassungsdenkens. Vgl. *Monika Neugebauer-Wölk: Reich oder Republik?* Pläne und Ansätze zur republikanischen Neugestaltung im Alten Reich 1790–1800. In: *Reich oder Nation?* Mitteleuropa 1780–1815. Hrsg. von H. Duchhardt u. A. Kunz. Mainz 1998, 21–50. Hier 38.

[64] Dieser u.a. Verfassungsentwürfe in *Die Anfänge des Konstitutionalismus in Deutschland.* Texte deutscher Verfassungsentwürfe am Endes des 18. Jahrhunderts. Hrsg. von H. Dippel. Frankfurt am Main. 1991, 177–234. – Dazu *Neugebauer-Wölk: Verfassungsideen in praktischer Absicht?* (wie Anm. 15). Bes. 70–72. – Zu Hegels Reformvorschlägen vgl. Jenaer Entwürfe (wie Anm. 45), 154–156.

[65] Vgl. die Interpretationen von *Hans Maier: Hegels Schrift über die Reichsverfassung.* In: Politische Vierteljahresschrift 4 (1963), 334–349. – *Otto Pöggeler: Hegels Option für Österreich.* Die Konzeption korporativer Repräsentation. In: Hegel-Studien 12 (1977), 83–128, hier 119 ff. – *Udo Rameil: Restitutio Imperii?* Betrachtungen zu Sinclairs Ent-

Deren Aushöhlung erfolgte nach 1803 Zug um Zug, sowohl von seiten Frankreichs wie von seiten Österreichs und der Mittelstaaten. Napoleon nahm nach einem Plebiszit im Mai 1804 die erbliche Würde eines Kaisers der Franzosen an. Das war nicht als Konkurrenz zur römisch-deutschen Kaiserkrone, sondern als deren Sprengmittel gedacht.[66] Franz II. sah darin einen Prestigeverlust für die römisch-deutsche Kaiserwürde und nahm im August 1804 die österreichische Kaiserwürde an. Mit der alten Reichsverfassung war dies nicht zu vereinbaren. Die Anerkennung dieser Würde machte Napoleon von der Anerkenung seines Kaisertitels durch den Habsburger abhängig. Der Hofburg, die jede Provokation Napoleons vermeiden wollte, um nicht wieder in einen Krieg hineingezogen zu werden, für den Österreich nicht gerüstet war, blieb keine andere Wahl, als Napoleons Wünschen nachzugeben. Der österreichischen Außenpolitik fehlte unter Johann Ludwig Cobenzl, einem Karrierediplomaten aus Kaunitz' Schule, und dem »äußerst bigotten« und geistig »beschränkten« Franz Colloredo in den entscheidenden Jahren zwischen dem Frieden von Lunéville und der Schlacht bei Austerlitz jede größere Konzeption.[67] Gentz, der den gemeinsamen Kampf der europäischen Mächte gegen Napoleon forderte, hielt das Gespann Colloredo-Cobenzl für »das schwächste Ministerium, das je die Sonne beschien«.[68] Die Situation wurde durch die Entschlußlosigkeit des Kaisers, der mal von der Kriegspartei, mal von der Friedenspartei bedrängt wurde, und durch die Wirrnisse in der Haus-, Hof- und Staatskanzlei noch verschärft. Die Annahme der österreichischen Kaiserwürde warf sogleich die Frage auf, »was sie in Hinsicht auf das deutsche Wahlkaiserthum für Folgen haben wird, ob sie das Gefühl ausdrükt, wie undankbar dieses Amt in den lezten Zeiten für die mächtige Monarchie, die es ausübte, gewesen ist: das sind Zweifel von mehr als publizistischem Interesse«.[69] Darin drückte sich die

wurf einer Verfassung Deutschlands mit Rücksicht auf Hegels Verfassungsschrift. In: *»Frankfurt aber ist der Nabel dieser Erde«*. Das Schicksal einer Generation der Goethezeit. Hrsg. von Ch. Jamme u. O. Pöggeler. Stuttgart 1983 (Deutscher Idealismus, Bd 8), 135–167. Hier 144–162. – *Maier: Weltgeschichtliches Denken in Hegels Verfassungsschrift* (wie Anm. 30).

[66] So *Raumer: Deutschland um 1800* (wie Anm. 37), 163.

[67] Zur Außenpolitik der Hofburg, zu den Parteien in Wien und zur Organisation der Haus-, Hof- und Staatskanzlei *Matthias Pape: Johannes von Müller*. Seine geistige und politische Umwelt in Wien und Berlin 1793–1806. Bern, Stuttgart 1989. Kap. 3: Im Vorfeld der Dritten Koalition – Johannes von Müllers Dresdner Mission, bes. 88–116. – Müller berichtete über die Wiener Interna Anfang 1804 in Weimar. Dazu die Aufzeichnung *Böttigers: Literarische Zustände und Zeitgenossen* (wie Anm. 47), 324–327, hier das zitierte Urteil über Colloredo.

[68] *Brief von Gentz an Brinkmann in Berlin*, Wien, 7.9.1803. In: *Briefe von und an Friedrich von Gentz*. Hrsg. von F. C. Wittichen und E. Salzer. Bd 2. München, Berlin 1913. 173.

[69] So ein Artikel in den Europäischen Annalen (im Folgenden EA) 1804 Bd III. 17.

Sorge aus, die römisch-deutsche Kaiserwürde könne nicht mehr lange behauptet werden.

Napoleon errang den Sieg über Rußland und Österreich bei Austerlitz im Bündnis mit den süddeutschen Staaten, die er mit Titelerhöhungen belohnte. Er zwang den Kaiser im Frieden von Preßburg im Dezember 1805, die Königswürde Bayerns und Württembergs und das Ausscheiden beider Staaten aus dem Reichsverband anzuerkennen (Art. VII).[70] Kein Thema der Publizistik war die (bisher wenig erforschte) Absicht Frankreichs, ein drittes Kaisertum zu begründen. Talleyrand gab Ende 1805 die Devise aus: »Kein Kaiser von Deutschland mehr! Drei Kaiser in Deutschland: Frankreich, Österreich, Preußen. Kein Regensburg mehr«.[71] Bemerkenswert ist daran nicht nur, daß Preußen, offensichtlich um Österreich unter Druck zu setzen, zum Kaiserreich aufgewertet werden sollte, wozu sich Friedrich Wilhelm III. aber nicht durchringen konnte,[72] sondern daß Frankreich ganz unverhohlen als dritter Kaiser in Deutschland genannt wurde. Das ließ sich nur durch Mitwirkung der Staaten des ›Dritten Deutschland‹ erreichen, die Napoleon im Juli 1806 im Rheinbund unter seiner Ägide zusammenschloß.[73]

Nach der förmlichen Austrittserklärung der Rheinbundfürsten aus dem Reichsverband riet der aus Mainz stammende und den Reichspatrioten nahestehende österreichische Außenminister Johann Philipp Stadion Franz II. im August 1806, die deutsche Kaiserkrone niederzulegen und »Amt« und »Würde des Reichsoberhaupts« für »erloschen« zu erklären.[74] In Wien

[70] Vgl. *Napoleonische Friedensverträge*. Bearb. von P. Hersche (wie Anm. 40), 37–44. – *Eberhard Weis: Bayern und Frankreich in der Zeit des Konsulats und des ersten Empire (1799–1815)*. In: Historische Zeitschrift 237 (1983), 559–595.

[71] Vgl. *Talleyrands Schreiben an d'Hauterive*, München, 27.10.1805. In: *Talleyrand: Mémoires*, Bd I: 1754–1807. Hrsg. von P.-L. Couchoud u. J.-P. Couchoud. Paris 1957. 385 *(Raumer: Deutschland um 1800* [Anm. 37], 161, datiert das Schreiben irrtümlich auf 1801). – *Kurt von Raumer: Politiker des Masses*? Talleyrands Straßburger Friedensplan (17. Oktober 1805). In: Historische Zeitschrift 193 (1961), 286–368.

[72] Vgl. *Memoiren des Fürsten Talleyrand*. Hrsg. von Herzog von Broglie. Deutsche Original-Ausgabe von Adolf Ebeling. Bd I. Köln, Leipzig 1891. 239. – Zum norddeutschen Kaisertum knappe Hinweise bei *Tschirch: Geschichte der öffentlichen Meinung*. Bd 2 (wie Anm. 41), 154. – *Helmut Tiedemann: Der deutsche Kaisergedanke vor und nach dem Wiener Kongreß*. Breslau 1932 (Untersuchungen zur Deutschen Staats- und Rechtsgeschichte, H. 143), 33 f. - *Pape: Johannes von Müller* (wie Anm. 67), 233 f. – Ohne darauf einzugehen *Thomas Stamm-Kuhlmann: König in Preußens großer Zeit*. Friedrich Wilhelm III., der Melancholiker auf dem Thron. Berlin 1992.

[73] Rheinbundakte bei *Huber: Dokumente zur deutschen Verfassungsgeschichte* (wie Anm. 53), Nr. 2.

[74] So die Erklärung über die Niederlegung der Kaiserkrone durch Franz II., 6.8.1806. Gedr. bei Huber: *Dokumente zur deutschen Verfassungsgeschichte* (wie Anm. 53), Nr. 5. – Vgl. *Hellmuth Rößler: Graf Johann Philipp Stadion*. Napoleons deutscher Gegenspieler, Bd I: 1763 bis 1809. Wien, München 1966. 225–255. – Gegen die Kritik (von Srbik,

herrschte die Befürchtung, Napoleon wolle – so der kurböhmische Gesandte am Reichstag und Bruder des österreichischen Außenministers Friedrich Lothar Stadion – die »Reorganisation des deutschen Reiches« dazu benutzen, um »sich selbst als das Reichsoberhaupt aufzustellen oder einen der von ihm dependenten Fürsten zum deutschen Kaiser zu bestimmen« und »vielleicht alte kaiserliche Rechte wieder aufleben zu machen und sie in ihrer vollen Stärke und Anwendung selbst gegen das Haus Österreich« »in Ausübung zu bringen«.[75]

Die Kenntnis der Akten erlaubt uns heute ein sichereres Urteil. Napoleon strebte nicht nach der deutschen Kaiserkrone. Wichtiger waren ihm souveräne deutsche Einzelstaaten, »die einigermaßen zuverlässige Bundesgenossen waren«.[76] Die Rheinbundfürsten, allen voran Bayern, Württemberg, Baden, Hessen-Darmstadt und Nassau, nutzten die Souveränität, die sie nach innen gewonnen hatten, um zentral regierte Staaten aufzubauen. Die neuen Souveräne beseitigten mit dem Eifer aufgeklärter Despoten die längst als lästig empfundenen altständischen Privilegien und setzten auf der Basis der neuen französischen Zivilrechts die unumschränkte Landeshoheit in den säkularisierten geistlichen Herrschaften und den mediatisierten Reichsstädten und Territorien der Reichsgrafen und Reichsritterschaft durch.[77] Damit nahm eine Entwicklung ihren Lauf, die dem alten Reichsgedanken entgegenlief und von den Reichspatrioten abgelehnt wurde.

Rößler und Aretin) an der Politik der Hofburg im Jahr 1804 *Walter Ziegler: Franz II.* (1792–1806). In: *Die Kaiser der Neuzeit 1519–1918.* Heiliges Römisches Reich, Österreich, Deutschland. Hrsg. von A. Schindling u. W. Ziegler. München 1990, 289–306, hier 300–306. – Dazu jüngst von österreichischer Seite *Helmut Rumpler: Österreichische Geschichte 1804–1914.* Eine Chance für Mitteleuropa. Bürgerliche Emanzipation und Staatsverfall in der Habsburgermonarchie. Wien 1997. 54–68.

75 Gedr. bei *Aretin: Heiliges Römisches Reich,* Bd 2 (wie Anm. 9), 341.

76 Dazu am eingehendsten *Eberhard Weis: Napoleon und der Rheinbund.* In: Deutschland und Italien im Zeitalter Napoleons (wie Anm. 54), 57–80, hier 77. Wieder in: *Ders.: Deutschland und Frankreich um 1800.* Aufklärung, Revolution, Reform. Hrsg. von W. Demel u. B. Roeck. München 1990. 186–217.

77 Als die wichtigsten Arbeiten seien genannt: *Eberhard Weis: Der Einfluß der französischen Revolution und des Empire auf die Reformen in den süddeutschen Staaten.* In: Francia 1 (1973), 569–583. – *Elisabeth Fehrenbach: Traditionale Gesellschaft und revolutionäres Recht.* Die Einführung des Code Napoléon in den Rheinbundstaaten. Göttingen 1974 (3. unveränd. Aufl. 1983) (Kritische Studien zur Geschichtswissenschaft, Bd 13). – *Dies.: Politischer Umbruch und gesellschaftliche Bewegung.* Ausgewählte Aufsätze zur Geschichte Frankreichs und Deutschlands im 19. Jahrhundert. München 1997. – Vgl. die Beiträge in: Deutschland und Italien im Zeitalter Napoleons (wie Anm. 54). – Auch in *Deutschland zwischen Revolution und Restauration.* Hrsg. von H. Berding u. H.-P. Ullmann. Düsseldorf 1981. – *Reformen im rheinbündischen Deutschland.* Hrsg. von E. Weis. München 1984 (Schriften des Historischen Kollegs, Kolloquien, Bd 4). – *Andreas Schulz: Herrschaft durch Verwaltung.* Die Rheinbundreformen in Hessen-Darmstadt unter Napoleon (1803–1815). Stuttgart 1991 (Frankfurter Historische Abhandlungen, Bd 53).

III. Die verfassungspolitischen Vorstellungen des reichspatriotischen Lagers nach 1803

Die Reichspatrioten hofften, daß die von ihnen seit den achtziger Jahren geforderte Reichsreform mit Napoleons Hilfe womöglich doch noch auf den Weg käme. Das war nicht so illusionär, wie es im Rückblick scheint. Napoleons Reichspolitik vollzog sich schrittweise, ohne daß ihm selbst die endgültige Gestalt Deutschlands von Anfang an vor Augen gestanden hätte.[78] Er knüpfte – zumindest anfänglich – formal an die Reichstradition an. Napoleon nährte bewußt manche Illusion, indem er den Herrschaftsanspruch über Deutschland auf subtile Weise mit Symbolen verband, durch die er sich in die Kontinuität der Reichsidee stellte, nicht zuletzt durch den Karlskult, den er in Aachen pflegte.

Napoleon nahm im September 1804, vor seiner Kaiserkrönung im Dezember, die Residenz Karls des Großen geradezu demonstrativ in Besitz, um sich in die Nachfolge Charlemagnes zu stellen.[79] Dort empfing er den Botschafter des Kaisers von Österreich zur Übergabe seines Beglaubigungsschreibens. Damit nahm er die Reichsidee für sich in Anspruch, die Franz II. nur noch mit Mühe für das Haus Habsburg zu behaupten vermochte. So war der seit dem Frühmittelalter erhobene Anspruch des französischen Königtums auf die Ebenbürtigkeit neben dem römisch-deutschen Kaisertum kurz vor Untergang des Alten Reichs noch erreicht worden. Von Aachen reiste Napoleon ins nahe Mainz, dem Sitz des Reichserzkanzlers, das nun auch auf französischem Boden lag und wo Napoleon seinen ersten deutschen Fürstentag abhielt. Daran nahmen allerdings nur Carl Theodor von Dalberg, der Kurfürst von Hessen-Kassel und Karl Friedrich von Baden teil, während die übrigen Reichsfürsten die Huldigung gegenüber Napoleon – vorerst noch – vermieden und sich durch Gesandte vertreten ließen.[80]

Napoleons geschickt inszenierter Herrscherkult machte einen nicht unerheblichen Teil der Faszination aus, die er auf einen Teil der Gebildeten in Deutschland ausübte. Die ihm nahestehenden historisch-politischen Zeitschriften griffen den Karlskult Napoleons auf und warben für den Kaiser der Franzosen als neuen Karl den Großen. Napoleons Bewunderer, ob Reichspatrioten oder Befürworter der Revolutionsideale, sahen in ihm den von der Geschichte bestimmten Nachfolger Karls des Großen, dem es

[78] Das arbeitet *Weis: Napoleon und der Rheinbund* (wie Anm. 76) heraus.

[79] Einzelbelege bei *Matthias Pape: Der Karlskult an Wendepunkten der neueren deutschen Geschichte* In: Historisches Jahrbuch 120 (2000) 138–181.

[80] Vgl. *Konrad Maria Färber: Kaiser und Erzkanzler. Carl von Dalberg und Napoleon am Ende des Alten Reiches.* Die Biographie des letzten geistlichen Fürsten in Deutschland. Regensburg 1988 (Studien und Quellen zur Geschichte Regensburgs, Bd 5), 71 f.

womöglich gelingen könnte, Deutschland zu erneuern. Die schrittweise Ausschaltung der beiden deutschen Vormächte aus der Reichspolitik schien außerdem Gestaltungsraum für die kleineren Staaten des ›Dritten Deutschland‹ zu eröffnen. Die Enttäuschung des *parti mitoyen* über Preußen klingt noch in der Erklärung der Rheinbundfürsten über den Austritt aus dem Reich nach, hätten doch seit dem Frieden von Basel »nothwendig alle Begriffe von gemeinschaftlichem Vaterlande und Interesse verschwinden« müssen.[81]

So trat das reichspatriotische Lager nach 1803 bzw. nach 1806, wenn auch nicht geschlossen und nur allmählich und mehr mit Hoffnungen als mit Zusicherungen, auf Napoleons Seite. Es hatte seinen stärksten Rückhalt im Westen, Südwesten und Süden, also im Kernraum des Reichs, dessen Fürsten, wie Karl Friedrich von Baden, Friedrich von Württemberg oder Max Joseph von Bayern, Napoleon Rangerhöhungen, den Gewinn der Souveränität und bedeutenden territorialen Zuwachs verdankten. Seine publizistischen Wortführer waren Niklas Vogt, Herausgeber und Verfasser der meisten Beiträge in den *Europäischen Staats-Relationen* (Frankfurt am Main 1804–1809), die im *Rheinischen Archiv für Geschichte und Litteratur* (Mainz, Wiesbaden 1809–1814) fortgesetzt wurden, und Peter Adolf Winkopp, der Schützlings Moses Mendelssohns und in kurmainzer Diensten, mit dem offiziösen *Rheinischen Bund* (Frankfurt am Main 1806–1813).[82]

Bezeichnend für den Tenor des auf Reichreform gestimmten Lagers war die Klage von Niklas Vogt aus dem Jahr 1803: »Das deutsche Reich ist nichts anders, als ein Chaos unförmlicher, blos durch Noth und Zufall herbeygeführter Verhältnisse und Gesetze« – eine an Hegels Verfassungsschrift erinnernde Klage. Die weitgehenden Rechte der Reichsstände verhinderten »aus Deutschland einen zusammenhängenden Staat zu bilden«, »um es als eine Bundesrepublik bestehen zu lassen«. Dieser Fehler der deutschen Staatsverfassung hätte behoben werden können, wenn der Fürstenbund dafür genutzt worden wäre. Vogt hoffte darauf, daß die von Napoleon erzwungenen territorialen Veränderungen »heilsame Reformen« in Gang bringen wür-

[81] So die Rheinbundfürsten in ihrer Erklärung bei Austritt aus dem Reich am 1.8.1806. Gedr. bei *Huber: Dokumente zur deutschen Verfassungsgeschichte* (wie Anm. 53), Nr. 3.

[82] Vgl. *Ursula Berg: Niklas Vogt (1756–1836)*. Stuttgart 1992 (Beiträge zur Geschichte der Universität Mainz, Bd 16). – *Eduard Ziehen: Winkopps »Rheinischer Bund« (1806–13) und der Reichsgedanke.* Ein Beitrag zur Überwindung der Mainlinie. In: Archiv für hessische Geschichte und Altertumskunde NF 18 (1935), 292–326. – Zur Rheinbund-Publizistik, insbesondere zu Winkopps »Rheinischem Bund«, *Gerhard Schuck: Rheinbundpatriotismus und politische Öffentlichkeit zwischen Aufklärung und Frühliberalismus.* Stuttgart 1994 (Frankfurter Historische Abhandlungen, Bd 36), 117–213, 215–300.

den, damit »unsere Nachkommen einmal wieder mit Stolz aufstehen und sagen konnten: Wir sind Deutsche!«[83] Damit war, noch vor Gründung des Rheinbundes, der Tenor der nationalen Erwartungen an Napoleon zum Ausdruck gebracht.

Niklas Vogt, bis zur Auflösung der Universität durch die Franzosen Professor für Geschichte in Mainz und Theoretiker der Gleichgewichtsidee, erwartete von Napoleon, daß er Staat und Kirche »einen Frieden und eine Organisation geben werde, welche eine schönere und mildere Epoche versprechen.«[84] »Er wird als Garant des westphälischen und Lüneviller Friedens das Gleichgewicht im deutschen Reiche erhalten, was allein seine zerrüttete Konstitution sichern kann«.[85] Vogt sah in der Säkularisation und der Umgestaltung der Reichsverfassung eine Möglichkeit, die Gebrechen des Alten Reichs durch eine politische Neuorganisation zu beheben. Aufgeklärte Kultur und Wissenschaft sollten helfen, den Gemeingeist in Deutschland zu beleben. Vogt wünschte sich, wie schon Herder und Johannes von Müller in der Fürstenbundsära, einen wissenschaftlichen Vereinigungspunkt für ganz Deutschland in Form einer Akademie.[86] Er hegte die Hoffnung, Napoleon werde den Rheinbund zu einem »großen Föderativstaat« ausgestalten, in dem viel von der Reichstradition, jedoch ohne die alte »Zwietracht seiner Fürsten, seiner Theologen und seiner Völker« weiterleben könnte.[87] Die deutsche Nation »wird entweder wie die polnische getheilt, oder muß ihre Kraft von der Energie eines großen Fürsten erwarten«[88] – dieser konnte nur Napoleon sein. Vogt setzte auf das Zusammenwirken von Napoleon als »Protektor« des Rheinbundes mit dessen »Fürst-Primas« Carl Theodor von Dalberg.

Dalberg, der Erthal 1802 auf dem Mainzer Erzstuhl gefolgt war und Mainz schon 1803 im Zuge der Säkularisation räumen mußte, war Napole-

[83] *Niklas Vogt: Die gescheiterten [Reichsreform-]Projekte dieses und des vorigen Jahrhunderts.* Nach öffentlichen und geheimen Nachrichten. Frankfurt am Main 1804. Wieder in: *Ders.: Europäische Staats-Relationen.* Frankfurt am Main[im Folgenden EStR] Bd 1, 1804. 1–68, Zitate 20, 28. – Der Begriff »Bundesrepublik« findet sich, wohl gebildet in Anlehnung an Montesquieus »république fédérative«, zuerst in Johannes von Müllers *Darstellung des Fürstenbundes* (1787); vgl. Zitat o. 46.

[84] Vgl. *Niklas Vogt: System des Gleichgewichts und der Gerechtigkeit.* 2 Tle. Frankfurt am Main 1802 (unveränd. 2. Aufl. 1819), Bd 2. 302 f. – Vgl. die Rezension Joh. von Müllers in: Allgemeine Literatur-Zeitung (Halle), 27.5.1805, Nr. 143. Sp. 473–479; 28.5.1805, Nr. 144. Sp. 481–487.

[85] *Niklas Vogt: Künftige Reise des Pabstes zu Napoleon nach Paris den 20. Brumaire d.J.* In: EStR, Bd 3, 1805. 71–76. Hier 75 f.

[86] *Niklas Vogt: Was könnte noch einigermaßen den Gemeingeist in Deutschland erhalten?* In: EStR, Bd 4, 1805. 242–248. Hier 246–248.

[87] *Niklas Vogt: Die Schlacht bey Auerstädt.* In: EStR, Bd 7, 1807. 71–74. Hier 74.

[88] *Niklas Vogt: Ueber den natürlichen Charakter, die Tendenz und das künftige Schicksal der europäischen Staaten und Nationen.* In: EStR, Bd 1, 1804. 345–362. Hier 360.

ons prominentester Gefolgsmann in Deutschland.[89] Bei seiner Wahl zum Koadjutor von Mainz im Jahr 1787 war er im Glauben an die Möglichkeit einer durchgreifenden Reform des Reichs und seiner Institutionen dem Fürstenbund beigetreten und hatte *Vorschläge zum Besten des Deutschen Reiches* unterbreitet: »Je mehr die ganze Nation Theil an der Ausführung bekommt, um so mehr wird die Vaterlandsliebe erregt«.[90] Er wolle, so schrieb er 1787 an Carl August von Sachsen-Weimar, »es erleben, daß im deutschen Vaterland kein Parteigeist herrsche, daß der so fürtreffliche Fürstenbund nach und nach ein Bund des ganzen Reichs und sogar des Kaisers werde«.[91] Dalberg mußte jedoch mitansehen, wie Joseph II. und seine Nachfolger, die er für die berufenen Schützer des Reichs und seiner Verfassung hielt, die Interessen des Reichs dem österreichischen Staatsinteresse opferten. So erklärt sich, daß er nach der Säkularisation sein Ziel mit Hilfe Napoleons zu erreichen hoffte.[92]

Über Dalbergs Gespür für die politischen Realitäten läßt sich trefflich streiten. Die einen, wie Johannes von Müller, schätzten seine »vorurtheilsfreye, gantz reine, hohe Denkungsart«, die »der größten Unternehmungen fähig sei« und besser zu Napoleon passe als zu Kaiser Franz.[93] Die anderen, wie Carl August von Sachsen-Weimar, fürchteten Dalbergs Idealismus, der ins Irreale abzugleiten drohe.[94] Dalberg hoffte, daß seine an Preußen und Österreich gescheiterten Pläne mit Hilfe Napoleons doch noch gelängen. Das hat nichts, wie oft behauptet, mit Reichsverrat,[95] aber viel mit dem

[89] Wegweisend für eine gerechte Beurteilung Dalbergs wurde *Werner Hertel: Karl Theodor von Dalberg zwischen Reich und Rheinbund.* Grundgedanken seiner Politik vom Regierungsantritt bis zur Gründung des Rheinbundes (1802–1806). Phil. Diss. Mainz 1952 (masch.). – Vgl. auch *Aretin: Heiliges Römisches Reich*, Bd 1 (wie Anm. 9), 479–504. – *Färber: Kaiser und Erzkanzler* (wie Anm. 80). – *Carl von Dalberg. Ausgewählte Schriften.* Hrsg. von Hans-Bernd Spies. Aschaffenburg 1997 (Veröffentlichungen des Geschichts- und Kunstvereins Aschaffenburg, Reihe Nachdrucke, Bd 3).

[90] Vgl. *Antje Freyh: Karl Theodor von Dalberg.* Ein Beitrag zum Verhältnis von politischer Theorie und Regierungspraxis in der Endphase des Aufgeklärten Absolutismus. Frankfurt am Main [u.a.] 1978 (Europäische Hochschulschriften, Reihe 3, Bd 95), 149–162. – *Burgdorf: Reichskonstitution und Nation* (wie Anm. 2), 323–338.

[91] *Brief Dalbergs an Carl August von Weimar*, 12.2.1787. In: Politischer Briefwechsel des Herzogs und Großherzogs Carl August von Weimar. Bearb. von Hans Tümmler. Bd. 1: Von den Anfängen der Regierung bis zum Ende des Fürstenbundes 1778–1790. Stuttgart 1954 (Quellen zur Deutschen Geschichte des 19. und 20. Jahrhunderts, Bd. 37), 294.

[92] Dazu *Ziehen: Winkopps »Rheinischer Bund«* (wie Anm. 82).

[93] Müllers Eindruck beruhte auf seiner Begegnung mit Dalberg im Juni 1804 in Aschaffenburg. Vgl. *Pape: Johannes von Müller* (wie Anm. 67), 231.

[94] Vgl. *Carl Augusts Brief an Dalberg*, 28.2.1786. In: *Politischer Briefwechsel Carl Augusts von Weimar* (wie Anm. 91), 300 f.

[95] So *Heinrich Ritter von Srbik: Die Schicksalsstunde des alten Reiches.* Österreichs Weg 1804–1806. Jena 1937. 38–41. – *Willy Andreas: Das Zeitalter Napoleons und die Erhebung der Völker.* In: *Die Alte und die Neue Welt im Zeichen von Revolution und Restaura-*

Reichspatriotismus um 1800 zu tun, wirft allerdings auch die Frage auf, ob Dalberg Napoleon zumindest in den Jahren nach 1808 nicht hätte durchschauen können. Diese Frage wäre aber dann an alle zu stellen – und das waren nicht wenige –, die lange an Napoleon festhielten.

In der Transformationsphase der Reichsverfassung zwischen Säkularisation und Gründung des Rheinbundes schien der Erhalt des Reichs zunächst noch gesichert. Das Kurkolleg war zwar umgestaltet worden, aber erhalten geblieben, indem an die Stelle der geistlichen Fürsten Hessen-Kassel, Württemberg, Baden und Salzburg traten. Dalberg war zwar als Erzbischof nach Regensburg versetzt, aber als einziger geistlicher Reichsstand mitsamt der Erzkanzlerwürde und einem neuen Reichsdomkapitel nicht säkularisiert worden. Getrieben von Napoleons sprunghaften Entscheidungen hat Dalberg, beraten von seinem leitenden Minister Franz Josef von Albini, versucht, sein Reichsreformprogramm mit Napoleons Zielen zu verbinden.[96] So bat er Napoleon Anfang 1806 in München, dieser möge die »constitution germanique« regenerieren: Napoleon allein sei imstande, die römische Krone zu härten und aus ihrer Verachtung und Geringschätzung zu heben, damit »das abendländische Weltreich wieder auflebe im Kaiser Napoleon, so wie es war unter Karl dem Großen, zusammengesetzt aus Italien, Frankreich und Deutschland«.[97]

Die Rheinbundakte hatte den Fürst-Primas mit der Ausarbeitung eines »Fundamentalstatuts« betraut. Das gab Dalberg einen gewissen Handungsspielraum, den er nutzen wollte, um den Kern des Corpus Germanicum als »neuen Bundesstaat« (Winkopp) in einem übernationalen Empire zu erhalten,[98] worin ihn Peter Adolf Winkopp im *Rheinischen Bund* und Niklas Vogt in den *Europäischen Staats-Relationen* unterstützten. Beide Zeitschriften können als Sprachrohr des Fürst-Primas gelten. Der *Rheinische Bund* stellte jedem Heft ein Zitat aus Johannes von Müllers *Darstellung des Fürstenbundes* voran: »Jede Verfassung, welche eine Erneuerung ihrer Kräfte nöthig hat, findet sie am besten in der Natur ihres Grundsatzes« (3. Buch, Kap. 7).

tion. Die Neue Propyläen-Weltgeschichte, Bd 5. Berlin 1943. 93–356, hier 131: Dalberg sei der »Totengräber des Sacrum Imperium« gewesen. – In der überarb. Fassung u.d.T.: Das Zeitalter Napoleons und die Erhebung der Völker. Heidelberg 1955. 337: Dalberg habe eine »traurige Rolle als Reichsverderber« gespielt.

[96] Vgl. *Gerhard Menzel: Franz Josef von Albini 1748–1816.* Ein Staatsmann des alten Reiches. Zu Wandel und Fortleben der Reichstradition bei der Neugestaltung Deutschlands 1787–1815. In: Mainzer Zeitschrift 69 (1974), 1–126 (phil. Diss. Bonn 1973), bes. 105–116. – *Weis: Napoleon und der Rheinbund* (wie Anm. 76), 66 f., 68 f.

[97] *Raumer: Deutschland um 1800* (wie Anm. 37), 168. – *Weis: Napoleon und der Rheinbund* (wie Anm. 76), 66.

[98] Vgl. *Heribert Raab: Carl Theodor von Dalberg.* Das Ende der Reichskirche und das Ringen um den Wiederaufbau des kirchlichen Lebens 1803–1815. In: Archiv für mittelrheinische Kirchengeschichte 18 (1966), 27–39. Hier 36.

Daran zeigt sich die Traditionslinie, in der die Zeitschrift und ihr Herausgeber standen.

Vogt pries die Vorzüge der napoleonischen Herrschaft, die den Deutschen Gewissensfreiheit und rechtsbürgerliche Gleichheit gegeben und, wichtiger noch, religiöse Toleranz geschenkt habe. Die Auflösung des Alten Reichs begrüßte Vogt im Rückblick nach zwei Jahren ausdrücklich: »Das lose Band, welches eine unförmliche Masse von Staaten zusammen halten sollte, die ein Name vereinigte, und getheilte Interessen trennten, ist aufgelöst«.[99] »Die Hauptfrage« sei nun, ob »der französische Kaiser den rheinischen Bunde, wie jenen der Schweizer, oder das ehemalige deutsche Reich, als einen eigenen, im ganzen zusammenhängenden, für sich bestehenden Staat, oder nur die einzelnen souveränen Fürsten als seine Bundesverwandten ansehen« werde, ob er also die Institutionen des Rheinbundes, wie Bundestag und Bundesgericht, aktivieren oder ob er »das System Richelieu« erneuern werde, »um Deutschland durch die Unabhängigkeit seiner Fürsten zu trennen«.[100] Die Hoffnung auf einen engeren Zusammenschluß der Rheinbundstaaten mittels einer Rheinbundverfassung erlosch auch 1809 noch nicht, als Napoleon Österreich erneut niedergeworfen hatte. Die Rheinbundverfassung sollte die bewahrenswerten Teile der alten Reichsverfassung übernehmen.[101]

Napoleon hatte für Dalbergs Reichspatriotismus nichts übrig und nannte die Reichsverfassung eine »alte Klappermühle« und den Reichstag in Regensburg ein »baufälliges Gebäude«.[102] Er war nicht bereit, auf die weitreichenden Pläne des Fürstprimas einzugehen und den Rheinbund zu einem Bundesstaat unter seinem Protektorat auszubauen. Sein Interesse lag in der Gründung mittelgroßer souveräner Einzelstaaten, die ihm tributpflichtig waren – eben das von Vogt befürchtete »System Richelieu«. Es ging Napoleon nicht, wie Dalberg und das reichspatriotische Lager hofften,[103] um die Kontinuität des Reichs in erneuerter Gestalt. Er nahm vielmehr Rücksicht auf Württemberg und Bayern, die Widerstand gegen eine Rheinbundverfassung und die Gründung eines deutschen Bundesstaates leisteten, der ihre gerade gewonnene Souveränität wieder eingeschränkt hätte. Napoleon verzichtete schließlich darauf, das »Fundamentalstatut« für den Rheinbund

[99] So im Art. *Ueber die gegenwärtige Lage von Europa*, Achter Brief, EStR 1808, Bd 10. 204 f.

[100] *Niklas Vogt: Was ist, und kann in dem Rheinischen Bunde von der alten deutschen Reichsverfassung beybehalten werden?*, EStR, 1808, Bd 10. 132–134.

[101] *Niklas Vogt: Deutschland oder der rheinische Bund.* EStR, 1809, Bd 13. 61–64.

[102] Zit. n. *Färber: Kaiser und Erzkanzler* (wie Anm. 80), 76.

[103] Vgl. *Niklas Vogt: Gedanken über eine künftige Mediationsakte für den rheinischen Bund.* In: EStR, Bd 8, 1807. 209–214.

durchzusetzen, da ihm die Truppen der Rheinbundstaaten wichtiger waren.[104]

Der erhofften nationalen Einigung, die in der Endphase des Alten Reichs an Österreich und Preußen gescheitert war, stellten sich nun die souverän gewordenen und vergrößerten Mittelstaaten entgegen, die ihre Souveränität nicht an einen Bundesstaat verlieren wollten. Hieran zeigt sich die grundlegende Differenz zwischen Napoleon und den durch ihn gestärkten Mittelstaaten auf der einen und dem kleinstaatlichen ›Rest‹ auf der anderen Seite – zwischen moderner Staatssouveränität und altem Reichspatriotismus.

Nichts macht den Gegensatz zwischen Dalbergs idealistisch getöntem Reichspatriotismus und Napoleons Machtkalkül deutlicher als ein Bericht Metternichs, des österreichischen Botschafters in Paris. Dieser berichtete, Napoleon habe ihm nach einer Audienz für Dalberg Anfang 1808 in Paris über den Primas des Rheinbundes gesagt: »Dieser Mann ist voll von leeren Träumereien. Er quält mich fortwährend, ich solle die Verfassung dessen, was er das deutsche Vaterland nennt, herstellen. Er will sein Regensburg haben, seinen Reichskammergerichtshof samt allen Traditionen des alten deutschen Reiches. Er hat wieder von diesen Albernheiten zu sprechen versucht, aber ich habe kurz abgeschnitten: Monsieur l'Abbé, habe ich ihm gesagt, ich will Ihnen mein Geheimnis anvertrauen. Die Kleinen in Deutschland möchten gegen die Großen geschützt werden. Die Großen wollen nach ihrer Phantasie regieren. Nun, da ich von dem Bündnis nur Menschen und Geld haben will und da es die Großen sind und nicht die Kleinen, die mir das eine und das andere verschaffen können, so lasse ich die Großen in Ruhe und den Kleinen bleibt nichts übrig, als sich mit den Großen zu arrangieren, so gut sie können«.[105]

Die auf Napoleon hoffenden Reichspatrioten sahen im Rheinbund das Mittel zur Beförderung der »deutschen National-Einheit«, das dem Übel der alten Reichsverfassung, in der sich »manche Staaten dem gemeinsamen Verbande« »entzogen und sich als selbstständige, als unverbündete Staaten selbstgenügsam isolirten«, abhelfen wolle.[106] Zweck des Rheinbundes sei »eine engere und innigere Verbindung der einzelnen Staaten, als die Reichsverfassung dargestellt hatte.« Der Rheinbund mit seinen Gliedstaaten sollte »das gemeinsame Vaterland aller Bundesbürger« sein. Napoleon habe das Reich nicht aufgelöst, um »lauter gegenseitig unabhängige Staaten zu schaffen«; er habe auch keinen »Militärbund« gründen wollen, sondern einen höheren Zweck verfolgt, nämlich »ein neues kräftig und mit Energie ver-

[104] *Gedanken über das künftige Fundamental-Statut des rheinischen Bundes.* In: Der Rheinische Bund, Bd 3, 1808, 2. Aufl. 1809. 451–474.

[105] Zit. n. *Weis: Napoleon und der Rheinbund* (wie Anm. 76), 78.

[106] Vgl. Art. *Aphorismen über die deutsche National-Einheit oder Zweck des rheinischen Bundes.* In: Der Rheinische Bund, Bd 5, 1808. 372–382.

bundenes Deutschland« zu gründen, getreu seinem Wort zu den Deputierten des Königreichs Westfalen: »Mangel an Einheit war das Unglück der Deutschen, Einheit wird ihnen das Glück wieder geben!« Die Protagonisten der Revolutionsideale sahen in der Souveränität der Rheinbundstaaten gerade das Mittel, um die deutsche »National-Einheit« besser erreichen zu können.

In den Aufsätzen der *Europäischen Staats-Relationen* und des *Rheinischen Bundes* wird das wichtigste Motiv für die Hochschätzung Napoleons erkennbar. Die Reichspatrioten sahen in ihm den Überwinder der territorialen Zersplitterung und den Wegbereiter der »deutschen National-Einheit«, der »Deutschland zum gemeinsamen Vaterland für alle Deutschen« machen werde.[107] Die ältere Generation der Reichspatrioten, durch Erziehung und Bildung mit der Philosophie und Literatur der französischen Aufklärung verwachsen, vermochte mühelos französische und deutsche Kultur miteinander zu verbinden. Kosmopolitismus und Patriotismus gingen bei ihnen eine enge Verbindung ein. Eine Nationalrepräsentation schien, anders als im Regensburger Reichstag mit seiner Trennung in drei Kurien und mit der konfessionellen Sonderung, am Bundestag in Frankfurt – zumindest in der Frühphase des Rheinbundes – weitaus besser möglich.[108] Im Rheinbund lebte, so hofften die Reichspatrioten solange die Fundamente von Napoleons Herrschaft stabil waren, ein Teil der bewahrenswerten Verfassungstraditionen weiter, deren Schwächen – die Sonderinteressen der Reichsstände, der dynastische Wechsel bei den Trägern der Kaiserkrone und die dynastische Verbindung mancher Reichsfürsten mit außerdeutschen Territorien und die daraus folgenden Interessenkollisionen – dank Napoleon endlich behoben schienen.[109]

So waren – um mit Kurt von Raumer zu sprechen – die Protagonisten »einer neuen deutschen Einheit, eines neuen ›mächtigen‹ Reichs in jenen Jahren nicht an der Donau im österreichischen Kaiserstaat zu finden, wo das alte Reich verklungen war, und auch nicht an Elbe und Oder in Preußen, aus dessen Kraft im nächsten Halbjahrhundert der neue deutsche Nationalstaat erwuchs, sondern an Rhein und Main, Neckar und Lahn in der engeren Klientel Napoleons«.[110]

[107] Der Rheinische Bund, Bd 5, 1808. 371.

[108] Vgl. *Ziehen: Winkopps »Rheinischer Bund«* (wie Anm. 88), 308.

[109] Zu diesen Hoffnungen *Niklas Vogt: Was ist, und kann in dem Rheinischen Bunde von der alten deutschen Reichsverfassung beybehalten werden?* In: EStR, Bd 10, 1808. 132–134. – *Ders.: Deutschland oder der rheinische Bund.* Ebd., Bd 13, 1809. 61–64.

[110] *Raumer: Deutschland um 1800* (wie Anm. 37), 341.

IV. Die Erwartungen der Anhänger der Französischen Revolution

Die zweite Gruppe der Anhänger Napoleons bekannte sich zu den verfassungspolitischen Errungenschaften der Französischen Revolution, die auf die liberale Nationalbewegung vorauswiesen.[111] Ihnen lag nichts am Erhalt der alten Reichsverfassung, sondern an den Neuerungen der Revolution, wie der Einführung des ›modernen‹ französischen Rechts. Publizistische Wortführer waren der Verleger Johann Friedrich Cotta mit den *Europäischen Annalen* (Tübingen 1795–1820);[112] Karl Ludwig Woltmann mit *Geschichte und Politik* (Berlin 1801–1805) und Christian Daniel Voß mit *Die Zeiten oder Archiv für die neueste Staatengeschichte und Politik* (Weimar 1805–1820).[113] Dieses politische Lager zog einen Schlußstrich unter die alte Reichsverfassung und betonte den 1806 eingetretenen Kontinuitätsbruch.

Dafür bezeichnend ist ein (anonymer) Aufsatz *Ueber den Entwurf der neuen Verfassung Teutschlands auf verschiedene Zweige positiver Erkenntniß* in den *Europäischen Annalen.*[114] Der Autor wandte sich gegen Bestrebungen, den Rheinbund in eine Kontinuität mit der Reichsverfassung zu stellen. Diese sei nur dem Anschein nach durch die Rheinbundakte modifiziert worden, indem an die Stelle des Kaisers ein Protektor, an Stelle der Reichsstände souveräne Herrschaften und an Stelle des Reichstags der Bundestag getreten sei. In Wirklichkeit sei die alte »Constitution ganz vernichtet«. Kein »Hauptbegriff des Reichs-Staatsrechts« würde mehr auf die neuen Verfassungsverhältnisse Anwendung finden können. Das wurde als Wendung zum Guten interpretiert. Die souveränen Fürsten unterlägen keiner Bindung mehr an eine höhere Gewalt wie den Kaiser. Der Protektor habe sich in der Bundesakte keine Rechte, vergleichbar den kaiserlichen Reservatrechten, vorbehalten, um in die Regierung der deutschen Staaten einzugreifen. An die Stelle des Reichs-, Staats- und Territorialrechts und seiner völkerrechtlichen Bestimmungen müsse ein ganz neues Recht treten. Die »unge-

[111] Diesen Traditionsstrang akzentuiert *Schuck: Rheinbundpatriotismus und politische Öffentlichkeit* (wie Anm. 82). – Zu den verschiedenen Lagern zuletzt *Jacques Droz: Die Europaidee in Deutschland nach dem Ende des Heiligen Römischen Reiches 1806.* In: *Die historische Einheit Europas. Ideen – Konzepte – Selbstverständnis.* Hrsg. von H. Hecker u. S. Spieler. Bonn 1994. 13–23.

[112] Vgl. *Tschirch: Geschichte der öffentlichen Meinung in Preußen* (wie Anm. 41), Bd 2, Weimar 1934, 130, 144–146. – *Monika Neugebauer-Wölk: Revolution und Constitution.* Die Brüder Cotta. Eine biographische Studie zum Zeitalter der Französischen Revolution und des Vormärz. Berlin 1989 (Einzelveröffentlichungen der Historischen Kommission zu Berlin, Bd 69), 326 f. – *Fratzke-Weiß: Europäische und nationale Konzeptionen im Rheinbund* (wie Anm. 7), 42–44.

[113] *Fratzke-Weiß, ebd.*, 44–46, 49 f. – Zum Napoleon-Bild beider Zeitschriften 252–258, 297–303, 324–343.

[114] Geschrieben im August 1806. In: EA 1807 II, 305–310.

heure Masse von Gelehrsamkeit«, die zum Verständnis der Reichsverfassung nötig gewesen sei und die auch Hegel in seiner Verfassungsschrift beklagt hatte,[115] habe »plötzlich ihren ganzen Werth« verloren. Das sei nur zu begrüßen; die Köpfe der jungen Gelehrten müßten nicht länger »mit vielen an sich nichtswürdigen Beschäftigungen ausgefüllt werden«. Mit den alten Territorien sei auch das deutsche Privatrecht untergegangen. Umso leichter sei es nun, eine neue Landesgesetzgebung in Gang zu bringen und die alten Gesetzbücher zu reformieren.

Ein Aufsatz *Ueber Deutschlands Wiedergeburth* in derselben Zeitschrift erhoffte sich von der politischen Umgestaltung positive Auswirkungen auch auf das Geistesleben – »eine literarische Revolution«, »die uns eine bürgerliche, blutige erspart, und durch die wohlthätig ein Theil des gährenden Stoffes sich verdünstet«.[116] Eine sich weiterentwickelnde deutsche Sprache und Rhetorik sollte, so die Hoffnung des Autors, die Nationalstaatsbildung beschleunigen. Der Aufsatz fuhr fort:

»Wir haben als Nation bis jetzt nur Dichter gehabt und Philosophen, wir müssen noch Redner und Geschichtsschreiber haben. [...] Auch unsere Sprache ist noch nicht logisch ausgebildet, wie die alten und die französische; folglich haben wir noch nicht unsern Zenith überschritten. Daß sie Ursprache, Muttersprache ist, verbürgt unsre Selbstständigkeit und Unabhängigkeit, und ruft laut die Versicherung aus, daß wir zur Einheit geschaffen sind. Aber um diese für unsre Enkel zu erringen, müssen wir mit ganzer Seele an dem hangen, der uns den Weg dazu gebahnt hat, und unser sicherster Schutz ist, an dem, der mehr ist, als Karl der Große, der nur für seine Nacion Geseze gab, während die Napoleonischen mehr aus Ueberzeugung, als aus Macht, ganz Europa modificirt annimmt. Fremde Fürsten in deutschen Ländern sind kein Beweis von Unterjochung, im Gegenteile die sichersten Bürgen, daß wir als Nation fortdauern werden. Das Interesse für ihr Land macht sie zu Deutschen, und ihre Kinder sind es schon. Deutschland gab ja auch Rußland, Dänemark, Schweden, Ungarn Fürsten und seine Mitte; Spanien und Italien hatte bald Oesterreicher, bald Bourbons zu Herren.«

Der Aufsatz zeigt, warum die rhetorische Geschichtsschreibung, wie sie Johannes von Müller pflegte, den Bedürfnissen der Zeit so sehr entgegenkam.

[115] Nach Hegel stand das Gebäude der »deutschen Staatsverfassung« »isolirt von dem Geiste der Welt; wenn diese Gesetze ihr altes Leben verlohren haben, so hat die itzige Lebendigkeit sich nicht in Gesetze zu fassen gewußt; jede ist ihren eigenen Weg gegangen, hat sich für sich festgesetzt, und das Ganze ist zerfallen; der Staat ist nicht mehr.« Hegel in der Reinschrift seiner Verfassungsschrift (wie Anm. 1), 165.

[116] EA 1808 II. 276–281.

Ein Hauptstützpunkt des napoleonischen Lagers war Berlin, wo sich, früher als in den Rheinbundstaaten, eine pro- und eine antifranzösische Partei gegenüberstanden.[117] Beide Parteien versuchten, den König, der an der Neutralitätspolitik unverrückbar festhielt, auf ihre Seite zu ziehen.[118] Zu den Berliner Wortführern einer profranzösischen Politik zählte Friedrich Buchholz, Mitarbeiter der *Europäischen Annalen*, der in Napoleon den Bewahrer der Errungenschaften der Revolution sah und ihn als Held der Zeit und Befreier der Völker Europas feierte.[119] Europa drohe Gefahr nicht von Frankreich, sondern vom Weltherrschaftsanspruch Englands.

Ähnlich argumentierte der Historiker Karl Ludwig Woltmann, Resident des kleinen Hessen-Homburg in Berlin und Herausgeber der Zeitschrift *Geschichte und Politik*. Er sah in Napoleon den Vertreter des Prinzips der staatsbürgerlichen Rechtsgleichheit[120] und verglich diesen mit der »Heldengröße« Karls des Großen.[121] So wie Karl die Merowinger gestürzt, »König der germanischen Nationen« geworden sei und die »germanische Nationalfreiheit« wiederhergestellt habe, so habe Napoleon die Bourbonen gestürzt und das mittelalterliche Feudalsystem abgelöst. Napoleon habe »endlich die Revolution aus den luftigen Regionen der Speculation« gezogen und ihre »trefflichen Fragmente« von den »unnützen« geschieden. Seine größte Leistung liege darin, die »Institute der bürgerlichen Gesellschaft, welche die Revolution gänzlich vertilgen wollte«, wiederhergestellt zu haben. Die staatsbürgerliche Gleichheit durch die Geburt sei Bonaparte »heilig« »wie dem großen Karl«, dessen Fehler, die Einführung der »reinen Demokratie«, er vermieden habe.

Auch Christian Daniel Voß, Professor des Staatsrechts und der Staatswirtschaft in Halle, das seit 1807 zum Königreich Westfalen gehörte, fand allmählich den Weg ins napoleonische Lager. In der von ihm herausgegebenen Zeitschrift *Die Zeiten* sah ein (anonymer) Autor im Rheinbund das Mittel, den alten Zustand »theils der Unvollendung, theils der Unselbstständig-

[117] Vgl. *Tschirch: Geschichte der öffentlichen Meinung*, Bd 2 (wie Anm. 111).

[118] Vgl. *Pape: Johannes von Müller* (wie Anm. 67), 232–236.

[119] *Friedrich Buchholz: Carl der Große und Napoleon der Erste*. In: EA 1807 II, 3–15. – Dazu *Tschirch: Geschichte der öffentlichen Meinung*, Bd 2 (wie Anm. 111), 137–139. – *Jacques Droz: Le romantisme allemand et l'état*. Résistance et collaboration dans l' Allemagne napoléonienne. Paris 1966 (Bibliothèque historique), 95–99. – *Hofmeister-Hunger: Pressepolitik und Staatsreform* (wie Anm. 7), 189–194. – Buchholz' Artikel in EA verzeichnet *Fratzke-Weiß: Europäische und nationale Konzeptionen im Rheinbund* (wie Anm. 7), 390.

[120] *Bonaparte vor dem Teppich von Bayeux*. In: Geschichte und Politik 1804. 1–11. – Zu Woltmann vgl. *Droz: Le romantisme allemand et l'état* (wie Anm. 119), 92 f. – *Pape: Johannes von Müller* (wie Anm. 67), 204 f.

[121] *Karl der Große und Bonaparte*. In: Geschichte und Politik 1804. 67–84.

keit« Deutschlands zu überwinden.[122] Die Rheinbundfürsten hätten vor allem die Aufgabe, Truppen zu stellen, die aber, da »die Sache Frankreichs die Sache Europens« sei, »nicht für das Interesse Frankreichs, sondern für das Interesse Europens, Deutschlands« »in Wirksamkeit gesetzt« würden. Der Artikel setzte sich kritisch mit Dalberg auseinander, dem es immer noch nicht gelungen sei, das Rheinbund-Statut durch die Bundesversammlung in Frankfurt verabschieden zu lassen. Getadelt wurde aber auch der »Egoismus« der Rheinbundfürsten, der »jede liberale politische Ansicht« hindere. Der einzelstaatliche Egoismus, der sich hier wieder zeige, sei die Ursache, die zum Untergang des deutschen Reichs geführt habe. Die Rheinkonföderation dürfte »im Wesentlichen bleiben, was sie jetzt ist und bisher gewesen ist: eine permanente Coalition, mehrerer minder mächtiger Staaten unter der Direktion eines hochmächtigen, zu dem Zwecke der gegenseitigen kriegerischen Hülfleistung.«

Zeitgenossen und spätere Geschichtsschreibung haben über die Anhänger Napoleons, seien es Reichspatrioten oder Befürworter der Revolution, ihr Urteil rasch gefällt. Die ›Franzosenfreunde‹ waren nach der Niederringung des Korsen diskreditiert. Ihr Glaube an die Einheit Deutschlands durch die staatliche Verklammerung mit Frankreich und an die Versöhnung von Revolution und Tradition, wie sie die Erinnerung an das Frankenreich Karls des Großen nahelegen sollte, schien durch die politischen Ereignisse widerlegt. Die Anhänger der Revolutionsideale waren nach 1815 während der Restaurationsphase vollends stigmatisiert. Sie alle spielten keine Rolle mehr – weder, wie Dalberg, auf der politischen Bühne noch, wie Vogt, in der aufblühenden nationalen Geschichtsschreibung. Diese sprach von der »Fremdherrschaft« in Deutschland und ignorierte, daß nicht zuletzt Preußen durch die Hinnahme der Annexion der linksrheinischen Gebiete zur napoleonischen Politik im Reich entscheidend beigetragen hatte. Die Anhänger Napoleons galten als national unzuverlässig, als »Totengräber des Sacrum Imperium«, »Reichsverderber«[123] und »Kollaborateure«.

Hatte die Rheinbundforschung in ihren Anfängen seit den dreißiger Jahren (Eduard Ziehen, Erwin Hölzle, Kurt von Raumer) die Kontinuitätslinie zwischen Reichstradition und Rheinbund betont, so hat die Forschung seit etwa 1970 dieses Bild umgestürzt und den Kontinuitätsbruch herausgearbeitet, zu dem die napoleonische Herrschaft geführt hat. Die

[122] Art. *Die Rheinkonföderation*. In: Die Zeiten oder Archiv für die neueste Staatengeschichte, Bd 17. Leipzig 1809. 479–499. – Vgl. *Pape: Johannes von Müller* (wie Anm. 67), 203.

[123] So *Willy Andreas: Das Zeitalter Napoleons* (wie Anm. 95).

Arbeiten von Helmut Berding, Elisabeth Fehrenbach und Eberhard Weis haben gezeigt, daß die Reformer in den Rheinbundstaaten, wie Montgelas in Bayern und Reitzenstein in Baden, die Verfassungs- und Sozialverhältnisse auf der Grundlage des neuen französischen Rechts ändern wollten und den Bruch mit der Reichstradition und dem ständischen Prinzip der alteuropäischen Verfassungsordnung anstrebten. Der Gedanke der staatsbürgerlichen Rechtsgleichheit, der durch die Einführung des Code Napoléon in Baden, Berg und Westfalen festgeschrieben wurde, hat sich letztlich als das Zukunftsweisende der Reformen in den Rheinbundstaaten erwiesen. Von der Reformpolitik in den Rheinbundstaaten gingen die Impulse für die liberale und konstitutionelle Bewegung im 19. Jahrhundert aus.[124]

V. Die Hoffnungen des antinapoleonischen Lagers

Nicht alle Reichspatrioten hatten, wie Dalberg, Vogt oder Winkopp, ihre Hoffnungen auf Napoleon gesetzt. So standen Carl August von Sachsen-Weimar, der Freiherr vom Stein und – jedenfalls vorerst noch – Johannes von Müller in schroffem Gegensatz zu Napoleon, aber auch zu Österreich, dessen Reichspolitik sie verurteilten. Müller, der 1804 einem Ruf als preußischer Hofhistoriograph von Wien nach Berlin gefolgt war und zusammen mit Friedrich Gentz und Erzherzog Johann für ein preußisch-österreichisches Bündnis gegen Napoleon warb,[125] lehnte die neue österreichische Kaiserwürde als »absurdité inconcevable« ab.[126] Er verurteilte sie als vorzeitige Preisgabe des Reichs und der deutschen Kaiserwürde. Ein Reich ohne geistliche Stände und ohne Kaiser schien ihm undenkbar. Friedrich Gentz geißelte die »namenlose Erbärmlichkeit« der österreichischen Kaiserwürde und die sich darin ausdrückende Schwäche der österreichischen Politik.[127]

[124] So *Schuck: Rheinbundpatriotismus und politische Öffentlichkeit* (wie Anm. 82). – *Erwin Hölzle: Das Napoleonische Staatssystem in Deutschland.* In: HZ 148 (1933), 277–293. – *Mathias Bernath: Napoleon und der Rheinbund im Spiegel der Zeit.* In: Neue Mitteilungsblätter des Rheinischen Kulturinstitutes 2 (1953), 1–25. – Vgl. als Synthese der neueren Forschung *Eberhard Weis: Der Durchbruch des Bürgertums 1776–1847.* Frankfurt am Main[u.a.] 1978 (Propyläen Geschichte Europas, Bd 4). – Vgl. o. Anm. 77.

[125] Vgl. *Matthias Pape: Johannes von Müller als Vermittler zwischen Wien und Berlin.* In: Johannes von Müller – Geschichtsschreiber der Goethezeit (wie Anm. 17), 161–187. - *Pape: Johannes von Müller* (wie Anm. 67), 225–232.

[126] So Müller im Brief an Graf d'Antraigues, Berlin, 27.8.1804. Vgl. *Pape: Johannes von Müller* (wie Anm. 67), 234.

[127] Vgl. Gentz' Brief an Metternich, zit. bei *Raumer: Deutschland um 1800* (wie Anm. 37), 166. – Vergleich der französischen Kaiserwürde, die Napoleons Souveränität befestige, mit der deutschen im Art. *Ueber die Würde eines Kaisers der Franzosen.* In: EA 1804, Bd 2. 302–314.

Geradezu beschwörend meldete sich Müller dazu 1804 aus Berlin zu Wort:[128]

»Deutsche Männer von der Eider bis an den Lisonzo, von der Morawa bis an weiland unsern Rhein, habt ihr nie etwas von Ätolien und Achaja, von Philipp und Antiochus vernommen? Habt ihr schon vergessen (es ist wohl zu alt!), wodurch die schweizerische, wie die holländische Eidgenossenschaft gefallen, und wie es kam, daß ein gleichsam durch den Ruhm seiner innern Kraft (unantastbar) heilig, und in Erinnerung alterworbener Hoheit römisch genanntes Reich von der neunhundertjährigen Gränze schmählich zurückgedrängt, schmählicher in seinem Innern sich das Gesetz hat müssen vorschreiben lassen! Welcher Österreicher, welcher Preuße, welcher Deutsche (wenn ja zwischen den drey noch unterschieden werden muß) einen der Vereinigung deutscher Kraft widerstrebenden Laut von sich giebt, ist, wenn auch sonst vortrefflich, hierin des Vaterlandes Feind: Ausländern ist es nicht zu verargen, sie wissen, was sie damit wollen.«

Müller stand zu dieser Zeit noch an der Seite Carl Augusts von Weimar, dem Mitstreiter aus den Tagen des Fürstenbundes, den beide Anfang 1804 in Weimar in erneuerter Gestalt wiederbeleben wollten – diesmal unter Führung des Zaren.[129] Die thüringischen Kleinstaaten waren sicherheitspolitisch auf den Rückhalt durch Preußen angewiesen, dessen Neutralitätspolitik Carl August für riskant hielt und die er ablehnte. Da Österreich reine Interessenpolitik betrieb und sich das Reich weder an Wien noch an Berlin anlehnen konnte, forderte der Herzog ein antinapoleonisches Bündnis der deutschen Staaten unter Führung des Zarenhauses, mit dem Weimar 1804 in dynastische Verbindung trat.[130] Carl August sah in Zar Alexander, der 1802 den Entschädigungsplan für das Reich zusammen mit Napoleon ausgearbeitet hatte,[131] den Rettungsanker für das Reich. So konnte auch Rußland für die Reichspatrioten zeitweilig zu einer ernsthaften Option werden.[132] Die an Carl August gerichtete Mitteilung von Kaiser Franz über die Auflösung des Reichsverbandes und die Gründung des Rheinbundes im Juli 1806 beantwortete der Herzog – nicht ohne kritischen Unterton – mit dem Ausdruck »trauriger Empfindung«, die jeder

[128] Das Folgende in einer Rezension in der Jenaischen Allgemeinen Literatur-Zeitung, 22.9.1804. Sp. 569–574. – Unzutreffend *Angermeiers* Urteil über Müller: *Deutschland zwischen Reichstradition und Nationalstaat* (wie Anm. 2), 21.

[129] Vgl. *Pape: Johannes von Müller* (wie Anm. 67), Kap. IV: Die Idee vom neuen Fürstenbund – Johannes von Müller in Weimar.

[130] Vgl. *Tümmler: Carl August von Weimar* (wie Anm. 13), 154–157. – Zur sachsen-weimarischen Außenpolitik im Vorfeld der Dritten Koalition *Pape: Johannes von Müller* (wie Anm. 67), 128–140.

[131] Vgl. *Krüger-Löwenstein: Rußland, Frankreich und das Reich* (wie Anm. 52).

[132] Vgl. *Pape: Johannes von Müller* (wie Anm. 67), 136; Aktenstück 10, 273–275; 227, 240 f.

verspüre, der, »so wie ich, mit deutscher reichspatriotischer Gesinnung an der ehemaligen Verfassung des Deutschen Reichs gehangen, bei selbiger für sich, seine Lande und Untertanen Glück, Ruhe und Sicherheit gefunden hat«.[133] Nach der Niederlage Preußens bei Jena und Auerstedt 1806 zwang Napoleon auch Sachsen-Weimar, das an der Seite Preußens gekämpft hatte, in den Rheinbund.

Die Umgestaltung der Mächteverhältnisse im Reich fiel ideengeschichtlich mit dem Aufkommen der Romantik zusammen, deren Geschichtsbild durch die Rückbesinnung auf das mittelalterliche Universalreich geprägt war.[134] Die Frühromantik bezog sich im gleichen Augenblick auf das Heilige Römische Reich, als sein Untergang drohte. Auf das Alte Reich wurde ein idealer Verfassungszustand projiziert, der die Einheit von Reich und Kirche, Kaiser und Reich beschwor, die mit dem ›modernen‹ säkularisierten Staatsverständnis der Französischen Revolution nicht in Einklang zu bringen war. Das mittelalterliche Universalreich wurde so zum Gegenbild des auf den Prinzipien der Vernunft beruhenden Staates des Absolutismus wie der Französischen Revolution.

Hegel kritisierte den absolutistisch regierten, »dürren« preußischen Staat, den die Romantiker mit einem reibungslos funktionierenden und seelenlosen Räderwerk verglichen.[135] Novalis hatte beim Thronwechsel zu Friedrich Wilhelm III. (1797) in *Glauben und Liebe oder Der König und die Königin* gesagt: »Kein Staat ist mehr als Fabrik verwaltet worden als Preußen seit Friedrich Wilhelm des Ersten Tode. So nötig vielleicht eine solche maschinelle Administration zur physischen Gesundheit, Stärkung und Gewandtheit des Staates sein mag, so geht doch der Staat, wenn er bloß auf diese Art behandelt wird, im wesentlichen darüber zu Grunde. Das Prinzip des alten berühmten Systems ist, jeden durch Eigennutz an den Staat zu binden. Die klugen Politiker hatten das Ideal eines Staates vor sich, wo das Interesse des Staats, eigennützig, wie das Interesse der Untertanen, so künstlich jedoch mit demselben verknüpft wäre, daß beide einander wechselseitig befördern«.[136] Der maschinellen »Künstlichkeit« des Staates wurde das christliche, volksverbundene Königtum entgegengestellt und dem Vernunftstaat der Aufklärung eine Absage erteilt:

»Diejenigen, die in unsern Tagen gegen Fürsten als solche deklamieren und nirgens Heil statuieren als in der neuen, französischen Manier, auch

[133] Brief vom 16.9.1806. *In: Politischer Briefwechsel Carl Augusts* (wie Anm. 91), Bd. 2: Vom Beginn der Revolutionskriege bis in die Rheinbundzeit 1791–1807. Stuttgart 1958. 326.

[134] Vgl. *Wolfram von den Steinen: Mittelalter und Goethezeit.* In: Historische Zeitschrift 183 (1957), 249–302.

[135] Hegel: Reinschrift der Verfassungsschrift (wie Anm. 1), 177.

[136] Fragment 36.

die Republik nur unter der repräsentativen Form erkennen und apodiktisch behaupten, daß nur da eine Republik sei, wo es Primär- und Wahlversammlungen, Direktorium und Räte, Munizipalitäten und Freiheitsbäume gäbe, die sind armselige Philister, leer an Geist und arm an Herzen, Buchstäbler, die ihre Seichtigkeit und innerliche Blöße hinter den bunten Fahnen der triumphierenden Mode, unter der imposanten Maske des Kosmopolitismus zu verstecken suchen und die Gegner, wie die Obskuranten, verdienen, damit der Frosch- und Mäusekrieg vollkommen versinnlicht werde«.[137]

Auch Adam Heinrich Müller propagierte in den *Elementen der Staatskunst* (1808) die Lehre vom ständisch gegliederten Staat mit monarchischer Spitze und bereitete damit die Staatsauffassung der Restauration vor.

Die Reichspolitik des Kaisers in der Schlußphase des Alten Reichs mußte die Verbitterung der kaisertreuen Reichspatrioten und Romantiker hervorrufen. Achim von Arnim, der seine Hoffnung auf Preußen setzte, schrieb im März 1804 an Clemens Brentano: »Die Politik schmerzt mich tiefer als ich es aussprechen kann, das Hauß Oesterreich ist ein ewiger Fluch für Deutschland, daß die Franzosen seine niederträchtige Dummheit benutzen, wer kann es verargen«.[138] Auch Friedrich Schlegel hat in den *Fragmente[n] zur Geschichte und Politik* (1813) die Preisgabe von Reich und Reichsverfassung durch Österreich scharf kritisiert.[139] Der Friede von Lunéville sei »das eigentliche Scheusal des Jahrhunderts, der Greuel der Niederträchtigkeit wie die Ermordung Ludwigs XVI., der Greuel der Revolutionswuth; in den Folgen unendlich wichtig und fast unheilbar« (Fragmente 134, 142).

Schlegels Geschichtsinteresse war nicht antiquarischer Natur, es hatte für ihn unmittelbare politische Bedeutung. Er beschloß seine Vorlesung *Über Universalgeschichte* vor den Brüdern Boisserée in Köln 1806 mit den Worten: »Die Aufgabe der Politik dürfte nach allem diesen also wohl keine andere sein als die Verfassung des Mittelalters, wovon ja ohnehin noch so vieles übrig ist, was gar nicht zerstört werden kann, ohne die Bildung des Menschengeschlechts mitzuzerstören, einerseits wiederherzustellen und

[137] Fragment 23. – Vgl. *Hermann Kurzke: Romantik und Konservatismus.* Das »politische« Werk Friedrich von Hardenbergs (Novalis) im Horizont seiner Wirkungsgeschichte. München 1983 (Literaturgeschichte und Literaturkritik, Bd 5), 133–202.

[138] *Achim von Arnim und Clemens Brentano: Freundschaftsbriefe* Bd 1: 1801 bis 1806. Vollständige krit. Edition von Hartwig Schultz. Frankfurt am Main 1998 (Die Andere Bibliothek), 218. – Arnim verfaßte 1806 eine Parodie auf den Rheinischen Bund, den er mit einem Faß verglich, und dichtete: »Zu Frankfurt steht's im Stillen, / der Rhein, der soll's noch füllen; / drum heißt es auch der Rheinsche Bund. / Es kräht danach nicht Hahn noch Hund«. Zit. n. *Tiedemann: Der deutsche Kaisergedanke* (Anm. 72), 27.

[139] Ich folge hier meinem Aufsatz *Staatstheorie und Geschichtsauffassung zwischen Aufklärung und Romantik* (wie Anm. 17), 8. – Alle folgenden Zitate Schlegels aus *Friedrich Schlegel: Fragmente zur Geschichte und Politik.* Erster Teil. Hrsg. von E. Behler. Paderborn [u.a.] 1995 (Kritische Friedrich-Schlegel-Ausgabe, Bd 20).

andererseits zu vollenden«.[140] Wenn Schlegel die Verfassung des Mittelalters restaurieren wollte, so ließ er sich dabei von Tacitus und Montesquieu und deren Bild von der »germanischen Verfassung« leiten, die »in der höchsten Freiheit der Einzelnen bei der festesten Vereinigung Aller« bestanden habe.

Schlegels Reflexionen entstanden vor dem Hintergrund der Bedrohung Europas durch die napoleonische »Universalmonarchie« und ihres »Despotismus«. Als sich 1807 in Köln seine Wendung zu Österreich abzeichnete,[141] schrieb er Österreich bei der Wiederherstellung einer »germanisch freien und ständisch gesetzlichen christlichen Universalmonarchie« die führende Rolle zu (Fragment 56). Als Ideal schwebte ihm das Völker und Nationen umspannende Kaisertum Karls V. vor Augen: »Das wahre Kaisertum muß wiederhergestellt werden, aber es kann und muß bei keiner anderen Nation als bei der deutschen [sein] – also bei Oesterreich« (73). Wenn er die deutsche Nation mit Österreich assoziierte, so hatte er das »Haus Österreich«, die deutsche Dynastie der Habsburger im Sinn: »Oesterreichs einzige Bestimmung ist, das christliche deutsche Kaiserthum aufrecht zu erhalten und wiederherzustellen. Darum muß es auch die Welt umfassen und eine höhere als jene bloß mechanische, eine moralische Politik haben, die alte katholische. – Freiheit der Nationen und der Individuen. Oesterreich über alles wenn es nur will« (305). Die mit dem Heiligen Römischen Reich verbundene Kaiserwürde hielt Schlegel für die »wahre«, die napoleonische für die falsche, die österreichische für geschichtslos und für einen »Vorbote[n] der Abdankung und Losreißung von Deutschland« (290). Schlegel war die sittliche und religiöse Bindung der alten Kaiserwürde wichtig. »Ganz fehlerhaft wäre für Oesterreich das System des Isolierung – ganz fehlerhaft wäre das System des Gleichgewichts – auch das der Allianzen [,] sie sind fast alle unglücklich ausgefallen« (305). Das war eine Absage an die mechanistische Politik des Ançien Régime. Schlegel kreiste um »die Idee einer europäischen Eidgenossenschaft« unter österreichischer Führung (78).

Schlegels politische Leitidee war »Einheit«: die Einheit des christlichen Abendlandes und die Einheit der Nation, die auch Novalis gesucht und welche die Romantik dichterisch gestaltet hat.[142] Einheit sollte auch die stän-

[140] *Friedrich Schlegel: Vorlesungen über Universalgeschichte (1805–1806)*. Hrsg.von. J.-J. Anstett. Paderborn 1960 (Kritische Friedrich-Schlegel-Ausgabe, Bd 14), 256. – Dazu *Ernst Behler: Studien zur Romantik und zur idealistischen Philosophie.* Paderborn 1988.

[141] Vgl. *Karl Konrad Polheim: Friedrich Schlegel und Österreich.* In: Aurora 41 (1981), 75–92.

[142] Mit am eindringlichsten ausgedrückt bei Brentano 1801 in seinem Gedicht *Sprich aus der Ferne*, hier in der vorletzten Strophe: »Alles ist freundlich wohlwollend verbunden, / Bietet sich tröstend und traurend die Hand, / Sind durch die Nächte die Lichter

dische Repräsentation, die »Corporationen« verbürgen, in denen Schlegel 1812 »das wahre Wesen der deutschen Verfassung« sah und ausdrücklich nicht im »Individuum« »der französischen Demokratie« (413), die der Wahrung der Interessenvielheit diente. Europa bedürfe einer »*constitutionellen* Universalmonarchie«, »aber freilich nicht durch die Franzosen«, sondern »durch die Deutschen und Italiäner«. »Eine solch germanisch freie und ständisch gesetzliche christliche Universalmonarchie ist ja eben die Idee des *Kaiserthums*« (56).

Auch Hegel hat offenbar – wie Schlegel, Adam Müller und andere – nach dem Frieden von Lunéville die Zukunft Deutschlands einige Jahre lang mit Österreich verbunden.[143] In der Verfassungsschrift setzte er seine Hoffnung auf Österreich als Sachwalter der deutschen Interessen und Anwalt der kleineren Reichsstände. Es war für ihn, wie die meisten, nicht leicht zu erkennen, daß die Hofburg auf das Reich nach dem Frieden von Campoformio keinerlei Rücksicht mehr genommen und reine österreichische Interessenpolitik betrieben hatte. Von Österreich versprach sich Hegel, mit Schlegel vergleichbar, eine neue Verfassung in Form einer ständischen Repräsentation[144] – während er sich nichts vom Preußen Friedrich Wilhelms III. erhoffte, im preußischen Staatswesen vielmehr den Maschinenstaat Friedrichs II. sah.[145]

»Hegels Option für Österreich« bestimmten offenbar mehrere Motive:[146] Die Überzeugung von der geschichtlichen Bedeutung des Hauses Österreich als Träger der deutschen Kaiserkrone, die freilich nach 1803 regelrecht verspielt wurde (und nicht erst durch Napoleons Ultimatum 1806 verlorenging); die Hoffnung auf Erzherzog Carl und dessen militärisches Geschick, die durch die anfänglichen Erfolge Carls am Rhein und in Oberitalien genährt worden war;[147] schließlich die Hoffnung auf Beibehaltung der von der Aufklärung bestimmten josephinischen Reformen, die jedoch zur Instabilität der Monarchie geführt hatten, so daß Franz II. nach Aufdeckung der Jakobinerverschwörung in Budapest und Wien im Jahr 1794 die Polizeihofstelle eingerichtet, die Zensur verschärft, die von Joseph II. gewährte »erweiterte Preßfreiheit« (1781–1795) zurückgenommen und 1803 eine Rezensu-

gewunden, / Alles ist ewig im Innern verwandt.« *Clemens Brentano: Gedichte und Erzählungen*. Hrsg. von H.-G. Werner. Darmstadt 1986. 107–109.

[143] Diese Auffassung hat Pöggeler wahrscheinlich gemacht. Vgl. *Pöggeler: Hegels Option für Österreich* (wie Anm. 65), bes. 96 ff.

[144] Vgl. Pöggelers Überlegungen, *ebd.* 116–128.

[145] *Ebd.* 104.

[146] Zum Folgenden *Pöggeler: Hegels Option für Österreich* (wie Anm. 65), 90, 99, 106 f.

[147] Vgl. *Manfried Rauchensteiner: Kaiser Franz und Erzherzog Carl.* Dynastie und Heerwesen in Österreich 1796–1809. Wien, München 1972 (Österreich Archiv). – Zum Folgenden *Ernst Wangermann: Von Joseph II. zu den Jakobinerprozessen.* Wien 1966 (Geist und Gesellschaft. Texte zum Studium der sozialen Entwicklung). – *Pape: Johannes von Müller* (wie Anm. 67), 44–47.

rierung aller Druckschriften angeordnet hat, die zwischen 1781 und 1795 erschienen waren. Ihr fielen 2500 Bücher zum Opfer, darunter die Schriften der deutschen und französischen Aufklärung und auch Müllers *Darstellung des Fürstenbundes*. Österreich hatte sich um die Jahrhundertwende in einen Polizei- und Spitzelstaat verwandelt.

Nach der Niederlage Preußens bei Jena und Auerstedt 1806 trat Hegel auf Napoleons Seite über, den er als »Friedensstifter Europas« begrüßte und von dem er sich Reformen erwartete, die das geschlagene Österreich nicht mehr in Gang setzen konnte. In Kaiser Franz II. und Metternich sah Hegel nun – deutlicher als während der Arbeit an der Verfassungsschrift – die Reaktion. Die Parteigänger Österreichs, vor allem den »katholizierenden« Friedrich Schlegel, beschimpfte er als »ausgehauste Lumpen«, »Gesindel« und »Pöbel«.[148] Auch die Josephiner und Leopoldiner in Wien, die über den antiaufklärerischen Kurs der österreichischen Politik zutiefst enttäuscht waren, begrüßten in Napoleon, als dieser Ende 1805 Wien besetzte und die Zensur aufhob, den Befreier von geistiger Unfreiheit. Als der französische Kaiser dann von der Weltbühne abgetreten war, ging Hegel ins Lager Preußens über, den Staat der Unterrichts- und Bildungsreform.

Wer darin, wie Dilthey,[149] Opportunismus wittert, verkennt, daß die reformorientierten Aufklärer, die damals nach politischer Kontinuität *und* Reform, nach Erhalt des historisch Gewachsenen *und* Erneuerung strebten, sich ständig ändernden Mächteverhältnissen gegenübergestellt sahen. Mal schien Preußen (in der Fürstenbundsära), mal das Reich (für die reformorientierten Klein- und Mittelstaaten), mal Österreich (nach dem Ausscheiden Preußens aus dem Reichskrieg gegen Frankreich 1795), mal Napoleon (nach Gründung des Rheinbundes) die Erfüllung dieser Wünsche zu versprechen. Der oft mehrfache Wechsel von einem politischen Lager ins andere war Ausdruck der Suche nach Behauptung einer politischen Option über den Umbruch der Zeiten hinweg.

Diesen Seitenwechsel vollzog schließlich auch Johannes von Müller. Er hatte den Kampf Österreichs gegen Napoleon von Wien aus publizistisch unterstützt, mußte dann die Rücksichtslosigkeit der Reichspolitik der Hofburg mitansehen, litt unter der geistigen Unfreiheit in Wien und nahm einen Ruf nach Berlin an, wo er zur nationalen Opposition um den Freiherrn vom Stein und Prinz Louis Ferdinand gehörte.[150] Mit der russisch-österreichischen Niederlage bei Austerlitz Ende 1805 sah er eine große Zeitenwende gekommen.

[148] *Pöggeler: Hegels Option für Österreich* (wie Anm. 65), 102. - *Ders.: Ist Hegel Schlegel?* Friedrich Schlegel und Hölderlins Frankfurter Freundeskreis. In: *»Frankfurt aber ist der Nabel dieser Erde«* (wie Anm. 65), 325–348. – Ich folge meinem Aufsatz: *Staatstheorie und Geschichtsauffassung zwischen Aufklärung und Romantik* (wie Anm. 17), 13.

[149] *Pöggeler: Hegels Option für Österreich* (wie Anm. 65), 111.

[150] Vgl. *Pape: Johannes von Müller* (wie Anm. 67), 236–239.

In den folgenden Monaten gelangte er zu der Überzeugung, am Ende einer langen Geschichtsperiode und am Anfang einer neuen Ordnung zu stehen, deren Umrisse sich erst schemenhaft abzeichneten und deren gestaltende Hand er noch suchte. Müller wartete förmlich auf das Erscheinen des »großen Mannes«.[151] Sein Blick ging, wie der des Weimarer Herzogs, zeitweilig nach Rußland.[152] Nach Jena und Auerstedt und unter dem Eindruck der Audienz, zu der ihn Napoleon im November 1806 ins Berliner Schloß befohlen hatte, wurde ihm bewußt, daß Napoleon selbst der von ihm erwartete Erneuerer war.[153] Müller versprach sich von Napoleon mehr als nur Welteroberungspläne: eine stärkere Vereinigung Deutschlands, für die er seit den Tagen des Fürstenbundes eingetreten war. Er traf sich nun mit der Option von Dalberg, Vogt, Hegel und anderer. Es ist daher auch kein Widerspruch, wenn er Kronprinz Ludwig von Bayern, den glühenden Hasser Napoleons und Verächter Montgelas', 1807 in Berlin bei der Auswahl der Büsten für *Walhalla*, den geplanten Ruhmestempel großer Deutscher, beriet und dem Prinzen auch den germanischen Namen für den Tempel im antiken Stil vorschlug.[154]

Von Napoleon zum Regierungschef am Hof Jérômes in Kassel ernannt, erklärte Müller im August 1808 vor der ersten Versammlung der Reichsstände des Königreichs Westfalen, dessen Verfassung auf der Grundlage des Code Napoléon beruhte: »Der, vor dem die Welt schweigt, weil Gott die Welt in seine Hände gegeben, erkannte in Germanien die Vorwache und Brustwehr, von Süd und West, von den ersten Hauptsitzen der Kultur Europens. Also, für gemeine Politik zu erhaben, gab er Deutschland Festigkeit, gab ihm sein Gesetzbuch, das Muster seiner Waffen, die größten Lehren und, statt gedemüthigtere Soldaten, achtungsvolle geehrte Bürger. Aus zwanzig Ländern schuf er ein Reich [Westphalen]. Konnte er mehr thun?«[155] Müller appellierte, wie schon in Mainz 1786/88, wieder an den »Gemeingeist«, damit der Partikularismus in den verschiedenen Landesteilen und der Egoismus der alten Stände überwunden werden könne.

[151] Auf die Bedeutung »großer Männer« in der Geschichte hatte Müller schon in der *Darstellung des Fürstenbundes* hingewiesen, vgl. Zitat o. 48 f. – Aufschlußreich dazu Müllers Brief an Perthes vom 1.7.1806, zit. bei *Pape, ebd.* 247.

[152] Vgl. *ebd.* 240 f.

[153] Vgl. *ebd.* 250–253.

[154] Vgl. *ebd.* 212, 222. – *Heinz Gollwitzer: Ludwig I. von Bayern.* Königtum im Vormärz. Eine politische Biographie. München 1986, 138.

[155] Druck von Müllers Rede (in Französisch und deutscher Übersetzung) in: *Müller: Sämmtliche Werke* (wie Anm. 21), Bd 27, 1819. 216–245. Deutscher Text auch in: *Die Zeiten oder Archiv für die neueste Staatengeschichte und Politik.* Hrsg. von Ch. D. Voß. Bd 18. Leipzig 1809. 288–300; Kommentierung 300–310; zu Müller nach dessen Tod ebd. Bd 21, 1810. 112; Nekrolog von Niemeyer ebd. 22, 1810. 15 f.; von C.D. Voß, ebd. 24, 1810, Politisch-literarischer Anzeiger, III, IV. – Vgl. *Helmut Berding: Das Königreich Westfalen und Johannes von Müller.* In: *Johannes von Müller – Geschichtsschreiber der Goethezeit* (wie Anm. 17), 189–211.

Die Verfassung im Königreich Westfalen, das als französischer Modellstaat wirken sollte,[156] war der französischen Verfassung von 1799 angenähert. Die Reichsstandschaft war an Besitz und Bildung und nicht mehr an die Geburt gebunden.[157] Die hundert Abgeordneten wurden indirekt durch Departementskollegien gewählt, die vom König ernannt wurden und sich aus drei Wählergruppen (im Verhältnis 4 : 1 : 1) zusammensetzten: den wohlhabendsten Grundeigentümern, den reichsten Kaufleuten und Fabrikanten und den bedeutendsten Gelehrten, Künstlern und um den Staat verdienten Männern. Die Reichsstände glichen in ihrer Zusammensetzung aus (zum Großteil adeligen) Grundeigentümern, wirtschaftlich erfolgreichen Bürgern und adeligen und bürgerlichen Beamten einer Notabelnversammlung. Sie hatten die Gesetzgebungskompetenz und das Recht, jährlich zusammenzutreten, um den Etat zu verabschieden. Sie berieten über die Gesetzesvorlagen des Staatsrats jedoch nicht im Plenum, sondern in drei kleinen Kommissionen aus je fünf Abgeordneten, glichen also den 300 »Stummen« im Pariser Parlament. König und Ministerialverwaltung hatten eine starke Stellung. Die Nationalrepräsentation im Königreich Westfalen war weit entfernt von der Repräsentativverfassung der Französischen Revolution, aber auch von den vorrevolutionären Landständen. Die westfälischen Reichsstände bildeten »die erste repräsentative Versammlung in Deutschland ohne ständische Grundlage«.[158]

Diese nicht egalitäre, sondern stark berufsständisch geprägte Repräsentation, die bei der Wahl der Abgeordneten der Eigenart der Regionen (Departements) Rechnung trug, dürfte dem ständischen Repräsentativgedanken Hegels entgegengekommen sein. Dieser druckte als Redakteur der Bamberger Zeitung Müllers Rede vor den westfälischen Reichsständen ab.[159] Müller erhoffte sich wie Hegel, der Napoleon 1806 in Jena gesehen und in ihm die »Weltseele« erkannt hatte, die »über die Welt übergreift und sie beherrscht«, von dem Kaiser Reformen. Wie Dalberg, Niklas Vogt und das reichspatriotische Lager sah nun auch Müller im Rheinbund die Möglichkeit, das Reich in veränderter Gestalt in ein neues Zeitalter hinüberzuretten; wie Goethe und Alexander von Humboldt bewunderte er in Napoleon den Heros, ge-

[156] Vgl. *Helmut Berding: Napoleonische Herrschafts- und Gesellschaftspolitik im Königreich Westfalen 1807–1813.* Göttingen 1973 (Kritische Studien zur Geschichtswissenschaft, 7). – *Ders.: Le Royaume de Westphalie, état-modèle.* In: Francia 10 (1982), 345–358.

[157] Zum Folgenden *Herbert Obenaus: Die Reichsstände des Königreichs Westfalen.* In: Francia 9 (1981), 299–329.

[158] *Obenaus, ebd.* 327.

[159] Vgl. *Pöggeler: Hegels Option für Österreich* (wie Anm. 65), 100 f. – *Ders., »Vortheile, die respektiert werden müssen«.* Einleitung zu *»o Fürstin der Heimath! Glükliches Stutgard«.* Politik, Kultur und Geselschaft im deutschen Südwesten um 1800. Hrsg. von Ch. Jamme u. O. Pöggeler. Stuttgart 1988, 9–32, hier 22–32.

schichtliche Größe schlechthin, und verglich diesen mit Friedrich II. von Preußen.[160] Müller zog sich dadurch den Haß der antifranzösischen Partei in Berlin zu. Gentz schleuderte gegen ihn seinen Bannstrahl, während sich Goethe schützend vor ihn stellte.[161] Müller verfiel später dem Verdikt der kleindeutschen Geschichtsschreibung. Hegel galt als salviert, da er schließlich doch noch auf der ›richtigen‹ Seite stand.

Das führt zur Frage des historischen Urteils. Die kleindeutsche Geschichtsschreibung hat das Ethos der Kämpfer gegen die französische Hegemonie und für den deutschen Nationalstaat hervorgehoben: von Arndt, Fichte, Schleiermacher, Kleist, Achim von Arnim oder dem Freiherrn vom Stein.[162] Arnim hatte im September 1806 für die Gründung einer patriotischen Wochenzeitung mit dem Titel *Der Preusse, ein Volcksblat* mit dem Argument geworben, »daß Deutschland schon seit dem Beyrischen Erbfolgekrieg nur in Preussen, und so weit es mit Preussen verbunden[,] noch vorhanden war, die übrigen Staaten waren alle schon früher abgestanden, ehe es ruchtbar wurde.« Er beschwor die Erinnerung an den Deutschen Fürstenbund, den er reaktiviert sehen wollte, und an seinen Gründer. Dieser Bund, »der in früherer Zeit nur ein grosser ahnender Gedanke eines grossen Mannes blieb, kommt dann aus den Trennungen und auf den Trümmern der kleinen Bündnisse zur schönsten Vollendung, unsre allgemeine Bildung wird dann klar, keine insularische Beschränktheit wird sie mehr stören!«[163]

Die preußischen Patrioten, die unter dem Schock einer rigiden Besatzungsherrschaft in Berlin und im Land standen, sprachen vom »Vaterland«,

160 Vgl. Müllers Berliner Akademierede auf Friedrich 1807. Dazu *Pape: Johannes von Müller* (wie Anm. 67), 219–221. – Der Vergleich auch bei *Niklas Vogt: Das System Friedrichs II. und Napoleons I.* In: Ders.: EStR, Bd 8. Frankfurt am Main 1807. 243 f.

161 Brief Gentz', Prag, 27.2.1807. In: *Briefwechsel zwischen Gentz und Johannes von Müller.* Mit einem Anhang vermischter Briefe. Hrsg. von G. Schlesier. Mannheim 1840 (Schriften von Friedrich von Gentz. Ein Denkmal, Bd 4), 269–274.

162 Dazu *Angermeier: Deutschland zwischen Reichstradition und Nationalstaat* (wie Anm. 2), zu Stein 55–60, 85–88; zu Fichte 60 f., 90–94; zu Schleiermacher, 94–97.

163 Die »Vorläufige Anzeige« als Anlage zum Brief Arnims an Brentano, Göttingen, 8.9.1806. In: *Achim von Arnim und Clemens Brentano: Freundschaftsbriefe* (wie Anm. 138), 424–427. – Arnim nahm den Leiter der preußischen Außenpolitik, Haugwitz, gegen Angriffe in Schutz, nachdem Napoleon diesem Ende 1805 in Schönbrunn einen Vertrag diktiert hatte: Haugwitz sei »der einzige Mensch« gewesen, »der in den grösten Verhältnissen Schimpf zu ertragen wuste, der bey tausend Widersprüchen, selbst absichtlichen Versuchen um ihn zu stuzen [stürzen], gegen alle im Kampfe sich zu halten wuste. Hannover ist wie eine reife Frucht an uns gefallen, jetzt findet es sich[,] nun wir hineinbeissen, daß sie sogar schon wurmstichig. Preussen hat ohne Schaden als der einzige feste Punkt in Europa das System des Friedens durchgeführt und das nicht eigentlich aus Absicht, sondern in reiner Nothwendigkeit[,] so daß wir ganz inne werden Goethes Spruch, Consiliis hominum pax non reparatur in orbe.« Brief an Brentano, Berlin, 14.6.1806. Ebd. 399.

das sie befreien wollten und von einem Deutschland, das in Form eines Nationalstaates gegründet werden sollte, nach Möglichkeit in den Grenzen des Alten Reichs und auf der Grundlage der alten Reichsverfassung mit einem Habsburger als Kaiser an der Spitze.[164] Ihre Hoffnungen richteten sich zeitweilig, als Preußen niedergeworfen war, auf Österreich,[165] das die Erhebung unter Johann Philipp Stadion 1809 gewagt hatte. Das Nationalgefühl der Freiheitskämpfer in Preußen entstand aus der Abgrenzung vom Rheinbund und von den Patrioten, die ihre Vaterlandsliebe mit dem Rheinbund verknüpft hatten und nun als ›Franzosenfreunde‹ diffamiert wurden. Der Rheinbund und das napoleonische Lager wurden abgeurteilt – von Heinrich von Sybel, Heinrich von Treitschke, Ludwig Häusser, Wilhelm Dilthey, Heinrich von Srbik oder Willy Andreas.[166] Diese sprachen von der »Fremdherrschaft« in Deutschland und ignorierten, daß nicht zuletzt Preußen durch die Hinnahme der Annexion der linksrheinischen Gebiete zur napoleonischen Politik im Reich entscheidend beigetragen hatte.

Die Vorstellungen des antinapoleonischen Lagers waren zugleich zielgerichtet und unbestimmt. Der Vaterlandsbegriff der ›Freiheitskämpfer‹ war nicht annähernd politisch so konkret wie die Staatsvorstellung der Reichspatrioten; ihr Vaterlandsbegriff war vielmehr protestantisch-religiös getönt[167] und an einer imaginären Vergangenheit orientiert: am Geschichtsbild der Romantik, der Besinnung auf das mittelalterliche Reich und römisch-deutsche Kaisertum, dessen Restauration sie anstrebten. Den Nationalismus von Arndt und seiner Mitstreiter herauszustellen und gegen diese das aufgeklärte, ›vernünftige‹ napoleonischen Lager auszuspielen,[168] verkennt indessen das Zukunftsgerichtete der Ideen dieser Partei: das staatsbürgerliche Ethos der preußischen Reformer, die den politisch mitverantwortlichen Bürger forderten, der sich nicht mehr vom aufgeklärten Wohlfahrtsstaat beglücken lassen wollte, und übersieht die liberalen Hoffnungen der ›Freiheitskämpfer‹, die auf den Verfassungsstaat vorauswiesen.

[164] Vgl. *Georg Schmidt: Von der Nationaleinheit zum Nationalismus.* Der gedankliche Kontinuitätsbruch in Deutschland zu Beginn des 19. Jahrhunderts. In: Die evangelische Diaspora 63 (1994), 59–75.

[165] So Kleist in seiner Schrift »Über die Rettung von Österreich«, 1809. Vgl. die Edition von *Klaus Müller-Salget: Heinrich von Kleist: »Über die Rettung von Österreich«.* In: Kleist-Jahrbuch 1994. 3–43. – *Volker Press: Das Ende des Alten Reiches und die deutsche Nation.* In: Kleist-Jahrbuch 1993. 31–55, hier 46–52.

[166] Vgl. *Peter Burg: Die deutsche Trias in Idee und Wirklichkeit.* Vom Alten Reich zum Deutschen Zollverein. Stuttgart 1989 (Veröffentlichungen des Instituts für Europäische Geschichte Mainz, Bd 136), 58–68.

[167] Dazu jüngst *Angermeier: Deutschland zwischen Reichstradition und Nationalstaat* (wie Anm. 2), 88–97.

[168] So *Georg Schmidt: Der napoleonische Rheinbund – ein erneuertes Altes Reich?* In: *Alternativen zur Reichsverfassung in der Frühen Neuzeit?* Hrsg. von V. Press u. D. Stievermann (wie Anm. 27), 227–246.

Myriam Bienenstock (Tours)

Die »Ungeschicklichkeit, die wahrhaften Sitten in die Form von Gesetzen zu bringen«, ist »das Zeichen der Barbarey«: Hegels Kodifikationsforderung um 1802[1]

Schon seit den ersten Jahren des 19. Jahrhunderts fordert Hegel für Deutschland eine Kodifikation, also eine Systematisierung des Gesetzeswesens: »Das absolut Sittliche«, schreibt er in seinem *Naturrecht*saufsatz von 1802, muß »auch in der *Form der Allgemeinheit* und der Erkenntniß, als *System der Gesetzgebung* sich vorstellen; so daß dieses System vollkommen die Realität oder die lebendigen vorhandenen Sitten ausdrückt; damit es nicht geschieht, wie oft der Fall ist, daß dasjenige, was in einem Volke recht und in der Wirklichkeit ist, aus seinen Gesetzen nicht erkannt werden kann, welche Ungeschicklichkeit, die wahrhaften Sitten in die Form von Gesetzen zu bringen, und die Angst, diese Sitten zu denken, als sein anzusehen und zu bekennen, das Zeichen der Barbarey ist.« (*GW* 4, 470). Diese Passage und die darin enthaltene Überzeugung wird meistens als erste Formulierung derjenigen Position betrachtet, die der Philosoph später, besonders in Berlin, angesichts der 1814 ausgelösten Kodifikationsdebatte, gegen Friedrich Carl von Savigny (1779–1861) einnehmen wird. Zwar wird von Savigny in Hegels *Grundlinien der Philosophie des Rechts* nicht ausdrücklich erwähnt, doch war der kritische Bezug für alle Zeitgenossen offenbar überdeutlich. Explizit kritisiert wird vielmehr Gustav Hugo (1764–1844), derselbe also, gegen den sich Hegel zweifellos schon 1802 in seinem *Naturrecht*saufsatz richtete, als er seine Stimme gegen die »positiven Rechtswissenschaften« erhob: einer gebildeten Nation, so sollte er in der ›Rechtsphilosophie‹ schreiben, »die Fähigkeit abzusprechen, ein Gesetzbuch zu machen [...], wäre einer der größten Schimpfe«, der ihr »angetan werden könnte« (*TWA 7*, § 211, 363). Mit dieser Kritik zielt Hegel sicher auch ab auf den Theoretiker der Restauration, Karl Ludwig von Haller (1768–1854), ebenso wie auf Jakob Friedrich Fries (1773–1843) und dessen Anhänger, die ebenfalls durch eine Haltung gekennzeichnet sind, die er bereits im Vorwort seiner Rechtsphilosophie, dann in einer Anm. zu deren § 258 als »den bittersten Haß gegen alle *Gesetze, Gesetzgebung, alles förmlich und gesetzlich bestimmte Recht*« charakterisiert (*TWA 7*, § 258 Anm., 402; vgl. auch 20).

[1] Hegels Schriften werden nach den folgenden Ausgaben zitiert: *GW* = *Georg Wilhelm Friedrich Hegel: Gesammelte Werke*, in Verbindung mit der DFG hrsg. von der Rheinisch-Westfälischen Akademie der Wissenschaften. Hamburg 1968 ff. *TWA* = *Georg Wilhelm Friedrich Hegel: Theorie Werkausgabe*, 20 Bde. Hrsg. von Eva Moldenhauer und Karl Markus Michel. Frankfurt/Main 1969–1971.

Die Vielzahl von Gegnern zeigt bereits, daß Hegels Kampf in dieser Sache weder nur aus gewissen Konstellationen und Umständen seiner Berliner Jahre erwuchs noch ein rein persönlicher Zwist war. Im Sinne solcher Vermutungen wurde verschiedentlich angenommen, daß sich Hegel mit seiner Haltung nur gegen den mächtigen von Savigny, seinen hochschulpolitischen Gegner, habe zur Wehr setzen wollen, oder daß er damit seine Chancen in der Auseinandersetzung mit Fries erhöhen wollte, diesem langjährigen Konkurrenten und Feind. Zwar soll nicht bestritten werden, daß solche strategischen Motive bei Hegel gelegentlich mitgewirkt haben. So tritt Hegels Option für die Kodifikation gerade anläßlich des Kodifikationsstreits, an dem von Savigny mit seinem Widerspruch gegen Thibaut führend beteiligt war, deutlicher und mit größerer Wucht zu Tage, als in den früheren Schriften und Aufzeichnungen. Schon die Tatsache aber, daß Hegel diese Option bereits 1802, also lange vor den späteren Umständen, prononciert vorgetragen hat, spricht eindeutig gegen die anachronistische Erklärung aus späteren Verhältnissen und kann deshalb nicht stark genug betont werden. Der Hinweis auf Hegels Stellungnahme des Jahres 1802 erlaubt jedoch noch andere Schlußfolgerungen und zuallererst die folgende. Da sich Hegel *vor* der Veröffentlichung des Code civil (oder Code Napoléon) – die 36 Einzelgesetze des späteren Code wurden ab März 1803 verkündet, die öffentliche Erhebung dieser Elemente zu einem Rechtssystem erfolgte am 21. März 1804[2] – für die Kodifikation einsetzte, kann seine Entscheidung mit Sicherheit nicht auf diesen Code bezogen werden. Es ist also unzureichend, Hegels Stellungnahme des Jahres 1802 mit Hilfe seiner späteren (Berliner) Haltung zu deuten – als würde die frühe Option bloß eine Ankündigung oder eine Antizipation der reifen Position sein und als hätte Gustav Hugo schon zu Beginn des Jahrhunderts den ganzen Zorn erregt, der sich fast zwanzig Jahre später gegen von Savigny richten sollte. Eine echte Entwicklungsgeschichte des Hegelschen Denkens müßte gerade umgekehrt vorgehen, d.h. die frühe Position müßte die spätere erklären. Nicht die Auseinandersetzung mit von Savigny darf im Mittelpunkt stehen, noch kann es direkt um den Code Civil, oder Code Napoléon gehen, denn die Chronologie verbietet diesen Bezugspunkt.

Die Überzeugung, die der *Naturrecht*saufsatz zum Ausdruck bringt, muß also in ihrer Eigenständigkeit und Spezifizität begriffen werden. Warum zeigte sich Hegel, dies ist eine der Fragen, die uns in diesem Zusammenhang vorrangig beschäftigen muß, schon damals so scharf polemisch und radikal?

[2] Detaillierte Angaben zur Chronologie enthält die attraktive Neuausgabe: *Le Code Civil.* Textes antérieurs et version actuelle. Edition mise à jour au 30 septembre 1993. Hrsg. von Jean Veil. Paris 1993, hier: 631; vgl.: *Gerhard Köhler: Code civil.* In: Ders.: *Lexikon der europäischen Rechtsgeschichte.* München 1997, 76 f (dort weiterführende Literaturangaben).

Daß er später auf von Savigny heftig reagierte, daß er zum Beispiel, wie bereits zitiert, von dem »größten Schimpfe« sprach, welcher der Nation »angetan werden könnte«, ist leichter verständlich, erklärbar einerseits aus dem herben Ton, der die ganze Kodifikationsdebatte von 1814/15 vergiftet hatte, andererseits aus den hochschulpolitischen Kontroversen an der Universität Berlin, die Hegel und von Savigny trennten. Aber warum behandelt er schon 1802 den Mangel einer Gesetzgebung in systematischer Form als ein »Zeichen der Barbarey«? Welche Gründe mögen Hegel zu dieser Heftigkeit bewogen haben? – Die hier gewählte Bezeichnung »Barbarei« ist doch stark pejorativ, ja, sie kann sogar als Schimpfwort gelten, denn Hegel gebraucht den Terminus in dem bis heute üblichen Sinn für jemanden, dem es gänzlich an Kultur oder »Zivilisation« fehlt, der gar nicht »denken« kann, im Gegensatz also zu einem gebildeten Menschen, der den Sitten und Gebräuchen »die Form der Allgemeinheit und der Erkenntnis« zu geben weiß und sich durch diese geistige Aneignung als *freies* Wesen zu erkennen gibt. Damit zeigt sich ganz deutlich, daß Hegel der Kodifikationsfrage schon 1802 eine sehr große Bedeutung beimißt, sie erlangt für sein ganzes philosophisches Projekt eine entscheidende Rolle.

Diesen Gründen der Hegelschen Stellungnahme von 1802 soll im vorliegenden Artikel nachgegangen werden, wobei die schon herausgestellte Opposition von Barbarei und Kodifikation im *Naturrecht*saufsatz und der genaue Sinn dessen, was Hegel unter »Barbarei« versteht, als Leitfaden dienen werden. Auch für Hegel handelt es sich, wie bereits angedeutet, bei der Bezeichnung »Barbarei« um ein Schimpfwort, das er einerseits in sehr allgemeinem Sinn verwendet, wie es übrigens auch die eher rätselhaften Fragmente aus dieser Schaffensperiode (oder ein wenig später) des Philosophen belegen, in denen er die »Mythen« Jakob Böhmes als »Anschauungen der Barbarei« (*GW* 5, 497 – Fragment 49) charakterisiert: »Bei der Anschauung dagegen, z.B. Jakob Böhme's, stehen bleiben, ist Barbarei, wie bei den Grundsätzen Oberflächlichkeit...«[3] »Der Barbar verwundert sich, wenn er hört, daß das Quadrat der Hypothenuse gleich sei der Summe des Quadrats beider Katheten. Er meint, es könne auch anders sein, fürchtet sich vorzüglich vor dem Verstande und bleibt in der Anschauung. Die Vernunft ohne Verstand ist nichts, der Verstand doch etwas ohne Vernunft.« (*Ibid.* – Frag-

[3] *GW* 5, 496 – Fragment 46, die Fortsetzung des Zitates lautet: »Die Entwicklung des Wissens ist nicht ein Wegschaffen jener Anschauungen, so wenig als des Grundsatzes, sondern ein von Innen heraus oder von Aussen hinein Ausbilden derselben. Böhme's Anschauung ist eine tiefere, als Jacobi's Glauben offenbart. Die, welche so etwas als besondere verschwindende Meinung nehmen und die Barbarei in die Sache selbst setzen, irren eben so sehr, als die, welche den Grundsatz nicht für wesentlich halten. Jene machen die Form des Barbarischen zum Wesen der Sache, diese im Gegentheil die Gediegenheit des Glaubens.«

ment 47). Bekanntlich sollte Hegel diese Kritik an Böhme viel später, in seinen *Vorlesungen über die Geschichte der Philosophie*, wiederholen.[4] Auch in diesen Vorlesungen erscheint ihm Böhme wiederum, bei allem Respekt für diesen »eigentümlichen Charakter« (*TWA 20*, 94) und sein »tiefes Gemüt« (VorlGPh 80), als Verkörperung eines »vollkommenen Barbaren« (*TWA 20*, 92), dessen rohe, ungebildete Form – »er besitzt keine Methode und Ordnung« (*ibid.*) – ihm nicht erlaubt, zum Denken, zum Gebrauch des analytischen Verstandes, und damit »zur freien Darstellung der Idee [zu] kommen.« (*ibid.*, 98)[5]

Andererseits belegen gewisse Texte aus der Zeit des *Naturrechts*aufsatzes aber gleichfalls, daß der Terminus »Barbar« für Hegel auch eine präzisere Bedeutung besitzen kann, die erst aus dem damaligen historischen und politischen Zusammenhang zu erhellen ist: so z.B. als er in einem Jenaer, wahrscheinlich im November 1802 – zur selben Zeit also, wie der *Naturrechts*aufsatz – abgefaßten Fragment zur Verfassungsschrift den »Zustande der Barbarey« als einen Zustand bestimmt, der darin besteht, »daß eine Menge ein Volk ist, ohne zugleich ein Staat zu seyn, daß der Staat und die Einzelnen im Gegensatz und in einer Trennung existieren« (*GW* 5, 202): »In dem Herausarbeiten aus der Roheit zur Cultur kam es darauf [an], welches von beyden das Allgemeine, der Staat, oder die Einzelnen, die Oberhand gewinnen würden; in den meisten Europäischen Ländern hat der Staat vollständig den Sieg davon getragen, in manchen auf eine unvollständige Weise, in keinem bey der Prätension, ein Staat zu seyn, so unvollkommen, als in Deutschland. Der Zustand der Barbarey besteht nemlich darin, daß eine Menge ein Volk ist, ohne zugleich ein Staat zu seyn, daß der Staat und die Einzelnen im Gegensatz und in einer Trennung existiren. [...] In einem gebildeten Staate stehen zwischen der Persönlichkeit des Monarchen, und den Einzelnen die Gesetze, oder die Allgemeinheit; [...]« (*GW* 5, 202). Es ist offensichtlich, daß Hegel hier auf den Zustand des damaligen Deutschen »Reiches« anspielt, wenn er von »Barbarey« spricht. Die Erhellung dieses Sinnes von »Barbarei« ermöglicht ein angemesseneres Verständnis dessen, was für Hegel damals genau auf dem Spiele steht, wenn er sich für die Kodifikation entscheidet. Die folgenden Ausführungen widmen sich zunächst der von Hegel voraus-

[4] *TWA 20*, 91–119; vgl. *G.W.F. Hegel: Vorlesungen über die Geschichte der Philosophie* (Sigle: VorlGPh). Teil 4: Philosophie des Mittelalters und der neueren Zeit. Hrsg. von Pierre Garniron und Walter Jaeschke. Hamburg 1986, 78–87.

[5] Vgl.: *TWA 20*, 97: »So roh und barbarisch er einerseits ist und sosehr man es nicht aushalten kann, anhaltend ihn zu lesen und die Gedanken festzuhalten (es geht immer der Kopf herum von Qualitäten, Geistern, Engeln), so hat dies derbe Gemüt doch eigentlich in der Tat eine ungeheure barbarische Kraft, die Wirklichkeit als Begriff zu gebrauchen. Im Hintergrunde ist der spekulativste Gedanke, der aber nicht zu seiner ihm angemessenen Darstellung kommt. Man muß systematische Darstellung bei ihm nicht erwarten, noch wahrhafte Herüberführung ins Einzelne.«

gesetzten Opposition von »barbarisch« und »civilisiert«, »kultiviert« oder »gebildet«, damit also auch den Ursprüngen seiner These im klassischen Griechenland. In einem zweiten Schritt soll dann die zeitgeschichtliche Bedeutung erläutert werden, die Hegel dem Terminus beimißt, wozu auch eine Erhellung des Diskussionskontextes von 1802 gehört. In diesem Zusammenhang verdienen die Rückbezüge Hegels auf Herder und auf den hinter diesem stehenden Montesquieu besondere Beachtung.

Den Hintergrund des Gegensatzes der »Barbaren« und der »zivilisierten«, »kultivierten« oder »gebildeten« Menschen bildet zweifellos die klassische Gegenüberstellung von »Hellenen« und »Barbaren«, die sich z.B. bei Aristoteles findet (so etwa am Anfang seiner *Politik*[6] 1252 b 5–15, 1255 a 28 ff.): der »Barbar« ist für die Griechen und ganz besonders für Aristoteles derjenige, der nicht Bürger der Polis, der politischen Gemeinschaft ist und in diesem Sinne den Sklaven gleicht. Aller Attribute des Bürgers entblößt, ermangelt der »Barbar« auch derjenigen Qualitäten, die aus dem Bürger einen Menschen machen. Nach Aristoteles fehlt es ihm also an Verstand, sowie an der Tugend – was ihn kennzeichnet ist die »Roheit« (vgl. auch *Nik.Eth.* 1145 a).

Dem Barbaren ermangelt die Erziehung – gerade diejenige »Erziehung«, die aus ihm den Bürger eines wohleingerichteten Volkes machte und ihn »den Sitten seines Landes gemäß« leben ließe (*GW 4*, 469). Der grundlegende Sinn der »Sitten« (*ethos*) ist für Hegel im ›Naturrechtsaufsatz‹ sicher Griechisch, oder genauer sogar Aristotelisch.[7] Hegel selbst bezieht die Begriffe »Sitte« und »Sittlichkeit« auf Aristoteles, der begriffen habe, daß »das Volk der Natur nach eher ist, als der Einzelne« und er betont, daß die griechische Idee des *ethos* in sich selbst »ein Allgemeines« enthält (*GW 4*, 467): denken heißt für ihn, fähig sein, sich zum Allgemeinen der Sitten und Gebräuche seines Volkes zu erheben. Daß der Barbar zum Denken unfähig ist, daß er sich nicht zum Allgemeinen erheben kann, rührt daher, daß er nicht am sittlichen Leben der Polis teilnimmt. Im Anschluß der Passage über die Kodifikation, die am Anfang dieses Aufsatzes zitiert worden ist, stellt Hegel übrigens fest, daß »diese Idealität der Sitten und ihre Form der Allgemeinheit in den Gesetzen [...] als solche eine reine absolute Gestalt erhalten, also als Gott des Volkes angeschaut und angebetet werden, und diese Anschauung selbst wieder ihre Regsamkeit und freudige Bewegung in einem Cultus haben« muß (*GW 4*, 470). Auch das Charakteristikum des Heiligen, ja,

[6] *Aristoteles: Politik* (Sigle: *Pol.*) Übersetzt und herausgegeben von Olof Gigon. München 1973, hier: 48 ff.

[7] Vgl. hierzu den Artikel von *Karl-Heinz Ilting: Hegels Auseinandersetzung mit der aristotelischen Politik.* In: Philosophisches Jahrbuch. 71 (1963/64), 38–58; wieder abgedruckt im Anhang von: *G.W.F. Hegel: Frühe politische Systeme.* Hrsg. von Gerhard Göhler. Frankfurt am Main, Berlin, Wien 1974, 759–785.

Göttlichen, das Hegel den Sitten und Gesetzen zuschreibt, dürfte einen griechischen Ursprung haben: schon die Herkunft des *Nomos* aus der Beziehung zu Kult und Götterverehrung belegt dies eindeutig.[8]

Trotz dieses Erbgutes aus dem klassischen Griechenland darf nicht übersehen werden, wie weit Hegels Forderung, die Sitten zu kodifizieren, sie also zu einem System von Gesetzen zu erheben, ihn von den Griechen und insbesondere von Aristoteles entfernt. Es ist auf jeden Fall nicht bei Aristoteles, wo er seine These, die Sitten nicht kodifizieren zu können, sei ein Zeichen der »Barbarei«, hätte finden können. Noch dürfte Hegels Ziel, »die wahrhaften Sitten in die Form von Gesetzen zu bringen«, von Aristoteles inspiriert worden sein. Zwar betonte auch Aristoteles, wenn er in seiner *Politik* das Wesen der demokratischen Regierungsform untersucht, die große Bedeutung des Gesetzes (*nomos*), dessen Souveränität sich auf alles erstrecken sollte und ohne welches es keine Verfassung gäbe: »wo nämlich keine Gesetze regieren, da ist auch keine Verfassung. Denn das Gesetz soll über das Allgemeine regieren und über das Einzelne die Beamten, und es ist eben dies, was als Verfassung gelten soll.« (*Pol.*, 144 – 1292 a 32–34). Doch zielte Aristoteles mit dem Nachdruck, den er auf den Wert der Gesetze legte, auf die Demagogie ab, in welche die Demokratie nur allzu leicht absinken kann, wenn alles, auch die erwähnten Einzelheiten, in der Hand des Volkes liegt. Die Demagogen (Volksführer oder Volks*ver*führer) beziehen damit eine analoge Stellung zum schmeichelnden Höfling in der Tyrannis. Erwirkt der Höfling einen »Befehl« des Tyrannen, bewegen die Demagogen das Volk ad hoc und/oder ad hominem zu »Beschlüssen«. Derartige »Volksbeschlüsse« über einen bestimmten Sachverhalt oder über ein Individuum sind für Aristoteles genausowenig »Gesetze«, wie die »Befehle« oder »Verordnungen« des Tyrannen, auch wenn sie deren Platz einzunehmen trachten, weil sie nämlich nichts Allgemeines feststellen. Aristoteles entfaltet seinen Begriff von »Gesetzen« also im Gegensatz zu solchen »Befehlen« und »Beschlüssen«, nicht jedoch im Unterschied zu den »Sitten«. Wie es zum Beispiel Joachim Ritter schon betont hat, bilden für Aristoteles die »Sitten« immer den Hintergrund der Gesetze (*nomoi*). Ob die »Gesetze« geschrieben oder ungeschrieben sind, ist für ihn nicht entscheidend. Für Aristoteles ist es erstens wichtiger, zu betonen, daß »das Gesetz sich durch keine andere Macht durchsetzen kann als durch die Gewohnheit [i.e. die Sitten und Gebräuche; M.B.], und diese entsteht erst in langer Zeit« (*Pol.*, 89–1269 a 20). Zweitens will er hervorheben, daß ein geschriebenes Gesetz recht unvollkommen ist,

[8] In diesem Sinne äußert sich auch *Joachim Ritter: Metaphysik und Politik.* Studien zu Aristoteles und Hegel. Frankfurt am Main 1977, 113 f und beruft sich dabei auf H. Kleinknecht; vgl. *N.D. Fustel de Coulanges: La cité antique*, Erste Ausgabe: Strasbourg 1864, neu hrsg. Paris 1984, 218 ff.

nicht zuletzt, weil es sich notwendig auf das Allgemeine bezieht und nicht zum Einzelnen fortschreiten kann.[9] Bestimmte, nicht schriftlich fixierte Gebräuche, wie zum Beispiel die Beerdigung der Toten, haben für Aristoteles sogar einen größeren Wert als die geschriebenen Gesetze,[10] worüber Hegel sicher bestens informiert war.

Platon dürfte als Inspirationsquelle für Hegels These ebensowenig in Betracht kommen, obwohl dieser Autor sonst im ›Naturrechtsaufsatz‹ sehr präsent ist. Hegel ist weit davon entfernt, diejenigen Stellen des *Politikos* (303b, 297 d-e)[11] heranzuziehen, in denen Platon die Bedeutung jener königlichen Kunst hervorhebt, welche die Gesetzgebung bildet, und worin er die Notwendigkeit betont hatte, mit der die Gesetze in einer »richtigen Staatsverfassung« absolut gelten müssen und es niemand wagen darf, dagegen zu verstoßen: »Daß keiner im Staate sich untersteht, irgend etwas gegen die Gesetze zu tun, und der es sich untersteht, mit dem Tode und auf das allerhärteste bestraft wird.« (*Platon: Werke*, VI, 533–297 d-e). Statt dessen zitiert Hegel ausführlich eine andere Stelle dieses Dialogs (*Platon: Werke* VI, 522–525–294 a-c; vgl. *GW 4*, 452 f.), in welcher Platon das Gesetz kritisiert, das »nicht vermag, das, was aufs genauste und ganz allgemein das vortrefflichste und gerechteste wäre, vollkommen vorzuschreiben« und er behauptet: »das beste aber ist, nicht daß die Gesetze gelten, sondern der Mann [die gerechteste Handlung vorschreibt; M.B.], der weise und königlich ist«. Es muß aber zugegeben werden, daß Platons Konzeption des Gesetzes, inspiriert von einem abstrakten, idealen Modell, gerade von den Sitten und Gebräuchen getrennt ist, die jeder Polis spezifisch waren, und an welche Aristoteles, ebenso wie Hegel, anknüpfen wollte. Dies ist sicher der Grund dafür, daß Hegel sich der Platonischen Lobrede auf die Gesetze nicht bedienen konnte.[12] Wie es Bernard Bourgeois in seinem brillanten, sehr ausführlichen Kommentar zum ›Naturrechtsaufsatz‹ überzeugend gezeigt hat, benutzt Hegel Platon auf sehr spezifische Weise: es ist ein »stark hegelianisierter Platon« (*un platonisme bien hégélianisé*), mit dem der Leser hier konfrontiert wird, nicht nur weil Platon, wie es bereits gezeigt wurde, keineswegs das Gesetz abwertend beurteilt, sondern auch, weil Hegel gar nicht die Gesetze als solche mit seiner Kritik an Platon verurteilen will – ganz im Gegenteil strebt er ja, wie wir es gesehen haben, ausdrücklich

[9] Vgl. auch *Pol.*, 133–1287 b 5: »Außerdem ist das Gewohnheitsrecht noch wichtiger und betrifft wichtigere Dinge als das geschriebene Gesetz...«

[10] Vgl. hierzu *Joachim Ritter: ›Politik‹ und ›Ethik‹ in der praktischen Philosophie des Aristoteles.* In: Philosophisches Jahrbuch. 74 (1967), 235–253; wieder abgedruckt in *J. Ritter: Metaphysik und Politik*, Frankfurt am Main 1969, 106–132, hier: 113 f.

[11] Ich zitiere nach der zweisprachigen (griechisch-deutschen) Ausgabe im Rahmen der *Werke* Platons (Sigle: *Platon: Werke*). Hrsg. von Günther Eigler. Darmstadt 1990, hier Bd VI, 550f bzw. 532 f.

[12] Eher betont er nachdrücklich, besonders in einer Vorlesung über Platon, daß »die Konstitution nicht für jedes Volk taugt« (*TWA 19*, 111 f.).

eine Kodifikation der Sitten an –, sondern lediglich eine spezifische Form der Gesetzgebung. Er wendet sich gegen die ausufernde Gesetzgebung über das Eigentum; dagegen, daß dieser Teil des Privatrechts nicht nur als Modell aller, auch der politischen Gesetzgebung erscheint, sondern diese geradezu auf das Privatrecht reduziert wird.[13]

An einem anderen Ort seines ›Naturrechtsaufsatzes‹ zitiert Hegel übrigens eine Passage der *Politeia*, in welcher Platon selbst »die ganze endlose Expansion der Gesetzgebung über [...] diese gerichtlichen Gegenstände der Verträge einzelner gegen einzelne über Sachen oder Handarbeiten, wie auch der Injurien und Schläge, Anordnungen über Competenz und Bestellungen von Richtern« mit dem Argument ablehnt, daß es »nicht würdig« sei, darüber »schönen und guten Männern« etwas »vorzuschreiben« (*GW* 4, 457; vgl. *Platon: Werke*, IV, 297–425 c-426 a).

Aber der Gebrauch, den Hegel von Platons Passage macht, zeigt deutlich, in welchen Kontext seine Diskussion des Rechts zu stellen ist: in denjenigen einer Reflexion, stärker historisch angelegt als diejenige Platons, über die Ausdehnung des Privatrechts, präziser des Eigentumsrechts und über deren Nutzen und Gefahren. Im ›Naturrechtsaufsatz‹ verurteilt Hegel die »Verdorbenheit und universelle Erniedrigung« (*GW* 4, 457) zu der eine solche Rechtsentwicklung führt, und diese Verurteilung steht in engem Zusammenhang mit Hegels fast gleichzeitigen Überlegungen zu dem katastrophalen Zustand, in welchem Deutschland sich damals befand, und zwar, so Hegel, gerade wegen der Heiligung des Rechts als solches, das wichtiger erscheint als die Erhaltung des Staates: »Fiat justitia, pereat Germania.« (*GW* 5, 63) Wegen dieser Konstellation erfordert ein angemessenes Verständnis des spezifischen Lobliedes auf die Kodifikation, welches der Philosoph im ›Naturrechtsaufsatz‹ anstimmt, nicht so sehr einen Rückblick auf seine klassischen Quellen, als einen Vergleich mit seinen historischen und politischen Texten aus jener Zeit.

Vor die Rekonstruktion und Analyse des historischen und politischen Kontextes, in den Hegels Stellungnahme des Jahres 1802 für die Kodifikation gehört, seien hier noch einige Bemerkungen darüber gestellt, wie er den Sturz des Römischen Reiches und den Sieg der »Barbaren« interpretiert. Genauer gesagt, sind hier mit den »Barbaren« die germanischen Volksstämme gemeint, in deren »ursprünglichem nie gebändigtem Charakter« (*GW* 5, 95) Hegel die Ursache für die »Anarchie« (vgl. *GW* 5, 6) erblickt, in welcher sich für ihn Deutschland noch zu Anfang des 19. Jahrhunderts befand.

[13] Vgl. *Bernard Bourgeois: Le Droit naturel de Hegel*. Commentaire. Paris 1986 350–353.

Für Hegel, wie für viele seiner Zeitgenossen ist es offensichtlich, daß die »Barbaren« nicht nur diejenigen sind, von denen sich die Griechen absetzten, sondern auch diejenigen Völker, die das Römische Reich eroberten, insbesondere aber die germanischen Volksstämme, von denen Tacitus eine Darstellung überliefert hatte, mit welcher Hegel seit seiner Gymnasialstudien in Stuttgart bestens vertraut war. Voltaire hatte die Darstellung des Tacitus bereits auf den ersten Seiten seines *Essai sur les Moeurs* mit scharfer Ironie behandelt, wo es heißt, daß Tacitus »die Sitten der Germanen lobt, aber ebenso wie Horaz die Barbaren lobt, als Satire auf Rom. Beide wußten nicht, was sie lobten...«[14] Mit dieser Bemerkung zielt Voltaire zweifellos nicht nur auf Tacitus ab, sondern vor allem auf Montesquieu, der sich im *Geist der Gesetze* auf den römischen Historiker stützte, als er seinerseits ein Loblied auf die »Barbaren« insgesamt und besonders auf die »Germanen« anstimmte; auf dieses »erobernde Volk«, welches »die beste Art von Regierung hervorgebracht hat, die die Menschen sich denken können«, eine Regierung »durch Repräsentanten.«[15] Auch dürfte es vorzugsweise gegen Rom, genauer gegen den Absolutismus Ludwig des Vierzehnten, der unter seiner Darstellung des Römischen Reiches deutlich sichtbar wird,[16] gerichtet gewesen sein, wenn Montesquieu den Wert der »Sitten« (*coutumes*) der »Barbaren« betont. In diesem Zusammenhang hatte sich Montesquieu sogar geweigert, eine damals übliche Gegenüberstellung zu teilen. Entgegen der verbreiteten Kontrastierung und Erhebung des römischen Rechts – also eines geschriebenen, in Gesetzen ausgedrückten Rechts – über die bloßen

[14] Tacite »loue les moeurs des Germains, mais comme Horace chantait celles des barbares nommés Gètes; l'un et l'autre ignoraient ce qu'ils louaient, et voulaient seulement faire la satire de Rome. Le même Tacite, au milieu de ses éloges, avoue que tout le monde savait que les Germains aimaient mieux vivre de rapine que de cultiver la terre; et qu'après avoir pillé leurs voisins, ils retournaient chez eux manger et dormir. C'est la vie des voleurs de grands chemins d'aujourd'hui et des coupeurs de bourse, que nous punissons de la roue et de la corde; et voilà ce que Tacite a le front de louer, pour rendre la cour de empereurs romains méprisable, par le contraste de la vertu germanique!« *François-Marie Arouet Voltaire: Essai sur les moeurs et l'esprit des nations et sur les principaux faits de l'histoire depuis Charlemagne jusqu'à Louis XIII* [Erstdruck: Genève 1756; endgültige Ausgabe unter dem o.g. Titel erst 1769]. Ich benutze die Ausgabe von René Pomeau in zwei Bänden, Paris 1963, Bd. I, »Avant-propos«, 201. Voltaire zitiert dort die Kapitel 14 und 15 der *Germania*.

[15] *Charles-Louis de Secondat, Baron de la Brède et de Montesquieu: De l'Esprit des Lois* [1748; Sigle EL], hier: Buch XI, Kapitel viii, ich benutze die französische Ausgabe im Rahmen der *Oeuvres complètes*. Hrsg. von Roger Caillois. Bd.II. Paris 1951, hier: 409; ich zitiere nach folgender deutschen Ausgabe: *Vom Geist der Gesetze* (Sigle: VGdG), 2 Bde. Hrsg. und übersetzt von Ernst Forsthoff. Tübingen 1951 (= Nachdruck: Tübingen 1992), Bd. I, 231.

[16] So sieht es auch *Michel Villey: Das römische Recht in Hegels Rechtsphilosophie*. In: *Materialien zu Hegels Rechtsphilosophie*, 2 Bde. Hrsg. von Manfred Riedel, Frankfurt am Main 1975, Bd. II,131–151, hier: 133.

»Sitten« und ein Gewohnheitsrecht des jeweiligen Ortes, das den »Barbaren« eigen sei, welche des Schreibens noch nicht fähig wären, hatte Montesquieu betont, daß die germanischen Volksstämme bei ihrer Eroberung des Römischen Reiches, »dort den Gebrauch der Schrift vorfanden, und dem Beispiel der Römer folgend, legten sie ihre Gebräuche schriftlich nieder und machten Gesetzbücher daraus.«[17] Zwar gibt er zu, daß diese Völker bald darauf »wieder in das Dunkel zurücksinken, aus dem sie [dank der Römer; M.B.] hervorgegangen waren« und zum Beispiel »das Lesen und Schreiben« wieder verlernen, wodurch sie wieder auf Gewohnheitsrechte angewiesen sind, statt auf Gesetze.[18] Dennoch besteht Montesquieu darauf, daß Ursprung und Fundament dieser unter den barbarischen Völkern herrschenden Gewohnheitsrechte von Gesetzbüchern gebildet wurden, und daß das römische Recht selbst sich unter dem Einfluß der Barbaren gewandelt hätte und ein »allgemeines [...] persönliches Recht«, ein »Landesrecht« geworden wäre.[19] Wird Montesquieu Glauben geschenkt, dann wäre es in der Freiheit und Unabhängigkeit der barbarischen Völker, daß sich der »Geist der persönlichen Gesetze« (*l'esprit des lois personnelles*[20]) verwurzelte: diese Gesetze strebten keine Vereinheitlichung an, sondern blieben an die Gebräuche und Gewohnheiten jedes einzelnen Volksstammes gebunden – und »keineswegs an ein bestimmtes Gebiet«.[21] Nach Montesquieu wäre es also völlig verfehlt,

[17] *VGdG*, Bd. II, 272 – EL, livre XXVIII, chapitre 11: »y trouvèrent l'usage de l'écriture; et, à l'imitation des Romains, elles rédigèrent leurs usages par écrit, et en firent des codes.« (*Oeuvres complètes* II, 804)

[18] *EL*, Buch XXVIII, Kapitel 11 (*Oeuvres complètes* II, 805) – *VGdG*, Bd. II, 273 (die deutsche Übersetzung von Forsthoff enthält hier übrigens einen sinnentstellenden Fehler: »man lernte (statt *ver*lernte; M.B.) das Lesen und Schreiben« – »on ne sut plus lire ni écrire«.)

[19] *VGdG*, Bd. II, 275 – *EL*, Buch XXVIII, Kapitel xii (*Oeuvres complètes* II, 807): »La loi romaine étoit devenue la loi personnelle générale, et la loi gothe la loi personnelle particulière; et par conséquent la loi romaine étoit la loi territoriale.«

[20] Unsere Übersetzung; M.B. von: *EL*, XXVIII, ii (*Oeuvres complètes* II, 793) – Forsthoff übersetzt: »Der Sinn für Gesetze, die an die Person gebunden waren« (*VGdG*, Bd. II, 258), doch scheint dies wenig glücklich, da die im Titel eingeführte Übertragung von ›esprit‹ mit ›Geist‹ hier nicht beibehalten wird.

[21] *EL*, XXVIII, ii (*Oeuvres complètes* II, 793) – *VGdG*, Bd. II, 258; vgl. ebendort: »Je trouve l'origine de cela dans les moeurs des peuples Germains. [...] chaque homme, dans ces nations mêlées, dut être jugé par les usages et les coutumes de sa propre nation. Tous ces peuples, dans leur particulier, étaient libres et indépendants; et, quand ils furent mêlés, l'indépendance resta encore. La patrie était commune, et la république particulière; le territoire était le même, et les nations diverses. L'esprit des lois personnelles était donc chez ces peuples avant qu'ils partissent de chez eux, et ils le portèrent dans leurs conquêtes.« – »Den Grund für dieses Verhalten finde ich in den Sitten der genannten Völker. [...] jeder Mann dieses Völkergemisches sollte nach Brauch und Sitte seines eigenen Stammes abgeurteilt werden. Alle diese Völkerschaften waren, für sich genommen, frei und unabhängig; diese Unabhängigkeit bestand auch noch fort, als sie sich vermischten: das Vaterland war gemeinsam, aber der Staat war gesondert; das Staats-

das römische Recht und die Sitten der Barbaren einander gegenüberzustellen und das erste auf Kosten der zweiten aufzuwerten. Für ihn ginge es, angesichts der das römische Recht begünstigenden Vorurteile vieler Autoren, eher darum, die Sitten und Gewohnheitsrechte der germanischen Völker zu rehabilitieren.

Voltaire versäumte es nicht, auch diesen Versuch einer Verteidigung und Rehabilitation der »Barbaren« seiner Ironie zu unterziehen. In einer erhellenden Passage lehnt er es ab, sich auf eine Analyse dieser Barbarei enzulassen: »On n'a perdu que trop de temps à descendre dans ces abîmes de ruines; et l'auteur de *l'Esprit des Lois* a dû s'y égarer comme les autres. Toutes les origines des nations sont l'obscurité même, comme tous les systèmes sur les premiers principes sont un chaos de fables.«[22] Da Hegel in seinen Manuskripten über die Verfassung Deutschlands (1799–1803) die Zeit der »alten deutschen Freiheit«, als »es noch keinen Staat gab da der Einzelne durch Charakter und Sitte, und Religion zum Ganzen gehörte«, als »Sage« kennzeichnet (*GW 5*, 7 f; vgl. auch 58 f), ist von manchen Kommentatoren und Interpreten angenommen worden, daß er letztlich Voltaires Meinung teilt, nach welcher das Studium »der Ursprünge der Nationen« (*les origines des nations*) eine Zeitverschwendung sei. Es ist zwar bezeichnend, daß sich in Hegels Schriften, selbst in seinen zukünftigen, kaum Passagen finden lassen, die einem solchen Studienobjekt gewidmet wären.[23] Auch läßt sich die Tatsache kaum leugnen, daß Hegel die »Barbaren« negativ – auf jeden Fall viel negativer als Montesquieu – beurteilt hat: wie es am Anfang dieses Beitrags erwähnt wurde, zögert Hegel nicht, den »Zustand der Barbarey« mit einem ungebildeten, unkultivierten Zustand ohne Staat und Gesetz gleichzustellen.[24] Mit dem Fehlen der Gesetze beklagt er das Fehlen aller »Bildung«, aller »Cultur«; eine Position, für die sich im *System der Sittlichkeit* beredte Passa-

gebiet war das gleiche, aber die Stämme waren verschieden. Der Sinn für Gesetze [s.o., Anm. 20; M.B.], die an die Person gebunden waren, war also bei diesen Völkern bereits vorhanden, ehe sie ihre Heimat verließen, und sie übertrugen ihn auch auf die von ihnen eroberten Gebiete.«

[22] *François-Marie Arouet Voltaire: Commentaire sur L'Esprit des Lois* [1777] § 46, hier zitiert nach: *Oeuvres de Voltaire.* Hrsg. von A.J.Q. Beuchot, Band L (Mélanges – Bd. XIV), Paris 1834, 49–145, hier 108. Ich verdanke den Hinweis auf diesen Text Voltaires einer editorischen Anmerkung von K.R. Meist zu *GW 5*, 752, benutze aber eine andere Ausgabe der Schriften Voltaires.

[23] So wird es Hegel in seinen Berliner *Vorlesungen über die Philosophie der Geschichte* (*TWA 12*, 419) zum Beispiel ablehnen, »die Germanen in ihre Wälder zurückzuverfolgen« oder »den Ursprung der Völkerwanderung auf[zu]suchen«.

[24] *GW 5*, 202: »Der Zustand der Barbarey besteht nemlich darin, daß eine Menge ein Volk ist, ohne zugleich ein Staat zu seyn, daß der Staat und die Einzelnen im Gegensatz und in einer Trennung existiren. [...] In einem gebildeten Staate stehen zwischen der Persönlichkeit des Monarchen, und den Einzelnen die Gesetze, oder die Allgemeinheit [...]«.

gen finden lassen, zum Beispiel die Textstelle, in welcher er den »Fanatismus des Verwüstens« schildert, der die »nordischen Barbaren«, ebenso wie einen Dschingis-Khan und Tamerlan (Timur-Leng), in ihrem Gegenzug zu allem Gebildeten charakterisiert (*GW 5*, 313–315). Hegels Haltung scheint hier sehr klar und über jeden Zweifel erhaben.

Wenn dann jedoch die textliche Grundlage erweitert wird und neben die aufmerksame Lektüre der Manuskripte über die Verfassung Deutschlands diejenige des ›Systems der Sittlichkeit‹ und, vor allem, diejenige des ›Naturrechtsaufsatzes‹ tritt, muß dies Urteil gerade im Hinblick auf die »Barbaren« nuanciert werden. Hegel will diesem Begriff nämlich nicht nur einen polemischen und stark pejorativen Sinn geben, sondern außerdem noch eine präzisere historische Bedeutung, die er zweifellos aus der fleißigen Lektüre von Geschichtswerken gewann, welche er besonders in seinen Schweizer Jahren pflegte.[25] Unter den einschlägigen Werken steht, im Hinblick auf unsere Fragestellung, Gibbons *Geschichte des Verfalls und Niedergangs des römischen Reiches* an erster Stelle.[26] Gibbon verdankt Hegel seine These, daß »die christliche Religion [...] unter den romischen Kaisern nicht [nur nicht] fähig [war], dem Verfall jeder Tugend, der Unterdrükkung der Freiheit, und der Rechte der Römer, der Tyrannei und Grausamkeit der Regenten [...] einen Damm entgegenzusezen [...], sondern von diser allgemeinen Pest selbst angefressen, vergiftet [...] ein Werkzeug des Despotismus« wurde (*GW 1*, 202). Diese These liegt auch im ›Naturrechtsaufsatzes‹ zugrunde, wenn Hegel dort, Gibbon zitierend, beschreibt, wie die Römern »allmählig« ihre politische Tugend verlieren und »in die matte Gleichgültigkeit des *Privatlebens*« absinken: das Bild von welcher Veränderung Gibbon in diesen Zügen ausdrückt: »der lange Friede und die gleichförmige Herrschaft der Römer führte ein langsames und geheimes Gift in die Lebenskräfte des Reichs. Die Gesinnungen der Menschen waren allmählig auf Eine Ebene gebracht, das Feuer des Genius ausgelöscht, und selbst der militärische Geist verdunstet. Der persönliche Muth blieb, aber sie besaßen nicht mehr diesen *öffentlichen* Muth, welcher von der Liebe zur Unabhängigkeit, dem Sinne der National-Ehre, der Gegenwart der Gefahr, und der Gewohnheit zu be-

[25] Vgl. hierzu den Sammelband *Hegel in der Schweiz, 1793–1796*. Hrsg. von Helmut Schneider und Norbert Waszek. Frankfurt am Main 1997, darin insbesondere die Beiträge von *Philippe Muller: Hegel und Gibbon*: 145–171 und *Norbert Waszek: David Hume als Historiker und die Anfänge der Hegelschen Geschichtsphilosophie*: 173–206.

[26] *Edward Gibbon: The History of the Decline and Fall of the Roman Empire* [1776–1788]; laut *GW 1*, 624 f benutzte der junge Hegel eine ab 1787 bei Tourneissen in Basel erscheinende, englischsprachige Ausgabe in 13 Bdn.; bei seinem Tode besaß Hegel in seiner persönlichen Bibliothek eine 1821 in Dresden verlegte zwölfbändige Ausgabe in englischer Sprache; vgl.: *Verzeichniss der von dem Professor Herrn Dr. Hegel und dem Dr. Herrn Seebeck hinterlassenen Büchersammlungen*. Berlin 1832, 42, N°.: 1016–1027.

fehlen genährt wird; sie empfingen Gesetze und Befehlshaber von dem Willen ihres Monarchen, und die Nachkommenschaft der kühnsten Häupter war mit dem Rang von Bürgern und Unterthanen zufrieden; die höher strebenden Gemüther sammelten sich zu der Fahne der Kayser; und die verlassenen Länder, politischer Stärke oder Einheit beraubt, sanken unmerklich in die matte Gleichgültigkeit des *Privatlebens*«.[27] Auch die damals verbreitete Verengung des römischen Rechts auf privatrechtliche Bestimmungen über »Besitz, Vertrag u.s.w.« dürfte Hegel von Gibbon übernommen haben.[28] Vielleicht stammt sogar die Idee von Gibbon, daß die barbarischen Völker, als sie die Römer besiegten, noch nicht über Gesetze verfügten. Zumindest kritisiert auch Gibbon, wenngleich weniger scharf als Voltaire, Montesquieus Rehabilitierungversuch der »Barbaren« als ein »Vorurteil«.[29] Zwar zeichnet Gibbon, wohl ebenfalls unter dem Einfluß von Tacitus, kein völlig negatives Bild der Barbaren,[30] doch betrachtet er die Germanen, diese »Barbaren«, nichtsdestoweniger als ungebildet im Hinblick auf Künste und Wissenschaften und als »incapable of conceiving or embracing the useful restraints of laws ...«[31]

Neben Gibbon, und vielleicht sogar gleichzeitig mit diesem, dürfte Hegel indessen Herder gelesen haben: dessen *Ideen zur Philosophie der Geschichte der Menschheit* dürften mit Sicherheit zu Hegels Lektüre gezählt werden, vielleicht kannte er aber auch das gerade im Hinblick auf die Barbaren weitaus radikalere Pamphlet, das Herder schon 1773, also zehn Jahre vor den *Ideen*, unter dem Titel *Auch eine Philosophie der Geschichte zur Bildung der Menschheit* veröffentlicht hatte.[32] Von Gleichzeitigkeit, ja, sogar von paralleler Lektüre läßt sich insofern sprechen, als Hegels Berner Manuskript des

[27] *GW* 4, 456 f; die Stelle von Gibbons Werk, welche Hegel so wiedergibt, findet sich am Anfang des Werkes, gegen Ende des zweiten Kapitels. Vgl. *Edward Gibbon: The History of the Decline and Fall of the Roman Empire*, ed. in seven volumes with introduction, notes, Appendices, and index by J.B. Bury, London 1897 (Sigle: *Gibbon: History)*, hier Vol. I, 56 f.

[28] *GW* 4, 457; vgl. hierzu M.Villey (1975) (s.o., Anm. 16), 133.

[29] Gibbon setzt sich deutlich von Montesquieus Position ab, so zum Beispiel wenn er unterstreicht, daß »whatever prejudices may be suggested in favour of Barbarism, our calmer reflections will ascribe to the Romans the superior advantages, not only of science and reason, but of humanity and justice ...« (*Gibbon: History*, Vol. IV, Chapter XXXVIII, 123).

[30] Vgl. *Gibbon: History*, Vol. I, chapter IX, 213 ff.

[31] *Gibbon: History*, Vol. I, chapter IX, S. 229. Vgl. auch 218, 231.

[32] *Johann Gottfried Herder: Auch eine Philosophie der Geschichte zur Bildung der Menschheit*. Ohne Ort 1774 – ich benutze die Ausgabe von Hans-Georg Gadamer, Frankfurt am Main: Suhrkamp, 1967 (Sigle: *Herder: Auch eine Philosophie)*; *Ideen zur Philosophie der Geschichte der Menschheit* (Sigle: *Herder: Ideen*), in 4 Bdn. Riga und Leipzig 1784–1791. Hier zitiert nach: *Johann Gottfried Herder Werke* (Sigle: *Herder: Werke)* in zehn Bänden, Frankfurt am Main 1989. Hrsg. von Martin Bollacher. Hier Band 6.

Jahres 1795 über den Verfall des römischen Geistes, welches er unter dem Einfluß seiner Lektüre Gibbons ausarbeitete, einen Ausdruck enthält – die »Zertrettung jeder schönen Blüthe der Menschlichkeit [am Rande des Blattes von Hegel ergänzt:] der Humanität« – der wohl eindeutig auf Herders Sprachgebrauch zurückgeht und sich gerade auch in dessen frühem Pamphlet wiederfindet.[33] Ausgesprochen auffällig ist es auch, daß Hegel, auf den letzten Seiten seines ›Naturrechtsaufsatzes‹, gerade dort, wo er sich zugunsten einer systematischen Kodifikation des Rechts ausspricht, vielleicht zum ersten Male, zumindest zum ersten Male so deutlich, die großen Linien, die groben Züge einer Geschichtsphilosophie entwickelt, die zumindest im Hinblick auf die Sprache und Terminologie derjenigen Herders sehr nahesteht.[34] Es ist hier Hegels Konzeption der Geschichte selbst, seine Geschichtsphilosophie, die zu einem Vergleich mit Herder auffordert, insbesondere im Hinblick auf all diejenigen Aspekte, die zur Schwächung der Einheit von Gesetz und Sitte, ja, sogar zu ihrer Trennung führen, jener Trennung, die für Hegel gerade ein konstitutives Element der Barbarei bildet: »Als Sitte und Gesetz Eins war, war die Bestimmtheit nichts Positives, aber wie mit dem Wachsthum des Individuums das Ganze nicht gleichmäßig fortschreitet, so trennt sich Gesetz und Sitte, die lebendige Einheit, welche die Glieder verbindet, erschwacht, und es ist in der Gegenwart des Ganzen kein absoluter Zusammenhang und Nothwendigkeit mehr.« (*GW 4*, 482) Es genügt indessen nicht, hervorzuheben, daß der Autor des ›Naturrechtsaufsatzes‹ die Unfähigkeit »die wahrhaften Sitten in die Form von Gesetzen zu bringen« (GW 4, 470) als »barbarisch« kennzeichnet, und daß er Roheit von Nationen konstatiert, die so tief »in die Realität des thierischen Lebens versunken« sind, »daß sie sich nicht einmal in die formelle Idealität, in die Abstraction eines Allgemeinen« erheben, »und also in der Bestimmung der Verhältnisse für das physische Bedürfniß nicht das Verhältniß von Recht sondern nur von Persönlichkeit ertragen« können (GW 4, 480). Es muß gleichzeitig betont werden, daß er eine solche Barbarei unter bestimmten Bedingungen auch zu rechtfertigen scheint: »Wenn also der Genius einer Nation überhaupt tiefer steht, und ein schwächerer ist, [...] so haben Lehensverfassung und Knechtschaft absolute Wahrheit, und dieß Verhältniß ist die einzig mögliche Form der Sittlichkeit, und darum die nothwendige und gerechte und sittliche.« (*GW 4*, 480). Hegel ist zwar gewiß weit davon entfernt, die Unausweichlichkeit solcher Barbarei anzuerkennen, weit entfernt von der überschwenglichen Begeisterung für das barbarische Mittelalter, welche

[33] *GW 1*, 202; so sehen es auch die Herausgeber dieses Bandes (F. Nicolin und G. Schüler), 624 et 629.

[34] Vgl. hierzu insbesondere *Justus Schwarz: Hegels philosophische Entwicklung*. Frankfurt 1938; *H.S. Harris: Hegel's Development*. Toward the Sunlight 1770–1801. Oxford 1972.

Herder in *Auch eine Philosophie der Geschichte* pflegte, wenn er dort zum Beispiel in einer berühmten Passage die Feudalherrschaft neubewertet, indem er »jede[r] Nation« den »Mittelpunkt der Glückseligkeit« zuerkennt, den sie in sich trage, »wie jede Kugel ihren Schwerpunkt!«[35] Dennoch drängt sich der Vergleich auf zwischen Herders Absicht, jeder geschichtlichen Epoche, selbst, so in *Auch eine Philosophie der Geschichte*, den barbarischsten, ihren Eigenwert zuzusprechen,[36] und Hegels Anerkennung der »absoluten Wahrheit«, die jeder von ihnen zukommen kann. Was den Vergleich noch zwingender macht, ist die Tatsache, daß bereits Herder »die wahre Kultur eines Volkes« nicht in den Gesetzen, sondern in den Sitten sah, oder genauer gesagt, in der Weise, wie die Gesetze zu den Sitten passen: »was sind«, so fragt er schon im *Journal meiner Reise im Jahr 1769*, »Gesetze« und »fremdangenommne Grundsätze der Gesetze ohne Sitten?«[37] Schon damals kritisierte Herder Montesquieu, der seiner Meinung nach eine »Metaphysik für ein totes Gesetzbuch« statt »ein Buch zur Bildung der Völker« geschrieben hätte: dieses »fängt bei lebendigen Beispielen, Gewohnheiten, Erziehung an, und hört bei dem Schattenbilde trockener Gesetze auf«.[38] In seiner späteren *Auch eine Philosophie der Geschichte zur Bildung der Menschheit* hatte er das Bildungsideal der Aufklärung noch schärfer kritisiert: »es gab ein Zeitalter, wo die Kunst der Gesetzgebung für das einzige Mittel galt, Nationen zu bilden, und dies Mittel auf die sonderbarste Art angegriffen, nur meist eine allgemeine Philosophie der Menschheit, ein Kodex der Vernunft, der Humanität – was weiss ich mehr? werden sollte: die Sache war ohne Zweifel blendender als nützlich«; denn es gilt, nicht »für alle Zeiten und Völker«, sondern »*für* das Volk, dem dies Gesetzbuch angemessen sein soll als sein Kleid ...«[39] Alle Gesichtspunkte, die Herder so ausspricht, werden auch von Hegel hervorgehoben. Wäre im ›Naturrechtsaufsatz‹ am Ende Herder Hegels bevorzugter Gesprächspartner?

Eine solche These scheint indessen zu weit zu gehen, denn es ist gewiß nicht gegen Herder, sondern ganz offensichtlich gegen die Vertreter einer »positiven Rechtswissenschaft«, d.h. vor allem gegen Gustav Hugo, daß Hegel seinen Aufsatz schreibt. Aber die Diskussion mit diesem Juristen ist für Hegel

[35] *Herder: Auch eine Philosophie*, 44 f.

[36] Vgl. z.B.: *Herder: Auch eine Philosophie* , 50 ff. Auch in *Herder: Ideen* betont Herder, daß jede Kultur »zu einem Punkt der Vollkommenheit strebet, der, wenn er durch einen Zusammenhang glücklicher Umstände hier oder dort erreicht ist, sich weder ewig erhalten noch auf der Stelle wiederkommen kann, sondern eine abnehmende Reihe anfängt. Jedes vollkommenste Werk ist ein Höchstes in seiner Art« (*Herder: Werke*, Bd 6, Dreizehntes Buch VII, 571.

[37] *Herder: Werke*, Bd. 1. Hrsg von Wolfgang Pross. München 1984, 411.

[38] *ibid.*, 470. (»Gedanken bei Lesung Montesquieus«)

[39] *Auch eine Philosophie der Geschichte*, 83 f.

nur die Wiederaufnahme einer viel grundlegenderen Debatte, die ihm damals am Herzen lag und in welcher Herder eine bedeutende Rolle gespielt hatte, die Debatte um den Pantheismus, der Streit um den Spinozismus. Am Ende seines ›Naturrechtsaufsatzes‹ stellt Hegel jedenfalls seine Auseinandersetzung mit der Rechtswissenschaft in den Rahmen des Pantheismusstreites. Dies ist der eigentlich philosophische Kontext der Diskussion, der es erlaubt, die Bedeutung zu verstehen, die Hegel der Kodifikation der Sitten zu einem System von Gesetzen beimißt und es begreiflich macht, warum Hegel die Unfähigkeit, diese Aufgabe auszuführen, als »Barbarey« verurteilt.

Was Hegel an dem Juristen Hugo besonders bedrohlich erscheinen mußte, war die Tatsache, daß dieser gerade auch Philosoph sein wollte: er erhob nämlich den Anspruch, dem Recht eine Philosophie beizuordnen, wie es bereits der Untertitel des Lehrbuchs zum Ausdruck brachte, welches Hegel zweifellos kannte: das *Naturrecht, als eine Philosophie des positiven Rechts*[40], ein Lehrbuch, das sich außerdem eines großen Erfolges erfreuen konnte, hatte es doch zum Zeitpunkt der Redaktion des ›Naturrechtsaufsatzes‹ bereits zwei Auflagen erlebt. Hugo verstand sich bekanntlich als Schüler von Kant. Im Gegensatz zu diversen anderen zeitgenössischen Schülern Kants, wie zum Beispiel Karl Leonhard Reinhold, behauptete er aber, daß die Prinzipien der Kantischen Moral- und Rechtslehre »gar kein materielles Resultat«[41] enthielten und lediglich als Grenzmaximen gelten könnten. In diesem Sinne ist es für Hugo möglich, die Prinzipien der kantischen Philosophie anzunehmen, Prinzipien, die er auch als »metaphysisch« bezeichnet, daraus dann aber eine »positive« Rechtslehre selbst herauszubilden. Er betonte damit gleichzeitig, daß die Rolle der Philosophie – für ihn also, der kantischen Philosophie – im wissenschaftlichen Studium des Rechts sehr beschränkt ist. Für Hugo gilt es, anzuerkennen, daß die »Metaphysik« enge Grenzen besitzt, daß »die Censur« des positiven Rechts nach der praktischen Vernunft »so gar kein materielles Resultat gibt.« [42] Hugo zieht daraus ausdrücklich die Schlußfolgerung, daß die Philosophie uns nicht darüber zu belehren hat, wie die Gültigkeit des positiven Rechts zu bestimmen ist. Sie

[40] *Gustav Hugo: Lehrbuch eines civilistischen Cursus.* Zweiter Band, welcher das Naturrecht, als eine Philosophie des positiven Rechts enthält. Zweiter, ganz von neuem ausgearbeiteter, Versuch. Berlin 1799 (erste Auflage 1798, zweite 1799, dritte 1809, vierte und letzte 1819). Zu Hugo, siehe insbesondere: *Jürgen Blühdorn: Zum Zusammenhang von ›Positivität‹ und ›Empirie‹ im Verständnis der deutschen Rechtswissenschaft zu Beginn des 19. Jahrhunderts.* In: *Positivismus im 19. Jahrhundert.* Beiträge zu seiner geschichtlichen und systematischen Bedeutung. Hrsg. von Jürgen Blühdorn und Joachim Ritter. Frankfurt am Main 1971, 123 ff.; und vgl. mit *G. Marini: L' Opera di Gustav Hugo nella crisi del giusnaturalismo tedesco.* Mailand 1969.

[41] Vgl. J. Blühdorn (1971), 46 – Hugo, *Naturrecht*, 2. Auflage, § 49.

[42] *op.cit.*, § 49. Vgl. hierzu auch: *Ernst Landsberg: Geschichte der deutschen Rechtswissenschaft.* III. Abtheilung. I. Halbband, München/Leipzig 1898, 37 f.

hat nicht darüber zu entscheiden, was rechtens sei. Der Jurist muß sich letztlich an das »positive« Recht halten, d.h. an die bestehenden Gesetze, die der Erfahrung vorliegen. Beantwortet nicht die bloße Tatsache, so suggeriert Hugo nachdrücklich, daß eine Institution wie die Sklaverei schon seit Jahrtausenden besteht, die Frage danach, ob sie rechtens sei, eindeutig mit »ja«? »Kann die Sclavery Rechtens seyn? Diese Frage ist eigentlich schon dadurch beantwortet, dass die Sclavery Jahrtausende hindurch bey so vielen Millionen cultivirter Menschen wirklich Rechtens war.«[43]

Mit seiner Interpretation von Kant bezog Hugo bewußt eine Gegenposition zu Karl Leonhard Reinhold, jenem Popularisierer der kantischen Philosophie, welcher der Rechtslehre Kants ein viel größeres Gewicht beimaß und darin einen Maßstab des positiven Rechts erblicken wollte.[44]

Es ist bezeichnend und verdient es, hier besonders herausgestellt zu werden, daß Hegels Lektüre und Deutung Kants derjenigen von Hugo nähersteht, als derjenigen Reinholds, freilich um diese dann umso schärfer zu kritisieren.[45] Vielleicht kann sogar behauptet werden, daß Hegel, wenn er im zweiten Teil des ›Naturrechtsaufsatzes‹ Kant angreift, sich immer auch und sogar vorrangig gegen die Interpretation erhebt, die Hugo davon gab. Auf jeden Fall ist es die inkonsequente, bei Hugo paradigmatische Zusammenstellung, welche sich auch bei vielen anderen Verteidigern des Naturrechts wiederfindet, von sogenannten »metaphysischen« Voraussetzungen und einer positivistischen oder empirischen Vorgehensweise, die Hegel an Hugo und an den Anhängern von dessen Methode ablehnt (vgl. z.B. *GW* 4, 472).

In dieser Ablehnung beruft er sich auf Montesquieu. Der Rückgriff auf Montesquieu ist an sich kaum überraschend, denn die Anknüpfung an Montesqieu war damals gang und gäbe. Der Gebrauch, den Hegel von diesem Autor macht, verdient es aber, näher untersucht zu werden, denn er unterscheidet sich grundlegend von demjenigen, den die Anhänger einer »positiven Rechtswissenschaft« praktizierten, aber auch von der Weise, wie Herder Montesquieu benutzen wollte.[46] Die bekannte Passage, in der sich

[43] *Hugo: Lehrbuch*, § 39. Zitiert nach dem Versuch (1799); vgl. *Malte Diesselhorst: Gustav Hugo (1764–1844) oder: Was bedeutet es, wenn ein Jurist Philosoph wird?* In: *Rechtswissenschaft in Göttingen*. Göttinger Juristen aus 250 Jahren. Hrsg. von Fritz Loos. Göttingen 1987, 157.

[44] Vgl. hierzu *Jürgen Blühdorn: Naturrechtskritik und ›Philosophie des positiven Rechts.* Zur Begründung der Jurisprudenz als positiver Fachwissenschaft durch Gustav Hugo. In: Tijdschrift voor Rechtsgeschiedenis. XLI (1973), 1–17; Ders.: *Kantianer und Kant.* In: Kant-Studien 64 (1973), 363–394; M. Diesselhorst (1987), 150–155.

[45] Vgl. hierzu *Myriam Bienenstock: Politique du jeune Hegel.* Paris 1992,115 ff.

[46] Über Montesquieu in Deutschland, vgl.: *Rudolf Vierhaus: Montesquieu in Deutschland.* Zur Geschichte seiner Wirkung als politischer Schriftsteller im 18. Jahrhundert. In: *Ders.: Deutschland im 18. Jahrhundert.* Göttingen 1987, 9–32. Was Herder von Montesquieu übernehmen wollte, war keineswegs das »System«, sondern die »Methode« und

Hegel über Montesquieu äußert, lautet: »wenn er sich nicht zur lebendigsten Idee erhoben hat, doch schlechthin die einzelnen Einrichtungen und Gesetze nicht aus der sogenannten Erfahrung abstrahirt und dann zu etwas allgemeinem erhoben, sondern wie die höhern Verhältnisse der staatsrechtlichen Theile, so auch die niedrigern Bestimmungen der bürgerlichen Verhältnisse bis auf Testamente, Ehegesetze u.s.w. herab, ganz allein aus dem Charakter des Ganzen und seiner Individualität begriffen« (*GW* 4, 481)

Was für Hegel die Größe Montesquieus ausmacht, ist sein Gebrauch der Kategorie der Totalität, und keineswegs der Hinweis auf Tatsachen, auf die Geschichte, aus welchen die Anhänger des positiven Rechts das höchste Kriterium darüber ableiten wollen, was als Recht Geltung habe ober nicht. Für Hegel ist es genau der Bezug auf das Ganze, auf den »Geist« einer Verfassung, der es erlaubt, zwischen dem Lebendigen und dem Toten darin zu unterscheiden, zwischen dem, das als legitim der Erhaltung wert ist, und dem, das besser aufgegeben werden sollte. Dies wäre gerade die Absicht und die Leistung Montesquieus gewesen, daß er »die niedrigeren Bestimmungen der bürgerlichen Verhältnisse bis auf Testamente, Ehegesetze usw. herab« sowie die »höheren Verhältnisse der staatsrechtlichen Theile« auf den »Geist«, also auf das Ganze eines Volkes bezog, und damit entscheiden konnte, was als »Totes« zurückgelassen und was als »Lebendiges« nicht nur erhalten, sondern zu Gesetzen erhoben werden sollte. Der Punkt, der es verdient, hier hervorgehoben zu werden, ist, daß Hegel, als treuer Schüler Montesquieus, wenn er die Gesetze auf den »Geist« des Volkes bezieht, nicht etwa zeigen will, wie sehr die Sitten und Gesetze eines Volkes von dessen Geschichte abhängig sind. Erst recht nicht handelt es sich darum, die Unmöglichkeit einer Kodifikation zu zeigen, sondern vielmehr die Bedingungen zu bestimmen, unter denen eine Kodifikation gelingen und wirksam werden kann. Gerade mit diesem Ziel vor Augen hätte Montesquieu seinen berühmten Begriff »esprit« entwickelt – diesen Begriff, dessen Definition der ganzen Diskussion der letzten Seiten des ›Naturrechtsaufsatzes‹« zugrundeliegt: »Verschiedene Dinge beherrschen die Menschen: das Klima, die Religion, die Gesetze, die Maximen der Regierung, die Beispiele vergangener Sachen, die Sitten und die Gebräuche; und aus alledem formt sich ein allgemeiner

die »Beispiele«, die Montesquieu angeführt hatte, um die These zu belegen, nach welcher die Gesetze, die stets mit den Sitten verknüpft sind, nicht von einem Volk auf ein anderes übertragen werden können. (Vgl. *Herder: Journal meiner Reise in Frankreich*. In: *Herder und der Sturm und Drang*, Werke, Band I. Hrsg. von Wolfgang Pross. München 1984, 411f, 422f.). Auch hatte Herder den »metaphysischen« Gebrauch kritisiert, den Montesquieu von abstrakten Kategorien wie »Geist« gemacht hatte. Vgl. *Auch eine Philosophie der Geschichte*, 112f.

Geist, der daraus folgt.«[47] Durch diese Definition – die nicht nur die Sitten und die Beispiele vergangener Sachen, sondern u.a. auch die Gesetze umfaßt – hätte Montesquieu nicht nur einfach den »Geist« eines Volkes bestimmen wollen. Das Ziel seiner Untersuchung sei es vielmehr gewesen, zu zeigen, wie ein einzelnes Element dieser Zusammensetzung verwandelt werden könnte, indem auf die anderen eingewirkt wird, zumindest auf diejenigen darunter, die sich ändern lassen. Wie könnten z.B. die Maximen der Regierung, oder vielleicht sogar die Sitten, gewandelt werden, durch die Ausarbeitung neuer Gesetze. Selbst wenn er Montesquieu eine zu mechanistische Wahrnehmung der Interaktion der verschiedenen Elemente des Volksgeistes vorwirft, betrachtet Hegel ihn in diesem Sinne unbestreitbar als einen Vorkämpfer der Kodifikation.

Hegel war indessen nicht der einzige, der Montesquieu damals so gesehen hat: der Rückgriff auf Montesquieu scheint auch in der Ausarbeitung des Allgemeinen Landrechts (verkündet im Jahre 1794) eine bedeutende Rolle gespielt zu haben,[48] jenes berühmten Gesetzeswerkes, das Hegel schon in seinen Frankfurter Jahren, also kurz vor Abfassung des ›Naturrechtsaufsatzes‹ studiert hatte.[49] In diesem Aufsatz denkt er vielleicht an das Landrecht, wenn er ein »System der Gesetzgebung« fordert,[50] wurde dessen systematischer Charakter in der Literatur doch oft herausgestellt.[51] Was Hegel außerdem am Landrecht geschätzt haben dürfte, war die Tatsache, daß es nicht nur ein Privatrecht enthält, sondern auch staatsrechtliche Teile, zumindest lobte er diese Verbindung bei Montesquieu.

Was Hegel aber unter den Anhängern Montesquieus auszeichnet, ist, daß er in seinem Lob des großen Franzosen nicht an diesem Punkt stehenbleibt. Er betont besonders, daß Montesquieu in seiner Definition des Geistes »esprit« den Aspekt des Klimas berücksichtigt, und er zeigt, wie entscheidend der Einfluß der geographischen und klimatischen Bedin-

[47] Unsere Übersetzung; vgl. *VGdG*, Band 1, 413 und *EL*, Buch XIX, Kapitel 6 (*Oeuvres complètes*, II, S. 559): Plusieurs choses gouvernent les hommes: le climat, la religion, les lois, les maximes du gouvernement, les exemples des choses passées, les moeurs, les manières; d'où il se forme un esprit général qui en résulte.

[48] Vgl. hierzu *Franz Wieacker: Privatrechtsgeschichte der Neuzeit*. Göttingen 1967, 328, 330 und 333.

[49] Vgl. *Karl Rosenkranz: G.W.F. Hegels Leben*. Berlin 1844, 85.

[50] In einer Ausführung seiner Rechtsphilosophie benutzt Hegel ausdrücklich die Bezeichnung ›Landrecht': *TWA*, VII, §215, 368: »Die Regenten, welche ihren Völkern, wenn auch nur eine unförmliche Sammlung, wie Justinian, noch mehr aber ein Landrecht, als geordnetes und bestimmtes Gesetzbuch, gegeben haben, sind nicht nur die größten Wohltäter derselben geworden und mit Dank dafür von ihnen gepriesen worden, sondern sie haben damit einen grossen Akt der Gerechtigkeit exerziert«.

[51] Vgl. z.B. *Hans Thieme: Allgemeines Landrecht*. In: *Handwörterbuch zur deutschen Rechtsgeschichte*. Hrsg. von A. Erler und Ekkehard Kaufmann. Bd. I. Berlin 1971, 99–108.

gungen, d.h. der natürlichen Notwendigkeit für das Leben der Menschen ist. Montesquieu wollte diese Seite der Notwendigkeit mit berücksichtigen, nicht jedoch um damit zur Resignation, zum Fatalismus zu führen, sondern im Gegenteil um zu zeigen, wie das Verstehen dieser Notwendigkeit zur Freiheit führen kann. Auch für ihn ging es darum, wie Hegel es ausdrückt, daß »die Philosophie die Notwendigkeit ehren lehrt« (*GW* 4, 479).

Das Wort aus Hegels Verfassungsschrift, »die Nothwendigkeit zu erkennen und zu denken suchen« (*GW* 5, 163) gehört in diesen Zusammenhang. Wenn dieses Wort als ein Bekenntnis zum Fatalismus interpretiert wird, wie es oft geschehen ist, so scheint mir dies ein grundlegendes Mißverständnis der Hegelschen Philosophie zu sein. Vielmehr ist hier wieder an den Pantheismusstreit zu denken: Spinozas Verdienst ist es gewesen, gerade über die Erkenntnis der Notwendigkeit zur Freiheit zu gelangen. Für Hegel eröffnet Montesquieu in dieser Hinsicht neue Perspektiven. Er zeigt, daß die Freiheit nur *über* und *durch* die Anerkennung der Notwendigkeit erlangt werden kann, d.h. dadurch, daß die einzelnen historischen Tatsachen und Ereignisse auf eine Totalität bezogen werden. In seiner Verfassungsschrift zeigt Hegel, was diese Einsicht für Deutschland bedeutet. Gerade dort, wo er die Barbarey kennzeichnet als einen Zustand, worin »eine Menge ein Volk ist, ohne zugleich ein Staat zu seyn«, fügt er folgende Ausführung bei, mit der ich schließen möchte, und in welcher gewiß keine Resignation und kein Fatalismus zu spüren ist: »In einem gebildeten Staate stehen zwischen der Persönlichkeit des Monarchen und den Einzelnen die Gesetze, oder die Allgemeinheit [...] der Unglauben an die Macht der Gesetze ist es, der aus dem Mangel an Weisheit stammt, welcher zwischen der Nothwendigkeit dem Staat die höchste Macht zu geben, und der Furcht, dass der Einzelne durch sie erdrückt werde, schwanckt. Auf der Lösung dieser Aufgabe beruht alle Weisheit der Organisation der Staaten; das Erste aber ist, dass ein Staat sey, das Erste also dass die Macht des Staats die höchste sey, unmittelbar darin liegt aber auch, dass Gesetze sind...« (*GW* 5, 202).

Dietmar Köhler (Bochum)

Freiheit und Geschichte in Hegels *Phänomenologie des Geistes* und Schellings *Freiheitsschrift*

Im Zuge einer Diskussion um die politischen Begriffe von Verfassung und Revolution im Kontext der Hegelschen Philosophie legt sich aus philosophischer Perspektive auch die Frage nach den zugrundeliegenden Konzeptionen von Freiheit und Geschichte nahe. Eine derartige Erörterung würde dem ersten Anschein nach den Rang einer Metatheorie, die über die Grenzen einer konkreten verfassungspolitischen Diskussion hinausgeht, einnehmen; tatsächlich aber ist vom Standpunkt der Hegelschen Philosophie (wie auch von demjenigen Fichtes und Schellings) aus eine solche Reflexion eher als Basistheorie zu verstehen: Erst auf eine zureichende philosophische Bestimmung von Freiheit und Geschichte läßt sich diejenige von Verfassung und Revolution gründen.

Überträgt man etwa Hegels in der Vorrede zur *Phänomenologie* aufgestellte Formel, daß das Wahre nur als Ganzes, nämlich als ein System wirklich sein könne,[1] auf den Freiheitsbegriff, so deckt sich dies in auffallender Weise mit der einleitenden Feststellung Schellings in der *Freiheitsschrift*, philosophische Untersuchungen über das Wesen der menschlichen Freiheit könnten sowohl den richtigen Begriff derselben wie »den Zusammenhang dieses Begriffs mit dem Ganzen einer wissenschaftlichen Weltansicht betreffen«.[2] Dabei muß – was aus heutiger Perspektive nicht mehr ohne weiteres einsichtig erscheinen mag – unterschieden werden zwischen einem philosophischen, d. h. hier metaphysischen und einem politischen Freiheitsbegriff. Ist die Freiheit des Menschen vor Gott bzw. im Rahmen eines vernünftig organisierten Weltganzen nicht gegeben oder nicht möglich, der Mensch somit in grundsätzlicher Hinsicht determiniert, so muß es vom Standpunkt eines »Systemphilosophen« aus als unsinnig erscheinen, die politische Freiheit überhaupt diskutieren zu wollen, denn diese sänke unter diesen Voraussetzungen herab zur bloßen Willkür und Kontingenz. Zudem nötigt das Problem der Begründung von Freiheit in diesem Zusammenhang dazu, den engeren Rahmen der Politik und praktischen Philosophie auszuweiten.

[1] Hegels *Phänomenologie des Geistes* wird zitiert nach Band 9 der historisch-kritischen Ausgabe im Rahmen der *Gesammelten Werke*. Hrsg. von W. Bonsiepen u. R. Heede. Hamburg 1980. Im Folgenden *GW 9*; hier *GW 9*, 11.

[2] Schellings *Freiheitsschrift* wird zitiert nach: *Friedrich Wilhelm Joseph von Schellings Sämtliche Werke*. Hrsg. von Karl Friedrich August Schelling. I Abteilung: Band VII, Stuttgart/ Augsburg 1860, 331–416, hier 336; im Folgenden: *SW I*, VII.

Einem derartig umfassenden Ansatz folgend, muß für eine positive Bestimmung der politischen Freiheit zunächst eine positive Bestimmung der Freiheit überhaupt gefunden werden, zu der dann der politische Freiheitsbegriff kompatibel sein müßte. Maßgeblich für letzteren ist wiederum die Rolle der Geschichte, sofern sich Freiheit immer nur unter geschichtlichen Bedingungen realisieren kann. So wird es im Folgenden zunächst um die Bestimmung der Freiheit und die Bedingungen ihrer geschichtlichen Realisierung in Hegels erstem »gereiften« philosophischen Systementwurf, der *Phänomenologie des Geistes* gehen. Der – wie sich zeigen wird – eher geschlossenen Systemkonzeption Hegels soll dann als Ausblick die m. E. »offenere« Alternative Schellings in seiner *Freiheitsschrift* von 1809 zumindest in einer skizzenhafte Darstellung gegenübergestellt werden.[3]

I. Der Freiheitsbegriff in Hegels Phänomenologie

In der Einleitung zur *Phänomenologie des Geistes* verweist Hegel auf den methodisch notwendigen Parallelismus der Entwicklung des erfahrenden Bewußtseins und der Gegenstände dieses Bewußtseins; mit jeder Veränderung des Wissens des Bewußtseins *von* einem Gegenstand ändert sich auch dieser Gegenstand selbst. Im Zuge einer teleologisch angelegten »Wissenschaft der Erfahrung des Bewußtseins« kann somit erst vom Ende dieses Erfahrungsprozesses aus die Natur eines Gegenstandes angemessen bestimmt werden; alle früheren Bestimmungen erweisen sich als vorläufige, denen zwar innerhalb einer bestimmten Etappe der Entwicklung des Bewußtseins eine relative Berechtigung zukommt, deren wahre Bedeutung jedoch erst aus der Retrospektive vor dem Hintergrund des Gesamtzusammenhanges zutage tritt.

Für den Freiheitsbegriff bedeutet dies, daß jener nicht bereits zu Anfang als ein Festes und Fertiges entfaltet würde, das dann im weiteren Verlauf der Erfahrungsgeschichte des Bewußtseins nur noch einige Ergänzungen und nähere Bestimmungen erführe; vielmehr taucht der Begriff in völlig unterschiedlichen um zum Teil miteinander inkompatiblen Modifikationen auf,

[3] Die vorliegende Studie ist Teil einer umfangreicheren Untersuchung, die der Verfasser gegenwärtig mit Unterstützung der Alexander von Humboldt-Stiftung am Centre de Recherche & de Documentation sur Hegel & L'Idealisme Allemand der Universität Poitiers unter Leitung von Prof. Dr. Jean-Louis Vieillard-Baron durchführt. Der Alexander von Humboldt-Stiftung sei an dieser Stelle ausdrücklich für die Förderung dieses Forschungsvorhabens gedankt. Aus Gründen der Umfangbeschränkung kann im Rahmen dieser Abhandlung die Freiheitskonzeption Schellings leider nur in groben Umrissen mitgeteilt werden; gleichwohl sollte schon aus dieser rudimentären Darstellung die grundlegende Opposition zwischen der Hegelschen und der Schellingschen Konzeption deutlich werden.

von denen erst vom Standpunkt des absoluten Wissens aus gesagt werden kann, in welcher Relation sie zueinander stehen und welche Gültigkeit sie jeweils beanspruchen können. Auf diesem »Weg der Verzweiflung« des »sich vollbringende[n] Skeptizismus« (*GW* 9, 56) ergibt sich, daß die zunächst auf den jeweiligen Stufen der Entwicklung des sich prüfenden Wissens notwendig einzuführenden Bestimmungen des Freiheitsbegriffs als bloß negative, inhaltlich leere und somit unwahre gegenüber einer positiven Bestimmung dieses Begriffs im Sinne des geschichtlichen Zu sich selbst Kommens des Absoluten zurücktreten müssen. (Freilich ist es gerade dieser negative Freiheitsbegriff im Sinne einer »Freiheit von ...«, der die aktuellen Debatten um jenen Begriff weitgehend durchherrscht.) Allerdings muß auch Hegel im Fortgang der *Phänomenologie* von den nur im Sinne einer Negation bestimmbaren Modifikationen des Freiheitsbegriffs Gebrauch machen; die Summe der verschiedenen Bestimmungen wird dabei weder in einer Negation einfach aufgehoben noch bleiben die unterschiedlichen Modifikationen unvermittelt nebeneinander stehen, sondern diese sind – in ähnlicher Weise wie die Aristotelischen Seinsanalogien – auf Eines hin, nämlich die positive Fassung des Freiheitsbegriffs am Schluß der *Phänomenologie*, ausgerichtet.

Zunächst bedeutet in der »Vorrede« zur *Phänomenologie* Freiheit die pure Indifferenz des bloß räsonnierenden formalen Denkens gegenüber jedwedem Inhalt seiner Begriffe, während dagegen die Wissenschaft die »Anstrengung des Begriffs« auf sich zu nehmen, d. h. diese Freiheit aufzugeben und sich in den Begriff zu versenken hat. Nur so kann die Wissenschaft die aus der Natur des Gegenstandes entspringende Bewegung betrachten (*GW* 9, 41 f.). Von dem hier allein in kritischer und polemischer Absicht verwendeten Freiheitsbegriff unterscheidet sich nachhaltig dessen erste differenziertere Ausformung im zweiten Teil des vierten Kapitels »Die Wahrheit der Gewissheit seiner selbst« unter dem Titel »Freyheit des Selbstbewusstseins, Stoicismus, Skepticismus, und das unglückliche Bewusstseyn« (*GW* 9, 116–131). Das Selbstbewußtsein muß seine Freiheit als »reines Fürsichseyn« gegen sein »Versenktseyn in die Ausbreitung des Lebens« (*GW* 9, 111) behaupten; das freie denkende Selbstbewußtsein ist sich selbst als reine Bewegung des Bewußtseins das Wesen. Die Freiheit im Denken besteht somit in der ungetrennten Einheit des »Fürmichseyn[s]« (*GW* 9, 117), die sich innerhalb der Geistesgeschichte im Stoizismus manifestiert. Das stoische Bewußtsein verhält sich negativ gegen äußere Verhältnisse wie Herrschaft und Knechtschaft, indem es bei aller äußeren Abhängigkeit seines einzelnen Daseins seine Freiheit im Rückzug in die »einfache Wesenheit des Gedankens« findet (ebd.). Doch ist auf der Ebene des Stoizismus die Freiheit in der reinen Allgemeinheit des Gedankens »ohne die Erfüllung des Lebens«,

»also auch nur der Begriff der Freyheit, nicht die lebendige Freyheit selbst« (*GW* 9, 118). Der Rückzug aus dem konkreten Dasein ist insofern als nur »unvollendete Negation des Andersseyns« (*GW* 9, 118) das Wesen der abstrakten Freiheit. Die wirkliche Erfahrung der an sich bloß negativen Freiheit des Gedankens, eines Denkens, welches das »Seyn der vielfachbestimmten Welt« vernichtet, spiegelt folglich der Skeptizismus als »Realisirung desjenigen, wovon der Stoicismus nur Begriff« ist wider (*GW* 9, 119). Auf der Ebene des Skeptizismus negiert das Selbstbewußtsein nicht nur die äußere Welt, sondern auch das Wissen selbst, durch diese selbstbewußte Negation verschafft es sich die Gewißheit seiner Freiheit. Die Ataraxie des sich selbst Denkens ist die »absolute dialektische Unruhe« (*GW* 9, 120). Jedoch erweist sich das skeptische Selbstbewußtsein als in sich widersprüchlich, indem es einmal seine Freiheit als »Erhebung über alle Verwirrung und alle Zufälligkeit des Daseyns« erkennt und »sich das andremal wieder als ein Zurückfallen in die Unwesentlichkeit und als ein Herumtreiben in ihr« bekennt (*GW* 9, 121). Modern gesprochen bahnt der performative Selbstwiderspruch, in den sich das skeptische Bewußtsein verstrickt, bereits den Übergang an zur abschließenden Gestalt des »Selbstbewußtseinskapitels«, dem unglücklichen Bewußtsein.

Zentrierte sich der Freiheitsbegriff bislang um das Selbstbewußtsein, so bezieht er sich im fünften Kapitel »Gewißheit und Wahrheit der Vernunft« auf die äußere daseiende Natur. So stellt die beobachtende Vernunft der organischen Natur die »Freyheit der losgebundenen Bestimmtheiten« (*GW* 9, 145) gegenüber; »Luft, Wasser, Erde, Zonen und Klima sind solche allgemeine[n] Elemente«, zu denen die organische, individuelle Natur zwar in wesentlicher Beziehung steht, doch so, daß die Selbständigkeit beider Sphären davon nicht beeinträchtigt wird. Auf der anderen Seite ist das einfache einzelne Sein des Organischen die »absolute Freyheit« (*GW* 9, 159), nämlich die vollkommene Gleichgültigkeit gegenüber dem Sein für anderes, da es dem Organischen als »Zweck an ihm selbst« (*GW* 9, 147) nur um seine Selbsterhaltung und Selbstreproduktion geht. Diese Charakteristik des Freiheitsbegriffs in Ansehung der äußeren Natur trifft im wesentlichen mit derjenigen auf der Ebene des Selbstbewußtseins zusammen, insofern Freiheit immer im Sinne des reinen Fürsichseins ohne weitere positive inhaltliche Bestimmungen aufgefaßt wird.

Während in den bisherigen Kapiteln der *Phänomenologie* zwar von der Freiheit des formalen Denkens gegenüber dem Inhalt seiner Begriffe, der Freiheit des Selbstbewußtseins gegenüber der äußeren Welt und der Freiheit der organischen und anorganischen Natur im Sinne eines reinen Fürsichseins bereits die Rede war, wird die konkrete Sphäre menschlicher Gesellschaften, innerhalb derer sich Sittlichkeit und politische Freiheit realisieren, erst mit dem Geist-Kapitel erreicht. Eine detailliertere Erörterung der politischen Freiheit würde man in Hegels Auseinandersetzung mit der Französischen Revolution am Schluß des zweiten Unterkapitels über »Der sich entfremdete Geist; die Bildung« in dem Abschnitt »Die absolute Freyheit und der Schrecken« (*GW* 9, 316–323) erwarten. Tatsächlich aber wird auch in diesem Abschnitt, wiewohl er sich mit den Erfahrungen der Französischen Revolution befaßt, nicht die konkrete politische Freiheit der Bürger thematisiert; vielmehr entspricht der absoluten Freiheit eine Entwicklungsstufe des Geistes, die aus der Auseinandersetzung mit dem göttlichen und menschlichen Gesetz sowie insbesondere der Aufklärung hervorgegangen ist. Die absolute Freiheit ist die Gewißheit des Geistes, daß sein Wesen und seine Wirklichkeit »das Wissen des Bewußtseins von sich ist« (*GW* 9, 317); alle Realität ist nur geistige Realität, somit ist die Welt dem Selbstbewußtsein »schlechthin sein Willen, und dieser ist allgemeiner Willen« (*GW* 9, 317). Gegen den alle Realität qua geistige Realität umfassenden allgemeinen Willen kann sich das Einzelne nicht behaupten: »Diese ungetheilte Substanz der absoluten Freyheit erhebt sich auf den Thron der Welt, ohne daß irgend eine Macht ihr Widerstand zu leisten vermöchte.« (*GW* 9, 317)

Die absolute Freiheit tilgt alle Stände und überhaupt alles, »was den Begriff zum seyenden Gegenstande machte« (ebd.); die sich Bewußtsein gebende allgemeine Freiheit selbst muß aber bei der bloßen *Vorstellung* einer allgemeinen Substanz stehenbleiben, denn jede konkrete Realisierung würde ihre Allgemeinheit zerstören. In der Folge findet sich das einzelne Selbstbewußtsein nicht im allgemeinen Werk der Freiheit wieder; auf der anderen Seite kann auch die absolute Freiheit »kein positives Werk noch That« vollbringen, sie ist »nur die Furie des Verschwindens« (*GW* 9, 319). Somit bleibt die Freiheit und Einzelnheit des wirklichen Selbstbewußtseins »die höchste und der allgemeinen Freiheit entgegengesetzteste Wirklichkeit«. Das Verhältnis beider ist die reine, unvermittelte Negation, so daß der Tod »das einzige Werk und That der allgemeinen Freyheit« ist (*GW* 9, 320). Dieser Tod jedoch bleibt frei von jeder inhaltlichen Bestimmung; er ist die schlechthinnige Negation des einzelnen Selbstbewußtseins und darum »der kälteste, platteste Tod, ohne mehr Bedeutung als das Durchhauen eines Kohlhauptes oder ein Schluck Wassers« (ebd.). So ist die absolute Freiheit ansich das abstrakte Selbstbewußtsein, welches allen Unterschied in sich vertilgt.

Wenn aber der Schrecken des Todes die alleinige Anschauung des negativen Wesens der absoluten Freiheit ist, so führt die Furcht vor der »siegenden Faction« (*GW* 9, 320) des – vermeintlichen – allgemeinen Willens wiederum zur Ausbildung von Klassen, von Herrschern und Beherrschten usw.. Das Selbstzerstörerische der absoluten Freiheit besteht darin, daß das Bewußtsein nicht mit der äußeren Welt in Wechselwirkung steht, sondern die Welt für es nur als allgemeiner Wille und Selbstbewußtsein existiert; aus dieser sich selbst zerstörenden Wirklichkeit geht sie in das Reich des moralischen Geistes über wie zuvor das Reich der wirklichen Welt in das des Glaubens und der Einsicht.

Auf der sich anschließenden und der Kantischen Moralphilosophie entsprechenden Ebene der »moralischen Weltanschauung« weiß sich das einzelne Bewußtsein als absolut freies, dessen Substanz und einziger Inhalt allein dies Wissen seiner Freiheit ist. Demgemäß besteht die Freiheit des moralischen Bewußtseins im reinen Denken, dem seinerseits »zugleich die Natur gegenüber als ein ebenso freyes entstanden ist« (*GW* 9, 331). Den Abschluß dieser rein negativen Bestimmung des Freiheitsbegriffs im Sinne einer »Freiheit von ...« bildet am Ende des Geist-Kapitels die Freiheit des Gewissens, » die jeden beliebigen Inhalt in das allgemeine passive Medium der reinen Pflicht und des Wissens einlegt« (*GW* 9, 348).

Eine positive inhaltliche Bestimmung des Freiheitsbegriffs im Sinne einer »Freiheit zu ...« erscheint dagegen erst am Ende der *Phänomenologie* im »absoluten Wissen«. Freiheit bedeutet hier die freie Entäußerung des sich selbst wissenden Geistes, des Geistes, der »das reine Element seines Daseyns den Begriff« (*GW* 9, 432) gewonnen hat, in die Unmittelbarkeit der sinnlichen Gewißheit. Erst auf Grund dieser Entäußerung kann der Geist zu sich selbst werden, indem er in der Natur sein lebendiges, unmittelbares Werden, sein »Seyn als Raum« (*GW* 9, 433) anschaut, vor allem aber indem er sich an die Zeit entäußert und in der Geschichte als dem »wissende[n] sich vermittelde[n] Werden« (ebd.) zu sich selbst kommt. Somit aber ist das Ganze der *Phänomenologie des Geistes* nichts anderes als die Darstellung dieser »höchste[n] Freiheit« (*GW* 9, 432) des sich wissenden Geistes in der Form einer »begriffnen Geschichte«. Mit Martin Heidegger könnte man den »Gang des erscheinenden Absoluten selbst durch seine Erscheinungsstufen hindurch zu sich selbst« als die »Absolvenz des Absoluten«, nämlich das befreiende Vollbringen seines Erscheinens, bezeichnen.[4] In dieser Formulierung drückt sich der notwendige innere Zusammenhang der Freiheit zum geschichtlichen Zu sich selbst Kommen des Geistes und damit auch zum begreifenden Auffassen dieses Prozesses in der Wissenschaft aus.

[4] Vgl. *Martin Heidegger: Erläuterung der »Einleitung« zu Hegels »Phänomenologie des Geistes« (1942)*. In: Martin Heidegger: Gesamtausgabe. III. Abteilung: Unveröffentlichte Abhandlungen. Bd 68. Hegel. 1. Die Negativität. 2. Erläuterung der »Einleitung« zu Hegels »Phänomenologie des Geistes«. Hrsg. von Ingrid Schüßler. Frankfurt am Main 1993, 83. Zu Heideggers in vielerlei Hinsicht kritisch zu bewertenden Hegel-Deutung vgl. den Beitrag des Verfassers *Hegel als Transzendentalphilosoph?* In: Hegel-Studien 32 (1997), 123–136. Vgl. ferner die Dissertation von *Annette Sell: Martin Heideggers Gang durch Hegels Phänomenologie des Geistes*. Hegel-Studien, Beiheft 39. Bonn 1998.

II. Die »begriffne Geschichte« als Realisierungsbedingung der Freiheit

Wenn man nach den geschichtlichen Realisierungsbedingungen der Freiheit in Hegels *Phänomenologie des Geistes* fragt, so muß zuvor geklärt werden, welche Auffassung von Geschichte dieser Problemstellung jeweils zugrunde liegt. Wie der Freiheitsbegriff ist auch der Geschichtsbegriff in Hegels *Phänomenologie* kein homogener, ein für allemal definitorisch festgelegter; vielmehr unterscheidet Hegel aus der Retrospektive am Schluß des »absoluten Wissens« für die *Phänomenologie* drei grundsätzliche Typen von Geschichte.[5] Während das Ziel der Entwicklung des Geistes das absolute Wissen oder der sich als Geist wissende Geist ist, wird der Weg zu diesem Ziel in der Erinnerung festgehalten; der »Weg der Erinnnerung« läßt »die Geister, wie sie an ihnen selbst sind und die Organisation ihres Reiches vollbringen« (*GW* 9, 434), also die konkreten geschichtlichen Gestalten und Entwicklungsstadien des Geistes hervortreten. Diesen »Geistern, wie sie an Ihnen selbst sind und die Organisation ihres Reiches vollbringen«, d. h. den konkreten Gestalten des sich entwickelnden Geistes, kann die auffassende Vernunft nun auf unterschiedliche Art und Weise begegnen, wie Hegel in dem vielfach zitierten Schlußsatz der *Phänomenologie* ausführt: »Ihre Aufbewahrung nach der Seite ihres freyen in der Form der Zufälligkeit erscheinenden Daseins, ist die Geschichte, nach der Seite ihrer begriffnen Organisation aber die Wissenschaft des erscheinenden Wissens; beyde zusammen, die begriffne Geschichte, bilden die Erinnerung und Schädelstätte des absoluten Geistes, die Wirklichkeit, Wahrheit und Gewißheit seines Throns, ohne den er das leblose Einsame wäre; nur – aus dem Kelche dieses Geisterreiches / schäumt ihm seine Unendlichkeit.« (*GW* 9, ebd.). Diese dreifache Unterscheidung Hegels hinsichtlich der Möglichkeit der Vernunft, mit der Entäußerung und Entwicklung des Geistes umzugehen, soll im Folgenden unter Einbezug der jeweils korrespondierenden Modifikationen des Freiheitsbegriffs vertieft werden.

Die unmittelbare Weise, wie die einzelnen Momente des erscheinenden Geistes dem Bewußtsein begegnen, ist die Aufbewahrung derselben in der Form der Zufälligkeit, d. h. der bloßen Abfolge in der Zeit. Da die Chronologie für diese Art von Geschichtsauffassung den einzigen Ordnungsfaktor darstellt, könnte man diesen ›Typ‹ von Geschichte auch die ›kontingente Geschichte‹ nennen,[6] denn Inhalt und Bedeutung dessen, was nach dem Schema des

[5] Die folgenden Ausführungen gehen stellenweise auf eine frühere Untersuchung des Verfassers zurück. Vgl. *Dietmar Köhler: Der Geschichtsbegriff in Hegels Phänomenologie des Geistes.* In: *G. W. F. Hegels Vorlesungen über die Philosophie der Weltgeschichte.* Hrsg. von E. Weisser-Lohmann u. D. Köhler. Hegel-Studien, Beiheft 38 (1998), 35–47.

[6] Die Bezeichnung »kontingente Geschichte« schließt an die Ausführungen Otto Pöggelers an. Vgl. u. a. *Otto Pöggeler: Hegels Idee einer Phänomenologie des Geistes.* Freiburg,

Vor- und Nacheinander geordnet wird, bleiben ausschließlich vom Zufall bestimmt.

Die allein an der Chronologie orientierte kontingente Geschichte, die nichts weiter als eine Anhäufung von Kenntnissen über Vergangenes enthielte, kann als solche nicht eigentlich Gegenstand eines Systems der Wissenschaft sein, ja sie ist geradezu aus der *Phänomenologie des Geistes* auszuschließen, insofern es die *Phänomenologie* ausschließlich mit der »wirklichen Geschichte« zu tun hat. Die »wirkliche Geschichte« aber beschreibt nach Hegel die Arbeit des Geistes, »die Form seines Wissens von sich hervorzubringen« (*GW* 9, 430). Wären nicht inhaltliche und strukturelle Gesichtspunkte maßgebend für das Auffassen von geschichtlichen Erscheinungen, sondern allein die formelle chronologische Gliederung, so bliebe der Geist an die Zeit »entäußert«. Diese Entäußerung aber könnte nicht selbst wiederum negiert werden und damit sich selbst reflexiv einholen, da ja das Wesen der Geschichte allein in die zeitliche Abfolge gesetzt würde. Wie erwähnt bestimmt Hegel jedoch die Geschichte ausdrücklich als »das wissende sich vermittelnde Werden« des Geistes (*GW* 9, 433), welches er der Natur als dem lebendigen unmittelbaren Werden des entäußerten Geistes gegenüberstellt. Die Entäußerung des Geistes an die Zeit muß also zugleich Entäußerung ihrer selbst sein, damit der Geist über die geschichtliche Entfaltung zu sich selbst werden kann. Die rein chronologische Geschichtsauffassung dient somit lediglich zur Abgrenzung gegenüber der spekulativen Auslegung der Entwicklung des Geistes, der begriffnen Organisation der Gestalten des Geistes und der begriffnen Geschichte. Wie also die kontingente Geschichte sich ausschließlich durch die Chronologie bestimmt, so hat auch umgekehrt die Chronologie nur innerhalb der kontingenten Geschichte, nicht aber für die philosophisch begriffene Geschichte Bedeutung.

Auf der Ebene der kontingenten Geschichte kann folglich auch von Freiheit nicht die Rede sein, denn eine Freiheit, die als solche der puren Kontingenz unterworfen wäre, ist in sich widersprüchlich und verdient diesen Titel nicht. Allenfalls ein derivativer Freiheitsbegriff im Sinne des bloßen Fürsichseins der Dinge oder im Sinne der reinen Willkür der Individuen könnte nach Hegel mit der kontingenten Geschichte in Einklang stehen. Dagegen faßt der moderne Sprachgebrauch Geschichte durchaus als ein an der Chronologie orientiertes Geschehen, innerhalb dessen auch die Freiheit als politische Freiheit anzusiedeln wäre.

2. erw. Aufl. Freiburg (Breisgau), München: Alber, 1993, bes. 434 ff. *Ders.: Geschichte, Philosophie und Logik bei Hegel.* In: Logik und Geschichte in Hegels System. Hrsg. von H.-C. Lucas u. G. Planty-Bonjour. Stuttgart-Bad Cannstatt 1989, 101–126. (Spekulation und Erfahrung II/10).

Während also die kontingente Geschichte lediglich die Fakten und Data für die begriffne Geschichte bereitstellt und somit für den Fortgang der *Phänomenologie des Geistes* nur mittelbar eine Rolle spielt, steht in deren Zentrum die »Wissenschaft des erscheinenden Wissens«, d. h. die Aufbewahrung »der Geister, wie sie an ihnen selbst sind und die Organisation ihres Reiches vollbringen« »nach der Seite ihrer begriffnen Organisation« (*GW* 9, 434). Hegels metaphorische Umschreibung meint an dieser Stelle nichts anderes als die Summe aller in der *Phänomenologie* abgehandelten Gestalten in ihrem notwendigen logisch-strukturellen Zusammenhang. Die »begriffne Organisation« bezeichnet demnach das System der Wissenschaft, welches zeigen muß, wie sich die Eine Idee in verschiedenen Gestaltungen mit Notwendigkeit entwickelt.

Dieses System der Wissenschaft kann nun einerseits »in der Form der Einfachheit« des Wissens dargestellt werden, in der die Gegenstände des Wissens nicht mehr in den Gegensatz des Seins und des Wissens auseinandertreten, sondern »das Wahre in der Form des Wahren« (*GW* 9, 30) präsentiert wird. Diese Art der Darstellung fällt der Logik oder spekulativen Philosophie zu, die quasi ohne ›Umwege‹ die philosophischen Grundbegriffe in ihrem strukturellen Zusammenhang und notwendigem Fortgang erörtert und so das System der Wissenschaft als ein in sich gegliedertes organisches Ganzes zu entwerfen vermag.

Die *Phänomenologie des Geistes* als »Wissenschaft der Erfahrung des Bewußtseins« wählt jedoch einen anderen Weg der Darstellung: Indem der Weg des ›bornierten‹ natürlichen Bewußtseins vom einfachen Sein der sinnlichen Gewißheit bis hin zum absoluten Wissen nachgezeichnet wird, werden die Grundbegriffe der spekulativen Logik in ihrer Bewegung, ihrem Werden und ihrer wechselseitigen Verwiesenheit auf einander vorgeführt. Die *Phänomenologie* dient insofern als didaktische Einführung in die Grundstrukturen der Logik. So war die *Phänomenologie des Geistes* ja ursprünglich als »Erster Theil« des »Systems der Wissenschaft« konzipiert, der sich die ›eigentliche‹ Logik, welche allerdings nie zur Ausführung gekommen ist und deren Aufbau sich allenfalls indirekt durch die Gliederung der *Phänomenologie* und durch die Logik-Skizze von 1805/06 erschließen läßt,[7]

[7] Vgl. G. W. F. Hegel: Jenaer Systementwürfe III. *Gesammelte Werke* Bd 8. Hrsg. von R.-P. Horstmann unter Mitarbeit von J. H. Trede: »Diese Einsicht ist die Philosophie, absolute Wissenschaft – derselbe Inhalt als der der Religion – aber Form des Begriffs – a) spekulative Philosophie absolutes Seyn, das sich andres, (Verhältniß wird) Leben und Erkennen – und wissendes Wissen, Geist, Wissen des Geistes von sich« (*GW* 8, 286). Auf die Entsprechung dieses Aufrisses einer spekulativen Logik und der Gliederung der *Phänomenologie des Geistes* hat insbesondere Otto Pöggeler wiederholt hingewiesen. Vgl. *Otto Pöggeler: Ansatz und Aufbau der Phänomenologie des Geistes.* In: Journal of the Faculty of Letters. The University of Tokyo. Aesthetics 13 (1988), 839–853; vgl. ferner: *Dietmar Köhler/ Otto Pöggeler: Einleitung.* In: G. W. F. Hegel, Phänomenologie des Gei-

anschließen sollte. Diese Vorbereitung zur eigentlichen Logik ist jedoch, wie Hegel bemerkt, kein »zufälliges Philosophiren« (*GW* 9, 29), sondern der Weg zum Begriff des Wissens ist zugleich ein notwendiges und vollständiges Werden, das »durch die Bewegung des Begriffs die vollständige Weltlichkeit des Bewußtseyns in ihrer Notwendigkeit« umfaßt. (ebd.)

Aufgabe einer »Wissenschaft der Erfahrung des Bewußtseins« muß es somit sein, »die Reihe seiner Gestaltungen, welche das Bewußtsein auf diesem Wege durchläufft« als »Geschichte der Bildung des Bewußtseyns selbst zur Wissenschaft« darzustellen (*GW* 9, 56). Diese Geschichte der Bildung des Bewußtseins zur Wissenschaft hat freilich nichts Zufälliges mehr an sich und auch mit der chronologischen kontingenten Geschichte nichts gemein, was schon an der chronologischen Beliebigkeit der von Hegel verwendeten Exempel zu ersehen ist. Dieser chronologischen Beliebigkeit auf der Ebene der Beispiele steht eine strenge Notwendigkeit in der Abfolge der zu erörternden logischen Grundbegriffe gegenüber, die die »begriffne Organisation« derselben widerspiegelt und so erst das System als ein vollständiges und in sich geschlossenes Ganzes zu entwerfen vermag. Wenn Hegel am Schluß der *Phänomenologie* hervorhebt, daß »jedem abstracten Momente der Wissenschaft eine Gestalt des erscheinenden Geistes überhaupt« entspreche (*GW* 9, 432), so deutet dies darauf hin, daß sich die »begriffne Organisation« sowohl auf die logischen Grundstrukturen wie auch auf deren ›realphilosophische Realisierung‹ im Zuge des Zu sich selbst Werdens des Geistes bezieht.

Diese begriffne Organisation des Ganzen kann jedoch selbst nicht wiederum geschichtlich sein, da sie überhaupt nicht mehr in das zeitliche Dasein fällt. Die Zeit wird nämlich von Hegel bestimmt als der »daseyende Begriff« (*GW* 9, 34), der sich als »leere Anschauung« dem Bewußtsein vorstellt. In der leeren, unbegriffnen Anschauung bleibt der Begriff noch in der Form der Entäußerung, er hat sich selbst noch nicht als solcher erfaßt. So ist die Zeit nur für den Geist, der nicht in sich vollendet ist, »Schicksal und Nothwendigkeit« (*GW* 9, 429). Indem der Geist aber seinen reinen Begriff erfaßt, begriffnes und begreifendes Anschauen wird, hebt er seine Zeitform auf bzw. »tilgt« die Zeit (ebd.), wobei Hegel mit seiner Formulierung offenbar an die Bestimmung der Zeit als »bewegliches Abbild der Ewigkeit« in Platons *Timaios* anschließen kann.[8] Nachvollziehbar wird diese Aussage etwa am Beispiel der mathematischen Wahrheiten, die wie der Satz des Pythagoras oder die Gesetze der Arithmetik – unter bestimmten Voraussetzungen zumindest – überzeitlichen Charakter haben. Die begriffne Organi-

stes. Hrsg. von D. Köhler und O. Pöggeler. Berlin: Akademie Verlag, 1998. (Klassiker Auslegen; Bd 16), 4 f.

[8] Vgl. *Platon, Timaios*, 37 d.

sation der einzelnen Momente des sich entwickelnden Geistes kann als vollendete Wissenschaft des erscheinenden Wissens insofern nicht mehr unter der Zeit stehen, denn in ihr erfaßt der Geist seinen reinen Begriff und »tilgt« somit die Zeit. Mithin hat die begriffne Organisation auch selbst keine Geschichte im normalsprachlichen Sinne, sondern sie spiegelt lediglich die Geschichte der Bildung des Bewußtseins zur Wissenschaft wider.

Diesen verschiedenen »Etappen« einer Geschichte der Bildung des Bewußtseins zur Wissenschaft entsprechen die in den einzelnen Kapiteln der *Phänomenologie* genannten Modifikationen des Freiheitsbegriffs von der Gleichgültigkeit des formellen Denkens gegenüber dem Inhalt seiner Begriffe über die Unabhängigkeit des Selbstbewußtseins im Stoizismus und Skeptizismus, dem bloßen Fürsichsein der Dinge im Vernunft-Kapitel bis hin zur absoluten Freiheit des allgemeinen Willens und der Autonomie des Gewissensstandpunktes. In einer »begriffnen Organisation« stehen diese unterschiedlichen Bestimmungen, wiewohl sie für sich genommen jederzeit defizitär bleiben, nicht im Verhältnis einer puren Negation zueinander, sondern sie fügen sich ein in eine teleologische Gesamtstruktur, die auf die positive Bestimmung der Freiheit in der »begriffnen Geschichte« hin ausgerichtet ist.

Die begriffne Geschichte ist nun ihrerseits keineswegs als bloß summarische Zusammenfassung der unmittelbaren, kontingenten Geschichte und der begriffnen Organisation aufzufassen, sondern sie bildet »die Erinnerung und Schädelstätte des absoluten Geistes, die Wirklichkeit, Wahrheit und Gewißheit seines Throns, ohne den er das leblose Einsame wäre ...« (*GW* 9, 434). Erst die begriffne Geschichte trägt somit der Hegelschen Forderung Rechnung, das Wahre nicht allein als Resultat, sondern als Resultat zusammen mit seinem Werden zu begreifen. Dies aber bedeutet, das Wahre im Sinne des Absoluten nicht nur als Substanz, sondern »eben so sehr als Subject aufzufassen und auszudrücken« (*GW* 9, 18) bzw. auch umgekehrt das Subjekt als die Substanz zu erkennen, wie Hegel am Schluß der *Phänomenologie des Geistes* vermerkt.

Diese Einheit von Substanz und Subjekt wird in der letzten Gestalt des sich entwickelnden Geistes, im absoluten Wissen, erreicht; dieses ist »der Geist, der seinem vollständigen und wahren Inhalte zugleich die Form des Selbsts gibt, und dadurch seinen Begriff ebenso realisirt als er in dieser Realisirung in seinem Begriffe bleibt«; »es ist der sich in Geistesgestalt wissende Geist oder das begreifende Wissen« (*GW* 9, 427). Im Unterschied zum Religions-Kapitel ist die Wahrheit im absoluten Wissen nicht nur *an sich* vollkommen, sondern hat auch die Gestalt bzw. Form der Selbstgewißheit; nur dadurch ist das absolute Wissen auch dem religiösen Wissen noch überlegen.

Der lebendige, sich geschichtlich realisierende Geist gewinnt nach Hegels Auffassung »seine Wahrheit nur, indem er in der absoluten Zerrissenheit sich selbst findet« (*GW* 9, 27), folglich muß der Weltgeist »die ungeheure Arbeit der Weltgeschichte« (*GW* 9, 25) übernehmen, um sich zum wirklichen Wissen zu bilden. Diese »ungeheure Arbeit der Weltgeschichte« erfordert ein Zweifaches: »Einestheils ist die Länge dieses Wegs zu ertragen, denn jedes Moment ist nothwendig, – anderntheils bei jedem sich zu verweilen, denn jedes ist selbst eine individuelle ganze Gestalt, und wird nur absolut betrachtet, insofern seine Bestimmtheit als Ganzes oder Concretes, oder das Ganze in der Eigentümlichkeit seiner Bestimmungen betrachtet wird.« (ebd.) Mit anderen Worten: Der Weg von einer Bewußtseinsgestalt zur nächsten muß bis hin zum absoluten Wissen vollständig ausgeschritten werden; es dürfen nicht einzelne Gestalten unterschlagen oder der Gang insgesamt vorzeitig abgebrochen werden, wie in neuerer Zeit etwa Hermann Schmitz vorschlägt, wenn er den »ursprünglichen Plan« der *Phänomenologie* bei dem Kapitel V,C,a »Das geistigen Thierreich und der Betrug, oder die Sache selbst« enden lassen möchte. [9] Zugleich aber muß bei den einzelnen Bewußtseinsgestalten so lange verharrt werden, bis diese aus Ihnen selbst ihre Einseitigkeit und damit Vorläufigkeit enthüllen und so den Übergang zu den folgenden Gestalten anbahnen.

Was das Werden des Geistes zu dem, was er an sich ist, zum absoluten Wissen, anbetrifft, so erfolgt dieses nur über die Erfahrung des sich in die Zeit entäußernden Geistes. Der Geist kann in diesem Prozeß erst dann seine Vollendung als selbstbewußter Geist erreichen, wenn er sich als Weltgeist vollendet hat, die Geschichte also an ihr Ziel gekommen ist. Deshalb kann der Inhalt der Religion auch früher als die Wissenschaft in der Zeit aussprechen, »was der Geist ist«, jedoch ist letztlich nur die Form der Wissenschaft dem Geist vollständig angemessen, »diese allein ist sein wahres Wissen von ihm selbst« (*GW* 9, 430). Den Zeitpunkt für die Vollendung der »ungeheuren Arbeit des Weltgeistes« sieht Hegel – wie die Vorrede zur *Phänomenologie* ausweist – zu Beginn des 19. Jahrhunderts jedenfalls dem Prinzip nach für gekommen; die alten Gestalten zerfallen allmählich, behalten aber nach Außen hin ihre »Physiognomie« bei, bis »ein Blitz in einemmahle das Gebilde der neuen Welt hinstellt« (*GW* 9, 15).

Wenn die begriffne Geschichte die teleologische Entwicklung des Weltgeistes in deren unterschiedlichen Konkretionen darstellen soll, so bleibt die Frage, an welchem Punkt innerhalb der Entwicklung der *Phänomenologie des Geistes* die begriffne Geschichte kontingente Geschichte und begriffne Organisation der Gestaltungen des Geistes zusammenzuführen vermag, an welchem Punkt also die »wirkliche Geschichte« hervortritt. Auszuschließen sind sicherlich die ersten drei Kapitel, denn so lange das Bewußtsein noch nicht zur Gewißheit seiner selbst gelangt ist, kann noch nicht von Ge-

[9] Vgl. *Hermann Schmitz: Hegels Logik*. Bonn 1992, 282 ff.

schichte und auch von Freiheit in dem hier bezeichneten Sinne die Rede sein, allenfalls von einer Geschichte der Erfahrungen des Bewußtseins im Sinne einer bloßen Abfolge, die durch die Wissenschaft der Erfahrung des Bewußtseins aufzuarbeiten wäre.[10] Das Selbstbewußtseins-, Vernunft- und Geist-Kapitel dagegen weisen in der Tat eine Fülle von historischen Anspielungen auf der Ebene der Beispiele auf, doch werden diese eher benutzt, um paradigmatische Gestalten des Bewußtseins zu explizieren. Erst im Geist-Kapitel wird mit der Sittlichkeit auch das konkrete menschliche Leben thematisiert und hier könnte man auch eine konkrete geschichtliche Entwicklung von dem Widerstreit des menschlichen und göttlichen Gesetzes in der sophokleischen Antigone, der Entfremdung des Geistes in Bildung, Aufklärung und Französischer Revolution bis hin zur moralischen Weltanschauung der Kantischen Philosophie und dem Gewissensstandpunkt Jacobis sowie der Romantik erkennen.

Entscheidend aber für das Selbstbewußtsein eines Volkes ist nach Hegel dessen Auffassung vom Absoluten bzw. Göttlichen und von seinem eigenen Verhältnis zu diesem Göttlichen. Die Entwicklung der religiösen Vorstellungen und der damit einhergehenden Formen des Kultes sowie der Kunst im Religions-Kapitel zeigen daher m. E. innerhalb der *Phänomenologie* die größte Affinität zu Hegels späteren Vorlesungen über die Philosophie der Weltgeschichte,[11] auch wenn die Differenzen im Detail, wie etwa die mangelnde Berücksichtigung der orientalischen Religion in der *Phänomenologie*, keineswegs verwischt werden sollen. So ist es durchaus kein Zufall, wenn Hegel nach der Exposition des Begriffs der »wirklichen Geschichte« am Schluß der *Phänomenologie* nochmals in der Rückschau auf die Entwicklung des religiösen Bewußtseins zusammenfassend eingeht. Erst mit dem absoluten Wissen ist von der in sich vollendeten begriffnen Organisation aus die konkrete geschichtliche Entwicklung der Religion angemessen zu begreifen wie ja generell die Anlage der *Phänomenologie* das Eigentümliche

[10] Ganz in diesem Sinne faßt auch Martin Heidegger den Geschichtsbegriff in seiner ersten *Phänomenologie*-Interpretation von 1930/31, wodurch es ihm zugleich möglich wird, die *Phänomenologie* im Ganzen als »Fundamentalontologie der absoluten Ontologie« zu identifizieren. Vgl. *Martin Heidegger: Hegels Phänomenologie des Geistes*. In: Martin Heidegger: Gesamtausgabe. II. Abteilung: Vorlesungen 1923–1944. Bd 32. Hrsg. von I. Görland. Frankfurt am Main 1980, bes. 47 ff. u. 204. Heidegger entgeht freilich, daß die begriffne Geschichte die »wirkliche Geschichte« und die Wissenschaft der Erfahrung des Bewußtseins verklammert; seine Auslegung – die ja ohnehin nur bis zum Selbstbewußtseins-Kapitel vorgedrungen ist – umfaßt somit allenfalls einen Teilaspekt des Hegelschen Geschichtsbegriffs in der *Phänomenologie*.

[11] Zur Vorgeschichte der Hegelschen Geschichtskonzeption bis hin zur *Phänomenologie des Geistes* vgl. *Kurt Rainer Meist: Zur Entstehungsgeschichte einer Philosophie der »Weltgeschichte« bei Hegel in den Frankfurter und Jenaer Entwürfen*. Habilitationsschrift. Bochum 1986, bes. 347–511.

an sich hat, daß die einzelnen vorgeführten Momente der Entwicklung des Geistes nur aus der Kenntnis des Gesamtzusammenhanges in Wahrheit aufzufassen sind.

Zwar verweist der Begriff der Anerkennung im Laufe des Fortgangs der *Phänomenologie* bis hin zum Gewissens-Kapitel noch auf eine gewisse Offenheit im Sinne eines »sowohl ... als auch«: Die jeweiligen Gewissensstandpunkte z.B. müssen einander anerkennen, ohne daß der eine in den anderen zu überführen wäre. Im Zuge der weiteren Entwicklung wird aber diese Offenheit zurückgenommen zugunsten einer Teleologie, welche im absoluten Wissen die geschichtliche Realisierung des Weltgeistes mit seinen dazugehörigen logischen Strukturmomenten als ein in sich geschlossenes Ganzes präsentiert und damit dem Begriff der Einen – nur *in sich* unterschiedenen Wahrheit – vollauf entspricht. Trotz der – hier nur angedeuteten – Divergenzen zwischen dem Aufbau des Religions-Kapitels in der *Phänomenologie des Geistes* und der Gliederung der Berliner Vorlesungen über die Philosophie der Weltgeschichte, insbesondere auch der stärkeren Trennung von politischer Geschichte und Religionsgeschichte in der *Phänomenologie*, läßt sich andererseits doch festhalten, daß die begriffne Geschichte als Nachkonstruktion der teleologischen Entwicklung des Weltgeistes bereits wesentliche Strukturmomente der späteren Geschichtskonzeption Hegels vorbereitet.[12]

Vergegenwärtigt man sich die positive Bestimmung des Freiheitsbegriffs in Hegels Einleitung zu den Vorlesungen über die Philosophie der Weltgeschichte, so besteht diese nicht in der Verwirklichung des Individualwillens, denn diese bliebe bloße Willkür, sondern in der konkreten Sittlichkeit im Staat, in der Objektivität der Gesetze. Der freie Bürger ist derjenige, welche in einer ständisch gegliederten arbeitsteiligen Gesellschaft seine Pflicht erfüllt und gemäß den Gesetzen seines Landes handelt; nur so ist das Wahre als die Einheit des allgemeinen und des subjektiven Willens zu realisieren.[13] Gerade letzteres Prinzip hatte bereits nach den Ausführungen in der *Phäno-*

[12] Der – scheinbar – gleichlautende Obertitel der Dissertation Gustav-H. H. Falkes »Begriffne Geschichte« ist insofern irreführend, denn Falke betrachtet gar nicht die Zusammenführung von begriffner Organisation der logischen Strukturmomente und kontingenter Geschichte, wie sie von Hegel allein im Schlußkapitel der *Phänomenologie des Geistes* ausdrücklich thematisiert wird. Vielmehr wird in Falkes 'Kommentar' das Kapitel über das Absolute Wissen mit wenigen Sätzen (!) abgehandelt, Hegels eigene Definition der begriffnen Geschichte wird dabei gar nicht erwähnt. Vgl. *Gustav-H. H. Falke: Begriffne Geschichte.* Das historische Substrat und die systematische Anordnung der Bewußtseinsgestalten in Hegels Phänomenologie des Geistes. Interpretation und Kommentar. Berlin 1996; hier bes. 354.

[13] Vgl. *G. W. F. Hegel: Philosophie der Weltgeschichte.* Einleitung 1830/31. In: G. W. F. Hegel: Gesammelte Werke. Band 18: Vorlesungsmanuskripte II (1816–1831). Hrsg. von W. Jaeschke. Hamburg 1995, 174ff.

menologie der mit der Französischen Revolution inthronisierte allgemeine Wille verkannt: Die sich gegen die positive Wirklichkeit und die Individuen bloß negativ verhaltende absolute Freiheit mußte folglich im »Terreur« und damit in ihrer Selbstzerstörung enden. Es zeigt sich hierin eine Kontinuität von Hegels 1807 vorgetragener Kritik an der abstrakten Allgemeinheit der Französischen Revolution bis hin zu deren positiver Umkehrung in den Berliner Vorlesungen über die Philosophie der Weltgeschichte. In diesem Zusammenhang ist der scheinbar positiv konnotierte Terminus »absolute Freiheit« in Wahrheit rein negativ bestimmt: Absolutheit bedeutet das Losgelöstsein des allgemeinen Willens gegenüber jedem positiven Wirklichkeitsbezug; positiv ausgezeichnet wird dagegen die Freiheit des Zu sich selbst kommenden Geistes als »höchste Form« der Freiheit.

Doch steht nicht die Freiheit der Bürger als politische Freiheit im Mittelpunkt der *Phänomenologie des Geistes*, sondern Freiheit wird grundsätzlicher gefaßt als das Ganze des Zu sich selbst Werdens des Geistes. Zu diesem gehören einerseits notwendige Strukturmomente, die einzelnen Stufen einer »Wissenschaft der Erfahrung des Bewußtseins«, und andererseits diesen entsprechende Gestalten des geschichtlich erscheinenden Geistes. Beide vereinigt die *Phänomenologie* in der »begriffnen Geschichte«, welche darum als die konkrete Realisierung der Freiheit in ihrer positiven Bestimmung gelten kann.[14]

III. Ausblick: Die »duale« Freiheitskonzeption Schellings als Alternativentwurf zum »geschlossenen System«

Während Hegels Freiheitskonzeption in der *Phänomenologie des Geistes* – wie in den voranstehenden Ausführungen dargelegt – in die Teleologie einer geschichtlichen Verwirklichung des Absoluten im Sinne eines vernünftig gegliederten, sich selbst erfassenden Weltganzen einmündet und sich somit ihrer grundsätzlichen Struktur nach als eine in sich geschlossene Einheit präsentiert, entfaltet Schellings zwei Jahre nach der *Phänomenologie* erschienene *Freiheitsschrift* eine grundlegend andersgeartete Perspektive. Schelling geht aus von dem u. a. von Jacobi und Fr. Schlegel inaugurierten Vorwurf gegen ein systematisches Philosophieren, »das einzig mögliche System der Vernunft sei Pantheismus, dieser aber unvermeidlich Fatalismus« (*SW I*, VII, 338), wodurch Freiheit unmöglich werde. Er begegnet diesem

[14] Durchaus treffend scheint in diesem Zusammenhang der Titel der *Phänomenologie*-Interpretation Manfred Negeles; vgl. *Manfred Negele: Grade der Freiheit.* Versuch einer Interpretation von G. W. F. Hegels »Phänomenologie des Geistes«. Würzburg 1991. (Epistemata: Reihe Philosophie; 92).

Vorwurf durch eine spezifische Auslegung des Identitätssatzes, d. h. des »ist« im Urteil, wonach Subjekt und Prädikat eines Satzes als inplicitum und explicitum in einem Grund-Folge-Verhältnis zueinander stehen. Identität bedeutet also nicht pure »Einerleiheit«, sondern Unterschiedenheit in der Einheit. So kann etwa auch der Satz »Gott ist alles« behauptet werden, ohne daß das Dasein der Dinge und Individuen verschwindet, mithin Freiheit unmöglich wird.

Im Gegenteil könnte man Schelling zufolge den überkommenen Freiheitsbegriff, wonach Freiheit »in der bloßen Herrschaft des intelligenten Prinzips über das sinnliche und die Begierden besteht« ganz leicht »auch aus dem Spinoza noch herleiten« (*SW I*, VII, 345). Doch auch der vollkommen allgemeine aber bloß formelle idealistische Freiheitsbegriff im Sinne der Selbstbestimmung gemäß dem eigenen Wesensgesetz bleibt nach Schelling ungenügend; er muß ersetzt werden durch den realen und lebendigen Begriff der Freiheit, »daß sie das Vermögen des Guten und des Bösen sei« (*SW I*, VII, 352).

Mit dieser Formulierung kollidiert das Freiheitsproblem notwendig mit dem Theodizeeproblem, denn entweder müßte die Möglichkeit des Bösen und damit die der Freiheit geleugnet werden, oder Gott müßte als Urheber sowohl der Freiheit wie des Bösen gelten. Schelling versucht in der *Freiheitsschrift* das Dilemma dadurch aufzulösen, daß er die in der Naturphilosophie aufgestellte Unterscheidung zwischen dem Wesen, sofern es existiert und dem Wesen, sofern es bloß Grund von Existenz ist, auf den Gottesbegriff überträgt. Es gibt somit eine interne Dualität in Gott zwischen dem in actu existierenden Gott und dem Grund in Gott. Alles Existierende, von der unbelebten Materie bis hin zu dem mit Geist begabten Menschen, entspringt allein dem Grund in Gott, nicht dem in actu existierenden Gott. Innerhalb der Schöpfung ist ausschließlich der Mensch mit Geist begabt und somit frei, er allein kann gut oder böse sein, indem er entweder dem Universalwillen folgt, oder den Partikularwillen über den Universalwillen zu erheben sucht. Das Böse ist somit einer gestörten Ordnung vergleichbar, die Schelling in Analogie zu Franz von Baaders Definition der Krankheit setzt. Die Bestimmung als gut oder böse ist jedoch nicht eine von Gott gesetzte, sondern die freie Selbstbestimmung des Menschen als eine intelligible Tat.[15] Gott hat somit das Böse mit der Schöpfung des Menschen als *Möglichkeit*

[15] Zum Begriff der »intelligiblen Tat«, der Problematik ihrer Konzeption sowie ihrer Überbeanspruchung im Sinne einer »Hypermoralisierung weltlicher Übelstände« vgl. *Friedrich Hermanni: Die Akte Gott – zur Wiedervorlage*. Theodizee bei F. W. J. Schelling. In: Jahrbuch für Philosophie des Forschungsinstitutes für Philosophie Hannover. Bd 5 Hrsg. von Peter Koslowski, Reinhard Löw u. Richard Schenk. Wien 1994. 107–125. Ferner: *Friedrich Hermanni: Die letzte Entlastung*. Vollendung und Scheitern des abendländischen Theodizeeprojektes in Schellings Philosophie. Wien 1994.

nur mittelbar zugelassen; verantwortlich für die Wirklichkeit und universelle Wirksamkeit des Bösen ist aber der Mensch selbst. Im Laufe der Geschichte, die von Schelling bereits in dieser »mittleren« Phase im wesentlichen als eine Heilsgeschichte betrachtet wird, überwindet der Wille der Liebe schließlich das Böse als die Erhebung des Partikularwillens; es fällt nach Tod und Gericht in das Nichtsein zurück.

Auf die vielfältigen Folgeprobleme dieser Konzeption, die schließlich zum »Scheitern« des nur Fragment gebliebenen Ansatzes der *Freiheitsschrift* führten,[16] soll hier nicht im einzelnen näher eingegangen werden. Ziel dieses kurzen Ausblicks ist es vielmehr, der »geschlossenen« Systemkonzeption Hegels und der damit verbundenen – jedenfalls in seiner »höchsten« Form – ausschließlich positiven Fassung des Freiheitsbegriffs die völlig andersgeartete Konzeption Schellings kontrastierend gegenüberzustellen. Während bei Hegel die begriffne Geschichte als Zu sich selbst Werden des Geistes prinzipiell das Gelingen von Freiheit widerspiegelt, impliziert die radikalere Fassung des Freiheitsbegriffs als »Vermögen des Guten und des Bösen« die Möglichkeit, daß die Geschichte nicht zu einer positiven Vollendung gelangt, sondern die Überwindung des Bösen erst durch Tod und Gericht stattfindet. Dann aber sprengt die Radikalität der Wirklichkeit und universellen Wirksamkeit des Bösen jedes System im Sinne eines einheitlichen Vernunftsystems, wie dies auch von den Interpreten von Heidegger bis hin zur gegenwärtigen Schelling-Forschung oftmals konstatiert worden ist, denn das in seiner Radikalität ernst genommene Böse kann schechthin nicht mehr in ein vernünftig geordnetes Weltganzes integriert werden.[17] Wie das menschliche Leben so kann auch die Geschichte in grundsätzlicher Hinsicht scheitern. Freilich mag auch Schelling selbst – entgegen seinem ursprünglichen Anspruch, den Zusammenhang des Freiheitsbegriffs mit dem Ganzen einer wissenschaftlichen Weltansicht darzustellen – dieses Problem geahnt haben, wenn er anläßlich der These, daß im göttlichen Verstande nur Eine mögliche Welt sei, hinzusetzt, daß zwar im göttlichen Verstande ein System, Gott selbst aber kein System, »sondern ein Leben« sei (*SW I*, VII, 399). Das Leben aber kann sich nie restlos selbstreflexiv erfassen, ebensowenig wie Gott selbst die innere Bedingung seiner Existenz aufheben, sondern nur sich unterordnen und durch Liebe bewältigen kann. Die für

[16] Vgl. zuletzt *Siegbert Peetz: Die Freiheit im Wissen*. Eine Untersuchung zu Schellings Konzept der Rationalität. Frankfurt am Main 1995. Ob Schelling in weiteren Schriften und Entwürfen im ›Umkreis‹ der *Freiheitsschrift* der Lösung dieser Probleme näher gekommen ist, wird kaum mehr zu entscheiden sein, da sich nach Auskunft des Vorsitzenden der Schelling-Kommission der Bayerischen Akademie der Wissenschaften, Herrn Prof. Dr. W. G. Jacobs, keinerlei Materialien aus dieser Zeit erhalten sind.

[17] Vgl. *Martin Heidegger: Schellings Abhandlung: Über das Wesen der menschlichen Freiheit (1809)*. Hrsg. von Hildegard Feik. Tübingen 1971, 195.

den Menschen nie einholbaren Bedingungen seiner Existenz machen es somit auch dem Philosophen unmöglich, eine »wissenschaftliche Weltansicht« als ein in sich gerundetes Ganzes zu entfalten.

II. REVOLUTION UND VERFASSUNGSDISZIPLIN IM UMFELD DER ›GRUNDLINIEN‹

Andreas Großmann (Hamburg)

»Die freie Übereinstimmung von Staat und Religion« – Hegel über Genese und Grund des modernen Staates

Für Eberhard Jüngel

Es gehört zu den vielleicht interessantesten Erscheinungen der jüngeren philosophischen Debatte, daß eine erneute Besinnung auf die Moderne gerade als *philosophisches* Problem zu verzeichnen ist,[1] nachdem so manche »Illusionen der Postmoderne«[2] klarer vor Augen treten. Dafür, daß in einem solchen Unternehmen Hegel eine ausgezeichnete Stellung zuzumessen ist, hat etwa Robert Pippin in seinen diesbezüglichen Studien einige bedenkenswerte Argumente geliefert. So schillernd und facettenreich der Begriff der Moderne bei näherem Hinsehen ist – und Pippins Untersuchungen haben nicht zuletzt die Schwierigkeiten einer präzisen Bestimmung von Moderne bzw. Modernität verdeutlicht –, so konzise lassen sich doch, mindestens in der Sicht Hegels, die Konturen der Moderne da benennen, wo es um das neuzeitliche Verhältnis von Religion und Sittlichkeit geht. Nicht von ungefähr hat man denn Hegel als den Advokaten des modernen, säkularen Staates beansprucht,[3] der in maßgeblicher Weise das moderne Prinzip freier Subjektivität staatsphilosophisch zur Geltung gebracht habe. Auffallend dabei ist indes, daß das verfassungsgeschichtlich in seiner Relevanz nicht zu überschätzende

[1] Vgl. *Robert B. Pippin: Modernism as a Philosophical Problem.* Oxford 1991; *ders.: Idealism as Modernism.* Hegelian Variations. Cambridge 1997; dazu *R. Bubner: Versuch eines Überblicks über die Modernitätsproblematik.* In: Philosophische Rundschau 44, 3(1997), 191 ff.

[2] *T. Eagleton: Die Illusionen der Postmoderne.* Stuttgart 1997.

[3] Vgl. *S. Avineri: Hegels Theorie des modernen Staates.* Frankfurt am Main 1976; *W. Maihofer: Hegels Prinzip des modernen Staates.* In: *Materialien zu Hegels Rechtsphilosophie.* Hrsg. von M. Riedel. Bd 2. Frankfurt am Main 1975. 361 ff. – Zu den historischen Voraussetzungen des Aufkommens der Begriffsprägung »moderner Staat« in der Epochenschwelle um 1800, namentlich bei Fichte und Hegel, und ihrer Entwicklung im 19. und 20. Jahrhundert siehe *S. Skalweit: Der »moderne Staat«.* Ein historischer Begriff und seine Problematik. Opladen 1975 (Rheinisch-Westfälische Akademie der Wissenschaften, Vorträge Geisteswissenschaften 203), jetzt auch in: *Skalweit: Gestalten und Probleme der frühen Neuzeit.* Ausgewählte Aufsätze. Berlin 1987. 208 ff., bes. 217 ff.

Datum der Glaubensspaltung bzw. des Westfälischen Friedens von 1648 kaum Berücksichtigung gefunden hat und auch in den einschlägigen Untersuchungen Pippins ausgeblendet ist – dem Sachverhalt zum Trotz, daß die Ausdifferenzierung von Recht und Religion infolge der Kontroversen des konfessionellen Zeitalters ein Grundereignis der Moderne darstellt und das Phänomen der Reformation und Kirchenspaltung auch für Hegels Konzeption einer Philosophie der Weltgeschichte überaus bedeutsam ist.

Zu eruieren gilt es also, inwieweit Hegels Reflexionen auf Genese und Grund des modernen Staates in ihrer Bestimmung des Verhältnisses von Religion und Sittlichkeit den sich mit und seit dem Westfälischen Frieden herauskristallisierenden Konstellationen moderner Staatlichkeit entspricht bzw. auch widerspricht.

Zu diesem Zwecke sollen im folgenden zunächst die für die Genese des modernen Staates entscheidenden Wegweisungen des Westfälischen Friedens kurz skizziert werden (I). Im Anschluß daran ist Hegels geschichtsphilosophischer Verortung von Reformation und Glaubensspaltung im Blick auf ihren Beitrag zur Konstitution des modernen Staates nachzugehen (II). Perspektiven und Grenzen seiner Sicht werden sich in solcher Betrachtung vielleicht auch in neuer Weise erschließen (III).

I. Die Genese des modernen Staates aus der Glaubensspaltung – Wegweisungen des Westfälischen Friedens

Nach der Not des Dreißigjährigen Krieges bestätigt der Westfälische Friede den Augsburger Religionsfrieden von 1555 ausdrücklich (Art. V § 1 IPO)[4] – und damit die bis zum Ende des Heiligen Römischen Reiches Deutscher Nation 1806 gültige paritätische Ordnung der Konfessionen. Die Sicherung (zwar nicht der religiösen, aber) einer *politischen* Koexistenzordnung gelingt dem Friedensinstrument dabei durch eine »strukturelle Säkularisierung des Reichskirchenrechts«:[5] Die theologische Wahrheitsfrage wird ausgeklammert in dem Bestreben, ein dauerhaftes Zusammenleben der Religionsparteien, das der Augsburger Religionsfrieden zu gewährleisten nicht vermocht hatte, zu ermöglichen. Die Religionsartikel des IPO führen diese Dissoziation von theologischer Wahrheitsfrage und staatlicher Ordnung eindrücklich vor Augen. So findet man etwa im diplomatischen

[4] Belege im Text nach: *K. Zeumer: Quellensammlung zur Geschichte der deutschen Reichsverfassung in Mittelalter und Neuzeit.* Tübingen 1913. Das »Instrumentum Pacis Osnabrugense« wird zitiert als IPO.

[5] *M. Heckel: Deutschland im konfessionellen Zeitalter.* Göttingen 1983. 199.

Kompromiß der Normaljahrsregelung die Lösung für den Streit um Kirchengut und Kultusfreiheit: Die Verteilung des Kirchenguts und der Umfang der Kultusfreiheit sollten sich fortan nach dem bloßen Kalenderdatum bemessen, dem Jahre 1624 für die Religionsausübung bzw. dem 1. Januar 1624 für den Kirchengutsbesitz (Art. V §§ 2, 31 ff. IPO). Betroffen war von dieser Regelung auch der Geistliche Vorbehalt (Art. V §§ 15 ff. IPO), der sich nun auch auf die Evangelischen erstreckte, wodurch den protestantischen Kirchenguts»säkularisationen« vor 1624 Anerkennung und Schutz zuteil wurde; ferner das ius reformandi, dessen Auswirkung in Form der Zwangsbekehrung des Landes bei Konfessionswechsel des Landesherrn (gemäß der Formel »cuius regio, eius religio«) ausgeschlossen wurde (Art. V § 31 IPO). Aus dem Recht des Landesherrn, das Bekenntnis seines Landes zu bestimmen, war die Pflicht geworden, die Religionsausübung im Umfang des Normaljahres zu gewährleisten und Toleranz gegenüber andersgläubigen Untertanen zu üben.[6] Garantiert wurde derart die Freiheit des Gewissens (Art. VII § 1 IPO) für Katholiken, Lutheraner und – »sensu politico« – auch Reformierte (die man entgegen ihrem Selbstverständnis als Untergruppe der Augsburgischen Konfession, den Lutheranern also auffaßte). Die Ausdehnung der Gewissensfreiheit auf andere Bekenntnisse und Sekten schloß die nur das Corpus Evangelicorum und Catholicorum umspannende paritätische Ordnung freilich aus (Art. VII § 2 IPO).[7] Diese elementaren Einschränkungen der Gewissens- und Religionsfreiheit lassen bereits erkennen, daß die durch den Westfälischen Frieden etablierte Verfassungsordnung keineswegs eine Ordnung gewesen ist, die Gewissens- und Religionsfreiheit als unveräußerliche, *jedem* Menschen kraft seines Menschseins zukommende Menschenrechte gewährleistete. Die im IPO festgelegten Rechte waren vielmehr streng umgrenzte, für die reichsrechtlich anerkannten Religionsparteien reservierte Freiheiten.[8] In den Worten Christoph Links: »Die für die nicht geschützten Glau-

[6] Vgl. *A. Frhr. von Campenhausen: Staatskirchenrecht.* München 1983. 32; auch *H. Conrad: Religionsbann, Toleranz und Parität am Ende des alten Reiches.* In: *Zur Geschichte der Toleranz und Religionsfreiheit.* Hrsg. von H. Lutz. Darmstadt 1977. 164 ff.

[7] Vgl. *H. Scholler: Zum Verhältnis von (innerer) Gewissensfreiheit zur (äußeren) Bekenntnis- und Kultusfreiheit.* In: *Grund- und Freiheitsrechte im Wandel von Gesellschaft und Geschichte.* Hrsg. von G. Birtsch. Göttingen 1981. 201 ff.; *ders.: Die Freiheit des Gewissens.* Berlin 1958. 51–54.

[8] Vgl. zum Unterschied von Rechtsdenken und Menschenrechtsdenken die erhellenden Ausführungen bei *D. Willoweit: Die Veräußerung der Freiheit.* Über den Unterschied von Rechtsdenken und Menschenrechtsdenken. In: *Würde und Recht des Menschen.* FS für Johannes Schwartländer zum 70. Geburtstag. Hrsg. von H. Bielefeldt, W. Brugger u. K. Dicke. Würzburg 1992. 255 ff.; vgl. auch *M. Heckel: Konfession und Reichsverfassung.* Bekenntnisbildung und Bekenntnisbindung in den Freiheitsgarantien und der Verfassungsorganisation des Reichs seit der Glaubensspaltung. In: *Ders.: Gesammelte Schriften.* Bd 3. Tübingen 1997. 230 ff., hier 236.

bensgenossen angemahnte Gewissensfreiheit und zumindest häusliche Religionsausübung war Appell, keine Verfassungspflicht.«[9]

Gleichwohl weist die säkulare Struktur der Rechtsinstitute des Westfälischen Friedens in die Zukunft. Die Dringlichkeit einer überkonfessionellen verfassungsrechtlichen Ordnung hatte sich ja gerade aufgedrängt, um die durch die Glaubensspaltung infolge der Reformation eingetretene und letztlich in den Dreißigjährigen Krieg mündende *Verfassungskrise* zu bewältigen. Der moderne Staat als säkulare, weltanschaulich neutrale Ordnung ist damit vorgezeichnet.[10] Sinnfälligen Ausdruck fand die konfessionelle Zurückhaltung des Reichsrechts insbesondere im Prinzip der *Parität*, der »aequalitas exacta mutuaque« (Art. V § 1 Abs. 5 IPO).[11] Der Paritätsgrundsatz brach mit der überkommenen Ansicht der Katholizität des Reiches und unterlief die Vorstellung einer unverbrüchlichen Fortgeltung des Kanonischen Rechts. In strittigen Fällen sollte vielmehr jede Konfession gemäß ihrem je eigenen Bekenntnis entscheiden, die »fremdkonfessionelle Vergewaltigung«[12] der Minderheit durch die Mehrheit also verwehrt sein. Dies verbürgte der grundlegende Verfahrensgrundsatz der *itio in partes* (Art. V § 52 IPO),[13] der die Konfessionen in Konfliktfällen zu einer gütlichen Einigung, der »amicabilis compositio«, zwang, derart aber gerade die *politische* Koexistenz der sich ihre *theologische* Legitimität wechselseitig bestreitenden Konfessionen sicherte – und mit ihr die politische Einheit des Reiches. Die Verfahrensnorm der *itio in partes* hat, so Martin Heckel, »durch ihre juristische Institutionalisierung und Neutralisierung die religiöse (und die daraus folgende rechtliche und politische) Spaltung des Reichs faktisch hingenommen, rechtlich anerkannt und integrierend überwunden; so hat sie Frieden und Freiheit, Gleichheit und Einheit des Reichs säkular stabilisiert.«[14]

Der Westfälische Friede etabliert keinesfalls schon eine Trennung von Reich und Religion (wie sie im Deutschen Reich erst die Weimarer Reichs-

[9] *Chr. Link: Die Bedeutung des Westfälischen Friedens in der deutschen Verfassungsentwicklung.* Zum 350jährigen Jubiläum eines Reichsgrundgesetzes. In: Juristenzeitung 53 (1998), 1 ff., hier 5.

[10] Vgl. *Chr. Link: Die Bedeutung des Westfälischen Friedens in der deutschen Verfassungsentwicklung*, a. a. O., 6, 8; *K. Schlaich: Martin Luther und das Recht.* In: *Ders.: Gesammelte Aufsätze.* Tübingen 1997. 3 ff., hier 16; *ders.: Konfessionalität – Säkularität – Offenheit.* Der christliche Glaube und der freiheitlich-demokratische Verfassungsstaat, ebd., 423 ff., hier 438: »Die Säkularisierung des Staates entsteht ... aus der Notwendigkeit, die staatliche Einheit über den Verlust der religiösen Einheit hinweg zu bewahren.«

[11] Grundlegend dazu *M. Heckel: Parität.* In: *Ders.: Gesammelte Schriften.* Bd 1. Tübingen 1989. 106 ff.

[12] *Heckel: Konfession und Reichsverfassung*, a. a. O. (Anm. 8), 241.

[13] Vgl. *Heckel: Itio in partes.* Zur Religionsverfassung des Heiligen Römischen Reiches Deutscher Nation. In: *Ders.: Gesammelte Schriften.* Bd 2. Tübingen 1989. 636 ff.

[14] *Heckel: Deutschland im konfessionellen Zeitalter*, a. a. O. (Anm. 5), 206.

verfassung 1919 durchsetzen sollte).[15] Man begreift tatsächlich die angestrebte und ja auch erzielte politische Koexistenzordnung der Religionsparteien als interimistisches *Notrecht* sub specie einer Wiedervereinigung der Konfessionen (Art. V §§ 1, 14 f., 48 IPO). War mit letzterer jedoch realistischerweise zu rechnen? Wohl verdankte sich die paritätische Verfassung des Reichsrechts nach 1648 einer Notsituation. Das Friedensinstrument von Osnabrück spiegelt in seiner Substanz aber darüber hinaus einen grundlegenden Wandel des Rechtsdenkens wider, der den Gedanken einer einheitlichen pax Christiana in Wahrheit nicht mehr zuließ: Es ist die in die Moderne weisende Idee des Staates als einer säkularen, konfessionell nicht imprägnierten, dadurch aber gerade Freiheit eröffnenden Ordnung.

II. Hegels geschichtsphilosophische Würdigung von Reformation, Kirchenspaltung und Westfälischem Frieden

Dieser Einschätzung der verfassungsgeschichtlichen Bedeutung der Glaubensspaltung und des Westfälischen Friedens, die sich dem historischen Blick aus heutiger Warte nahelegt, folgt Hegel durchaus nicht *en détail*. Bereits im »Ideen-Laboratorium« der *Verfassungsschrift*[16] treffen wir auf Über-

[15] Genau genommen handelt es sich freilich in Art. 137 WRV, was gleichermaßen für die staatskirchenrechtliche Ordnung des Grundgesetzes gilt (vgl. Art. 140 GG), nicht um eine – laizistisch mißzuverstehende – Trennung von Staat und Kirche, sondern um das Verbot der Privilegierung der christlichen Großkirchen, oder positiv formuliert: das staatliche Angebot paritätischer Behandlung aller »Religionsgesellschaften«. So hat man auch, in einer allerdings unglücklichen Metapher, von einer »hinkenden Trennung« (U. Stutz) gesprochen. Vgl. dazu u.a. *A. Frhr. von Campenhausen: Staatskirchenrecht*, a. a. O. (Anm. 6), 36 ff., 67 ff.

[16] So die Charakterisierung der Schrift bei *H. Maier: »... diese dritte universale Gestalt des Weltgeistes«.* Weltgeschichtliches Denken in Hegels Verfassungsschrift. In: *Hegels Vorlesungen über die Philosophie der Weltgeschichte.* Hrsg. von E. Weisser-Lohmann u. D. Köhler. Hegel-Studien, Beiheft 38. Bonn 1998. 15ff. – Hegels *Verfassungsschrift* wird ausgewiesen nach: *G.W.F. Hegel: Gesammelte Werke.* Bd 5 (Schriften und Entwürfe [1799–1808]). Unter Mitarbeit von Th. Ebert hrsg. von M. Baum und K. R. Meist. Hamburg 1998 (im folgenden: *GW* 5). Die *Grundlinien der Philosophie des Rechts* werden zitiert nach der Suhrkamp-Werkausgabe, hrsg. von E. Moldenhauer und K. M. Michel, Frankfurt am Main 1969–71 (im folgenden: *W* 7). Die Ausgaben der *Enzyklopädie* von 1827 und 1830 werden belegt nach: *G.W.F. Hegel: Gesammelte Werke.* Bd 19 (*Encyclopädie der philosophischen Wissenschaften im Grundrisse* [1827]). Hrsg. von W. Bonsiepen und H.-Chr. Lucas. Hamburg 1989 (im folgenden: *GW 19*) und *G.W.F. Hegel: Gesammelte Werke.* Bd 20 (*Encyclopädie der philosophischen Wissenschaften im Grundrisse* [1830]). Hrsg. von W. Bonsiepen und H.-Chr. Lucas. Hamburg 1992 (im folgenden: *GW* 20). Die Siglen *G*, *H* und *KH* verweisen auf Nachschriften von Hegels *Vorlesungen über die Philosophie der Weltgeschichte* der Jahrgänge 1822/23 (Nachschrift Griesheim = *G*), 1826/27 (Nachschrift Hube = *H*) und 1830/31 (Nachschrift Karl Hegel = *KH*). Vgl. ausführlicher dazu vom *Verf.: Weltgeschichtliche Betrachtungen in systematischer Absicht.*

legungen, die Glaubensspaltung, Dreißigjährigen Krieg und Westfälischen Frieden zunächst eher von ihrer prekären Seite her beleuchten. Hegel legt den Finger mit Nachdruck auf die mit der Glaubensspaltung einhergehende Verfassungskrise: Die Religion, so heißt es, habe ihre Spaltung »in den Staat hineingetragen, und am meisten beygetragen, den Staat aufzuheben« (*GW* 5, 96). Die Glaubensspaltung implizierte aufgrund der (mittelalterlichen) Verwobenheit von Glaube und Recht einen Verfassungsbruch, durch den »fast das einzige Band«, das das Deutsche Reich zusammengehalten habe, »zerrissen« worden sei (ebd., vgl. 22, 98). Daß sich Protestanten und Katholiken endlich gegenseitig bürgerlich ausschlossen und dies gar noch »mit aller Pedanterie des Rechts« (ebd.) betrieben, kann Hegel denn auch nur als geschichtliche Absurdität verbuchen.

Beachtung verdient, wie relativ ausführlich Hegel in dieser politischen Streitschrift, gemessen an den späteren Berliner Vorlesungen, selbst auf einzelne Bestimmungen des Westfälischen Friedens eingeht. Namentlich die Rechtsfigur der *itio in partes* wird von ihm zutreffend als bedeutsamste Verfahrensregelung des IPO gewürdigt. Anstatt freilich ihre Funktion zu benennen, die *Einheit* der Reichsverfassung in zwischen den Religionsparteien aufbrechenden Streitfällen zu *wahren*, meint Hegel ihr die Fixierung des Gegensatzes zwischen Partikulargewalten und Reich anlasten zu müssen. Vermöge der Verfahrensparität der *itio in partes* sei »die Trennung der Minorität von der Majorität in jeder Staatsangelegenheit legitimirt« (*GW* 5, 98). »Über Krieg und Frieden, Stellung einer ReichsArmee, Steuern kurz über alles das wenige, was ältere Zeiten noch als den Schatten eines Ganzen übrig gelassen hatten, ist die Mehrheit der Stimmen gesetzlich nicht entscheidend, sondern auch ohne Wirksamkeit der Politik, kan die Minorität, die eine Religionsparthei formirt, die Aktivität des Staates hemmen« (*GW* 5, 99, vgl. 21, 102). So müsse man Deutschland »als einen schon aufgelösten Staat« (ebd.) bzw. als einen Plural von Staaten betrachten. Insofern versteht Hegel den Westfälischen Frieden explizit *nicht* als Schritt auf dem Wege zur Ausbildung moderner Staatlichkeit. Im Gegenteil habe der Westfälische Friede »die alte Unabhängigkeit der Theile Deutschlands« festgesetzt und dadurch die Bildung eines modernen Staates in Deutschland *verhindert* (*GW* 5, 124, vgl. 105, 126). Er habe die »Staatslosigkeit Deutschlands organisirt«, umgekehrt habe sich Deutschland »dem guten Willen seiner Mitglieder überlassen« (*GW* 5, 124 f.).

Die *Verfassungsschrift* anerkennt andererseits indes eine wenngleich indirekte Konsequenz der Glaubensspaltung. Denn indem sie das Reich in eine Verfassungskrise gestürzt, den Staat, wie Hegel sagt, »vollständig zerrissen«

Zur Gestalt von Hegels Berliner Vorlesungen über die Philosophie der Weltgeschichte. In: Hegel-Studien 31(1996), 27 ff.

habe, habe sie »auf eine wunderbare Weise doch zugleich die Ahndung einiger Grundsätze gegeben, worauf ein Staat beruhen kann« (*GW* 5, 99). Die Glaubensspaltung zwingt zu einer politischen Koexistenz diesseits jeglicher Differenzen *in theologicis*: Die Unmöglichkeit einer Einigung in theologischen Fragen eröffnet die Perspektive auf die übergeordnete staatliche Ordnung als das die widerstreitenden Parteien äußerlich Verbindende, »eine Verbindung, die«, wie Hegel anmerkt, »das Princip der modernen Staaten ist« (ebd.). Zu den »Ahndungen« des Westfälischen Friedens gehört elementar eben auch die den reichsrechtlich anerkannten Bekenntnissen gemäß der Festlegung des Normaljahrs zugestandene Gewissens- und Religionsfreiheit. Nach Hegel wurde durch diese formalrechtliche Kompromißregelung zwar »der höhere Sinn der Gnade verdunkelt« (*GW* 5, 97), und im Blick auf das Selbstverständnis der Konfessionen, die die Wahrheit des christlichen Glaubens zu vertreten je für sich beanspruchten, ist dies zweifellos zutreffend. Mehr noch als das Faktum der von Friedrich dem Großen und Joseph II. gepflegten aufklärerischen Religionspolitik, gemäß der »jedermann nach seiner Façon selig werden« können sollte, indiziert der Sachverhalt ihrer unwidersprochenen, obgleich reichsverfassungs*widrigen* Praktizierung freilich, welches Sprengpotential die entsprechenden Regelungen des Westfälischen Friedens in sich bargen, sobald sie auf einen gewandelten Zeitgeist trafen.[17]

Grundlegend gewandelt hatten sich die verfassungsrechtlichen Konstellationen zumal, als Hegel das Verhältnis von Religion und Sittlichkeit in seiner Berliner *Rechtsphilosophie* sowie in den *Vorlesungen über die Philosophie der Weltgeschichte* zu bestimmen suchte. Das Heilige Römische Reich Deutscher Nation war 1806 untergegangen; Hegel suchte in Preußen, dem er in der *Verfassungsschrift* einen »völligen Mangel an wissenschaftlichem und künstlerischem Genie« (*GW* 5, 177) attestiert hatte, nunmehr den auf Intelligenz gegründeten Staat auszumachen.[18] Nicht zuletzt aber ist die Systematik seiner in Berlin ausgearbeiteten Geschichtsphilosophie dafür verantwortlich, daß sich Akzente gegenüber der *Verfassungsschrift* signifikant verschieben. So wird die Reformation als entscheidendes Ereignis der Freiheitsgeschichte des Geistes im Übergang zur Neuzeit jetzt überhaupt erst thematisch. Erörterungen des Westfälischen Friedens treten demgegenüber in den Hintergrund. Die Berliner geschichtsphilosophischen Vorlesungen variieren diesbezüglich die frühe kritische Bewertung in der *Verfassungs-*

[17] Vgl. dazu im einzelnen eingehend *Bernd M. Kremer: Der Westfälische Friede in der Deutung der Aufklärung*. Zur Entwicklung des Verfassungsverständnisses im Hl. Röm. Reich Deutscher Nation vom Konfessionellen Zeitalter bis ins späte 18. Jahrhundert. Tübingen 1989, bes. 128, 132, 135 f., 270 ff., 290 ff.

[18] Vgl. dazu *O. Pöggeler: Hegels Begegnung mit Preußen*. In: *Hegels Rechtsphilosophie im Zusammenhang der europäischen Verfassungsgeschichte*. Hrsg. von H.-Chr. Lucas u. O. Pöggeler. Stuttgart 1986. 311 ff.

schrift: Der Dreißigjährige Krieg setzt die politische Existenz auch der evangelischen Religionspartei durch, die 1648 im Westfälischen Frieden bekräftigte Reichsverfassung erscheint jedoch nachgerade als eine »konstruierte Anarchie« (*G* II, 295, vgl. *H* II, 221, 228 f.; *KH*, 484 f., 488). Der Friede habe, so Hegel noch in seiner letzten Vorlesung 1830/31, »die vollkommene Zersplitterung« Deutschlands »noch förmlicher festgesetzt«, als sie zuvor bereits bestanden habe (*KH*, 486). Die politische Garantie seiner Selbständigkeit sei dem Protestantismus schließlich erst durch Friedrich den Großen, den »genialen«, ja »philosophischen« König, zuteil geworden, der das »protestantische Prinzip« in die Weltlichkeit eingebildet habe (*KH*, 488 f.).[19] Um so größere Aufmerksamkeit verdient dafür die Frage, wie sich infolge der Akzentverlagerung auf die Reformation das Verhältnis von Religion und Sittlichkeit für Hegel bestimmt und begründet, und was sich daraus für seine Sicht des modernen Staates ergibt.

Hegels *Rechtsphilosophie* sucht in ihrer Erörterung des Verhältnisses von Staat und Religion (*W* 7, § 270) deren Verbindung, aber auch gleichzeitige Unterschiedenheit zur Geltung zu bringen. Die Verbindung besteht substantiell darin, daß die Religion die sittliche Grundlage des Staates darstellt (*W* 7, 417). Staat und Religion sind sich einig hinsichtlich der »Wahrheit der Grundsätze und Gesinnung« (*W* 7, 428) – was nach Hegel darin beschlossen ist, daß sie gleichsam vom selben Geiste sind. Religion und Staat gemeinsam ist das Prinzip vernünftiger, das Allgemeine und Besondere vermittelnder Freiheit, die sich freilich in je verschiedenen Formen realisiert. Wo Hegel die substantielle Einheit von Staat und Religion benennt, fügt er deshalb auch zugleich als ebenso wesentliche Einsicht hinzu, »daß mit dieser Einheit der *Unterschied*, den sie in der Form ihres Bewußtseins haben, zur *besonderen Existenz* gekommen sei« (*W* 7, 428, vgl. 417). Während die Religion in Gestalt der kirchlichen Lehre so mehr auf die dem Staate unzugängliche »Sphäre der Innerlichkeit«, das Gebiet des Gewissens bezogen ist (*W* 7, 422), obgleich durchaus in innigstem Zusammenhang mit den sittlichen Grundsätzen des Staates (*W* 7, 423), hat es der Staat als »Wirklichkeit der konkreten Freiheit« (*W* 7, § 260) mit der weltlich-objektiven Ausformung des Prinzips vernünftiger Freiheit in Gestalt seiner Institutionen zu tun. Daß sich das Prinzip der Freiheit in ihnen ausbildet, das Besondere und Allgemeine sich vermittelt, macht, daß der Staat nicht, wie Hegel sagt, »in der Luft« steht (*W* 7, 412), ist auf der anderen Seite entscheidend aber auch

[19] Vgl. zum Konzept des »protestantischen Prinzips« als geschichtsphilosophischer Deutungsfigur *J. Dierken: Hegels ›protestantisches Prinzip‹*. Religionsphilosophische Implikationen einer geschichtsphilosophischen Denkfigur; zur Rolle Friedrichs des Großen *E. Weisser-Lohmann: Hegels Deutung der Reformation und die Rolle Friedrichs II.*, beide Beiträge in: *Hegels Vorlesungen über die Philosophie der Weltgeschichte*. Hrsg. von E. Weisser-Lohmann u. D. Köhler, a. a. O. (Anm. 16) 123ff. u. 95ff.

dafür, daß sich die Bürger im Staat wiedererkennen, daß der Staat und seine politische Verfassung von der Zustimmung, dem »Zutrauen« seiner Bürger getragen werden (*W* 7, § 268). Geschichtlich weist dies Prinzip des modernen Staates indessen zurück auf die Glaubensspaltung: Der moderne Staat, hält Hegel fest, hat »*nur durch sie* ... werden können, was seine Bestimmung ist, die selbstbewußte Vernünftigkeit und Sittlichkeit« (*W* 7, 428). Demgegenüber wäre es geradezu Beweis eines religiösen Fanatismus, zu fordern, die Religion solle »alle Beziehungen des Staates ergreifen« (*W* 7, 430). Würden damit doch »alle Gesetze über den Haufen geworfen« und alles Bestimmte »zertrümmert« (*W* 7, 431), die Freiheit ermöglichende Differenz von Religion und Recht untergraben.[20]

Es steht zu vermuten, daß Hegels Besinnung auf die Reformation als das die Genese des modernen Staates initiierende Ereignis sich gerade dieser Einsicht verdankt. Denn daß in der Reformation das moderne Prinzip der Freiheit, das »Prinzip des freien Geistes« »zum Panier der Welt gemacht« wurde (*KH*, 376) – das macht sie nach Ausweis von Hegels letzter geschichtsphilosophischer Vorlesung zum Stiftungsereignis des modernen Staates und führt dem Philosophen schließlich die Notwendigkeit vor Augen, die »Versöhnung« dezidiert von *Protestantismus* und modernem Staat auf den Begriff zu bringen.[21] Indem die Reformation das Prinzip der Subjektivität statuiert, befähigt sie nach Hegel nämlich auch dazu, den Raum weltlicher Sittlichkeit als Ort des »Wahren« zu bejahen. Wie Hegel in seiner letzten geschichtsphilosophischen Vorlesung ausführt: »Das Göttliche hört auf die fixe Stellung eines Jenseits zu haben: es wird gewußt, daß das Sittliche und Rechte das Göttliche und das Gebot Gottes ist, daß es dem Inhalt nach kein Höheres, Heiligeres gibt« (*KH*, 469). Der Staat findet demgemäß in der Religion seinen Geltungsgrund, wie diese in jenem den Zielort ihres Vollzugs. Die Religion ist in diesem Verstande »die an und für sich seyende Ba-

[20] Vgl. *W* 7, 419: »Von denen, die den *Herrn suchen* und in ihrer ungebildeten Meinung alles *unmittelbar* zu haben sich versichern, statt sich die Arbeit aufzuerlegen, ihre Subjektivität zur Erkenntnis der Wahrheit und zum Wissen des objektiven Rechts und der Pflicht zu erheben, kann nur Zertrümmerung aller sittlichen Verhältnisse, Albernheit und Abscheulichkeit ausgehen – notwendige Konsequenzen der auf ihrer Form ausschließend bestehenden und sich so gegen die Wirklichkeit und die in Form des Allgemeinen, der Gesetze, vorhandene Wahrheit wendenden Gesinnung der Religion.«

[21] Vgl. zur (wechselvollen) Systematik von Hegels Vorlesungen hinsichtlich des Verhältnisses von Reformation und Neuzeit im einzelnen meinen Beitrag: *Hegel oder »Hegel«?* Zum Problem des philosophischen und editorischen Umgangs mit Hegels geschichtsphilosophischen Vorlesungen. In: *Hegels Vorlesungen über die Philosophie der Weltgeschichte.* Hrsg. von E. Weisser-Lohmann u. D. Köhler, a. a. O. (Anm. 16), 51ff., 57ff. Zum religionsphilosophischen Kontext von Hegels (eigensinniger) Deutung des Protestantismus s. *J. Dierken: Hegels ›protestantisches Prinzip‹*, a. a. O. (Anm. 19), sowie *W. Jaeschke: Vernunft in der Religion.* Studien zur Grundlegung der Religionsphilosophie Hegels. Stuttgart 1986.

sis« des Staates, »die Quelle und Macht ..., welche ihn und seine Verfassung gegründet und hervorgebracht hat« (*GW* 19, 396; vgl. *GW* 20, 531 ff.). Hegel meint freilich, wie die weiteren Darlegungen des § 563 der *Enzyklopädie* von 1827 (bzw. des § 552 der Fassung von 1830) belegen, präzise die christliche Religion protestantischer Prägung. In der Konsequenz des protestantischen Prinzips nämlich liege es, den »Gehorsam gegen das Gesetz und die gesetzlichen Staatseinrichtungen« selbst als Gestalt »wahrhafter Freiheit« zu begreifen (*GW* 19, 397). »So wird zuletzt das Princip des religiösen und des sittlichen Gewissens ein und dasselbe, in dem protestantischen – der freie Geist in seiner Vernünftigkeit und Wahrheit; – die Verfassung und Gesetzgebung wie deren Bethätigungen haben zu ihrem Inhalt das Princip und die Entwicklung der Sittlichkeit, welche aus der zu ihrem ursprünglichen Princip hergestellten und damit erst wirklichen Wahrheit der Religion hervorgeht und daraus allein hervorgehen kann« (*GW* 19, 400). Der Staat beruht so letztlich für Hegel in der religiösen Gesinnung, wie sie im Protestantismus sich realisiert. Weshalb es, wie er im Einklang mit den geschichtsphilosophischen Vorlesungen hinzusetzt, »unverträglich« wäre, Staatsverfassung und Gesetzgebung ändern zu wollen, in der Religion aber bei dem (namentlich den Katholizismus kennzeichnenden) »Princip der Unfreiheit« zu verharren, »eine Revolution ohne eine Reformation gemacht zu haben« (*GW* 20, 536f; vgl. *GW* 19, 398; *G* II, 311 f.; *KH*, 494 f., 508).

In der Rede zur 300-Jahr-Feier der *Confessio Augustana*[22] hat Hegel diese Gedanken gleichsam als Summe seiner Sicht des Verhältnisses von Religion und Staat hinterlassen. Da sich die Religion »nicht von der Richtschnur des Handelns und der Gestaltung des Lebens sondern« lasse, sei »bei einer Reformation der Religion die Grundlage auch von Staat, Gesetz und Sitte zu reformieren« (215). Gegenüber der gänzlichen Verwirrung von Gerechtigkeit und Sittlichkeit im und durch den Katholizismus habe der Protestantismus über die Wiederentdeckung der Freiheit des Christenmenschen auch ein neues und sicheres »Zutrauen zu den Gesetzen« befördert. Eine »Torheit« nennt Hegel daher die Ansicht, »eine Reformation der staatlichen Ordnung und Gesetze könne vorgenommen werden, solange die wahre Religion, mit der diese zusammenstimmen müssen, nicht erneuert werde« (225). Als »überaus kostbares Erbe« erweise sich so »die freie Übereinstimmung« von Staat und evangelischer Religion (227).

[22] Belege im Text mit einfacher Seitenangabe beziehen sich auf die historisch-kritische Edition von *S. Strohm: Freiheit des Christenmenschen im Heiligtum des Gewissens.* Die Fundierung des Hegelschen Staatsbegriffs nach seiner »Akademischen Festrede zur dritten Säkularfeier der Confessio Augustana«, gehalten am 25. Juni 1830 in Berlin. In: Blätter für Württembergische Kirchengeschichte 80/81 (1980/81), 204 ff.

III. *»Freie Übereinstimmung von Staat und Religion«? – Perspektiven und Grenzen von Hegels Sicht*

Wo liegen Grenzen, wo Perspektiven von Hegels Konzeption? Eine Antwort auf diese Frage möchte ich abschließend wenigstens zu umreißen versuchen.

Hegel gebührt gewiß das Verdienst, das Faktum der Glaubensspaltung philosophisch für ein zureichendes Verständnis des modernen Staates bedacht zu haben. Wenngleich man nicht wird sagen können, daß die Wegweisung des Westfälischen Friedens bei Hegel eine angemessene Würdigung erfahren hat,[23] findet sich in seinen Überlegungen zum Verhältnis von Religion und Sittlichkeit doch die grundsätzliche Einsicht artikuliert, daß ohne das Ereignis der Glaubens- und Kirchenspaltung und die Auseinandersetzungen des konfessionellen Zeitalters Genese und Gestalt des auf dem Prinzip der Freiheit aufgebauten modernen, säkularen Staates nicht zu denken sind. Das Verhältnis von Sittlichkeit und Religion, wie Hegel es in der *Rechtsphilosophie* zu bestimmen gesucht hat, zielt denn keineswegs auf eine Vermischung der Sphären, auf einen christlichen Staat (wie ihn später noch Friedrich Julius Stahl zu begründen gesucht hat).[24] Die Religion ist nach

[23] Ohne hier auf zeitgeschichtliche Hintergründe von Hegels Position näher eingehen zu können, scheint doch immerhin ersichtlich, daß seine Einschätzung des Westfälischen Friedens entscheidend durch eine (kritische) Lektüre der Reichspublizistik des 18. Jahrhunderts, vor allem des Göttinger Staatsrechtlers Johann Stephan Pütter (1725–1807), vermittelt ist. So hatte Hegel Pütters *Historische Entwickelung der heutigen Staatsverfassung des Teutschen Reichs* (Göttingen 1786–87) für die Bearbeitung verschiedener Teile seiner *Verfassungsschrift* studiert und exzerpiert; vgl. zum Westfälischen Frieden und seinen Folgen bei *Pütter: Historische Entwickelung der heutigen Staatsverfassung des Teutschen Reichs.* Bd 2. Göttingen 1786. 49 ff., dazu jetzt die einschlägigen Belege und editorischen Erläuterungen von Kurt R. Meist in *GW* 5 (Anm. 16). Zum weiteren Kontext s. ferner *M. Stolleis: Geschichte des öffentlichen Rechts in Deutschland* (Bd 1: Reichspublizistik und Policeywissenschaft 1600–1800). München 1988 und aus der jüngeren Literatur insbesondere *Bernd M. Kremer: Der Westfälische Friede in der Deutung der Aufklärung*, a. a. O. (Anm. 17), zur Diskussion in der deutschen Reichspublizistik vor allem S. 67 ff., zu Pütter S. 72 ff. und passim. – Zu bedenken ist freilich darüber hinaus der grundsätzliche Wandel in der Bewertung des Westfälischen Friedens durch die Publizistik, nachdem sich die Institutionen des Reichs angesichts der Französischen Revolutionskriege als einer – in Hegels Worten – »machthabenden Allgemeinheit« ermangelnd erwiesen. So beklagte man denn nicht nur einen (dem Westfälischen Frieden angelasteten) Verlust von »Gemeingeist« (H.W. Bergsträsser), das Reich schien nachgerade »ohne Rettung zum gänzlichen Verfall bestimmt« (J. von Sartori) – Einschätzungen, wie sie um 1800 wohl Gemeingut waren und so auch Hegels Blick bestimmt haben dürften. Siehe hierzu die Belege bei *Kremer*, a. a. O., 50.

[24] Vgl. dazu *W. Jaeschke: Staat aus christlichem Prinzip und christlicher Staat.* Zur Ambivalenz der Berufung auf das Christentum in der Rechtsphilosophie Hegels und der Restauration. In: Der Staat 18 (1979), 349 ff., hier 368 ff., sowie *U. Scheuner: Hegel und die deutsche Staatslehre des 19. und 20. Jahrhunderts.* In: *Ders.: Staatstheorie und Staatsrecht. Gesammelte Schriften.* Hrsg. von J. Listl und W. Rüfner. Berlin 1978. 81 ff., hier 91 f.

Hegel die substantielle Grundlage, aber auch *nur* die Grundlage, »und hier ist es, worin beide auseinandergehen« (*W* 7, 417). Religion und Staat stimmen dementsprechend inhaltlich (im Prinzip freier Vernünftigkeit) überein, kommen jedoch in unterschiedlichen Formen »zur *besonderen Existenz*« (*W* 7, 428). So wenig wie es darum der Religion in der institutionellen Form der Kirche verstattet ist, »wie ein Staat« zu handeln, so wenig ist es dem Staat erlaubt, »auf religiöse Weise« Gesetzesgehorsam einzufordern. Er hat vielmehr – als sitttlicher Staat – das »Recht der Innerlichkeit« zu respektieren (*W* 7 430). Wie verträgt sich indes, so möchte man einwenden, diese grundsätzliche Rechtfertigung des freiheitlichen Rechtsstaats mit der vom späten Hegel pathetisch behaupteten Konsonanz von vernünftigem Staat und evangelischer Religion? Wie sollte sich diese allzu versöhnliche (und im übrigen »im reformatorischen Sinn strikt antiprotestantische«) Sicht[25] zumal mit dem heutigen weltanschaulisch-neutralen Staat vertragen?

Mindestens im Blick auf manche, mehr oder weniger auf Hegel sich berufende Beiträge in der jüngeren Debatte um die Legitimationskrise des modernen Staats wird man diese Frage aufwerfen müssen. So fordert etwa Wolfhart Pannenberg ausdrücklich eine Neubesinnung auf die religiösen Grundlagen des modernen Staats. Eine politische Ordnung bedürfe letztlich einer religiösen Legitimation, »einer Rückbesinnung auf ihre religiösen Quellen, wenn sie nicht am Zerfall aller verbindlichen Normen im Antagonismus entfesselter egoistischer Interessen zugrunde gehen soll«. Pannenberg bestreitet deshalb folgerichtig eine religiöse Neutralität des Staates, meint stattdessen, die »Erneuerung einer theonomen Kultur« empfehlen zu müssen.[26]

Verwandte Töne scheint Günter Rohrmoser anzuschlagen, der »das Experiment der Demokratie« nur solange als aussichtsreich erachtet, als »sie ein christliches Ethos als ihre geistige und religiöse Grundlage anerkennt«. Politik könne »nur rational bleiben in einer Gesellschaft, in der das Christentum eine lebendige Kraft ist«.[27]

[25] *W. Jaeschke: Staat aus christlichem Prinzip und christlicher Staat*, a. a. O. (Anm. 24), 361.

[26] *W. Pannenberg: Anthropologie in theologischer Perspektive.* Göttingen 1983. 465, 470; vgl. *ders.: Christentum in einer säkularisierten Welt.* Freiburg 1988. 32 ff. (»Folgeprobleme der kulturellen Säkularisierung«); *Grundlagen der Ethik.* Philosophisch-theologische Perspektiven. Göttingen 1996. 131 ff. (»Christliches Handeln im säkularen Staat«), bes. 140: »die Annahme der Möglichkeit einer vollständigen weltanschaulichen und religiösen Neutralität der politischen Herrschaftsordnung ist illusionär, und diese Illusion bildet die Hauptschwäche des modernen demokratischen Verfassungsstaates.«

[27] *G. Rohrmoser: Politik und Religion am Ende der Aufklärung.* In: *Religion als Problem der Aufklärung.* Hrsg. von T. Rendtorff. Göttingen 1980. 202 ff., hier 207.

Es ist hier nicht der Ort, in eine detaillierte Erörterung dieser Positionen einzutreten. Was sie jedenfalls eindrücklich demonstrieren, ist die nach wie vor bestehende Virulenz des *Sachproblems*, das auch Hegels Konzeption einer »freien Übereinstimmung« von Staat und evangelischer Religion motiviert hat. Es ist das Problem, das im Kern das neuzeitliche Rechtsdenken in allen seinen noch so verschiedenen Spielarten bestimmt: wie die Verbindlichkeit des Rechts nach der Glaubensspaltung und dem Wegfall mithin eines alle einigenden Bandes zu denken ist.[28]

Ernst-Wolfgang Böckenförde hat dieses Problem auf die vielzitierte Formel gebracht, der freiheitliche, säkulare Staat lebe von Voraussetzungen, die er selbst nicht garantieren könne.[29] Mit Bezug auf Hegel fragt Böckenförde, »ob nicht auch der säkularisierte weltliche Staat letztlich aus jenen inneren Antrieben und Bindungskräften leben muß, die der religiöse Glaube seiner Bürger vermittelt«.[30] Wenn es freilich so stehen sollte, daß der freiheitliche Verfassungsstaat seine Voraussetzungen nicht nur selbst nicht garantieren *kann*, sondern – um seiner Freiheitlichkeit willen – überdies nicht garantieren *darf*,[31] müßte vielmehr eine *Pluralität* möglicher (und möglicherweise sogar in sich spannungsvoller) Quellen von Verbindlichkeit anzuvisieren sein, nicht aber ein in der christlichen bzw. protestantischen Religion exklusiv begründeter Verbindlichkeitsgrund.[32] Müßte sich doch ein Staat, der auch seinen Grund noch garantieren und so gleichsam einholen wollte, in Verneinung seiner Offenheit und Freiheitlichkeit abschließen. Signum des freiheitlichen Verfassungsstaats dürfte es demgegenüber sein, seinen Grund gleichzeitig als seine *Grenze* anzuerkennen – als seine Grenze nicht im Sinne einer nur äußeren Beschränkung oder aufzuhebenden Schranke, sondern der Bejahung präzise seiner Freiheitlichkeit (und nicht zuletzt auch der Freiheit der Religion!).[33] Hegels schließliche Lösung in einer »freien Überein-

[28] Vgl. dazu auch vom *Verf.: Versprechen und Vertrag.* Zu Ansatz und Problem neuzeitlichen Rechtsdenkens. Stuttgart 1995. – Präsent ist die Frage einer religiösen Fundierung sozialer Verbindlichkeit in anderem Zusammenhang neuerlich etwa bei Charles Taylor, der in weitgreifenden Untersuchungen über die »Quellen des Selbst« die Notwendigkeit eines Rückgangs auf »theistische« Moralquellen berührt. Siehe *Ch. Taylor: Quellen des Selbst.* Die Entstehung der neuzeitlichen Identität. Frankfurt am Main 1996. 600.

[29] *E.-W. Böckenförde: Die Entstehung des Staates als Vorgang der Säkularisation.* In: *Ders.: Recht, Staat, Freiheit.* Studien zur Rechtsphilosophie, Staatstheorie und Verfassungsgeschichte. Frankfurt am Main 1991. 92 ff., hier 112.

[30] A. a. O., 113.

[31] So *K. Schlaich: Konfessionalität – Säkularität – Offenheit*, a. a. O. (Anm. 10), 440.

[32] Böckenförde selbst hat in den Schlußüberlegungen seines späteren Aufsatzes »Bemerkungen zum Verhältnis von Staat und Religion bei Hegel« diesen Weg eingeschlagen. Siehe *E.-W. Böckenförde: Recht, Staat, Freiheit*, a. a. O. (Anm. 29), 138–142.

[33] In dieser Hinsicht wäre an Eberhard Jüngels »Lob der Grenze« anzuknüpfen. Siehe *E. Jüngel: Lob der Grenze.* In: *Ders.: Entsprechungen. Gott – Wahrheit – Mensch.* Theo-

stimmung von Staat und Religion«, der »Versöhnung ... des Staats mit dem religiösen Gewissen« (*GW* 19, 398; *GW* 20, 540) als der den Grundsätzen rechtlicher Freiheit die »letzte und höchste Bewährung« (*GW* 20, 536) gewährenden Instanz muß insofern als fraglich erscheinen. Das ihn leitende Sachproblem indes gibt heute unvermindert zu denken.

logische Erörterungen. München 1986. 371 ff., hier bes. 375: »Die Funktion wahrer Grenzen ist ... niemals primär das Verbot, sondern so etwas wie die Erlaubnis, die Freigabe einer Dimension, innerhalb deren das Begrenzte *bejaht* ist und als es selbst zu existieren vermag. Begrenzung ist ursprünglich ein Akt der Bejahung.« – Vgl. zur Thematik aus theologischer Perspektive auch *T. Koch: Protestantisches Christentum und der neuzeitliche Rechtsstaat.* In: *Recht – Macht – Gerechtigkeit.* Hrsg. von J. Mehlhausen. Gütersloh 1998. 93 ff.

Elisabeth Weisser-Lohmann (Hagen)

»Daß das Allgemeine zu einer Tat komme« – ›Sittlichkeit‹ und ›Verfassung‹ bei Hegel

In den *Grundlinien der Philosophie des Rechts* trennt Hegel die Sphäre der Sittlichkeit (Familie, bürgerliche Gesellschaft und Staat) vom »abstrakten Recht« und von der »Moralität«. In der »Sittlichkeit« kommt für Hegel die objektive und allgemeine Freiheit mit dem besonderen Willen in einer wirklichen Gestalt zur Identität. »Liebe«, »Reflexion« und »Wissen« sind für Hegel die konstitutiven Prinzipien dieser Verwirklichungen von Freiheit. Im »inneren Staatsrecht« wird diese Identität als bewußte gesetzt und erfahren; dort ist sie politische Verfassung. In ihren Momenten, fürstliche Gewalt, Regierungsgewalt und gesetzgebende Gewalt, institutionalisiert die Verfassung Freiheit als Grundprinzip der Sittlichkeit des Staates. Die Entwicklung der Hegelschen Philosophie zeigt, daß der Rückgriff auf ›Verfassung‹ bzw. ›Konstitution‹ zur Explikation von »Sittlichkeit« keineswegs ein Spezifikum der *Grundlinien der Philosophie des Rechts* ist. Bereits in den frühen Jenaer Arbeiten zur praktischen Philosophie greift Hegel zur Explikation sittlicher Lebenszusammenhänge auf Verfassungsmodelle im weitesten Sinne zurück.

Vor dem Hintergrund des modernen Verfassungsverständnisses, demgemäß die Verfassung im wesentlichen das kodifizierte Grundgesetz eines Staates oder eines Gemeinwesens festschreibt, mag es verwundern, daß Hegel in seiner Rechtsphilosophie den Staat und seine »Innere Verfassung« als eine Gestalt der Sittlichkeit begreift. Der Verweis auf den älteren Verfassungsbegriff, der als Naturbeschreibung den Zustand eines Landes, seine Konstitution, die Beschaffenheit des Territoriums und seiner Einwohner zu erfassen suchte, vermag wenig weiterzuhelfen, unterstellt man einmal, daß für Hegel durch »Natur« bestimmte Verhältnisse nicht automatisch sittlich sind. Die vorliegende Untersuchung greift dieses Problem auf und rekonstruiert das Verhältnis von Verfassung und Sittlichkeit im Rückgriff auf die Entwicklung der Hegelschen praktischen Philosophie in Jena und Heidelberg. Daß es sich bei dieser Problemstellung für Hegel in erster Linie um die Aufarbeitung der Konsequenzen der französischen Revolution handelt, zeigt das Zitat im Titel dieser Untersuchung. Mit der Formulierung, »daß das Allgemeine zu einer Tat komme« beschreibt Hegel das politische Grundproblem der französischen Revolution. [1] Wenn der einzelne als freies

[1] Das Allgemeine muß »sich in das Eins der Individualität zusammennehmen, und ein einzelnes Selbstbewußtsein an die Spitze stellen; denn der allgemeine Willen ist nur in einem Selbst, das Eines ist, *wirklicher* Willen. Dadurch aber sind *alle andern Einzelnen*

Individuum für sich in Anspruch nimmt, das Allgemeine zu wissen und zu sein, wie kann das Allgemeine dann als politisch handlungsfähiges Subjekt konstituiert werden? Hegels praktische Philosophie ist der Versuch, auf diese Frage eine Antwort zu finden.

Die Studie wird zunächst Hegels frühe Jenaer Konzeption (I), wie er sie im *Naturrechts*aufsatz und im *System der Sittlichkeit* entwickelt, rekonstruieren, um dann in einem zweiten Schritt die späte Jenaer Fassung der praktischen Philosophie (*Phänomenologie* und Systementwurf 1805/6) hinsichtlich des Verhältnisses von Verfassung und Sittlichkeit zu analysieren (II). Gegenüber der Nürnberger Konzeption (III), die in der Darstellung von Staat und Verfassung sich am Kantischen Ansatz orientiert, greift Hegel in der ersten Heidelberger Vorlesung über Rechtsphilosophie (Wintersemester 1817/18) den Jenaer Ansatz wieder auf. Die Gestalten des Sittlichen werden als Momente der Einheit von Allgemeinem und Einzelnem entfaltet (V). Möglich geworden ist diese Wiederaufnahme des frühen Anliegens durch die Neufassung der Stände und ihrer politischen Aufgabe – eine Einsicht die Hegel in der Auseinandersetzung um die »Verhandlungen in den Versammlungen der württembergischen Landstände« (IV) gewinnt. Die Ergebnisse dieser Rekonstruktion sollen abschließend (VI) in der Analyse der Verfassungskonzeption der *Grundlinien* zur Anwendung kommen. Es wird sich zeigen, daß Hegels Ablehnung der verfassungspolitischen Grundüberzeugung der französischen Revolution gleichsam den Motor bildet für die Konzeption einer Verfassung, die sich in der Institutionalisierung von Freiheit zugleich als Sittlichkeit ausweist.

I. Regierung als Sittlichkeit oder das »Vernichtetseyn des subjectiven im Objectiven«

Der Verfassungsbegriff in Hegels frühen Jenaer Arbeiten steht noch ganz in der Tradition des 18. Jahrhunderts,[2] da Hegel mit der ständischen Gliederung z.e. die sozialen Strukturen der Gesellschaft z.a. die politischen Kräfte zu erfassen sucht. »Verfassung« bzw. »Konstitution« des gesellschaftlichen Körpers bilden einmal das Material für die Regierung, sie sind aber auch Ausdruck für das bestehende Ordnungsgefüge. Auch das

von dem Ganzen dieser Tat ausgeschlossen ... Kein positives Werk noch Tat kann also die allgemeine Freiheit hervorbringen; es bleibt ihr nur das *negative* Tun; sie ist nur die *Furie* des Verschwindens.« *G.W.F. Hegel: Phänomenologie des Geistes.* Neu hrsg. von H. F. Wessels u. H. Clairmont. Hamburg 1988. 389 (*Phänomenologie*).

[2] Vgl. *Heinz Mohnhaupt: Verfassung I.* In: Geschichtliche Grundbegriffe. Historisches Lexikon zur politisch-sozialen Sprache in Deutschland. Hrsg. von O. Brunner, W. Conze u. R. Kosselleck. Bd 6. Stuttgart 1990. 832 ff.

dritte Bedeutungselement von Verfassung – Verfassung als schriftlich fixiertes Normengefüge, das alle Regierungshandlungen festschreibt und bestimmt, – ist in Hegels früher Verwendung dieses Begriffs nachweisbar. In dieser Bedeutung bildet Verfassung für Hegel vor allem die Negativfolie für die eigene Konzeption, der es im wesentlichen um den Zusammenhang zwischen gesellschaftlicher und politischer Verfassung geht. 1802 versteht Hegel unter Staatsverfassung, so Rosenzweig, »sowohl die Ordnung nach der die Regierung tätig war, wie auch ... (den) gesellschaftliche(n) Aufbau des Volkes«.[3] Dabei ist es für Hegel gerade der Zusammenhang zwischen Regierung und gesellschaftlichem Aufbau, der die Regierung vor dem Formalismus einer negativen Verfassung bewahrt: Die »absolute Regierung ist allein dadurch nicht formell, daß sie den Unterschied der Stände voraussetzt«.[4]

Im *System der Sittlichkeit* unterscheidet Hegel an der Staatsverfassung zwei Momente, die »Sittlichkeit als System, ruhend« und die »Regierung«. Im Aufbau des *Systems der Sittlichkeit* ist die Staatsverfassung der dritten und letzten Gestalt der Sittlichkeit zugeordnet. Ihr voraus gehen die Sphären, »Absolute Sittlichkeit nach dem Verhältnis« und »Das Negative, oder die Freyheit, oder das Verbrechen«. Rekonstruiert werden kann diese dritte Gestalt der Sittlichkeit, wenn »alle Beziehung auf Bedürfniß und Vernichten« aufgehoben ist, und »das praktische, welches mit dem Vernichten des Objects anfing, ... in sein Gegenteil in Vernichtung des subjectiven übergegangen« ist – die Sittlichkeit sich als »Aufhebung der Einzelheit« (*GW 5*, 327) konstituiert. Im Kapitel die »Sittlichkeit als System, ruhend« verdeutlicht Hegel, wie dieses »Vernichten des subjektiven« er-

[3] *Franz Rosenzweig: Hegel und der Staat.* 2 Bde in einem. München, Berlin 1920. 2. Neudruck dieser Ausgabe. Aalen 1982. Bd 2, 135.

[4] *G.W.F. Hegel: System der Sittlichkeit.* In: G.W.F. Hegel: Schriften und Entwürfe (1799–1808). Gesammelte Werke Bd 5. Unter Mitarbeit von Theodor Ebert hrsg. von M. Baum u. K. R. Meist. Hamburg 1998. 345 (im folgenden zitiert als *GW 5*); Hegels Werke werden im folgenden jeweils mit Kürzeln hinter dem Zitat nachgewiesen. *G.W.F. Hegel: Über die wissenschaftlichen Behandlungsarten des Naturrechts.* In: Jenaer kritische Schriften II. Neu hrsg. von H. Brockard u. H. Buchner. Hamburg 1983. (*Naturrechts*aufsatz); *G.W.F. Hegel: Jenaer Systementwürfe III. Naturphilosophie und Philosophie des Geistes.* Neu hrsg. von R.-P. Horstmann. Hamburg 1987. (*Systementwürfe III*); *G.W.F. Hegel: Verhandlungen in der Versammlung der Landstände.* In: Schriften und Entwürfe I. (1817–1825). Gesammelte Werke Bd 15. Hrsg. von F. Hogemann u. Ch. Jamme. Hamburg 1990 (*GW 15*); *G.W.F. Hegel: Enzyklopädie der philosophischen Wissenschaften im Grundrisse.* In: Enzyklopädie der philosophischen Wissenschaften im Grundrisse und andere Schriften aus der Heidelberger Zeit. Mit einem Vorwort von Hermann Glockner. Stuttgart 1927. (*Enz. 1818*); *G.W.F. Hegel: Vorlesungen über Naturrecht und Staatswissenschaft.* Heidelberg 1817/18. Nachgeschrieben von P. Wannenmann: *Materialien zu Hegels Rechtsphilosophie.* Hrsg. von C. Becker u.a. Hamburg 1983. (*WA*). *G.W.F. Hegel: Grundlinien der Philosophie des Rechts.* In der Textedition von J. Hoffmeister. Hamburg 1995 (*Grundlinien*).

reicht wird. Es ist die Standeszugehörigkeit in der sich diese »Vernichtung« des Subjektiven vollzieht. In der Sphäre der negativen Sittlichkeit steht die Freiheit des Einzelnen im Gegensatz gegen das Objektive, Allgemeine. In der »Sittlichkeit« wird diese Freiheit in den Standesmerkmalen »Tugend«, »Rechtschaffenheit« und »Zutrauen« zu einer Versöhnung mit dem Allgemeinen gebracht. Für Hegel ist es die Regierung, die in einer »organischen Bewegung« die Differenzen der negativen Sittlichkeit aufhebt (*GW* 5, 339).

Für Hegel lautet die Forderung, daß – neben der formellen Bestimmung des Begriffs einer Constitution (d.i. insofern das Allgemeine Gegensatz gegen das Besondere ist) – die Realität des Allgemeinen, Totalität zu sein hat. Dies schließt das Dasein des Allgemeinen als Constitution nicht aus, nur bleibt in der Constitution das Verhältnis des Allgemeinen zum Besonderen als Gegensatz bestehen. Als Totalität bleibt das Allgemeine aber nicht bei dem bloß formellen Gegensatz gegen das Besondere stehen, sondern Allgemeinheit und Besonderheit sind als Momente einer Ganzheit zu begreifen. Diese Forderung erfüllt für Hegel die platonische Ständekonzeption: Die Stände der Gesellschaft bilden sich zu Bestimmtheiten aus und sind voneinander getrennt »für jede dieser Bestimmtheiten die Potenz der Regierung«. Indem die Stände der Gesellschaft Bestimmtheiten realisieren ›ermöglichen‹ sie die absolute Regierung. Gleichwohl geht diese Regierung für Hegel nicht aus einem einzelnen Stand hervor. Die höchste Regierung als die »Erhaltung des Ganzen« (*GW* 5, 342) besteht aus jenen, die das »reale Seyn in einem Stande gleichsam aufgegeben haben und schlechthin im idealen leben, die Alten und die Priester, welche beyde eigentlich Eines sind« (*GW* 5, 341). Die Alten und Priester sind fähig, die Sittlichkeit, d.i. das Gesetz des vorhandenen Lebens zu erkennen. Dies ist, so wiederum Rosenzweig, Hegels Lösungsvorschlag »für eine Aufgabe, an der sich die Staatslehre des ganzen letzten Jahrzehnts in Deutschland wie in Frankreich mühte«. Das Problem lautete, wie durch die Verfassung die Verfassung zu schützen und zu entwickeln sei, wie den verfassungsmäßigen Gewalten ein »pouvoir constituant« hinzuzufügen sei. Hegels absolute Regierung ist über alle Verantwortung erhaben, sie ist die »natürliche Spitze«, die sich »aus der sittlichen Ordnung des ruhenden Lebens der Stände« erhebt. Ist es zutreffend, wenn Rosenzweig diesen Staat als einen Staat der Macht interpretiert, der gleichgültig gegen die Verfassung als Regierungsform ist? In der Regierung ist »das Allgemeine ... das bestimmende« (*GW* 5, 360 f.). Die verschiedenen Formen einer freien Regierung werden durch die jeweilige Stellung und Funktion der Religion hervorgebracht. Gegen Rosenzweig ist darauf zu verweisen, daß das *System der Sittlichkeit* die Trennung der Gesellschaft als *Potenz* der Regierung begreift, und daß Hegel in der Schrift zur Verfassung Deutschlands ein Repräsentativsystem fordert.[5] Der Staat als bloße Macht erfüllt diese Bedingung nicht und ist daher auch nicht als Sittlichkeit zu begreifen.

Am Ende der Jenaer Zeit, in der *Phänomenologie des Geistes*, löst sich Hegel von dieser der antiken politischen Lehre verpflichteten Konzeption der Sittlichkeit. Die neue politische Rolle, die das freie Individuum mit der Französischen Revolution für sich einfordert, dominiert den Ansatz der praktischen Philosophie. Im *System der Sittlichkeit* begreift Hegel »Sittlichkeit« als Vernichten des Subjektiven. Im *System* und auch im *Naturrechts*aufsatz gesteht Hegel den subjektiven Bedürfnissen und der Arbeit eine begrenzte Sphäre zu, die streng getrennt und isoliert von der eigentlichen Sittlichkeit existiert. Mit dieser Konzeption trennt Hegel die Sphäre von Bedürfnis und Arbeit von der Sittlichkeit ab, diese Sphäre ist gegenüber der Sittlichkeit rein negativ. Die ständische Gliederung ist hier nicht an die Sphäre von Bedürfnis und Arbeit gekoppelt und geht auch nicht aus dieser hervor – dies unterscheidet den frühen Ansatz fundamental von der späteren Konzeption. Die negative Sittlichkeit bildet nicht die »Potenz« der Regierung, sondern bleibt für die Sittlichkeit rein negativ, insofern sie für jene die Gefahr des Untergangs birgt, sollte es der Regierung nicht gelingen, das ›Recht‹ dieser Bedürfnisse auf einen vorpolitischen Bereich zu begrenzen. Das Subjekt ist aber mit der Französischen Revolution nicht auf diese begrenzte Sphäre zu reduzieren, es tritt als politischer Faktor auf.[6] Indem der Einzelne absolute Freiheit fordert, ist eine Abgrenzung der Sphären »Bedürfnis und Arbeit« von der »Regierung« nicht länger aufrecht zu erhalten. Die ständische Gliederung, als ein Produkt der Regierungstätigkeit, das die »Vernichtung« des Subjektiven verbürgte, ist damit gleichfalls preisgegeben. Alle sind gleich und frei. Für das Individuum, »das einem solchen Gliede (einem Stand, W.-L.) angehörte, und in ihm wollte und vollbrachte« sind die Standesschranken aufgehoben, es verfolgt nicht länger beschränkte Zwecke. Sein Zweck ist fortan »der allgemeine Zweck, seine Sprache das allgemeine Gesetz, sein Werk das allgemeine Werk« (*Phänomenologie*, 387). Erhebt aber jedes Einzelbewußtsein den Anspruch, das Allgemeine zu sein, so stellt sich das Problem, wie »das Allgemeine zu einer Tat komme«, d.h. in welchen politischen Institutionen

[5] *G.W.F. Hegel: Fragmente einer Kritik der Verfassung Deutschlands 1799–1803*. In: *GW* 5, 1–219. Vgl. *GW* 5, 361. Zur Verfassungs-Schrift vgl. *O. Pöggeler: Hegels Option für Österreich*. In: Hegel-Studien. 12 (1977), 83–128 und *H. Maier: »diese dritte universale Gestalt der Weltgeistes«*. Weltgeschichtliches Denken in Hegels Verfassungsschrift. In: Hegels Vorlesungen über die Philosophie der Weltgeschichte, Hrsg. von E. Weisser-Lohmann u. D. Köhler. Hegel-Studien. Beiheft 38. Bonn 1998. 15–33.

[6] Zur Rolle des Subjekts in der Politik vgl. *V. Gerhardt: Politische Subjekte*. Zur Stellung des Subjektes in der Politik. In: *Tod des Subjekts*? Hrsg. von H. Nagl-Docekal u. H. Vetter. München 1987. 201 ff.

sich diese neue Bewußtseinsform Gestalt zu geben vermag. Die Gliederung der bestehenden »geistigen Massen« in Stände und in die »Glieder verschiedener Gewalten« würde zwar die allgemeine Freiheit von der Einzelheit der Individualität befreien, indem den Ständen die Bündelung der Interessen zukäme. Das Tun und Sein der Persönlichkeit fände sich aber im Stand auf *eine* Art des Tuns und Seins beschränkt, es würde zu einem Moment des Ganzen. Das Individuum läßt sich weder durch die Vorstellung des Gehorsams unter selbstgegebene Gesetze noch durch die Vorstellung sein Wille würde repräsentiert »betriegen«, denn, so Hegel, »wobei das Selbst nur repräsentiert und vorgestellt ist, da ist es nicht wirklich; wo es vertreten ist, ist es nicht« (*Phänomenologie*, 389). Welche politische Funktion kann der ständischen Gliederung der Gesellschaft angesichts der Forderung, daß die Freiheit aller zu verwirklichen sei, noch zukommen? Mißtraut das Volk nicht zu recht den – wie auch immer – gewählten Vertretern? Werden die Forderungen der Französischen Revolution ernst genommen, so stellt sich die Frage, ob die Staatslehre überhaupt noch in der im *System der Sittlichkeit* konzipierten Weise eine ständische Gliederung der Gesellschaft vorsehen kann. Diese Gliederung der Gesellschaft ist für das absolute Freiheit fordernde Individuum immer eine Beschränkung auf einen Teil des Ganzen. Hegels früher Verfassungsbegriff umfaßte die auf den Tugenden aufbauende ständische Gliederung der Gesellschaft und die Regierung. Die Regierung war in Hegels früher Konzeption insofern mit den Ständen verbunden, als die Regierung die in der »negativen Sittlichkeit« bestehenden Gegensätze durch die Ausbildung der Stände überwindet. Für Hegel ermöglicht die Ausbildung von Bestimmtheiten (d.s. Tugenden) in den Ständen die Differenzierung und damit das Bestehen der Regierung. Die Regierung wiederum eröffnet den Raum für diese Differenzierungen durch die Begrenzung der Sphäre von Bedürfnis und Arbeit. Die politischen Konsequenzen der französischen Revolution führen für Hegel dazu, daß die Regierung unvermittelt und abstrakt den vielen freien Einzelnen gegenübersteht. Die Regierung vermag sich den freien Einzelnen gegenüber nicht als handlungsfähiges Subjekt zu konstituieren. Die Konsequenzen zeigen sich für Hegel in der jüngsten französischen Geschichte an Entwicklungen die mit Robespierre und Napoleon verbunden sind.

Mit dem freien Einzelnen, der sich als das Allgemeine behauptet, ist für die politische Philosophie ein Ausgangspunkt gesetzt, von dem aus eine Rekonstruktion des Politischen als Sittlichkeit, die die Institutionen der Verfassung als realisierte Einheiten von Einzelwillen und Allgemeinem begreift, unmöglich scheint. Welche Konsequenzen dies für den Verfassungsbegriff der *Grundlinien der Philosophie des Rechts* hat, soll im folgenden geklärt werden. Dabei wird weniger die Analyse der eigentlichen Verfassungslehre, wie

Hegel sie 1820 als »Innere Verfassung« vorgetragen hat, im Vordergrund stehen.[7] Auf der Basis der Jenaer Arbeiten soll vielmehr vorrangig das bereits herausgearbeitete erste Bedeutungsmoment – Verfassung als Zustand der Gesellschaft – in seiner Relevanz für die Entwicklung der Hegelschen Verfassungskonzeption analysiert werden.

II. »Übergang in ein anderes Land« oder »Regierung als Sittlichkeit«?

Es ist das Programm der *Phänomenologie des Geistes* das absolute Wissen als ein Werden zu rekonstruieren und zwar am Leitfaden der Erfahrungen, die das Selbstbewußtsein macht. Zur Explikation dieser Erfahrungen stützt Hegel sich auf historische Ereignisse und spezifische Konzeptionen der Geschichte der Philosophie.[8] Unter dem Gesichtspunkt »wirklicher Geist« analysiert Hegel die wesentliche Erfahrung des lernenden Bewußtseins, daß die Forderung, der Wille des Einzelnen soll allgemeiner Wille sein, nicht als Wirklichkeit wohl aber als reines Wissen, als Wissenschaft sich zu verwirklichen vermag. »Wie das Reich der wirklichen Welt in das Reich des Glaubens und der Einsicht übergeht, so geht die absolute Freiheit aus ihrer sich selbst zerstörenden Wirklichkeit in ein anderes Land des selbstbewußten Geistes über, worin sie in dieser Unwirklichkeit als das Wahre gilt, an dessen Gedanken er sich labt, insofern er Gedanke ist und bleibt, und dieses in das Selbstbewußtsein eingeschlossene Sein als das vollkommne und vollständige Wesen weiß. Es ist die neue Gestalt des moralischen Geistes entstanden.« (*Phänomenologie*, 394) Hegels rekonstruktive Analyse zeigt, wie das freie Individuum zum Schicksal und zur Wahrheit der sittlichen Welt wird. Für die politische Sphäre bedeutet dies, daß die vielen Einzelnen zur Partialität verurteilt bleiben – im »Übergang in ein anderes Land« wird mit der »Moralität« eine neue Gestalt des allgemeinen Wissens konstituiert. Die Konzeption einer Sittlichkeit, die sich als Regierung verwirklicht, scheint von diesem Ansatz her nicht einholbar.

Für die frühe Jenaer Konzeption war »die absolute sittliche Totalität nichts anderes als ein Volk« (*Naturrecht*saufsatz, 449). Die Forderungen der französischen Revolution nach Freiheit und Gleichheit können nicht in eine solche Konzeption des Sittlichen überführt werden. Welche Verfassung vermag diese neuen Bedingungen des Zusammenlebens begrifflich einzuholen?

[7] Vgl. hierzu den Beitrag von H. Boldt in diesem Band, 167–209.

[8] Zum systematischen Rang dieser »Beispiele«, vgl. *E. Weisser-Lohmann: Gestalten nicht des Bewußtseins, sondern einer Welt* – Überlegungen zum Geist-Kapitel der Phänomenologie des Geistes. In: *G.W.F. Hegel: Phänomenologie des Geistes.* Klassiker Auslegen. Hrsg. von D. Köhler u. O. Pöggeler. Berlin 1998. 183–207.

Der Jenaer Systementwurf aus dem Jahr 1805/6 sucht hier eine Lösung zu geben.[9]

Daß Hegel in der Verfassungskonzeption von 1805/6 einen gänzlich neuen Ansatz verfolgt, macht sein Ausgangspunkt deutlich. Nicht mehr die »Natur« bildet die Basis für die Rekonstruktion der sittlichen Welt, sondern die Gestalten der sittlichen Welt werden als aus dem Begriff und dem Bewußtsein hervorgegangen rekonstruiert. Die im Wissen erreichte Allgemeinheit und die als Dasein bestehende Einzelheit stehen sich als Extreme gegenüber, bringen aber die sittlichen Gestalten hervor. Die sittlichen Gestalten sind von der praktischen Philosophie als Vermittlungsleistungen auszuweisen, d.h. der »Geist« rekonstruiert die Institutionen der sittlichen Welt als aus der Vermittlung zwischen Begriff und Bewußtsein hervorgegangene. Dabei ist zu beachten, daß Hegel mit der Formel, die »absolute Sittlichkeit ist ein Volk« die Kantisch/Fichtesche Trennung von Legalität und Moralität zu unterlaufen und aufzuheben suchte, indem er diese Trennung als Momente einer Einheit, einer Totalität rekonstruiert. Die Fixierung dieser Trennung erwies sich für Hegel als Abstraktion von den sittlichen Lebenszusammenhängen. Dieser Ausgangspunkt bestimmt die Jenaer Konzeption einer praktischen Philosophie.[10]

Die »Vermittlungen« differenzieren sich für die praktische Philosophie hinsichtlich des jeweiligen »Thematisierungshorizonts«: Dem Geist »nach seinem Begriff« (bloß Intelligenz) folgt der »wirkliche Geist« (Wille und Intelligenz). Mit dem »wirklichen Geist« ändert sich für Hegel nur die Betrachtungsperspektive, es treten keine im eigentlichen Sinne neuen Formen auf, sondern »das Vorhergehende« hat sich lediglich in dem neuen »Ele-

[9] Hier können nicht die einzelnen Stufen der Jenaer Systementwicklung für die praktische Philosophie rekonstruiert werden. Zu diesem Problem liegen bereits einschlägige Forschungsarbeiten vor, vgl. *L. Siep: Anerkennung als Prinzip der praktischen Philosophie.* Freiburg, München 1979. *R.-P. Horstmann: Probleme der Wandlung in Hegels Jenaer Systemkonzeption.* In: Philosophische Rundschau 19 (1972), 87–117; *H. Kimmerle: Hegels Naturrecht* 1802–1805/6. In: Hegel-Studien 4 (1976), 219 ff. *M. Bienenstock: Politique du jeune Hegel.* Paris 1992.

[10] Die Differenzen der einzelnen Ausarbeitung hinsichtlich des jeweiligen systematischen Anliegens sind allerdings zu beachten. Im *System der Sittlichkeit* und auch im *Naturrechts*aufsatz gibt Hegel in Abgrenzung von der Tradition des Naturrechts eine Darstellung seiner Konzeption von praktischer Philosophie und damit einhergehend seiner Auffassung der absoluten Sittlichkeit. Im Kontext einer Phänomenologie des werdenden Wissens können diese Ziele nicht in gleicher Weise verfolgt werden, kann es einer Darstellung des werdenden Wissens doch nicht darum gehen, die Institutionen der Sittlichkeit losgelöst vom Bewußtsein aufzuzeigen. Vielmehr müssen die subjektiven Voraussetzungen dieser Einrichtungen im Bewußtsein aufgewiesen werden. Geht es um die Frage nach der Konzeption der Sittlichkeit, so darf dieser systematische Kontext nicht ignoriert werden.

ment« darzustellen.[11] Was vorher als Besitz gefaßt wurde, wird jetzt als Recht, was die Arbeit des Einzelnen war, wird als Allgemeines (Reichtum des Staates), was Familiengut war, wird als allgemeines Werk und Genuß aller bestimmbar. Diese Neubestimmungen werden möglich insofern die aus der Perspektive des Geistes »nach seinem Begriffe« gewonnenen Bestimmungen einzig dem Verhältnis des Einzelnen zu den Dingen entstammen, die Perspektive des »wirklichen Geistes« rekonstruiert dagegen die Bestimmungen auf der Basis einer Pluralität von Einzelnen. Die Differenzen zwischen dem Geist »nach seinem Begriffe« und dem »wirklichen Geist« gehen auf die »Abstractheit« der ersten Perspektive (Geist nach seinem Begriffe) zurück. Der »Wille« ist hier nur »in seine reine Einheit reflektierter Triebloser Wille« (*Systementwurf III*, 203). Aus der Perspektive des »wirklichen Geistes« werden die Gestalten als »allgemeiner Willen« beschreibbar. Die aus der Perspektive des »abstrakten Willens« gewonnenen Bestimmungen haben sich als aufgehobene »zu erzeugen in dem Elemente des allgemeinen Anerkanntseins« (*Systementwurf III*, 204). Eigentum, Vertrag, Verbrechen und Gesetz werden als Formen »intelligenten Anerkanntseins« rekonstruierbar, insofern diese Institutionen unter dem »Gewalt habenden Gesetz« stehen. War etwa das ›Haben‹ eines Gegenstandes für den »abstrakten Geist« als Besitz bestimmt, so ist dieses Besitzen, wird es in wirkliche, d.h. intersubjektive Bezüge gestellt, Eigentum, d.h. mein Besitz wird von anderen anerkannt, weil ich ihr Eigentum anerkenne. Im Eigentum hat das Selbst Dasein in einem Gegenstand. Im Gesetz ist dieses Anerkennen »intelligent« geworden, d.h. mein Dasein ist (unkörperlich) wirklich, insofern ich mich selbst im geltenden Gesetz weiß. Das Gesetz schließt das »Selbst des Einzelnen in sich«, sowohl nach seinem Dasein als auch nach seinem Wissen (*Systementwurf III*, 217 Rand).

»Diese Macht des Gesetzes über alles *Dasein*, Eigentum und Leben, und eben so den Gedanken, das Recht und das Gute und Böse, ist das Gemeinwesen, das lebendige Volk« (*Systementwurf III*, 228). »Volk« wird hier als das »geltende Gesetz« eingeführt. Aus der Perspektive des »intelligenten Anerkanntseins« zeigen sich an diesen Gestalten noch immer zwei Momente, reines Anerkanntsein und reines Sein (*Systementwurf III*, Rand 228). Das Gesetz mit seiner Macht über Leben und Tod wird vom Einzelnen zwar anerkannt, es wird aber auch als die Gewalt des lebendigen Gesetzes erfahren, insofern dieses getrennt von den Einzelnen »sich selbst wissende« Gestalt ist. Erst in der »Konstitution« sollen diese beiden Momente zur Einheit

[11] Daß Hegel die Weise des Erkennens mit ihren verschiedenen Einstellungen zum Gegenstand als Erscheinungsweise des Geistes begreift, sei hier nur als Problem genannt, vgl. hierzu O. Pöggeler: Hegels Idee einer Phänomenologie des Geistes. Freiburg/München 1993. 110ff.

kommen, im »Geist eines Volkes, der sich selbst beabsichtigt: – Sein Begriff, Allgemeinheit in der vollkommenen Freiheit und Selbständigkeit des Einzelnen -« (*Systementwurf III*, 232). Hegels Explikation der sittlichen Institutionen am Leitfaden von Begriff und Bewußtsein rekonstruiert im Abschnitt »Konstitution« die Sittlichkeit als Volk.

Aus der Perspektive des »wirklichen Geistes« war der Staat »Reichtum«, das Dasein des Menschen war für ihn allein im Gesetz greifbar. Im Übergang von dieser Gestalt zur Konstitution führt Hegel eine historische Betrachtung der Entstehung des Staates ein. Das Tun des Allgemeinen wird als »*ein Eins*« bestimmt. Anhand der historischen Entwicklung veranschaulicht Hegel wie dieses »Eins« über die Tyrannis, die alte Sittlichkeit und die Monarchie unterschiedliche Verhältnisse zur Individualität durchläuft: die äußere Gewalt gegen die Einzelnen ist bei der Stiftung der Staaten Kennzeichen der Tyrannei. »Durch die Tyrannei ist die unmittelbare Entäußerung des wirklichen Einzelnen Willens erfolgt« (*Systementwurf III*, 237). Zur Herrschaft des Gesetzes kommt es über die Bildung zum Gehorsam. Vertrauen kann sich nur an daseienden Gesetzen ausbilden. Herrschaft des Gesetzes heißt somit nicht, daß hier Gesetze gegeben werden, als ob keine da wären, »sondern *sie sind da*« (*Systementwurf III*, 238). Es ist die lebendige Einheit, die für die alte Sittlichkeit bestimmend war. »Das Volk ist zugleich aufgelöst in Bürger, und es ist zugleich das Eine Individuum, die Regierung – es steht nur in Wechselwirkung mit sich« (*Systementwurf III*, 239). Für die Gegenwart »ist eine höhere Abstraktion notwendig« (ebd.). Das »Reich der Sittlichkeit« in dem »jeder Sitte« ist, unmittelbar eins mit dem Allgemeinen«. Als Wissender gibt der Einzelne seine Wirklichkeit auf, »gilt sich nur in seinem Wissen« (*Systementwurf III*, 240). Das Prinzip der Freiheit des Gedankens hat die »äußere wirkliche Freiheit der Individuen abgelöst«. Die Rahmenbedingungen für die Verwirklichung dieser Freiheit im Denken gibt für Hegel die Erbmonarchie. Die Entzweiung zwischen dem Einzelnen und dem wirklichen Allgemeinen ist das Produkt des vollkommenen Zurückgehens des Individuums in sich selbst, jeder weiß »sein Selbst als *solches* als das Wesen« (*Systementwurf III*, 239). In seinem Wissen besitzt der Einzelne sein Absolutes unmittelbar, in ihm gibt er aber seine Wirklichkeit auf. Gegenpol zu dieser wissenden Allgemeinheit ist in der Wirklichkeit das »*freie Allgemeine*« als der »Punkt der Individualität«. Diese Individualität ist frei von dem Wissen aller, sie ist eine nicht konstituierte, sondern eine natürliche Wirklichkeit: »Es ist der erbliche Monarch« (*Systementwurf III*, 240).

Beide Extreme (das vollkommen in sich zurückgekehrte Selbst, das ohne Wirklichkeit ist, und der erbliche Monarch als natürliche, nicht konstituierte Wirklichkeit) sind für das Ganze unbedeutend, denn »das Ganze ... ist die Mitte« (*Systementwurf III*, 240). »Das ganze Gemeinwesen ist so wenig an das Eine als an das Andere gebunden – es ist der sich selbst tragende unzerstörbare Körper« (*Systementwurf III*, 241). Die einzelnen Seiten, die Gewalten dieses Ganzen bilden sich vollkommen nach ihrem einseitigen Prinzip aus. Fabrikant, Bauer, Handwerker etc. zu sein, heißt von diesem Ganzen zu abstrahieren. Ganzes wird sich jeder einzelne »in seinem Denken«. Wenn Hegel hier das Gemeinwesen als den »sich selbst tragende(n) unzerstörbare(n) Körper« (*Systementwurf III*, 241) bestimmt, so bleibt zu fragen, wie dieser »Körper« sich konstituiert. Da sich nach Hegel die Einheit des Gemeinwesens nicht durch das »in sich zurückgekehrte Selbst«, die Moralität, (die ohne Wirklichkeit ist) hervorbringt, und auch nicht durch das natürliche (nicht konstituierte, d.h. nicht durch Anerkennung hervorgebrachte) Individuum, den Monarchen gesetzt wird, kann die politische Einheit hier nur als bereits vorgegebene gesetzt werden. »Nicht jeder einzelne Fabrikant, Bauer, Handwerker, Soldat, Richter usf. (ist das organisch Ganze, E. W.-L.) – sondern dies teilt sich – jeder gehört einer Abstraktion an – und er ist sich Ganzes in seinem Denken« (*Systementwurf III*, 242). Die Arbeit bindet den einzelnen an die Wirklichkeit und macht ihn zu einer Partialität, die nur im Denken zu überwinden ist. Die Stände werden von der vorausgesetzten Einheit als *Glieder* der Sittlichkeit hervorgebracht. In den durch die Natur gesetzten Charaktermerkmalen bestimmen die Stände das Dasein der Sittlichkeit in den Individuen, ohne daß sich diese Sittlichkeit über die vorgegebene Ganzheit hinaus als in und durch die Arbeit der Individuen hervorgebrachte zu konstituieren vermag.

Wie gleichgültig sowohl das natürliche Individuum (der Monarch) wie auch die Vielheit der freien Individuen für das »ganze Gemeinwesen« ist, vermag Hegels Bestimmung der »Staaten als »List« (*Systementwurf III*, 241, Rand) zu verdeutlichen: Das »höhere Insichreflektiertsein des Geistes« ist die Garantie gegen die Willkür der freien Individuen. (*Systementwurf III*, 241, 242 Rand).

Die Freiheit im Denken kommt nicht nur den einzelnen Individuen sondern auch den Gewalten, den einzelnen Seiten des Ganzen zu. »Das organisch Ganze hat vollkommene Eingeweide, die sich in ihrer Abstraktion ausbilden, – es ist nicht jeder einzelne, Fabrikant, Bauer, Handwerker .... sondern dies teilt sich – jeder gehört einer Abstraktion an – und er ist sich Ganzes in seinem Denken.« (*Systementwurf III*, 242). Vor diesem Hintergrund kommt dem Abschnitt »Konstitution« die Aufgabe zu, erstens die Glieder des Ganzen als Sittlichkeit, zweitens die Gesinnung eines jeden Standes als Moralität und drittens die Religion als die »Erhebung darüber« darzustellen.

Hegel plante somit die Organe der Sittlichkeit, die ständische Gliederung, getrennt vom Bewußtsein und der Gesinnung des Standes zu entwickeln. Damit führt diese Darstellung in einem für die Verfassungskonzeption entscheidenden Punkt die Konzeption des *Naturrechts*aufsatzes fort. Für den

*Naturrechts*aufsatz ist die absolute Sittlichkeit »so wesentlich die Sittlichkeit Aller, das man von ihr nicht sagen kann, sie spiegle sich als solche am Einzelnen ab« – für den Einzelnen ist die Sittlichkeit »unter der Form der Negation gesetzt«. Hegels Überarbeitungen[12] des *Systementwurfs III* zeigen allerdings, wie er später korrigierend die Sittlichkeit, das sind die »Gewalten, wie sie an ihnen sind« als »Stand und Geist eines Standes« betrachtet und Organisation und Bewußtsein des Standes in einem betrachten will. Als Randnotiz fügt Hegel an dieser Stelle hinzu: »Der Stand und der Geist eines Standes; dieser bestimmte Geist ist es eigentlich, der sich fortbildet, vom rohen Vertrauen und Arbeit an bis zum Wissen des absoluten Geistes von sich selbst. – er ist zuerst das Leben eines Volkes überhaupt, von diesem hat er sich zu befreien«.[13] Mit dieser Konzeption läßt Hegel die Sittlichkeit, die ständische Gliederung als Organisation des Ganzen aus dem Bewußtsein der Einzelnen, aus der Moralität hervorgehen. Die Stände werden mit diesem Ansatz erstmals unabhängig von einer bloßen Vorgegebenheit durch die Natur und unabhängig von der Hervorbringung durch die Regierung explikabel.

Was ist unter »Konstitution« zu verstehen, wenn Hegel auch Religion, Kunst und Wissenschaft als Konstitutionen begreift? Konstitutionen sind Hervorbringungen des Geistes und zwar eines Inhalts aus sich selbst: »er konstituiert sich selbst, aber in der Form des Gegenstandes« (*Systementwurf III*, 253). In der »Konstitution« schließen sich die beiden ersten Prinzipien der Philosophie des Geistes zusammen: die Intelligenz, für die das Seiende die Gestalt eines Anderen hat, und der Wille, für den das Seiende die Gestalt seiner selbst einnimmt. Beide Prinzipien ermöglichen in ihrem Zusammenschluß die Rekonstruktion der Gestalten der praktischen Philosophie in dem Prinzip »Geist als Dasein«. Wenn Hegel die Gestalten des Praktischen im Rückgriff auf die Strukturprinzipien des Selbstbewußtseins (Intelligenz, Wille, Allgemeinheit und Besonderheit) expliziert, so kann dies für das wollende Selbst nur auf der Basis einer vorausgesetzten Allgemeinheit geschehen. Gegen die Vertragstheorien erhebt Hegel den Einwand, daß sich vereinigende Einzelne bereits immer so gedacht werden müssen, daß »sie an sich allgemeiner Wille seien« (*Systementwurf III*, 235). Damit gelingt es für

[12] Der Herausgeber, R.-P. Horstmann, datiert die Überarbeitungen Hegels auf das Jahr 1806, schließt allerdings nicht aus, daß »einige Randbemerkungen zu einem späteren, uns unbekannten Zeitpunkt und aus unbekanntem Anlaß abgefaßt worden sind«. Es bleibt nicht auszuschließen, so Horstmann, das »Hegel dieses Manuskript entweder in der Nürnberger Zeit oder zu Beginn seiner Heidelberger Lehrtätigkeit – zu einer Zeit also, als die erste Auflage der *Enzyklopädie der philosophischen Wissenschaften* noch nicht vorlag – bei bestimmten Punkten wieder benutzt und deshalb bearbeitet hat« (*Systemfragment III*, XXIV).

[13] *Systemfragment III*, 242.

Hegel der neuzeitlichen Subjektphilosophie nicht, die Aristotelische Ausgangsposition – daß das Ganze ist der Natur nach eher als die Teile – zu verlassen. Hegel selbst rekonstruiert die Gestalten des Allgemeinen als Gestalten des daseienden Geistes: Familie und Staat als das unmittelbare bzw. vermittelte Bestehen des »gewalthabenden Gesetzes« werden als vom Geiste Hervorgebrachte expliziert. Was als Natur, als Besonderes der Allgemeinheit der Intelligenz gegenübersteht muß als vom Geist hervorgebracht ausgewiesen werden. Die Stände sind für Hegel »Eingeweide«, Glieder oder Natur des Ganzen, des Volkes. Der Geist aber »bildet sein Bewußtsein ... in jedem Stande hat er eine bestimmte Arbeit, Wissen von seinem Dasein und Tun in demselben« (*Systementwurf III*, 243). Hinsichtlich der hier verfolgten Frage nach dem Verhältnis von Sittlichkeit und Verfassung ist für die Jenaer Systementwürfe folgendes festzuhalten.

Hegel folgt im Haupttext des Entwurfs dem Ansatz der *Phänomenologie*, demgemäß nur im Wissen bzw. in der Religion für den einzelnen Allgemeinheit zu erreichen ist, nicht aber in der Wirklichkeit. In der Wirklichkeit vertritt er als Teil, als Glied eines besonderen Standes und der ihr zugehörigen Gesinnung die spezifische Gesinnung dieses Standes. Diese Konzeption der Stände als Organ, Glied, Eingeweide eines naturhaft bestimmten organischen Ganzen löst Hegel in den Randnotizen auf, wenn er dort der Konzeption des Textes entgegenhält, daß der Stand und der Geist eines Standes als der bestimmte Geist sich fortbildet. Die Randnotizen dokumentieren Hegels Entwicklung dieses Ansatzes in den folgenden Jahren. Hegel knüpft hier die Organisation, die Institutionen der Sittlichkeit, den gesellschaftlichen Wandel und die Veränderung der politischen Verhältnisse an die Bildungsfähigkeit der Stände. »Der Stand und der Geist eines Standes; dieser bestimmte Geist ist es eigentlich, der sich fortbildet, vom rohen Vertrauen und Arbeit an bis zum Wissen des absoluten Geistes von sich selbst« (*Systementwurf III*, 242 Rand). Die Bildung zum Absoluten vollzieht das einzelne Selbstbewußtsein nun nicht allein im Denken, sondern diese Allgemeinheit ist in den Konflikten der bürgerlichen Gesellschaft von den Standesmitgliedern hervorzubringen. Nicht länger sind es durch die Natur vorgegebene Charakterbestimmungen, die das Sein der Stände bestimmen. Standesbewußtsein und Weltzustand verweisen nun wechselseitig aufeinander. Der Bildungsprozeß, der zum »Wissen des absoluten Geistes von sich selbst« führt, wird mit dem in dieser Sphäre herrschenden Standesbewußtsein verknüpft. Wissen und Macht werden auf diese Weise miteinander verknüpfbar, Macht wird als auf Zustimmung und Anerkennung angewiesen rekonstruierbar.[14]

[14] Dieser Gedanke wird von Hegel in der Kontroverse um die Württembergische Verfassung weiter ausgeführt, s. u. IV.

Die Randnotizen verdeutlichen auch die Konsequenzen dieser Neuerung. Im öffentlichen Stand, so die ursprüngliche Konzeption, erhebt sich der »Geist«, indem das bestimmte Allgemeine zum Wissen des Allgemeinen übergeht, über den Charakter, in der moralischen Gesinnung *tut* er ein Allgemeines. Der »eigentliche Geschäftsmann« ist zum Teil auch »Gelehrter; er weiß seine Pflicht zu erfüllen«. Allerdings ist dieses Wissen leer, allgemein oder »in der besonderen Pflicht gilt nur das Allgemeine« (*Systementwurf III*, 249). Hegels Überarbeitungen zeigen, wie die Bildung nicht über das leere Wissen an einem »interesselosen Gegenstand« zur Pflicht führt, sondern als »gebildete öffentliche Meinung« eine institutionelle Zuordnung im Staat erfährt.[15] Mit der Konzeption einer Bildung *durch* Standeszugehörigkeit kommt Hegel zu einer Neubestimmung seiner frühen Jenaer Ständelehre. Hegel spricht in den Randnotizen von der »allgemeinen Konstitution der *Stände*« und grenzt diese gegen die Landstände ab. (Vgl. *Systementwurf III*, 241) Ob mit dieser Neubestimmung die Regierung für Hegel wieder als Sittlichkeit faßbar wird, muß sich zeigen.

Für die Entwicklung der politischen Philosophie Hegels sind die Jenaer Entwürfe (1805/6) zumindest in zweierlei Hinsicht entscheidend geworden: Z.e. hat L. Siep gezeigt, wie die Institutionen hier am Leitfaden der Anerkennung entfaltet werden. Die Gestalten der Konstitution sind für das Einzelbewußtsein allerdings nur im Denken, in der Religion und in der Philosophie nicht aber als Tun, als gestaltbare allgemeine Institutionen einholbar. Z.a. zeigen die Überarbeitungen Hegels in der Konzeption der Sittlichkeit einen Wandel an, wenn die Organisationsformen aus dem Bewußtsein der Stände hervorgehen und in der politischen Sphäre als öffentliche Meinung eine institutionelle Zuordnung erfahren. Die Bildungsfähigkeit der Stände ist der Motor politischer Veränderung. Dieser Wandel zeigt die Loslösung Hegels von der starren am Charakter orientierten (antiken) Ständekonzeption.[16] Vor dem Hintergrund der politischen Konsequenzen der französischen Revolution, wie sie Hegel in der *Phänomenologie des Geistes* als negativ

[15] Diese Verankerung der Bildung in der bürgerlichen Gesellschaft ergänzt Hegels Konzeption einer ›Bildung durch die Familie‹. Zu Hegels Bildungskonzeption vgl. *O. Pöggeler: Hegels Bildungskonzeption im geschichtlichen Zusammenhang.* In: Hegel-Studien 15 (1980), 240–269.

[16] Für Horstmann ist Hegel bereits gegen Ende seiner Jenaer Zeit der Überzeugung, »die systematischen Mittel gefunden zu haben, die eine seinen Intentionen angemessene Bewältigung dieser Aufgabe gewährleistet«. Im Hinblick auf die Randnotizen ist in diesem Zusammenhang von Interesse, was tatsächlich in Jena verfaßt wurde. Die Randnotizen zeigen m.E., daß Hegel zentrale Lehrstücke erst später entwickelt hat. Eine systematische Einordnung dieser Lehrstücke macht, wie die spätere Konzeption zeigt, eine Neustrukturierung erforderlich. Vgl. *R.-P. Horstmann: Hegels Theorie der bürgerlichen Gesellschaft.* In: *G.W.F. Hegel, Grundlinien der Philosophie des Rechts.* Hrsg. von L. Siep. Klassiker Auslegen. Berlin 1997. 193–216. 203.

zerstörerische Möglichkeit der Durchsetzung der Freiheit aller analysierte, bahnt er in den Randnotizen einem neuen Ansatz und einer erweiterten Perspektive der Konzeption politischer Institutionen den Weg. Ein Ansatz der sowohl die individuelle Forderung nach Freiheit wie den Anspruch der öffentlich geltenden Institutionen, das Allgemeine zu repräsentieren, vereinbaren soll.

III. Der »allgemeine Wille« und die Pflichten des Einzelnen

Gegenüber den Jenaer Systementwürfen aus den Jahren 1805/6 geht Hegel in seinen Nürnberger Vorlesungen über die Rechts-, Pflichten- und Religionslehre andere Wege der Bestimmung des Allgemeinen. Hegel folgt Kants *Metaphysik der Sitten*, wenn er die Staatslehre in die Rechtslehre einbettet. Allerdings schließt er an die Staatslehre eine Pflichtenlehre an, die den moralisch freien Einzelnen ins Zentrum stellt. Dieser Aufbau wirft die Frage auf, welche Bedeutung die Nürnberger Darstellung der praktischen Philosophie für die systematische Weiterentwicklung des Ansatzes der Rechtsphilosophie gewonnen hat.[17]

Hegels Ausgangspunkt für die Darstellung der Rechtslehre ist die Bestimmung des allgemeinen, freien Willens, denn »wenn der Wille nicht allgemein wäre, so würden keine eigentlichen Gesetze stattfinden, nichts was *alle* wahrhaft verpflichten könnte. Im allgemeinen Willen erkennen die einzelnen sich selbst«. Wenn Hegel die Staatsgesellschaft als die »Gewalt habende, von Triebfedern der Einzelheit unabhängige Macht« bestimmt, so greift er hier die Kantische Konzeption auf. In einer rechtlich verfaßten Gesellschaft gelten die einzelnen füreinander als Personen, nicht Neigung und Gefühl sind hier ausschlaggebend. Das *Recht* ist der unmittelbare Zweck des Staates und die Gesetze sind der »abstrakte Ausdruck des allgemein an und für sich seienden Willens«.

Auf dieser Grundlage wird die Regierung zur Individualität des an und für sich seienden Willens, die allgemeine Staatsgewalt subsumiert die besonderen Gewalten (gesetzgebende, administrative, richterliche, polizeiliche und die militärische) unter sich. Ergänzt wird die abstrakte Darstellung der Rechtspersonen in der Staatsgesellschaft durch das Handeln der Menschen als besonderes Dasein. Erst im Rahmen der Pflichtenlehre entwickelt Hegel differenzierende Bestimmungen gegenüber der Auffassung

[17] Für O. Pöggeler ist für Hegels Darstellung der praktischen Philosophie weit mehr die *Logik* mit ihrer starken Gewichtung der Idee des Lebens gegenüber der Idee des Guten entscheidend geworden. Vgl. *O. Pöggeler: Einleitung*. In: *G.W.F. Hegel: Vorlesungen über Naturrecht und Staatswissenschaft*. Heidelberg 1817/18. Nachgeschrieben v. P. Wannenmann. Hrsg. von C. Becker u. a. Hamburg 1983.

des Menschen als Rechtsperson: Er ist ein Einzelner, gehört aber auch einer Familie an, ist Glied eines Staates, steht im Verhältnis zu anderen Menschen. Im Rahmen der Pflichten, die der Mensch als einzelner gegen sich selbst hat, betont Hegel zwar, daß der Beruf »irgendeine Seite des menschlichen Zusammenlebens« ausmacht: »er ist ... ein Teil des ganzen Menschenwerkes«. Im weiteren bleibt dieses ›Teil-Sein‹ aber in der Darstellung des Ganzen unberücksichtigt. Vor dem Hintergrund der vorausgegangenen Rechtslehre bleibt die Erklärung, daß der Staat die Gesellschaft »nicht nur unter rechtlichen Verhältnissen, sondern die Gesellschaft vermittelt als ein wahrhaft höheres Gemeinwesen die Einigkeit in Sitten, Bildung und allgemeinen Denk- und Handlungsweisen«[18] darstellt, uneinholbar.

Das, was Hegel mit seiner Konzeption der Sittlichkeit des Volkes gegenüber den abstrakten am bloßen Rechts- bzw. Pflichtbegriff orientierten Ansätzen in den Blick bringen wollte, »die Vertiefung, die das Leben einer Gemeinschaft« gegenüber den bloßen Rechtsbestimmungen bedeutet, kommt in der Nürnberger Darstellung in der von der Rechtslehre getrennten Pflichtenlehre in den Blick. Es ist für Hegel eine »Staatspflicht«, daß der Staat einerseits darauf hingeht, »die Gesinnung der Bürger entbehren zu können, nämlich insofern er sich von dem Willen der Einzelnen unabhängig machen muß«, auf der andern Seite aber »kann er die Gesinnung des Bürgers nicht entbehren«. »Die wirkliche Handlung, die Ausfüllung der Staatszwecke, enthält die besondere Weise der Wirksamkeit. Diese kann nur aus dem individuellen Verstande, aus der Gesinnung des Menschen entspringen« (§ 53). Auch dem Staat ist eine moralische Seite wesentlich. Garantierte für die frühen Jenaer Entwürfe der »Zusammenhang« der Verfassung mit der Organisation der Gesellschaft die Sittlichkeit im Zusammenleben, so wird diese Sittlichkeit hier bloß als das Eingehen auf die moralische Forderung des Einzelnen thematisiert. Erst dieses »Eingehen« bringt die ›Versittlichung‹ und bewahrt den Staat vor dem bloßen Formalismus des Rechts.

Hegel scheint sich mit der Nürnberger Darstellung der Staatslehre, die ganz auf der Person aufbaut, von seinem ursprünglichen Ansatz, der die Sittlichkeit eines Volkes als Gliederung einer Totalität zur Darstellung brachte, zu verabschieden. Unabhängig von allen damit verbundenen syste-

[18] Fragwürdig scheint das Urteil Rosenzweigs, daß hier »auf dem Weg von der Sittlichkeit des Staates hin zur Vollendung des absoluten Geistes« bei dem Systematiker Hegel der »moralisch freie Einzelmensch« zum zentralen Wertgesichtspunkt geworden sei. Dieser Wandel vollzog sich für Rosenzweig unter dem Eindruck Napoleons: »Die Sonne Napoleons steht im Zenith über Hegels System« – dieses Urteil bezieht Rosenzweig auf Texte der Nürnberger Jahre 1812/13. *Franz Rosenzweig: Hegel und der Staat.* 2 Bde in einem. München, Berlin 1920. 2. Neudruck dieser Ausgabe. Aalen 1982. Bd 2, 17.

matischen Fragen rückt die wenige Jahre später entstandene Schrift zum Württembergischen Verfassungsstreit die Frage nach der Rolle der Stände erneut in das Zentrum der Hegelschen Überlegungen.

IV. Zur »Macht« muß der »Wille« des Staates treten – die württembergische Verfassungsfrage

Als 1806 der württembergische König die alten Stände aufhob und durch eine »kräftige Ministerialregierung« ersetzt, tat er für Hegel den ersten Schritt, um Württemberg zu einem souveränen Staat zu machen. Es ist der zweite Schritt auf diesem Weg, wenn der König nun zu der »Macht« auch den »Willen« des Staats treten lassen will, indem er dem Staat eine Verfassung verleiht. Die vom König einberufenen alten Landstände treten aber diesen Interessen entgegen, sie erklären sich zwar für Landstände, »aber«, so Hegel, für Stände »einer vergangenen Zeit«. Die württembergischen Landstände waren »im wesentlichen eine Vertretung der Ehrbarkeit der Städte (ca. 1500 Personen), daneben gab es noch 14 Prälaten (der Feudaladel hatte keinerlei politische Bedeutung)«.[19] Wenn Hegel selbst den Ständen im wesentlichen eine Mittlerfunktion zwischen Fürst und Volk zuweist, so stellt sich angesichts der württembergischen Realität die Frage, wie die Stände zur Einsicht über ihre wahre Aufgabe zu bewegen sind und auf alte Privilegien freiwillig Verzicht leisten.

Nicht das demokratische Prinzip des gleichen Wahlrechts, nicht Steuer- und Altersgrenze – so der königliche Entwurf – können den Kreis der Wähler und Kandidaten für die Landstände ausmachen. Für Hegel soll nicht die »französische Abstraktion«, sondern es sollen die bestehenden Genossenschaften, Zünfte und Gemeinden den Wahlmodus prägen. Mit dieser Konzeption der Stände versucht Hegel die bestehende gesellschaftliche Gliederung zwischen Volksvertretung und Wähler zu schieben.[20] Hegels Kritik an den württembergischen Landständen veranschaulicht den Anachronismus, der im Beharren der Stände auf ihren alten Rechten liegt. Da sich mit der Auflösung des Reichs auch Aufgabe und Stellung der Stände grund-

[19] *Ch. Jamme: Die Erziehung der Stände durch sich selbst.* Hegels Konzeption der neuständisch-bürgerlichen Repräsentation in Heidelberg 1817/18. – In: *Hegels: Rechtsphilosophie im Zusammenhang der europäischen Verfassungsgeschichte.* Hrsg. von H.-C. Lucas u. O. Pöggeler. Stuttgart – Bad Cannstatt 1986. 152. Vgl. hierzu auch *R. K. Hoçevar: Stände und Repräsentation beim jungen Hegel.* Ein Beitrag zu seiner Staats- und Gesellschaftslehre sowie zur Theorie der Repräsentation. München 1968. 143 ff. Sowie *E. Hölzle: Das alte Recht und die Revolution.* Eine politische Geschichte Württembergs in der Revolutionszeit 1789 bis 1805. Berlin 1931.

[20] Die *Verfassungs*schrift hatte ja bereits ein Repräsentativsystem favorisiert, mit der Städtebank als erster Kammer und dem Fürstenkollegium als zweiter Kammer.

legend gewandelt hat[21], müssen die alten Institutionen ihre Rolle im gesellschaftlichen Ganzen neu definieren. Dazu aber sind die württembergischen Landstände nicht bereit. »Der Grundirrthum der Stellung, die sich die Wirtembergischen Landstände gaben, liegt hierin, daß sie von einem positiven Rechte ausgehen, sich ganz nur ansahen, als ob sie noch auf diesem Standpunkte ständen, und das Recht nur fordern aus dem Grunde, weil sie es vormals besessen haben« (*GW 15*, 60). »Man konnte von den Wirtembergischen Landständen sagen, was von den französischen Remigranten gesagt worden ist, sie haben nichts vergessen und nichts gelernt; sie scheinen diese letzten 25 Jahre, die reichsten, welche die Weltgeschichte wohl gehabt hat, und die für uns lehrreichsten, weil ihnen unsere Welt und unsere Vorstellungen angehören, verschlafen zu haben ... es konnte kaum einen fruchtbareren Mörser geben, um die falschen Rechtsbegriffe und Vorurtheile über Staatsverfassungen zu zerstampfen, als das Gericht dieser 25 Jahre, aber diese Landstände sind unversehrt daraus hervorgegangen, wie sie vorher waren« (*GW 15*, 62).

Hegels Urteil über das Verhalten der Landstände belehrt über die Grenzen der alten Einrichtungen: Mit dem gesamtpolitischen Wandel verlieren auch gewachsene Institutionen ihre Legitimation, weil sie sich im Blick auf das Ganze nicht mehr als funktionsfähige Elemente ausweisen. Seine harte Kritik am Verhalten der Landstände gestaltet Hegel erst gegen Schluß seiner Rezension versöhnlicher, wenn er darauf hinweist, daß die Stände jetzt, gegen Ende der Verhandlungen, bei der Formulierung ihrer Forderungen auf das Allgemeine eingingen, so daß insoweit sich im Verhalten der Stände ein Eingehen auf die wirkliche Situation zeigt, die Arbeit der Ständeversammlung erste Früchte trägt.

Die Einsicht in die Bildungsfähigkeit und die Notwendigkeit zur Bildung, auf die Hegel auch in den Überarbeitungen des Jenaer Systemfragments hinweist, mag für diese Einschätzung entscheidend geworden sein: »Dieses Aufsteigen zum Allgemeinen gehört zur formellen Seite der politischen Erziehung einer neuen Ständeversammlung« (*GW 15*, 121). Diese Erziehungs- bzw. Bildungsfähigkeit zum Allgemeinen befähigt die Vertreter der Stände allererst eine politische Aufgabe zu übernehmen. Die Abgeordneten sind keine »kommitierte oder Instruktionen überbringende Mandatarien«, haben sie doch wesentlich das allgemeine Interesse geltend zu machen. Diese Einsicht, daß die Arbeit in politischen Gremien einem Bildungsprozeß gleicht, der ursprüngliche Interessen oder Programme in einem neuen

[21] »Mit dem Uebergange eines Landes aus seiner Reichslehenschaft in einen Staat ist die vorherige, durch eine dritte Zwischen- und Obergewalt vermittelnde Selbstständigkeit der beyden Seiten und damit auch das ganze Vertragsverhältnis hinweggefallen.« (*GW 15*, 60)

Licht sehen und das besondere Interesse zu relativieren lehrt, ist für Hegels Repräsentationskonzeption entscheidend geworden. Diesen Versuch als »reaktiv« zu bewerten, wird m.E. dem Anliegen Hegels nicht gerecht.[22] Allerdings erwartet Hegel diese Erziehungsfähigkeit erst von einer *neuen* Ständeversammlung, d.h. er geht davon aus, daß sich die geforderte Neuordnung auf der Grundlage der alten Gesellschaftsstrukturen nicht verwirklichen läßt. In den Heidelberger *Vorlesungen über Naturrecht und Staatswissenschaften* spricht Hegel sich daher erstmals für ein anderes Modell der Repräsentation aus. Die auf der Grundlage freier Berufswahl gewachsenen Korporationen sind für Hegel die neuen gesellschaftlich relevanten Kräfte. Die Korporationen müssen in einer Ständeversammlung vertreten sein.

V. Sittlichkeit als »allgemeines Werk« und die neue Konzeption der Stände – die Enzyklopädie *von 1818 und die Rechtsphilosophie-Vorlesung von 1817/18*

Nicht nur die Forderung, daß die Repräsentanten des Volkes sich aus den entscheidenden gesellschaftlichen Kräften rekrutieren und durch gemeinsame Interessen mit ihren Wählern verbunden sein sollen, ist seit 1817/18 ein Novum der Hegelschen Verfassungskonzeption. Für die Konzeption von Sittlichkeit und Verfassung wird noch ein anderes Moment entscheidend. Zwischen der natürlichen Sittlichkeit in der Familie und der Sittlichkeit im Staat vermittelt, so Hegel erstmals in der Vorlesung des Jahres 1817/18, die bürgerliche Gesellschaft als eine eigenständige Sphäre. Die substantielle Sittlichkeit der Familie tritt in der bürgerlichen Gesellschaft in ein Reflexionsverhältnis. Nach der Lösung aus der Familie stehen sich in der bürgerlichen Gesellschaft zunächst freie Einzelne als selbständige Individuen gegenüber. Ihr ›Zusammenhang‹, ihre Verbundenheit ist ein Produkt der Reflexion, insofern »die Subsistenz und das Wohl der Einzelnen durch die Subsistenz und das Wohl aller übrigen bedingt und darein verflochten ist« (*WA*, § 89, 112). Vor dem Hintergrund des Aufbaus der Nürnberger Kurse, den Hegel in die Heidelberger Enzyklopädie (1818) übernimmt, ist diese Strukturierung ein Novum für Hegels Konzeption der Sittlichkeit«.[23]

[22] So *H. Brandt: Landständische Repräsentation im deutschen Vormärz.* Politisches Denken im Einflußfeld des monarchischen Prinzips. Neuwied/Berlin 1968. Zum Problem der Repräsentation bei Hegel vgl. auch *A. Wirsching: Das Problem der Repräsentation im England der Reform-Bill und in Hegels Perspektive.* In: Politik und Geschichte. Zu den Intentionen von G.W.F. Hegels Reformbill-Schrift. Hrsg. von Ch. Jamme u. E. Weisser-Lohmann. Hegel-Studien. Beiheft 35. 105–125.

[23] Vor allem M. Riedel hat die These vertreten, daß erst die Rechtsphilosophie von 1820 begrifflich zwischen Staat und Gesellschaft unterscheidet, denn »vor 1820, vor dem

Festzuhalten ist zunächst, daß Hegel – alte Lehrstücke aufgreifend – im Rahmen der Sittlichkeit zwischen der Sphäre der bürgerlichen Gesellschaft, dem sogenannten Verstandesstaat und dem Staat unterscheidet. Die ständische Gliederung der Sphäre der Sittlichkeit hat nun in den Funktionsprinzipien der bürgerlichen Gesellschaft ihre Wurzeln. Bedürfnis und Arbeit bestimmen nun die Notwendigkeit einem Stand beizutreten. Hierzu soll der einzelne eine bestimmte Geschicklichkeit oder ein bestimmtes Eigentum aufweisen (*WA*, 168). Darüber hinaus ist die bürgerliche Gesellschaft nach Ansicht Hegels durch die Zusammenfassung der Stände im allgemeinen sowie durch den Zusammenschluß der verschiedenen Berufsgruppen und Interessengemeinsachaften in Korporationen gekennzeichnet. In den Korporationen existiert das an sich gemeinsame Interesse in einer wirklichen Form, »indem jeder nach seiner Besonderheit in einem Allgemeinen beruht« (*WA*, 168).

Vergleicht man die in der Heidelberger Vorlesung 1817/18 vorgetragene Konzeption der Sittlichkeit mit dem systematischen Rahmen, den die erste Auflage der *Enzyklopädie* 1818 gibt, so zeigen die Vorlesungen nicht nur – wie von Hegel angekündigt – eine Ausführung der Grundbegriffe. Im einzelnen zeigen sich vielmehr Fortentwicklungen, die den ursprünglichen Rahmen sprengen. So fehlt etwa die spezifische Lehre von der bürgerlichen Gesellschaft und ihre Abgrenzung vom Staat in der enzyklopädischen Darstellung von 1817.[24] Die Sittlichkeit wird als »allgemeines Werk« hervor-

Erscheinen der Rechtsphilosophie, verwendet Hegel weder das Wort als solches noch seinen prinzipiellen Sinn«. *M. Riedel: Hegels bürgerliche Gesellschaft und das Problem ihres geschichtlichen Ursprungs.* In: *Materialien zu Hegels Rechtsphilosophie.* Bd 2. Hrsg. von M. Riedel. Frankfurt am Main 1974. 276–311. Der Sache nach könnte man allerdings auf die Jenaer Arbeiten verweisen, wo Hegel die Sphäre der Bedürfnisse und der Arbeit von dem organischen Ganzen abgrenzt und so die Konzeption der bürgerlichen Gesellschaft mithin die Unterscheidung von Gesellschaft und Staat vorbereitet. So *R. P. Horstmann: Über die Rolle der bürgerlichen Gesellschaft in Hegels politischer Philosophie.* In: *Materialien zu Hegels Rechtsphilosophie.* Bd 2. Hrsg. von M. Riedel. Frankfurt am Main 1974. Gegen Riedel hat auch Hoçevar darauf verwiesen, daß der Begriff »bürgerliche Gesellschaft bereits des öfteren in den sogenannten Theologischen Jugendschriften zur Anwendung kommt«. *Rolf K. Hoçevar: Stände und Repräsentation beim jungen Hegel.* München 1968. 9. Horstmann verweist desweiteren darauf, daß bereits der *Naturrechtsaufsatz* die Inhalte, die später in den *Grundlinien* den Bereich der bürgerlichen Gesellschaft bestimmen, unter dem Titel eines »Systems der Realität« und eines »System von Eigentum und Recht« behandelt. Vgl. *R. P. Horstmann: Hegels Theorie der bürgerlichen Gesellschaft.* In: *G.W.F. Hegel. Grundlinien der Philosophie des Rechts.* Hrsg. von L. Siep. Klassiker Auslegen. Berlin 1997. 193–216, 196. Für die Klärung der Frage, ob Kontinuität oder Neuanfang die Hegelsche Lehre von der bürgerlichen Gesellschaft prägt, ist neben den Inhalten auch der jeweilige systematische Kontext, in dem dieses Lehrstück steht, heranzuziehen.

[24] Vgl. *R. P. Horstmann, über die Rolle der bürgerlichen Gesellschaft in Hegels politischer Philosophie.* In: *Materialien zu Hegels Rechtsphilosophie.* Bd 2. Hrsg. von M. Riedel. Frankfurt am Main 1974. 292 f.

gehend aus der Arbeit der drei Stände (allgemeiner, besonderer und einzelner) entwickelt (Vgl. § 433). Die Vorlesung des Wintersemesters 1817/18 wie auch die Druckfassung der Rechtsphilosophie berufen sich für die Explikation der Sittlichkeit nicht auf das »allgemeine Werk«. Zur Charakterisierung der »Sittlichkeit« greift Hegel auf die »sittliche Substanz« zurück. Deren Struktur wird *nicht* am Leitfaden von Ständen, sondern am Leitfaden »zweier Rechte«, dem absoluten Recht der Substanz und dem Recht der Einzelnen (*WA*, § 69), expliziert. Für den Einzelnen konkretisiert sich das Verhältnis zur Substanz in zwei wesentlichen Beziehungen. Zunächst ist dem Individuum in der Familie die natürliche Substantialität eigen, die Familie verlassend soll er es sich zur Möglichkeit machen, in der ganzen Substanz einen Stand und eine Stelle zu haben. Die durch »Natur« gefügte ständische Arbeitsteilung, wie sie der *Naturrechts*aufsatz unter Aufnahme des platonischen Modells vorsah, ist damit preisgegeben: Standeszugehörigkeit ist nicht durch Natur oder die Regierung vorgegeben, sondern ergibt sich aus den hier herrschenden Bedürfnissen und der Notwendigkeit ihrer Befriedigung.[25] Der Einzelne hat durch Bildung einen Stand einzunehmen, Standeszugehörigkeit wird in dieser Konzeption zu einem Spezifikum der reflektierten Sittlichkeit. D.h. die Stellung des Einzelnen im und für das sittliche Ganze ist damit nicht unmittelbar festgelegt: »Etwas« ist er in diesem Ganzen nur, wenn er diesen Stand faktisch einnimmt und als besonderer Mitarbeiter anerkannt ist. Darüber hinaus »bildet« die Zugehörigkeit zu einem Stand die Einsicht in das Allgemeine. Mit diesem neuen Verständnis der Stände bahnt Hegel den Weg für eine Reformulierung der frühen Jenaer Konzeption – Regierung als Sittlichkeit – unter Aufnahme der spezifischen Bedingungen der neuzeitlichen Entwicklung.

Mit diesem Neuansatz spitzt Hegel die Frage nach der Realisierbarkeit sittlicher Lebensformen unter den Bedingungen der Moderne zu. Die Konfrontation zwischen dem Anspruch des Individuums und den allgemeine Gültigkeit beanspruchenden Institutionen des Staates scheint sich unmittelbar im Aufbau der Sphäre des objektiven Geistes wiederzufinden, wenn Hegel seine Darstellung mit der Person und dem Subjekt beginnt und im Staat vollendet.

Welche Motive kommen hier zum Durchbruch? Geht man einmal davon aus, daß die Systematik und auch die Grundbestimmungen, die Hegel im Rahmen der ersten Auflage der *Enzyklopädie* vortrug z.T. noch den Nürnberger Kursen entnommen sind, daß sich zum anderen, wie oben gezeigt,

[25] In der Anmerkung zu § 185 geht Hegel auf die Platonische Staatskonzeption ein und sieht deren begrenzte Gültigkeit in dem geschichtlich späteren Auftreten des Prinzips der selbständigen in sich unendlichen Persönlichkeit des Einzelnen im Christentum und in der römischen Welt begründet.

mit der Württemberg-Schrift bei Hegel die Einsicht durchsetzt, daß die alte ständische Gliederung der Gesellschaft mit dem alten Reich so eng verknüpft ist, daß die Stände nicht unmittelbar in der Lage sind, den Erfordernissen der Zeit gemäß zu handeln, so setzt Hegel in dieser Situation auf faktisch-politischer Ebene auf die Erziehung durch die Ständeversammlung (in der *Württemberg*-Schrift). Auf systematischer Ebene wird diese Einsicht reflektiert in den Randnotizen zu den Jenaer Entwürfen. Von den Randnotizen des *Systementwurfs III* her ist es nur konsequent, wenn Hegel die ständische Gliederung der Gesellschaft nicht als durch die Natur vorgegeben begreift, sondern zu zeigen versucht, daß diese Gliederung selbst aus den die Gesellschaft bestimmenden Prinzipien, Bedürfnis, Arbeit und Anerkennung hervorgeht. Auf dieser Einsicht gründet Hegels Konzeption der bürgerlichen Gesellschaft, wie er sie erstmals in den Vorlesungen des Wintersemesters 1817/18 vorträgt. Auch das *System der Sittlichkeit* und der *Naturrechts*aufsatz reflektierten die ökonomischen Bedingungen im Rahmen ihrer Konzeption der Sittlichkeit als »System der Bedürfnisse« bzw. als »System von Eigentum und Recht«[26]. Dort allerdings konstituiert sich diese Sphäre aus dem spezifischen Charakter eines gesellschaftlichen Standes. Nun ist diese Sphäre die notwendige Konsequenz aus der Auflösung der Familie und der Notwendigkeit jedes einzelnen, für die eigene Subsistenzsicherung tätig zu werden. Freie Berufswahl und den Fähigkeiten gemäße Ausbildung bestimmen die Zugehörigkeit zu einem Stand. Das Individuum mit seinen Erfahrungen und Einsichten, Bedürfnissen und Notwendigkeiten bestimmt das jeweilige Standesbewußtsein. Standeszugehörigkeit gründet hier in der gesellschaftlichen Arbeit, die wiederum den Zusammenschluß verschiedener Berufstände in Korporationen ermöglicht. Mit dieser Standeskonzeption macht Hegel die Einsicht in die gegenüber der Antike gewandelte Funktion der Arbeit für die Konzeption der Sittlichkeit fruchtbar.

Ab 1817/18 zieht Hegel zur Explikation der Sittlichkeit nicht mehr den Begriff des »allgemeinen Werkes« heran. Die sittliche Substanz ist nicht länger das Produkt der Arbeit der »Stände«, vielmehr wird die Substanz über den Willen als unmittelbare, reflektierte und absolute Substanz eingeführt. Im § 434 der Erstauflage der *Enzyklopädie* fordert Hegel, daß der Einzelne es sich zur Möglichkeit machen solle, in der ganzen Substanz »einen Stand und eine Stelle zu haben«, er »soll sich überhaupt bilden, und ist nur insoweit wirklich etwas, als er als besonderer Mitarbeiter an dem allgemeinen Werke

[26] »Dieses System von Eigentum und Recht, das um jenes Festseins der Einzelheit willen in nicht Absolutem und Ewigen, sondern ganz im Endlichen und Formellen ist, muß reell abgesondert und ausgeschieden von dem edlen Stande, sich in einem eigenen Stande konstituieren, und hier dann in seiner ganzen Länge und Breite sich ausdehnen können« (*NA*, 143).

anerkannt ist, und daran wirklich arbeitet.« Der Bildungsgedanke und die Zugehörigkeit zu einem Stand bleiben als Bedingung sittlichen Lebens erhalten, allerdings ändert Hegel mit der Konzeption der bürgerlichen Gesellschaft als einer eigenständigen Sphäre der Sittlichkeit den Funktionszusammenhang. Die Stände werden nicht als unmittelbare Gestalten der Sittlichkeit eingeführt, sondern als Elemente der bürgerlichen Gesellschaft. Damit sind sie einer eingegrenzten Sphäre der Sittlichkeit zugeordnet. Die Bildung führt in der *Enzyklopädie* zur Besonderheit, in der der Einzelne als *Mitarbeiter* an dem allgemeinen Werk anerkannt ist. In der Vorlesung des Wintersemesters 1817/18 und in den *Grundlinien* schreibt Hegel die Aufgabe der Berufsausbildung der Familie zu. In der bürgerlichen Gesellschaft *bildet* sich das besondere Interesse darüberhinaus durch die Arbeit zur Einsicht in das Allgemeine. Jene Partialität, zu der der Einzelne als Mitglied der bürgerlichen Gesellschaft verurteilt ist, soll durch die hier stattfindenden Bildungsprozesse eingeholt werden. Das Besondere erlangt Einsicht in das Allgemeine. Damit ist eine notwendige Voraussetzung für die Anerkennung der Institutionen gegeben. Das Individuum qualifiziert sich in dieser Anerkennung für das politische Handeln. Diese Form der Bildung bleibt der bürgerlichen Gesellschaft vorbehalten. Mit dieser Neueinschätzung der Sphäre von Bedürfnis und Arbeit als reflektierter Sittlichkeit gewinnt Hegel allererst das Instrumentarium, das es ihm gestattet, die Stände der bürgerlichen Gesellschaft als vermittelndes Organ in die gesetzgebende Gewalt der »Inneren Verfassung« des Staates aufzunehmen. Indem die Institutionen der bürgerlichen Gesellschaft diese Bildungsprozesse hervorbringen, werden die politischen Institutionen der »Inneren Verfassung« als ›Produkte‹ dieser Prozesse rekonstruierbar.

Das sittliche Band der Familie findet seine natürliche Auflösung darin, »daß die Kinder zur freien Persönlichkeit erzogen, in der Volljährigkeit anerkannt werden, als rechtliche Personen und fähig zu sein, eigene Familien zu stiften«(*Grundlinien*, § 177, 160). Für den einzelnen wird das »Bedürfnis für sich zu bestehen« entscheidend. Mit diesem Willen ist das *eine* Prinzip der bürgerlichen Gesellschaft formuliert, das *andere* Prinzip ist, daß sich »die besondere Person als wesentlich in Beziehung auf andere solche Besonderheit« vermittelt geltend macht. Jedes Mitglied der bürgerlichen Gesellschaft kann seine Bedürfnisse nur durch die »Form der Allgemeinheit« vermittelt befriedigen (Vgl. *Grundlinien* § 182, 165). Inwiefern qualifiziert sich dieses System der Bedürfnisse als sittliche Sphäre, und wie grenzt Hegel die bürgerliche Gesellschaft vom Staat ab? Wahrhaft wirkliches und sittliches Dasein erlangen die abstrakten Bestimmungen der Person und des moralischen Subjekts zunächst in der unmittelbar durch Liebe konstituierten Gemeinschaft, Ehe und Familie. Die durch Bedürfnis und Arbeit bestimmte zweite Sphäre der Sittlichkeit ist für Hegel in Abgrenzung von der

Konzeption des *Naturrecht*saufsatzes nicht bloß negative Sittlichkeit, sondern diese vermag Allgemeinheiten zu generieren und damit Vermittlungsfunktion für die substantielle Allgemeinheit der Staatsverfassung zu übernehmen.

Eigenständigkeit kommt der bürgerlichen Gesellschaft insofern zu, als gegenüber dem Jenaer Systementwurf sowohl die Stände als auch die Sphäre von Bedürfnis und Arbeit nicht als Potenz der Regierung noch als rein negatives Prinzip der Sittlichkeit verstanden werden. Von dem einzelnen und seinen Bedürfnissen ausgehend nimmt Hegel die notwendige Verflochtenheit der jeweiligen Bedürfnisbefriedigung mit den Bedürfnissen aller Übrigen zum Ausgangspunkt für die Rekonstruktion der hier vorhandenen Allgemeinheit. Es zeigt sich, daß dieses System der allseitigen Abhängigkeit notwendig sowohl geltendes Recht als auch die Besorgung der besonderen Interessen als der gemeinsamen durch Polizei und Korporation hervorzubringen hat. Die Wirklichkeit dieser Institutionen ist das entscheidende Merkmal der bürgerlichen Gesellschaft. Diese Institutionen werden nicht von außen in diese Sphäre hineingetragen, sondern sind aus der hier herrschenden Notwendigkeit hervorgegangen (Vgl. *Grundlinien* § 187).

Wenn Hegel seine Lehre von der bürgerlichen Gesellschaft an eine Ständelehre knüpft, so unterscheidet er die drei Stände hinsichtlich ihrer Bedürfnisse, ihrer Arbeit und ihres Vermögens. Substantieller, reflektierender und allgemeiner Stand realisieren jeweils unterschiedliche Bedürfnisse. Für das Individuum ist entscheidend, daß es sich aus eigener Bestimmung durch seine Tätigkeit, seinen Fleiß, seine Geschicklichkeit und sein Vermögen zum Glied der bürgerlichen Gesellschaft macht. Sittlich ist das Dasein der bestimmten Besonderheit insofern der Einzelne »nur durch diese Vermittlung mit dem Allgemeinen« (*Grundlinien*, § 207, 179) Dasein hat. Jedem der Stände ist eine spezifische Form der Allgemeinheit eigen. Der ackerbauende Stand »hat an der Substantialität seines Familien- und Naturlebens in ihm selbst unmittelbar sein konkretes Allgemeines«. Der allgemeine Stand hat in seiner Bestimmung das »Allgemeine für sich zum Zwecke seiner Tätigkeit«. Die Mitte zwischen beiden, »der Stand des Gewerbes, ist auf das Besondere wesentlich gerichtet, und ihm ist daher vornehmlich die Korporation eigentümlich« (*Grundlinien*, § 250, 204).[27]

Die ständisch gegliederte (bürgerliche) Gesellschaft bringt allerdings in der hier notwendigen Teilung der Arbeit nicht das gemeinsame Werk hervor. Die bürgerliche Gesellschaft qualifiziert sich auch nicht durch die in ihr befriedigten Bedürfnisse als sittliche Gestalt. »Sittlich« wird die bürgerliche Gesellschaft allererst durch Reflexion, Bildung und Einsicht. Die bürgerliche Gesellschaft ist für Hegel nicht bloßer Stand, sondern eine selbständige Ge-

[27] Zur Korporation vgl. auch *WA*, § 253–256.

stalt der Sittlichkeit. Dies ist insbesondere gegenüber der Jenaer Konzeption hervorzuheben, wo die bürgerliche Gesellschaft als Stand von der Familie abgegrenzt wird: Als Stand war die bürgerliche Gesellschaft für die Sittlichkeit bloße Partialität, als eigenständige Sphäre bringen die dort vollzogenen Bildungs- und Arbeitsprozesse formale Allgemeinheit hervor. Die Stände der bürgerlichen Gesellschaft sind nicht Organe der Sittlichkeit, die in der Funktionserfüllung ihren Beitrag zu dem allgemeinen Werk leisten. Es ist die spezifisch sittliche Leistung dieser eigenständigen Sphäre, daß sie als Reflexion die Bedingungen dieser Sphäre (allseitige Abhängigkeit) einzuholen vermag.

Vor diesem Hintergrund stellt sich die Frage nach dem Zusammenhang von Familie, bürgerlicher Gesellschaft und Staat. Alle drei Sphären werden von Hegel als Gestalten der Sittlichkeit eingeführt. Die Familie und die Korporation der bürgerlichen Gesellschaft werden näher als die »sittlichen Wurzeln des Staats« (*Grundlinien*, § 255) bezeichnet.

Die Abfolge der sittlichen Gestalten im Aufbau der *Grundlinien* expliziert, so Hegel, lediglich eine »Entwicklung« des wissenschaftlichen Beweisens. Nur unter methodischen Gesichtspunkten ist der Staat die letzte, weil komplexeste Gestalt der Sittlichkeit. In Wirklichkeit aber ist »der Staat überhaupt vielmehr das Erste, innerhalb dessen sich erst die Familie zur bürgerlichen Gesellschaft ausbildet und es ist die Idee des Staates selbst, welche sich in diese beiden Momente dirimiert« (*Grundlinien*, § 256, 207). Indem der wissenschaftliche Beweisgang den Staat als den »wahrhaften Grund« zum Resultat hat, wiederholt Hegel in der Bestimmung der Sphäre der Sittlichkeit ein Strukturmoment das bereits den Übergang von Recht und Moralität zur Sittlichkeit prägte. Erstere (Recht und Moralität) sind aus methodischen Gründen vorangestellt, in Wirklichkeit (genetisch) ist aber das als Resultat entwickelte, die Sphäre der Sittlichkeit, der Anfang, das Erste.

Indem für Hegel der Staat als Idee nur in der wissenschaftlichen Darstellung den beiden ersten Sphären folgt, in Wirklichkeit ihnen aber vorangeht, stellt sich die Frage, wie Hegel die Einheit des Staates bestimmt. Von Hoçevar ist die These vertreten worden, die Einheit des Staates sei für Hegel letztlich nur über die Konzeption der Erbmonarchie zu gewinnen. Gemäß diesem Model vollzöge sich die politische Einheit des Staates in der Identifikation der Individuen mit dem Monarchen. Im Rahmen einer solchen Konzeption hätten die Stände keine Bedeutung für die politische Einheit. »Das Volksganze wird durch den Monarchen repräsentiert.«[28] Für Hoçevar wird Hegel zu einem Vorläufer von Gentz, insbesondere in der »wichtigen Frage der Unvereinbarkeit von landständisch und repräsentati-

[28] *R. P. Hoçevar: Stände und Repräsentation beim jungen Hegel.* Ein Beitrag zu seiner Staats- und Gesellschaftslehre sowie zur Theorie der Repräsentation. München 1968. 44.

ven Prinzipien«[29]. Bereits Rosenzweig hatte Hegels späte Staatskonzeption in ähnlicher Weise bewertet. Nicht die Strukturprinzipien der Gesellschaft sind konstitutiv für die Verfassung des Staates, sondern die Gesinnung der Einzelnen wird zur Grundlage des Staates. Isoliert Hegel in seiner späten Konzeption tatsächlich die gesellschaftlichen Momente in dieser Weise von der Einheit des Staates, so daß letztlich der Einzelne dem Staat gegenübersteht? Oder versucht Hegel in seiner späten Verfassungskonzeption nicht vielmehr, die berufsständisch gegliederte Gesellschaft über ein repräsentatives Verfassungsmodell mit der Einheit des Staates zu verknüpfen, wie es die Rekonstruktion der Entwicklung des Hegelschen Verfassungsmodells nahelegt?

Hegel wäre mit einer solchen Konzeption eindeutig den »frühkonstitutionellen Verfassungskonzeptionen« zuzurechnen. Für die frühkonstitutionelle Verfassung ist gemäß der Charte der französischen Restaurationsmonarchie von 1814 »der Fürst im Besitz der gesamten Staatsgewalt und das Parlament auf partielle Teilhabe an der monarchischen Gewalt beschränkt«, so H. Boldt.[30] Eine repräsentative Verfassung setzt allerdings auch, so H. Brandt, die »Vergesellschaftung des Staates« voraus: »Eine repräsentative Verfassung ist in ihrer Grundstruktur einem Gemeinwesen zugeordnet, das nicht mittels einer monarchischen Spitze, sondern durch die in ihm wirkenden gesellschaftlichen Kräfte selbst zu seiner staatlichen Integration findet.«[31] Abschließend ist zu entscheiden, wie sich Hegels Verfassungskonzeption in diesem Diskussionsfeld tatsächlich einordnen und bewerten läßt. Zwei Gesichtspunkte sollen bei dieser Bewertung im Vordergrund stehen: Hegels Bestimmung der Rolle des Fürsten und die Bedeutung der bürgerlichen Gesellschaft und ihrer Stände für die Einheit des Staates oder die Verfassung des »inneren Staatsrechts«.

VI. »Politische Gesinnung« und Verfassung des Staates – Hegels Verfassungskonzeption in Heidelberg und Berlin

Die Verfassungslehre des »Inneren Staatsrechts«, wie Hegel sie erstmals 1817/18 in Heidelberg vortrug, ist insofern eine konsequente Fortsetzung seiner Überlegungen, als auch diese Verfassungslehre die frühe Kritik an der Abstraktheit der klassischen Gewaltenteilungslehre festhält. Teilung der Gewalt ist für Hegel Hervorgang einer Gliederung aus einer Einheit. Eine Ver-

[29] ebd., 189.

[30] *H. Boldt: (Art.) Verfassung.* In: *Staatslexikon.* Hrsg. von der Görres-Gesellschaft. Freiburg 1969. Bd 3, 642.

[31] *H. Brandt: Landständische Verfassungen im deutschen Vormärz.* Politisches Denken im Einflußfeld des monarchischen Prinzips. Neuwied, Berlin 1968. 7.

selbständigung der Glieder ist für diese Konzeption nur bis zu einem gewissen Grad möglich, vielmehr ist die Fähigkeit aus der Negation der Verselbständigung in die Einheit zurückzukehren, das entscheidende Strukturmerkmal dieser Gewaltenteilungslehre.[32] Wenn Hegel in der Heidelberger Vorlesung die Sittlichkeit nicht mehr am Leitfaden des »Werkes« konzipiert, so hat diese Neufassung Konsequenzen für die Konzeption der Regierung bzw. für die Verfassungslehre. Nicht mehr verbürgt das gemeinsame, allgemeine Werk die Einheit der Stände im Staat. Die durch Natur oder Regierung konstituierte ständische Gliederung wird dem modernen Selbstverständnis nicht gerecht. »Die Individuen der Menge« sind »geistige Naturen«, die in sich das gedoppelte Moment vereinen, »für sich wissende und vollendete Einzelheit« und die »das Substantielle wissende und wollende Allgemeinheit« zu sein. Beide Seiten finden ihr Recht in den Institutionen der bürgerlichen Gesellschaft (Vgl. *Grundlinien*, § 184). Diese Institutionen machen die Verfassung aus, wobei Verfassung von Hegel hier bestimmt wird als die »entwickelte und verwirklichte Vernünftigkeit«. Diese Institutionen bilden insofern die »feste Basis des Staats« als in ihnen »die besondere Freiheit realisiert vernünftig ... vorhanden ist (*Grundlinien*, § 265. 218). Sie sind die »Grundsäulen der öffentlichen Freiheit« weil sie die Basis des Zutrauens und der Gesinnung der Individuen bilden. (*Grundlinien*, § 265). Aus der Notwendigkeit der Bedürfnisbefriedigung hervorgegangen sind diese Institutionen im »politischen Staat«, in der »Verfassung des Staates« als Vernünftigkeit wirklich vorhanden, d.h. ihre Notwendigkeit ist bewußt geworden und als bewußte verwirklicht. Damit sind sie politisch geworden.

Gemäß der hier entwickelten Struktur ist die Hegelsche Verfassungskonzeption als der Versuch zu werten, die eigentlich politische Sphäre der konstitutionellen Monarchie mit den wesentlichen Kräften der arbeitsteiligen bürgerlichen Gesellschaft und der Familie zu verbinden. Von den Gliedern der eigentlichen Verfassung stellt in erster Linie die gesetzgebende Gewalt diese Verbindung her. Die gesetzgebende Gewalt kann nicht in den Händen eines Staatsrates, einer ministeriellen Behörde oder einer Regierungskommission liegen. Hier liegt für Hegel die Aufgabe der ständischen Vertretung.

Die Initiative zu neuen Gesetzen soll allerdings zumindest formell von der fürstlichen Gewalt ausgehen. Die Ständeversammlung muß sich wegen des förmlichen Vorschlags an den Monarchen wenden. »Die Gesetze, das was als allgemeiner Wille festgesetzt wird«, soll »nicht nur zufällig und an sich, son-

[32] Vgl. *L. Siep: Hegels Theorie der Gewaltenteilung.* In: *Hegels Rechtsphilosophie im Zusammenhang der europäischen Verfassungsgeschichte.* Hrsg. von H. Chr. Lucas u. O. Pöggeler. Stuttgart 1989. 392. Zur Heidelberger Verfassungskonzeption Hegels, vgl. *E. Weisser-Lohmann: divide et impera.* Zu Hegels Heidelberger Stände- und Verfassungslehre. In: Hegel-Studien 18 (1993), 193–214.

dern auch für sich, mit tätigem Anteil und mit selbstbewußtem Zutrauen der allgemeinen Bürgerschaft und mit Notwendigkeit« (*WA*, 221) sein. Diese Anforderung erfüllt die Ständeversammlung. In ihrem Begriff ist der allgemeine Wille enthalten, denn »die Ständeversammlung repräsentiert das Volk«. Diese Repräsentation ist für Hegel an spezifische Interessen gebunden, die in ihrem Wirken den Ausgleich mit dem Allgemeinen suchen. Das gemeinsame Interesse ist für Hegel unabdingbare Voraussetzung für die politische Willensbildung, die in der »inneren Verfassung« konstitutiv wird.

Erst in der Heidelberger Vorlesung des Wintersemesters 1817/18 erörtert Hegel die Möglichkeit einer Aufgliederung der Ständeversammlung in zwei Kammern; das »adlige Oberhaus« wird von den gewählten Vertretern des Unterhauses unterschieden. Diese Aufsplittung der gesetzgebenden Gewalt in zwei Kammern sieht Hegel in der Württemberg-Schrift noch nicht vor. Die Gründe für diesen Wandel stehen in unmittelbarem Zusammenhang mit der Konzeption der bürgerlichen Gesellschaft als eigenständiger Sphäre. Die Familie als eine der Sphären der Sittlichkeit ist zu unterscheiden vom substantiellen *Stand* der bürgerlichen Gesellschaft. Die freien Einzelnen sind über ihre Berufstätigkeit einem Stand zugeordnet. Die Verfolgung der individuellen Bedürfnisse und Neigungen gewinnt dort in der Reflexion und Bildung die Perspektive auf ein Allgemeines. Vermittelt über die Standeszugehörigkeit erlangen die freien Einzelnen Wissen über das Allgemeine und somit politische Kompetenz. Dem substantiellen und dem gewerblichen Stand wird von Hegel als unmittelbare und reflektierte Sittlichkeit eine jeweils spezifische Form der Sittlichkeit zugeschrieben. Der substantielle Stand verfügt über ein konkretes Allgemeines. In der Korporation als der zweiten Familie (*Grundlinien*, § 252) verwirklicht sich auf »innerliche Weise« die Vereinigung von Bedürfnis und Genuß mit einer »abstrakten« rechtlichen Allgemeinheit. In der Korporation ist das »besondere Wohl als Recht«. Als Mitglied der bürgerlichen Gesellschaft tritt die Familie als substantieller Stand auf, der sein »Vermögen an den Naturprodukten eines Bodens« hat (*Grundlinien*, § 203, 176). Dieser Stand geht unmittelbar aus dem Familienverhältnis hervor, während der Stand des Gewerbes den freien Einzelnen, und damit die Auflösung der Familie zum Ausgangspunkt hat. Wenn Hegel die bürgerliche Gesellschaft als eigenständige Sphäre der Sittlichkeit konzipiert, deren Korporationen wie die Familie »Wurzeln« des Staates sind, so macht dies deutlich, daß für Hegel beide Sphären der Sittlichkeit in der politischen Sphäre als eigenständige Kraft vertreten sein sollten. »Indem es ein wichtiges Moment ist, daß eine Klasse Bürger oder vielmehr Familien im Staat sei, welche auf diese unabhängige Weise dem allgemeinen Stand angehören, und [daß] die Familien das natürliche substantielle Element im Staat ausmachen, so erhält dieselbe und der erste Stand der bürgerlichen Gesellschaft, [der] der Güterbesitzer auf solche

Weise eine politische Bedeutung und Bestimmung« (*WA*, 232). Substantielle und reflektierte Form der Sittlichkeit müssen in der politischen Sphäre des Staates als jeweils eigenständige Kräfte vertreten sein, dies ist die Bedeutung des Zwei-Kammern Systems.[33] Jede der drei Verfassungsgewalten bildet für sich ein Ganzes, jede ist aber auch ein Glied des Ganzen und enthält die Momente der anderen Sphären in sich. So ist gemäß der Heidelberger Konzeption die fürstliche Gewalt selbst ein Moment der Verfassung und steht nicht über dieser. »Verfassung und Gesetz machen die Grundlage der fürstlichen Gewalt aus; danach muß der Fürst regieren« (*WA*, 200). Die Erblichkeit der Monarchie war für Hegel schon in Jena gerechtfertigt durch die Funktion des monarchischen Prinzips, auch im größten Konfliktfall die Einheit der Verfassungskräfte zu gewährleisten. Die Regierungsgewalt ist auf das Besondere gerichtet, für dessen Wohl und Erhaltung sie Sorge zu tragen hat. Die besonderen Interessen werden von ihr aber auch auf das Allgemeine zurückgeführt.

Es muß als der entscheidende Schritt für die Ausgestaltung der Rechtsphilosophie angesehen werden, daß Hegel die Verfassungslehre zum Schlußstein seiner Lehre vom Staat macht. Dabei macht Hegel die Eigenständigkeit des Staates gegenüber Familie und bürgerlicher Gesellschaft geltend – gegen konservative und liberalistische Verfassungskonzeptionen. »Familie« und »bürgerliche Gesellschaft« beschränken sich aber nicht darauf, in der methodischen Rekonstruktion dem Staat vorauszugehen. Indem Hegel an diesen Gestalten konstitutive Prinzipien des Staates (substantielle und reflektierte Sittlichkeit) herausarbeitet, veranschaulicht er ihre Bedeutung für das Ganze. Sie sind nicht mehr nur die unbewußten Wurzeln, die von den Institutionen des Staates her uneinholbar sind, wie in der geschichtlichen Genese des Staates, sondern in der institutionellen Zuordnung zur gesetzgebenden Gewalt erfahren diese sittlichen Sphären eine bewußte öffentliche Anerkennung.

Entscheidend für die Konzeption der inneren Verfassung des Staates ist Hegels Suche nach einer Antwort auf die Frage, wie die Forderung des Individuums nach Freiheit mit einem über die bloß formale Einheit des Rechtsstaats hinausgehenden sittlichen Ganzen zu vereinigen ist. Indem die Stände aus der Vielfalt der Bedürfnisse in der bürgerlichen Gesellschaft hervorgehen, stellt sich ihre »Sittlichkeit« erst über die Reflexion, in der Erkenntnis des Gemeinsamen her. Die konfligierenden Interessen zeigen sich als ineinander verflochten und verdeutlichen die formale Allgemeinheit dieser Sphäre. Rechtsverfassung und Polizei sind interne, von der bürgerlichen Gesellschaft selbst hervorgebrachte Institutionen, in denen die diese Sphäre

[33] Entscheidend ist aber darüber hinaus wie schon bei der monarchischen Gewalt Hegels funktionalistische Begründung des Zwei-Kammern-Systems. Vgl. § 151, *WA*, 230 ff.

fundierende Allgemeinheit zur Geltung gebracht wird: Die politische Verfassung des Staates übergreift diese Mechanismen, indem sie der Rechtspflege die Gesetze vorgibt. Im Streitfall tritt die gesetzgebende Gewalt zusammen mit den anderen Gewalten dieser Verfassung als Regelungsinstrument zur Bewältigung der auftretenden Konflikte auf. Es ist jeweils zu entscheiden, ob der Konflikt die besonderen Interessen Einzelner betrifft oder im äußersten Fall das Ganze auf dem Spiel steht. Die Größe und Art des Konflikts entscheidet darüber, ob die gesetzgebende Gewalt oder die Regierungsgewalt oder ein entscheidendes Wort des Monarchen gefordert ist. Dieses Zusammenspiel der Gewalten hat letztlich die Einheit des Staates herzustellen und zu sichern. Im Notfall aber ist diese Einheit durch die natürliche Spitze zu sichern. Diese natürliche Spitze ist ein Individuum, das für den Vollzug des Allgemeinen belanglos, oder wie Hegel in Jena schreibt, für das Ganze bedeutungslos ist, das aber im Notfall für die Einheit des Staates einzustehen hat.

Das Hegelsche Verfassungsmodell konzipiert staatliche Einheit als Vollzug, der sich im Zusammenwirken der ausgebildeten Gewalten immer aufs neue bewahrheiten muß. Die Zuständigkeit der jeweiligen Institution ist für Hegel wesentlich durch ihre Fähigkeit, bestimmte Konflikte zu lösen, begrenzt. Diese funktionalistische Konzeption der Gewaltenteilung ist die konsequente Fortsetzung des Hegelschen Programms einer praktischen Philosophie, dessen einzelne Bestimmungen (abstraktes Recht, Moralität, Familie, bürgerliche Gesellschaft) letztlich durch die begrenzte Konfliktlösungsfähigkeit zu neuen Institutionen bzw. zur Suche nach leistungsfähigen Einrichtungen weitergetrieben wird. Im Rahmen der Hegelsche Konzeption der Gewaltenteilung lassen sich die Gewalten als Instrumente der Konfliktbewältigung begreifen. Indem Hegel die beiden ersten Sphären der Sittlichkeit als Wurzeln des Staates begreift, die institutionell in der inneren Verfassung des Staates vertreten sind, expliziert er »Sittlichkeit« als Hervorgang aus einer Einheit. Dabei geben de facto allererst die politischen Strukturen des Staates die selbständigen Gestalten »Familie« und »bürgerliche Gesellschaft« – in ihrer entwickelten Form als Realisationen von Freiheit, als Rechtsformen – frei. Als selbständige Gestalten werden sie vom Ganzen freigesetzt. In dieser modifizierten Form löst diese späte Verfassungskonzeption die Forderung aus dem *System der Sittlichkeit* ein, daß die politische Verfassung – soll sie nicht rein formell sein – das gesellschaftliche Ordnungsgefüge zur Voraussetzung haben muß.

Hans Boldt

Hegel und die konstitutionelle Monarchie – Bemerkungen zu Hegels Konzeption des Staates aus verfassungsgeschichtlicher Sicht

Hegels *Grundlinien der Philosophie des Rechts* gelten als ein Markstein in der Geschichte der Rechts- und Staatsphilosophie, obwohl sie bei ihrem Erscheinen ein überwiegend negatives Echo gefunden haben und bis heute kontrovers diskutiert werden.[1] Hegel als »Liberaler« oder aber »illiberal«, gar »totalitär«, ein »Philosoph der preußischen Restauration« oder der »hervorragendste Vertreter des süddeutschen Frühkonstitutionalismus«[2] – die Beurteilungen schwanken außerordentlich, was angesichts der zuweilen recht dunklen und um eine Vermittlung der Gegensätze bemühten Darstellungsweise in den *Grundlinien* verständlich ist.[3] Im folgenden geht es nicht darum, den verschiedenen Etikettierungen eine weitere hinzuzufügen, sondern Hegels Ausführungen über den Staat in einen Zusammenhang mit der zeitgenössischen Verfassungsdebatte und Verfassungswirklichkeit zu stellen. Ich möchte deshalb zuerst etwas zum verfassungshistorischen Umfeld sagen, um anschließend aus dieser Perspektive Hegels Konzeption des Staates, näherhin der konstitutionellen Monarchie, zu betrachten. Dabei gehe ich von der 1821 erschienenen Rechtsphilosophie aus, denn bei ihr handelt es sich um den vom Autor autorisierten und der Mitwelt zunächst bekannt gewordenen Text, um den sich die späteren Auseinandersetzungen rankten. Auf die inzwischen publizierten Vorlesungsnachschriften[4] werde ich nur dort eingehen, wo es mir zur Erhellung des Hegelschen Standpunkts unabdingbar erscheint; wie weit sie das Bild, das man sich von der Hegels Staatsvorstellung macht, zu verändern mögen, ist nicht Gegenstand der folgenden Überlegungen.

[1] Vgl. die bei *M. Riedel: Materialien zu Hegels Rechtsphilosophie.* Bd 1. Frankfurt am Main 1975 (im weiteren zitiert: *Riedel: Materialien)* abgedruckten zeitgenössischen Rezensionen sowie *R. Dreier: Bemerkungen zur Rechtsphilosophie Hegels.* In: *ders.: Recht – Moral – Ideologie.* Studien zur Rechtstheorie. Frankfurt am Main 1981. 316–350.

[2] So K.-H. Ilting in dem von ihm hrsg. Band: *G. W. F. Hegel: Die Philosophie des Rechts.* Die Mitschriften Wannenmann (Heidelberg 1817/18) und Homeyer (Berlin 1818/19). Stuttgart 1983. 19 f.

[3] S. dazu *H. Ottmann: Individuum und Gemeinschaft bei Hegel.* Bd 1: Hegel im Spiegel der Interpretationen. Berlin/New York 1977.

[4] S. K.-H. Ilting (Anm. 2) und *Hegel: Vorlesungen über Rechtsphilosophie.* 4 Bde. Hrsg. von K. H. Ilting. Stuttgart-Bad Cannstatt 1973 f. sowie *G. W. F. Hegel. Vorlesungen über Naturrecht und Staatswissenschaft.* Heidelberg 1817/18 mit Nachträgen aus der Vorlesung 1818/19. Nachgeschrieben von P. Wannenmann. Hrsg. von C. Becker u.a. Hamburg 1983; *Hegel: Philosophie des Rechts.* Die Vorlesung von 1819/20 in einer Nachschrift. Hrsg. von D. Henrich. Frankfurt am Main 1983, im weiteren zitiert: *Hegel: Philosophie des Rechts.*

I

Hegels Zeit war die eines politischen Umbruchs. Die Französische Revolution von 1789 beflügelte nicht nur die Debatte über politische Reformen in Deutschland, sondern hatte letztendlich auch eine grundlegende Veränderung der politischen Landschaft zur Folge. 1806 brach das Heilige Römische Reich zusammen. Aus seinen Territorien und Städten wurden »souveräne« Staaten, denen sich nunmehr auch die Staatsbetrachtung in zunehmendem Maße widmete.[5] Während es früher in der sog. Reichspublizistik vorrangig um die Analyse des komplexen System des Reiches gegangen war, wurde jetzt die »konstitutionelle Monarchie«, die typische Staatsform der neuen Staaten, zum bevorzugten Gegenstand der Untersuchungen. Weniger Beachtung fand hingegen der Deutsche Bund, die 1815 gegründete Verteidigungsgemeinschaft der Nachfolgestaaten des Reichs.[6]

Auch die deutschen Länder befanden sich seit längerem im Stadium einer durchgreifenden politischen und gesellschaftlichen Reform, vorangetrieben von einer aufgeklärten Bürokratie und der von ihr initiierten »Revolution von oben«. Das gilt nicht nur für Preußen, sondern z.B. auch für Bayern, Baden oder Württemberg, in gewisser Weise selbst für Sachsen–Weimar – alles Staaten, die in Hegels Biographie eine Rolle gespielt haben. Aus den deutschen Ländern wurden allmählich Verfassungsstaaten. Eine erste Verfassungswelle im 2. Jahrzehnt des 19. Jahrhunderts erfaßte die größeren süddeutschen Staaten und einige mitteldeutsche Kleinstaaten, während die noch zu Anfang von Hegels Berliner Zeit diskutierten Verfassungsprojekte für Preußen der damals einsetzenden Reaktion zum Opfer fielen – eine Folge auch des Sandschen Attentats und der darauf antwortenden Karlsbader Beschlüsse.[7]

Wenn hier von Verfassungen die Rede ist, so sind damit schriftlich fixierte Staatsgrundgesetze gemeint, die in Deutschland im Gegensatz zu den

[5] S. dazu und zum Folgenden *E. R. Huber: Deutsche Verfassungsgeschichte seit 1789.* Bd 1: Reform und Restauration 1789 bis 1830. Stuttgart 1957, im weiteren zitiert: *Huber: Deutsche Verfassungsgeschichte*; *H. Boldt: Deutsche Verfassungsgeschichte.* Bd 2: Von 1806 bis zur Gegenwart. 2. Aufl. München 1993, im weiteren zitiert: *Boldt: Deutsche Verfassungsgeschichte*; *M. Stolleis: Geschichte des öffentlichen Rechts in Deutschland.* Bd 2: 1800–1914. München 1992, im weiteren zitiert: *Stolleis: Geschichte.*

[6] S. aber *J. L. Klüber: Öffentliches Recht des Teutschen Bundes und der Bundesstaaten.* Frankfurt am Main 1818 sowie *J. F. Fries: Vom Deutschen Bund und deutscher Staatsverfassung.* Heidelberg 1816.

[7] Zu Preußen s. *R. Koselleck: Preußen zwischen Reform und Revolution.* Allgemeines Landrecht, Verwaltung und soziale Bewegung von 1791 bis 1848. Stuttgart 1967. Zur ersten deutschen Verfassungswelle s. *Huber: Deutsche Verfassungsgeschichte* 314 ff., *Boldt: Deutsche Verfassungsgeschichte* 53 ff., zu den Kleinstaaten *G. Engelbert: Der Konstitutionalismus in den deutschen Kleinstaaten.* In: Der Staat. Beiheft 1: Probleme des deutschen Konstitutionalismus, 1975. 103–121.

Vereinigten Staaten von Nordamerika und zu Frankreich 1791 nicht von einer verfassunggebenden Versammlung erlassen, sondern vom Monarchen oktroyiert (in Württemberg 1819 abweichend davon zwischen König und Ständen vereinbart) wurden. Das diente der Wahrung der monarchischen Souveränität, auch wenn feststand, daß die einmal gegebenen Verfassungen vom Fürsten nicht mehr willkürlich abgeändert oder aufgehoben werden konnten.[8] Die Verfassungen der größeren süddeutschen Staaten enthielten bereits Grundrechte in Form von Bürgerrechten: die Freiheit der Person wurde zugesichert, in dem Zusammenhang die Unabhängigkeit der Gerichte betont, Eigentumsfreiheit und zum Teil auch freie Berufswahl wurden gewährt sowie religiöse Gewissensfreiheit, Preßfreiheit und das Recht auszuwandern. Vor allem findet man in ihnen auch den gegen feudale Privilegien gerichteten Grundsatz staatsbürgerlicher Gleichheit verankert. Die Ausübung dieser Rechte war in der Regel an gesetzliche Vorbehalte geknüpft, doch die auf Freiheit und Gleichheit zielende programmatische Stoßrichtung der Gewährungen war unverkennbar.

Neben den Grundrechten nahmen den weitaus größeren Teil der Verfassungen staatsorganisatorische Bestimmungen ein. Bemerkenswerter Weise kannten die deutschen Verfassungen nicht das Prinzip der Gewaltenteilung. In direktem Gegensatz dazu formulierte die bayerische Verfassung vom 20. Mai 1818 in Titel II § 1 vielmehr als allgemeinen Grundsatz: »Der König ist das Oberhaupt des Staats, vereiniget in sich alle Rechte der Staatsgewalt, und übt sie unter den von Ihm gegebenen in der gegenwärtigen Verfassungs-Urkunde festgesetzten Bestimmungen aus. Seine Person ist heilig und unverletzlich«. Das war eine Formulierung, die deutliche Anklänge an die von den nach Frankreich zurückgekehrten Bourbonen in der Präambel ihrer Charte vom 4. Juni 1814 getroffenen Feststellung aufwies, »que l'autorité tout entière résidât en France dans la personne du roi«. Der Versuch, über die Revolution und ihr Bekenntnis zur Volksherrschaft hinweg an die Tradition monarchischer Souveränität anzuknüpfen, trat dort schon in der altertümlichen Bezeichnung der oktroyierten Verfassung als »Charte« zutage.

Das zentrale Problem der Verfassunggebung in Deutschland war die Frage der Beteiligung des Volkes an der Ausübung der Staatsgewalt. Art. 13 der den Deutschen Bund konstituierenden Bundesakte vom 8. Juni 1815 hatte hierfür vorgesehen, daß »in allen Bundesstaaten [...] eine landständische Verfassung stattfinden (wird)«. Auch das stellte offensichtlich eine Anknüpfung an die Tradition, nämlich die ständestaatliche der deutschen

[8] So ausdrücklich Art. 56 der Wiener Schlußakte des Deutschen Bundes vom 8. Juni 1820. Verfassungstexte der Zeit sind abgedruckt *Dokumente zur deutschen Verfassungsgeschichte* Bd 1. Hrsg. von E. R. Huber. Stuttgart 1961 und *Reich und Länder*. Hrsg. von H. Boldt. München 1987.

Territorien dar und veranlaßte denn auch 1819 Friedrich von Gentz, den Mitarbeiter Metternichs, zu seiner berühmt-berüchtigten Unterscheidung von landständischen und Repräsentativ-Verfassungen, derzufolge in »landständischen« Verfassungen die Abgeordneten »durch sich selbst bestehender Körperschaften« (z.B. des Adels, der Geistlichkeit, der Universitäten oder Städte) nur »die Gerechtsame und das Interesse einzelner Stände«, nicht aber das ganze Volk zu vertreten berufen seien.[9] Diese, bewußt an altständische Verhältnisse anknüpfende Auslegung vermochte sich jedoch nicht durchzusetzen. Man findet in den Bestimmungen der frühen Verfassungen über die Zusammensetzung der Landtage bzw. über den von den Abgeordneten zu leistenden Eid vielmehr durchweg ihre Verpflichtung auf das allgemeine Wohl des Landes und das Verbot, Instruktionen von ihren Wählern entgegen zu nehmen, also ein Bekenntnis zum freien Mandat. Auch die Zusammensetzung der meist in zwei Kammern gegliederten Landtage war neuartig. Überall kamen nun auch die Bauern, die damals noch den weitaus größten Teil der Bevölkerung ausmachten, mit eigenen Vertretern zum Zuge. In der sächsischen Verfassung wurden 1831 sogar neben »Abgeordneten der Städte« auch »Vertreter des Handels- und Fabrikwesens« extra nominiert. Im Großherzogtum Baden wurde schon 1818 der Übergang vom ständischen Repräsentationsprinzip zum staatsbürgerlichen vollzogen: alle Bürger eines Wahldistrikts waren ab dem 25. Lebensjahr wahlberechtigt und wählbar; andere Länder folgten diesem Vorbild.[10]

Problematischer als die zum Teil in minutiöser Weise erfolgende Regelung der Zusammensetzung der Kammern und ihrer Verfahrensweise waren die in den Verfassungen unter der Rubrik »Wirkungskreis der Stände« aufgezählten Funktionen der Landtage. Verbreitet war zunächst die Vorstellung, daß es bei der neuen Organisation von Staat und Gesellschaft um eine Verbindung von »monarchischem« und »demokratischem Prinzip« gehe, wobei allerdings das demokratische nicht die »Oberhand« gewin-

[9] *Fr. Gentz: Über den Unterschied von landständischen und Repräsentativ-Verfassungen.* Abgedr. in: *Klüber-Welcker: Wichtige Urkunden für den Rechtszustand der deutschen Nation.* Mannheim 1844. 220–229. Zu Art. 13 der Bundesakte s. *W. Mager: Das Problem der landständischen Verfassungen auf dem Wiener Kongreß 1814/15.* In: HZ 217 (1973). 296–346; *B. Wunder: Landstände und Rechtsstaat.* Zur Entstehung und Verwirklichung des Art. 13 DBA. In: ZHF 5 (1978). 139–185.

[10] S. § 36 der Badischen Verfassung. Die Wahl zur 2. Kammer war hier wie auch anderswo eine mittelbare; es wurden zunächst Wahlmänner gewählt. Vgl. dazu und zu den damaligen Theorien über das Repräsentativsystem *H. Brandt: Landständische Repräsentation im deutschen Vormärz.* Neuwied/Berlin 1968, im weiteren zitiert: *Brandt: Landständische Repräsentation.* Einzelheiten bei *P. M. Ehrle: Volksvertretung im Vormärz.* Studien zur Zusammensetzung, Wahl und Fraktion der deutschen Landtage im Spannungsfeld zwischen monarchischem Prinzip und ständischer Repräsentation. 2 Teile. Frankfurt am Main 1979.

nen dürfe.[11] Einen Riegel gegen eine solche, von vielen befürchtete Entwicklung sollte die sog. Wiener Schlußakte vorschieben. In dieser Ergänzung der Bundesakte von 1815 verlangte Art. 57: »Da der deutsche Bund, mit Ausnahme der freien Städte, aus souveränen Fürsten besteht, so muß dem hierdurch gegebenen Grundbegriffe zufolge die gesamte Staatsgewalt in dem Oberhaupte des Staats vereinigt bleiben, und der Souverän kann durch eine landständische Verfassung nur in der Ausübung seiner Rechte an die Mitwirkung der Stände gebunden werden.« Genau besehen handelte es sich dabei freilich um eine sehr dehnbare Formel; denn an welchen Rechten die Ständeversammlungen mitwirken durften und wo nicht, war durch sie nicht festgelegt. Fixiert war in diesem, künftig als Ausdruck des in den deutschen Staaten geltenden »monarchischen Prinzips« verstandenen Artikel nur die Allzuständigkeit des Fürsten, nicht aber seine Alleinzuständigkeit. So heißt es denn auch 1835 in der berühmten *Politik* Dahlmanns zu dieser Frage: »Dunkel bleibt bei dem allen die Art des Zusammenwirkens mehrerer Gewalten, wofür Maß und Zahl auch wohl nicht anders als aus den lebendigen Beschaffenheitsverhältnissen zu gewinnen sein werden.«[12]
38, 98.

Gestritten wurde dabei zunächst um die Frage, ob die Stände überhaupt das Recht, etwas mitzubeschließen, hätten oder nur beratend tätig sein sollten. In den Verfassungen jener Zeit wird ihnen meist das Recht zur Beschwerde und Petition eingeräumt. Auch dürfen sie über Gesetze mitberaten und mitbestimmen, wenn diese – so die berühmte Freiheits- und Eigentumsformel des Titel VII § 2 der bayerischen Verfassung – »die Freyheit der Personen oder das Eigenthum der Staatsangehörigen« betreffen; allerdings besaßen sie nicht das Recht, selbst Gesetze zu initiieren. Steuern und Anleihen unterlagen ihrer Bewilligung; dagegen stand ihnen anfänglich – außer in Württemberg – nicht das Recht zu, über den Haushaltsplan zu befinden; die Kontrolle der Staatsausgaben blieb lange Zeit umkämpft.

Grundgedanke der Konstruktion war offenbar der, daß die Gestaltung der öffentlichen Verhältnisse und die Initiative dazu nach wie vor beim Monarchen liegen sollte und den Ständen nur die Funktion der Kontrolle und der Einlegung eines Vetos zukäme. Das hat Robert von Mohl in seinem *Staatsrecht des Königreichs Württemberg* 1829/30 besonders klar zum Ausdruck gebracht. Doch stand diesem Staatsverständnis in der Theorie des Vormärzes ein anderes gegenüber, welches davon ausging, daß Monarch

[11] Nachweise bei *H. Boldt: Deutsche Staatslehre im Vormärz.* Düsseldorf 1975. 17 f. im weiteren zitiert: *Boldt: Staatslehre.*

[12] *F. C. Dahlmann: Die Politik, auf den Grund und das Maß der gegebenen Zustände zurückgeführt (1835).* 2. Aufl. Göttingen 1847. 18. Ähnlich schon *J. Chr. Freiherr von Aretin: Staatsrecht der konstitutionellen Monarchie.* Bd 1. Altenburg 1824. 159. Vgl. *Boldt: Staatslehre. 38, 98.*

und Stände in den neuen Verfassungsstaaten zusammenzuwirken hätten, daß sie sich nicht oppositionell, sondern freundschaftlich gegenüberstünden und zwischen ihnen eine Gewaltenteilung (im Sinne der Gewalten*teilhabe* an der Legislative) stattfinde.[13]

In der Praxis fand indessen etwas ganz anderes statt, nämlich trotz aller Beschwörungen, daß der Monarch die »positiv gestaltende Macht im Staate«, der »Führer der Entwicklung« bleiben müsse,[14] seine Reduzierung auf eine bloße Vetofunktion. Dem trugen schon recht früh Versuche, die Stellung des Fürsten konkret zu umreißen, Rechnung. So der des Göttinger Historikers Heeren, der mit der Formel: »nichts gegen, nichts ohne« den Fürsten, eine »Grenzlinie« zu ziehen trachtete, die ein Monarch beachten müsse, wenn er seine Stellung als Souverän nicht gefährden wolle.[15] Aus dieser Formel leitete Heeren bestimmte unverzichtbare Rechte des Fürsten gegenüber den Ständen wie das zu ihrer Einberufung, das der Vertagung und das der Auflösung der zweiten Kammer ab. Er erachtete es für opportun, die Ständeversammlung zwar nicht im Bereich der Außenpolitik, wohl aber über die inneren Angelegenheiten des Staates, und hier insbesondere bei der Gesetzgebung und der Bewilligung der Steuern, mitbeschließen zu lassen, und hielt sogar eine ständische Gesetzesinitiative für zulässig, da ihr gegenüber dem Monarchen ja ein Vetorecht verbleibe, so daß nichts gegen seinen Willen geschehen könne.

Aber nicht nur durch die Stände, sondern vor allem auch durch seine Minister sah sich der Monarch in der heraufkommenden konstitutionellen Monarchie gebunden. Er behielt zwar das Recht, sie zu ernennen und zu entlassen, doch blieb er in seinen Anordnungen auf ihre Gegenzeichnung angewiesen. Die konnte auch verweigert werden, denn mit ihr übernahmen die Minister die politische Verantwortung und setzten sich möglicherweise einer Ministeranklage aus. Um sich davor zu schützen, besaßen sie das Recht zur freien Demission. Angesichts dieser Sachlage – und weil sich die modernen Staaten nicht mehr mit Allerhöchsten Kabinettsbefehlen regieren ließen – gewann das Institut der Ministerregierung zu Beginn des neuen Jahrhunderts an Selbständigkeit und Bedeutung. Beamten-Minister und eine von den Ideen der Aufklärung inspirierte Bürokratie waren es, die damals die Pläne zur Reorganisation von Staat und Gesellschaft entwarfen. Die Minister sollten für ihre Vorstellungen in den Ständeversammlungen werben – und es wurde deshalb zuweilen sogar als wünschenswert angesehen, daß sie nicht nur in den Landtagen erschienen, sondern dort Sitz und

[13] *Boldt: Staatslehre.* 91 ff., 186 ff.

[14] So *Stahl* in seiner Kampfschrift *Das monarchische Prinzip.* Heidelberg 1845. 12.

[15] *A. H. L. Heeren: Über die Entstehung, die Ausbildung und den praktischen Einfluß der politischen Theorien und die Erhaltung des monarchischen Princips in dem neuren Europa.* In: Historische Werke. 1. Teil. Göttingen 1821. 438 ff.; *Boldt: Staatslehre.* 38 ff.

Stimme hätten.[16] Der Monarch aber rückte so unaufhaltsam aus dem Mittelpunkt des Geschehens.

Das wird besonders deutlich bei einem der frühesten Theoretiker der neuen Monarchie, Benjamin Constant, der in seinen »principes des politique« schon 1815 den Monarchen nicht mehr zu den pouvoirs actifs im Staate rechnete. Aktiv handeln nach Constants Vorstellungen die Minister und die beiden Kammern in dem in einer konstitutionellen Monarchie üblichen Zweikammersystem. Der Monarch nimmt ihnen gegenüber die Stellung eines »pouvoir neutre« ein, der erst im Konfliktfall ausgleichend eingreift und zwar entweder dadurch, daß er die Opposition der ersten Kammer gegen die anderen pouvoirs mit einem Pairsschub bricht oder die gegen die Parlamentsmehrheit regierenden Minister entläßt oder aber eine renitente zweite Kammer auflöst und Neuwahlen anordnet. In diesem Fall gibt er allerdings die Entscheidung über die Beilegung des Konflikts aus seinen Händen. Das letzte Wort hat bei diesem »appel au peuple« der Wähler, die öffentliche Meinung. Dies konnte nach Constants Ansicht dazu führen, daß bei einer Bestätigung der Kammerzusammensetzung durch die Wählerschaft der Monarch sich am Ende gezwungen sah, sein Ministerium zu entlassen, um die Harmonie zwischen den pouvoirs wiederherzustellen.[17]

Constants Darlegungen sind als frühes Bekenntnis zum parlamentarischen Regierungssystem, als Votum für eine parlamentarische Monarchie, verstanden worden.[18] Darum handelte es sich nun freilich nicht; denn eine Verschiebung des politischen Schwerpunkts auf die Abgeordnetenkammer fand bei ihm nicht statt. Weder ein Mißtrauensvotum der Abgeordnetenmehrheit, das die Regierung zum Rücktritt zwingt, noch gar eine Regierungsbildung durch das Parlament selbst waren in dieser Konstruktion vorgesehen. Constant zeigte sich vielmehr bemüht, das Gleichgewicht zwischen den pouvoirs zu erhalten – und die Erfüllung dieser Aufgabe war das, was seiner Meinung nach dem Monarchen in einem konstitutionellen System zu tun verblieb.

Starke Ähnlichkeiten mit Constants Argumentation, daß der Monarch nicht selbst regieren könne, da er ja keine Verantwortung für seine Regierungsakte übernehme, weisen in der deutschen Diskussion die Ausführungen des »ersten rheinischen Liberalen«, Johann Friedrich Benzenberg, auf. Benzenberg, ein Vertrauter des preußischen Staatskanzlers Hardenberg, plädierte

[16] *Boldt: Staatslehre.* 111 ff., *Huber: Deutsche Verfassungsgeschichte.* 338 ff., *Stolleis: Geschichte.* 105 ff.

[17] *B. Constant: Principes de politique applicables à les gouvernements représentatifs et particulièrement à la constitution actuelle de la France.* Wiederabgedr. in: *Oeuvres de B. Constant.* Présentes et annotés par A. Roulin. Paris 1957. 1099–1250.

[18] *Boldt: Staatslehre.* 142 ff.

in seiner 1816 erschienenen Schrift *Über Verfassung* für eine Kanzlerregierung und ein Zweikammersystem, das den Vorteil habe, daß der Kanzler notfalls mit Rückendeckung durch die 1. Kammer gegen die »Kammer der Gemeinen« regieren könne. Stellten sich jedoch beide Kammern gegen ihn, so sei das ein Zeichen dafür, daß das Ministerium abtreten müsse. Ob dies aber auch der Ansicht des Volkes entspreche, sei durch die »öffentliche Meinung«, über die Presse und durch eine Auflösung der 2. Kammer, verbunden mit Neuwahlen, in Erfahrung zu bringen. Benzenberg wörtlich: »Die öffentliche Meinung entscheidet, und darin liegt eben das Erhaltende im gesetzmäßigen Königthume, daß die Regierung sich nicht von der öffentlichen Meinung entfernen darf, und daß mit Hilfe der Verfassung die öffentliche Meinung immer auf eine schickliche und gesetzmäßige Weise auf die Regierung einwirken kann. [...] Hat bey der neuen Kammer der Canzler wieder die Mehrzahl gegen sich, so muß er und das ganze Ministerium abgehen und der König einen Canzler ernennen, der dem Volke angenehmer.«[19]

So weit wie Benzenberg sind die deutschen Theoretiker des Konstitutionalismus bei der Adaption Constantscher Vorstellungen sonst nicht gegangen. Der »Appell ans Volk« spielte für viele von ihnen als probates Mittel zur Beilegung konstitutioneller Konflikte zwar eine Rolle, doch blieb die Herrschaftsposition des Monarchen generell unangetastet. Thiers Diktum aus den dreißiger Jahren: »le roi règne, mais il ne gouverne pas«, wurde ebensowenig rezipiert wie Constants Idee eines pouvoir neutre.[20] Der Übergang zum parlamentarischen Regierungssystem ist erst 1846 von Robert von Mohl empfohlen worden, bekanntlich ohne Erfolg.[21] Um 1820 war man noch längst nicht so weit, derartige Konsequenzen aus der neuartigen Einrichtung der konstitutionellen Monarchie zu ziehen, im Gegenteil. 1818 meldete sich mit des Herrn von Haller *Restauration der Staats-Wissenschaft* die Reaktion nachhaltig zu Wort. Von ihr ging der Versuch aus, die alte patrimoniale Vorstellung vom Eigentum des Fürsten am Staat wiederzubeleben; der Berner Patrizier Haller deutete im Rückgriff auf die Zeit des Mittelalters die Beziehungen der Untertanen zum Monarchen sogar als ein privates, lehnsartiges Dienstverhältnis.[22] Wenn diese Ansichtsweise auch keine Chance mehr hatte, sich durchzusetzen, so ist sie doch in konservativen

[19] *J. F. Benzenberg: Über Verfassung. Dortmund 1816.* 235; *Boldt: Staatslehre.* 154, *Brandt: Landständische Repräsentation.* 188.

[20] Vgl. *Boldt: Staatslehre.* 121 und passim, dort auch zur Ablehnung von Hegels nur den »i« Punkt setzenden Monarchen in der Literatur.

[21] *R. von Mohl: Über die verschiedene Auffassung des repräsentativen Systems in England, Frankreich und Deutschland.* In: Tübinger Zeitschrift für die gesamte Staatswissenschaft 3 (1846). 451–495.

[22] *C. L. von Haller: Restauration der Staats-Wissenschaft oder Theorie des natürlich-geselligen Zustandes; der Chimäre des künstlich-bürgerlichen entgegengesetzt.* Bd 1. Winterthur 1816. 463 und passim.

Kreisen lange Zeit gepflegt worden, bis Stahls *Philosophie des Rechts nach geschichtlicher Ansicht* dem Konservativismus um die Jahrhundertmitte eine realistischeres staatsrechtliches Fundament verschaffte.[23] Beherrscht wurde das Feld der konstitutionellen Theorie damals jedoch weitgehend von jenen »liberalen« Autoren, die in den Ständeversammlungen echte mitbeschließende Organe im Staate und nicht nur von den gesellschaftlichen Gruppierungen delegierte Beratungsgremien sahen, wobei die einen mehr die Mitwirkung, die »versöhnliche« Zusammenarbeit mit der Regierung betonten, die anderen dagegen die Rolle der Abgeordneten insgesamt als »Opposition«. Für beide Richtungen aber war der Monarch nunmehr »Verfassungsmonarch« geworden, ein Staatsorgan, für dessen Legitimation die Idee des Gottesgnadentums nicht länger taugte, wohl aber jene andere Vorstellung von einer vertraglichen Begründung (und damit auch der verfassungsmäßigen Begrenzung) der monarchischen Macht.[24]

II

Wenn wir uns nach dieser kurzen Situationsskizze nun Hegels Staatsvorstellung in den *Grundlinien* zuwenden, so ist vorab zweierlei zu bemerken: Wie bekannt und oft betont ist Hegels Konzeption offensichtlich aus einer ständigen Auseinandersetzung mit der politischen Entwicklung seiner Zeit entstanden, sie läßt sich aber nicht einfach einer der vorhandenen bzw. allmählich herausschälenden »Richtungen« zuordnen,[25] sondern liegt eher quer zu ihnen, was eine Interpretation aus verfassungsgeschichtlicher Sicht erschwert. Wie sie sich aus dieser Perspektive ausnimmt, möchte ich in den folgenden 20 Punkten erörtern:[26]

[23] *Fr. J. Stahl: Die Philosophie des Rechts nach geschichtlicher Ansicht.* II,2: Die Staatslehre und die Prinzipien des Staatsrechts. Heidelberg 1837.

[24] *Boldt: Staatslehre.* 58 ff. Vgl. auch *O. Brunner: Vom Gottesgnadentum zum monarchischen Prinzip.* Der Weg der europäischen Monarchie seit dem hohen Mittelalter (1956). Wiederabgedr. in: *Die Entstehung des modernen souveränen Staates.* Hrsg. von H. H. Hofmann. Köln/Berlin 1967. 115–136.

[25] Zum Versuch, verschiedene Richtungen im politischen Spektrum des Vormärz zu unterscheiden, vgl. *Boldt: Staatslehre.* 284 ff. und *Brandt: Landständische Repräsentation.* 47 ff.

[26] Zu berücksichtigen ist dabei, daß eine verfassungsgeschichtliche Interpretation der *Grundlinien* sich durchaus von der philosophischen, etwa der Auslegung der Ausführungen Hegels aus dem Zusammenhang seines Werks, d. h. der *Rechtsphilosophie* als Anwendung der *Logik*, unterscheidet und zu verschiedenen Ergebnissen führen kann. Das wird im Folgenden deutlich werden. Welche Interpretation die »richtige« ist, bleibt dabei offen. Es scheint so, daß Hegel als aufmerksamer Betrachter der Zeitgeschehens beide Perspektiven, die immanent-philosophische (auch philosophiegeschichtliche) und die politisch-verfassungsmäßige miteinander verbindet. Zur verfassungsgeschichtlichen Interpretation der Rechtsphilosophie s. auch die Beiträge in: *Hegels Rechtsphiloso-*

1. Zunächst zum Titel der *Rechtsphilosophie*. Er weist eine eigenartige, seine Zeitgenossen verwirrende, doppelte Benennung auf, nämlich zum einen *Grundlinien der Philosophie des Rechts*, zum anderen *Naturrecht und Staatswissenschaft im Grundrisse*. Mit der letzteren Bezeichnung erweckt Hegel den Anschein, als wolle er zwei bekannte Disziplinen seiner Zeit miteinander vereinen: das »Naturrecht«, das er, um Mißverständnisse, die sich aus dem Präfix »Natur« ergeben können, in damals bereits üblicher Weise als »philosophisches Recht« (§ 3)[27] bezeichnet, und die »Staatswissenschaft«, eine empirische, auf Praxis zielende Disziplin, deren Inhalt zu Hegels Zeit außer der Staatsverfassungslehre vor allem Staatsverwaltungssachen wie Polizei, Finanzen, Staatsökonomik, Zivil- und Strafjustiz, Militärangelegenheiten, umfaßte.[28] Das hat ihm in den Rezensionen seines Werks den Vorwurf eingetragen, daß er zwei disparate Wissenschaften miteinander vermenge, ohne dabei mehr als ein paar dürftige Notizen zur »Staatswissenschaft« beizusteuern.[29] Tatsächlich ist das, was Hegel in den *Grundlinien* zur »Polizei« (§§ 230 ff.), zur »Staatsökonomik« (§ 189) oder zur Frage der staatlichen Finanzen (§ 299) ausführt, für jemanden, der staatswissenschaftliche Belehrung erwartet, äußerst wenig. Offensichtlich aber prätendiert Hegel auch gar nicht, sie zu geben, sondern er versteht, wie er in der Vorrede zur *Rechtsphilosophie* darlegt, unter Staatswissenschaft den philosophischen Versuch, »den Staat als ein in sich Vernünftiges zu begreifen und darzustellen«, und zwar ohne dabei auf die »unendlich mannighaftigen Verhältnisse«, die ihm zu eigen sind, eingehen zu wollen. Das ist eine deutliche Umdefinition einer etablierten Disziplinbezeichnung. Ob es sich dabei um eine Anknüpfung an die alte, auf der *Politik* das Aristoteles fußenden Schulphilosophie handelt, von der sich die modernen *Staatswissenschaften* seit der Mitte des 18. Jahrhunderts emanzipiert haben, bleibe hier zunächst dahingestellt.[30]

phie im Zusammenhang der europäischen Verfassungsgeschichte. Hrsg. von H.-Chr. Lucas u. O. Pöggeler. Stuttgart-Bad Cannstatt 1986, im weiteren zitiert: *Hegels Rechtsphilosophie im Zusammenhang*.

[27] S. *M. Riedel: Studien zu Hegels Rechtsphilosophie*. Frankfurt am Main 1969. 70 f. Zum Sprachgebrauch der Zeit vgl. *D. Klippel : Politische Freiheit und Freiheitsrechte im deutschen Naturrecht des 18. Jahrhunderts*. Paderborn 1976. 196. Die Paragraphenhinweise im Text beziehen sich auf *G.W.F. Hegel: Grundlinien der Philosophie des Rechts*. Auf der Grundlage der Werke von 1832–1845 neu edierte Ausgabe. Redaktion E. Modenhauer u. K.M. Michel. Frankfurt 1970. (Vgl. auch § 4: das Recht als zum Reich des Geistes als eine »zweite Natur« gehörend).

[28] Ein kontemporäres Beispiel dafür bietet *W. J. Behr: Neuer Abriß der Staatswissenschaftslehre*. Zum Gebrauche für Vorlesungen nebst einem Versuch des Grundrisses einer Constitution für Monarchien. Bamberg/Würzburg 1816.

[29] S. *Riedel: Materialien*. 81 ff. (Rezension durch Herbarth 1821) und 131 (anonym 1822).

[30] Auf die Anknüpfung an die Tradition heben *J. Ritter: Moralität und Sittlichkeit*. Zu Hegels Auseinandersetzung mit der kantischen Ethik. In: *M. Riedel: Materialien zu He-*

2. Größere Aufmerksamkeit als die merkwürdige Unterscheidung von »Naturrecht« (das als Disziplin selbst ja immer schon einen dem Staat gewidmeten Teil enthielt) und »Staatswissenschaft« hat Hegels Gegenüberstellung von »Staat« und »bürgerlicher Gesellschaft« gefunden. Hegel adaptiert damit offenbar schon vor der Abfassung der *Grundlinien* eine Vorstellungsweise,[31] die seit Ende des 18. Jahrhunderts aufkommt,[32] und legt sie dem Aufbau des dritten Teils seines Grundrisses in der bekannten Dreiteilung Familie – bürgerliche Gesellschaft – Staat zugrunde. Dabei betont er ausdrücklich, daß man »Staat« und »bürgerliche Gesellschaft« nicht miteinander verwechseln dürfe – offensichtlich lag dergleichen in seiner Zeit noch nahe (§ 258 A). Diesem von ihm gegebenen Hinweis folgt die Sekundärliteratur, wenn sie ganz generell Hegels »bürgerliche Gesellschaft« mit dem, was er »System der Bedürfnisse« nennt, gleichsetzt ungeachtet dessen, daß dieses »System« nur ein Moment der bürgerlichen Gesellschaft darstellt, zu dem noch zwei andere: Rechtspflege und Polizei (sowie die ständischen Korporationen), gehören (§ 188). Die im Abschnitt über die »bürgerliche Gesellschaft« ausführlich erörterte Dreigliederung bedeutet freilich nicht, daß Hegel die Rechtspflege und Polizei (wie die Ehe oder ständische Organisationen) zu den gesellschaftlichen bzw. vorstaatlichen Institutionen rechnet, wie dies gelegentlich angenommen wird,[33] denn er sagt an anderer Stelle ausdrücklich, daß es sich bei ihnen um *staatliche* Gewalten handele (§ 287). Andererseits verbietet es sich aber auch, von ihnen einfach als staatlichen Tätigkeiten zu reden, die nur deshalb schon im Kontext der bürgerlichen Gesellschaft erörtert werden, weil sie deren Existenz und Ordnung garantieren, was die Gesellschaft, auf sich gestellt, nicht zu leisten vermag.[34] Die hierin liegende existentielle Abhängigkeit der Gesellschaft vom Staat wird von Hegel zwar gesehen und the-

gels Rechtsphilosophie. Frankfurt am Main 1975. (Bd 2) 229 und *M. Riedel: Studien zu Hegels Rechtsphilosophie.* Frankfurt am Main 1969. 104 ab. S. dazu auch u. Punkt 15. Zum Zusammenhang der alten *Politik* und *Staatswissenschaft* sowie deren Emanzipation vgl. J. *Brückner: Staatswissenschaften, Kameralistik und Naturrecht.* Ein Beitrag zur Geschichte der Politischen Wissenschaft im Deutschland des 17. und frühen 18. Jahrhunderts. München 1977, bes. 291 ff.

[31] S. *E. Weisser-Lohmann* in diesem Band 137–166.

[32] Vgl. *D. Klippel : Politische Freiheit und Freiheitsrechte im deutschen Naturrecht des 18. Jahrhunderts.* Paderborn 1976. 136 ff. sowie den Artikel *Gesellschaft, bürgerliche* in: *Geschichtliche Grundbegriffe.* Historisches Lexikon zur politisch-sozialen Sprache in Deutschland. Hrsg. von O. Brunner, W. Conze. u. R. Koselleck. Bd 2. Stuttgart 1975. 719- 800, hier: 767 ff. (im weiteren zitiert: *Geschichtliche Grundbegriffe*).

[33] So z.B. *B. Bourgeois: Der Begriff des Staates.* In: *G. W. F. Hegel. Grundlinien der Philosophie des Rechts.* Hrsg. von L. Siep. Berlin 1997. 236, im weiteren zitiert: *G. W. F. Hegel. Grundlinien.*

[34] So z.B. *A. von Bogdandy: Hegels Theorie des Gesetzes.* München 1989. 103 ff. Kritisch dagegen *Chr. Jermann: Die Familie, die bürgerliche Gesellschaft.* In: Anspruch und

matisiert, dies aber so, daß er den unaufgebbaren Zusammenhang zwischen gesellschaftlicher Bedürfnisbefriedigung und staatlicher Ordnungsleistung selbst als Staat, nämlich als »Not- und Verstandesstaat« bzw. »äußerlichen Staat« bezeichnet (§§ 157, 183) demgegenüber das, was er im folgenden Abschnitt unter »Staat« erörtert, als der »eigentlich politische Staat« erscheint (§ 267). Der Ausdruck »Staat« wird also zum einen als Synonym für »bürgerliche Gesellschaft« verwandt, zum andern ihr als Bezeichnung von etwas anderem gegenübergestellt.

Verfassungsgeschichtlich läßt sich der bei Hegel schwankende Sprachgebrauch so erklären, daß sich hier zwei, in der damaligen Zeit miteinander konkurrierende Vorstellungen überlappen. Zum einen spielt in der *Rechtsphilosophie* offenbar noch jene ältere Auffassung eine Rolle, in der »bürgerliche Gesellschaft« eine Übersetzung des Traditionsbegriffs der »societas civilis« darstellt, also »Staat« meint.[35] Diese Vorstellung nimmt Hegel in der modern-naturrechtlichen Version einer *civil society* auf, in der die »Subsistenz und das Wohl der Einzelnen« gesichert werden (§ 183) und »die Individuen ... als Bürger dieses (sic!) Staates Privatpersonen (sind), welche ihr eigenes Interesse zu ihrem Zwecke haben« (§ 187), weswegen der zwischen ihnen obwaltende Ordnungszusammenhang sich – für Hegel – nur zur »Form der Allgemeinheit« erhebt (§§ 157, 182, 186 f.) und damit bloß »äußerlicher« oder »Not- und Verstandesstaat« bleibt. Zum andern schlägt bereits die neuere Sichtweise durch, welche bürgerliche Gesellschaft und Staat voneinander unterscheidet und unter »Staat« die öffentliche Gewalt und Regierung versteht, die der Gesellschaft als Ordnungsgarant gegenübertritt. Das führt bei Hegel dazu, daß er das, was er unter Staat in einem nicht nur äußerlichen Sinne, sondern als »politischer Staat« bezeichnet, der laut § 257 die »Wirklichkeit der sittlichen Idee« darstellt, mit den in den folgenden Paragraphen abgehandelten Staatsgewalten verbinden und einer »Gesellschaft« gegenüberstellen kann, die nicht Staat in diesem Sinne ist, wohl aber in reduzierter, bloß »äußerlicher« Weise, reduziert allerdings nicht nur *auf* die staatlichen Institutionen, die zu ihrer Erhaltung notwendig sind, sondern auch *um* die Gewalten, die nunmehr dem »anderen« Staat zugeschlagen werden.[36] Das hat merkwürdige Konsequenzen: So finden wir einerseits

Leistung von Hegels Rechtsphilosophie. Hrsg. von Chr. Jermann. Stuttgart-Bad Cannstadt 1987. 171 f.

[35] So spricht der Brockhaus noch in seiner 8. Auflage 1836 von »Staat oder bürgerliche Gesellschaft« (s. Geschichtliche Grundbegriffe Bd 6. 601). Zur Geschichte der »societas civilis« und ihrer Übersetzung als »bürgerliche Gesellschaft« s. *M. Riedel: Der Begriff der »Bürgerlichen Gesellschaft« und das Problem seines geschichtlichen Ursprungs.* In: *ders.: Studien zu Hegels Rechtsphilosophie.* Frankfurt am Main 1969, 135–166.

[36] Die Trennung von Gesetzgebung als zu einer »anderen Sphäre« gehörend und Gesetzesanwendung in der Rechtspflege trotz Entwicklung der Gesetzgebung durch diese erfolgt schon in § 109 der Wannenmann- Nachschrift 1817/18.

staatliche Institutionen wie Rechtspflege und Polizei, die von Hegel ausdrücklich als Teile der Regierungsgewalt apostrophiert werden (§ 287), unter der Rubrik »bürgerliche Gesellschaft« dem Not- und Verstandesstaat zugeordnet, während die Regierung sonst im Abschnitt über den Staat abgehandelt wird. Ebenso wird das Gesetz als zentraler Ordnungsfaktor der bürgerlichen Gesellschaft zusammen mit den es anwendenden Gerichten in der Sphäre des äußerlichen Staates erörtert (§§ 211 ff., 219 ff.), die Gesetzgebung dagegen wiederum, obwohl die ständisch gegliederte Gesellschaft Anteil an ihr hat, im eigentlichen Staatsteil. Diese merkwürdige Aufteilung mag philosophisch begründbar sein, verfassungsgeschichtlich läßt sie sich indessen nur aus einer begriffshistorischen Übergangssituation erklären. Dabei handelt es sich allerdings nicht nur um ein begriffsgeschichtlich interessantes Phänomen, sondern es kommt darin auch eine tiefgehende Ambivalenz der Hegelschen Staatsvorstellung zum Ausdruck, die von der simplen Auffassung, Hegel stelle bürgerliche Gesellschaft und Staat einfach gegenüber und verschränke sie nur soweit miteinander, als es für die Existenz der Gesellschaft notwendig ist, weniger erhellt als verdeckt wird. Vielmehr wird man davon ausgehen müssen, daß es sich bei Hegels Unterscheidung von Staat und bürgerlicher Gesellschaft noch nicht um die einfache Trennung eines nicht-staatlichen, gleichwohl des Staates bedürftigen Bereichs vom staatlichen handelt, sondern um die Unterscheidung zweier Aspekte des Staates, deren institutionelle Trennlinie fragwürdig bleibt. Darauf wird unter Punkt 14 noch näher einzugehen sein.

3. Hegel bezeichnet den Staat, um den es ihm geht, seiner institutionellen Ausprägung nach als »konstitutionelle Monarchie« (§ 273). Er nimmt damit einen in seiner Zeit frisch geprägten Ausdruck auf, der sich erst in den zwanziger Jahren für die neuen Staatswesen durchzusetzen beginnt.[37] Gemeint ist damit aber nicht einfach eine besondere Art der Monarchie, die in der herkömmlichen Staatsformeneinteilung neben der Demokratie und Aristokratie steht, sondern Hegel begreift das Neue als für seine Zeit letztgültige Erscheinung der Idee des Staates, in der die überkommenen Formen aufgenommen und zu »Momenten herabgesetzt« sind. In der konstitutionellen Monarchie, so sagt er, herrscht *Einer* als Monarch, üben *Einige* die Regierungsgewalt aus und nimmt die *Vielheit* an der Gesetzgebung teil (§ 273 A). Das weist Anklänge an die aus der Antike stammende Mischverfassungstheorie auf, die bei der Konstituierung des modernen Konstitutio-

[37] Die Bezeichnung findet sich schon 1815 bei Constant. Bei Hegel bereits in § 137 der Vorlesung 1817/18, und etwa gleichzeitig bei Heeren. Dann in den zwanziger Jahren bei Aretin (s. Anm. 12) und anderen. Gesprochen wird auch von »Einherrschaft mit Volksvertretung« u. ä. Vgl. dazu den Artikel »Monarchie« in: *Geschichtliche Grundbegriffe*. Bd 4. 192.

nalismus in England im 18. Jahrhundert eine maßgebliche Rolle gespielt und in der Form des »King in Parliament« (mit »aristokratischem« House of Lords und »demokratischem« House of Commons) Geschichte gemacht hat.[38] Hegel begreift indessen die konstitutionelle Monarchie nicht als eine einfache Mischung der Formen, wie dies viele seiner Zeitgenossen tun, die von einer »Versöhnung« von »monarchischem« und »demokratischem Prinzip« im neuen Staatswesen reden;[39] er lehnt solche Überlegungen in der Anmerkung zum § 273 vielmehr ausdrücklich ab: In der Monarchie sind die als demokratisch oder aristokratisch angesprochenen Elemente »nicht mehr Demokratisches oder Aristokratisches«.[40] Mit seiner die monarchische Qualität der neuen Staaten betonenden Darstellungsweise steht er somit in einem deutlichem Gegensatz etwa zum altersgleichen Carl von Rotteck, einem der führenden badischen Liberalen, der einer strikt dualistischen Auffassung von der konstitutionellen Monarchie huldigte.[41]

4. Zu den Merkwürdigkeiten der Hegelschen Überlegungen über den Staat gehört, daß er eine konstitutionelle Monarchie ohne »Konstitutionen« denkt, wenn man denn, wie seit der amerikanischen und französischen Revolution üblich, unter »Konstitution« ein schriftlich gegebenes oder »gemachtes« Staatsgrundgesetz versteht, das möglicherweise sogar – wie es Artikel 16 der französischen Menschenrechtsdeklaration formuliert – eine Garantie der Menschenrechte und eine Trennung der Gewalten vorzusehen hat.[42] Hegel lehnt bekanntlich das »Machen« einer Verfassung ab – verständlich von seinem Standpunkt aus, demzufolge die Verfassung in ihren vielfältigen Formen (»Rechtsverfassung« der bürgerlichen Gesellschaft (§ 157), »politische Verfassung« des Staates (§ 269) u. a. m.) etwas immer schon Vorhandenes, allenfalls durch Gesetzgebung zu Änderndes darstellt (§§ 273 A, 298). Er setzt sich damit aber in strikten Gegensatz zu der Verfassungsbewegung seiner Zeit, die inzwischen auch die deutschen Staaten, inklusive

[38] S. dazu in *Geschichtliche Grundbegriffe* Bd 2, Artikel »Gewaltenteilung«. 927 sowie allgemein *W. Nippel: Mischverfassungstheorie und Verfassungsrealität in Antike und früher Neuzeit.* Stuttgart 1980; *V. Wember: Verfassungsmischung und Verfassungsmitte.* Moderne Formen gemischter Verfassungen in der politischen Theorie des beginnenden Zeitalters der Gleichheit. Berlin 1977.

[39] Beispiele in *Boldt: Staatslehre.* 17 f.

[40] S. außer § 273 A auch § 308 A und – positiver – in § 151 der Vorlesungsnachschrift von 1817/18.

[41] So in verschiedenen Schriften zwischen 1819 und 1840, s. insbes.: *Lehrbuch des Vernunftrechts und der Staatswissenschaften.* Bd 2: Lehrbuch der Allgemeinen Staatslehre. Stuttgart 1830.

[42] Art. 16: »Toute société, dans laquelle la garantie des droits n'est pas assurée, ni la séparation des pouvoirs déterminée, n'a point de constitution«. Zur Entwicklung des modernen Verfassungsbegriffs vgl. *G. Stourzh: Wege zur Grundrechtsdemokratie.* Wien/Köln 1989.

Preußens, ergriffen hatte und der es gerade darum ging, etwas Neues durch einen verfassunggebenden Akt zu schaffen.[43] Mit seiner Auffassung rückt Hegel in die Nähe der Historischen Rechtsschule, der gegenüber er zwar das Recht einer Nation bzw. ihres Juristenstandes, Gesetzbücher zu machen, verteidigt, aber eben doch nur solche, bei denen es sich um eine Systematisierung des vorhandenen Rechtsstoffes, nicht jedoch um dem Inhalt nach neue Regeln handelt (§ 211A).[44]

5. In einer gewissen Parallelität zu den zeitgenössischen Auffassungen von einer Teilung der Staatsgewalt steht dagegen Hegels Konzeption von den drei Gewalten, in die sich der politische Staat »dirimiert«: die gesetzgebende, die Regierungs- und die fürstliche Gewalt (§ 273). Mit dieser Unterscheidung weicht Hegel von der bekannten Dreiteilung: gesetzgebende, ausführende und rechtsprechende Gewalt zwar ab, es ist aber zu berücksichtigen, daß es zu seiner Zeit eine gefestigte Auffassung von der Gewaltenteilung noch nicht gegeben hat.[45] Dies gilt insbesondere von der Zuordnung der Rechtsprechung. In den Anfängen der Gewaltenteilungstheorie, etwa bei Locke, spielt sie noch keine eigenständige Rolle. Auch für Montesquieu, auf den im allgemeinen die klassische Dreiteilung zurückgeführt wird, ist sie noch »en quelque facon nulle«.[46] Noch um die Jahrhundertwende stehen Zahl und Art der Gewalten in Deutschland nicht fest, ungeachtet aller philosophischen Versuche, der klassischen Trias ein logisches Fundament zu geben.[47] In der folgenden Zeit herrscht Streit darüber, ob die Gewaltenteilung überhaupt zu akzeptieren und in welcher Weise sie in den neuen Staaten einzuführen bzw. dort bereits verwirklicht sei.[48] Wenn Hegel von einer

[43] Zu Preußen und Hegel s. *R. Grawert: Verfassungsfrage und Gesetzgebung in Preußen.* Ein Vergleich der vormärzlichen Staatspraxis mit Hegels rechtsphilosophischen Konzept. In: *Hegels Rechtsphilosophie im Zusammenhang*, 257–309.

[44] Dazu im Einzelnen *L. Siep: Vernunftrecht und Rechtsgeschichte.* Kontext und Konzept der Grundlinien im Hinblick auf die Vorrede. In: *G. W. F. Hegel. Grundlinien*, 5–29, bes. 15 ff. (Anm. 33). Zur Reife eines Volkes für eine (moderne) Verfassung vgl. *Grundlinien* § 274 Zus. (Spanien) und die Vorlesungsnachschrift 1817/18 § 134 (frz. Charte); zur sukzessiven Verfassungsänderung durch Gesetzgebung s. § 298.

[45] Dies in Ergänzung zur eingehenden Analyse von *L. Siep: Hegels Theorie der Gewaltenteilung.* In: *ders.: Praktische Philosophie im Deutschen Idealismus.* Frankfurt am Main 1992. 240–269. Vgl. allgemein dazu und zur deutschen Diskussion um die Jahrhundertwende den Artikel *Gewaltenteilung* in: *Geschichtliche Grundbegriffe.* Bd 2. 923–958.

[46] Für Locke s. das 12. Kapitel des *Second Treatise on Civil Government*, für Montesquieu das berühmte Englandkapitel in *De l'esprit des Lois.* XI, 6. Ähnlich Hegel § 272 Zus. am Ende.

[47] Unter anderem wird auch eine besondere oberaufsehende Gewalt, ein ius supremae inspectionis, diskutiert. Versuch einer »logischen« Begründung der Dreiteilung der Gewalten dagegen bei *Kant* in der *Metaphysik der Sitten.* Rechtslehre, § 45.

[48] Vgl. *Boldt: Staatslehre.* 91 ff.

Teilung der Gewalten die »Zertrümmerung des Staats« befürchtet (§ 272 A), so steht er mit dieser Ansicht nicht allein da.[49] In der Vorstellung der Gewaltenteilung liegt für viele Zeitgenossen nicht nur ein Widerspruch zum monarchischen Prinzip, der Wahrung der Einheit des Staates in einer Hand, sondern auch eine Tendenz zur Anerkennung der Volkssouveränität, dem Widerpart der Fürstensouveränität. Beides gilt auch für Hegel, der sich bekanntlich in starken Worten über den »verworrenen Gedanken« der Volkssouveränität ausläßt, dem eine »wüste Vorstellung des Volkes« zugrunde liege (§ 279). Das war nicht die Ansicht eines Außenseiters, vielmehr läßt sich in der damaligen Staatslehre ganz allgemein eine große Zurückhaltung gegenüber der Idee der Volkssouveränität beobachten, von der gesagt wird, daß sie – richtig verstanden – den Regierenden und Regierten nur zusammen zukomme, nicht aber den Untertanen allein.[50]

6. Hegels Versuch 1821, eine eigene Version von der Gewaltengliederung in der konstitutionellen Monarchie zu bieten, ist also nicht außergewöhnlich. Schwieriger ist hingegen seine Aussage in § 272 zu deuten, daß das Verhältnis der Gewalten zueinander nicht im Sinne einer gegenseitigen Beschränkung zu verstehen sei, sondern daß jede von ihnen die anderen Momente in sich mitenthalte und dadurch selbst schon das Ganze darstelle. Das mag philosophisch verständlich sein, ist es aber nicht politisch. Darauf möchte ich unter Punkt 9 zurückkommen. Was dagegen die von Hegel gewählte Reihenfolge bei der Erörterung der Gewalten anlangt (erst fürstliche Gewalt, dann Regierungsgewalt und als letztes die gesetzgebende), so bereitet sie wiederum einem politischen Verständnis keine Probleme, so wenig befriedigend sie offenbar in philosophischer Hinsicht ist und der Logik des Hegelschen Systems entspricht.[51] Hier zeigen sich interessante Differenzen zwischen der philosophischen und der verfassungsgeschichtlichen Einschätzung einer Aussage. Daß Hegel die fürstliche Gewalt an den Anfang der Erörterungen stellt, ist – politisch gesehen – vollkommen plausibel, auch wenn Hegel damit die von ihm im § 273 selbst gegebene Reihenfolge um-

[49] Ähnlich schon *J. J. Wagner: Über die Trennung der legislativen von der exekutiven Staatsgewalt.* Ein Beitrag zur Beurteilung des Werthes landständischer Verfassungen. München 1804.

[50] Einzelheiten im Artikel *Staat und Souveränität* in: *Geschichtliche Grundbegriffe* Bd 6. 129 ff.

[51] So vor allem *V. Hösle: Der Staat.* In: Anspruch und Leistung von Hegels Rechtsphilosophie. Hrsg. von Chr. Jermann. Stuttgart-Bad Cannstadt 1987. 201 f. und *ders.: Hegels System.* 2. Auflage Hamburg 1998. 568. Anders dagegen *C. Cesa: Entscheidung und Schicksal: die fürstliche Gewalt.* In: *Hegels Philosophie des Rechts.* Die Theorie der Rechtsformen und ihre Logik. Hrsg. von D. Henrich u. R.-P. Horstmann. Stuttgart 1982. 185–205. 198 f. sowie bereits *F. Rosenzweig: Hegel und der Staat.* Bd 2. München/Berlin 1920. 139 f.

dreht. Schließlich schildert er eine konstitutionelle Monarchie, in der der Monarch die Stellung eines Souveräns einnimmt (§§ 278 f.) und der fürstlichen Gewalt die höchste Entscheidung zukommt. Wie anders also hätte er beginnen sollen? Mit der gesetzgebenden Gewalt anzufangen, hätte zu einer Aufwertung der Stände geführt, die in einer konstitutionellen Monarchie als Vertretung des Volkes an der Legislative teilhaben. Damit konnte man sich dem Verdacht aussetzen, der Idee der Volkssouveränität Vorschub leisten zu wollen, was umso näher lag, als die vorangegangenen naturrechtlichen Staatskonstruktionen vom Volk, verstanden als eine Vielzahl von Individuen, ausgegangen waren, das sich per Vertrag eine Verfassung und Gesetze gegeben hat, die der Monarch als Chef der Exekutive dann etwa nur noch zu vollziehen hatte. Gerade von diesen Konstruktionen versucht sich Hegel aber abzusetzen. Im übrigen – ein weiteres Argument – spielte zu Hegels Zeiten die staatliche Legislation, soweit dabei eine ständische Mitbestimmung in Frage kam, noch keineswegs eine derart zentrale Rolle, daß sie ein Autor unbedingt an die Spitze der Erörterung setzen mußte. Ich komme darauf unter Punkt 10 zurück.

Wenn also die fürstliche Gewalt als die umfassende und höchste gilt, in der der Staat seine Selbstbestimmung findet (§ 275), und folglich auch die Souveränität des Staates (§§ 278 f) von Hegel dem Monarchen als ihrem Träger zugesprochen wird, dann ist das eine im Rahmen der sich herausbildenden Theorie der konstitutionellen Monarchie völlig korrekte Bestimmung gewesen, auch wenn Hegels Idee der Staatssouveränität nicht ganz der monarchistischen, allein auf die Person des Fürsten abhebenden Vorstellungsweise des Artikel 57 der Wiener Schlußakte entsprochen haben dürfte. Seine Ansicht, daß dem Staat als einer Wirklichkeit gewordenen Idee das Attribut »Souverän« zuzuordnen sei, galt vielen Verteidigern der Fürstensouveränität eher als eine Gefährdung denn eine Stärkung der monarchischen Position.[52] Spätere Autoren sind ihm jedoch gefolgt, oft allerdings nur, um damit die politisch brisante Alternative Volks- oder Fürstensouveränität zu umgehen.[53]

7. Auch in Hegels Ausführungen spiegeln sich die Schwierigkeiten, die sich der Theorie ganz allgemein bei der Erfassung der neuen Rolle des Monarchen stellten, wieder. Die Legitimation des Monarchen aus dem Gottesgnadentum war ebenso unglaubwürdig geworden wie die Ableitung seiner Souveränität aus einer privatrechtlich verstandenen »patrimonialen« Herrschaft über Land und Leute.[54] Daß die Individualität des Staates unbedingt

[52] *Boldt: Staatslehre.* 74 ff.
[53] ebd. und *Geschichtliche Grundbegriffe.* Bd 6. 142 ff.
[54] *Boldt: Staatslehre.* 58 ff.

in einer Person in Erscheinung treten müsse, diese Auffassung Hegels (§§ 279 ff.) ist bald kritisiert worden und gilt bis heute als die schwächste Passage seiner Ausführungen.[55] Verfassungsgeschichtlich interessant ist sein Aufgreifen des alten Rechtfertigungsgrundes für die Erbmonarchie: daß damit allein der Kampf der Faktionen um die Besetzung der höchsten Stelle im Staate verhindert und sie so aus dem Streit der Parteien herausgehalten werde (§ 281 A) – eine Argumentation, mit der sich noch 1932 die Remonarchisierungsüberlegungen anläßlich der Reichspräsidentenwahl in Deutschland stützen ließen.[56]

8. Wie bei anderen Autoren auch bewegt sich Hegels Bestimmung der monarchischen Funktion in einem eigentümlichen Spannungsverhältnis zwischen prätendierter Allzuständigkeit (§ 275 bzw. »monarchisches Prinzip« nach Art. 57 Wiener Schlußakte) und einzelnen, gesondert aufgezählten Kompetenzen, die aus älteren Aufzeichnungen fürstlicher Prärogativen stammen und zum Teil bis heute als Rechte des Staatsoberhaupts erhalten geblieben sind.[57] In der Rechtsphilosophie findet sich das Begnadigungsrecht (§ 282), das Recht, die obersten Staatsbeamten (Minister) zu ernennen und zu entlassen (§ 283), die Teilnahme an der Gesetzgebung (§ 300), die Befugnis, die Abgeordnetenversammlung einzuberufen (§ 308), dann vor allem im außenpolitischen Bereich das Gesandtschafts- und Vertragsrecht, Kriegserklärung und Friedensschluß sowie der militärische Oberbefehl (§ 329), schließlich als Attribut der Souveränität das Staatsnotrecht (§ 278). Das entspricht grosso modo den zeitgenössischen Kompetenzkatalogen, die allerdings die Frage aufwerfen lassen, wie es sich mit den dort nicht genannten Rechten verhält.[58] Gibt es eine »Grenzlinie« für den Verzicht auf monarchische Zuständigkeit? Es scheint, daß auch Hegel der Formel »nichts gegen, nichts ohne den Monarchen« hätte zustimmen können. Seine ominöse Feststellung, daß man »zu einem Monarchen nur einen Menschen« brau-

[55] Vgl. die berühmte »Kritik der Hegelschen Staatsphilosophie« von Karl Marx 1841/42 und zuletzt *H. Schnädelbach* zur fürstlichen Gewalt und Souveränität in: *G. W. F. Hegel. Grundlinien*, 250 (Anm. 33). Ähnliche Schwierigkeiten wie Hegel hatte auch der Protagonist des Konservativismus, Fr. J. Stahl, mit der Rechtfertigung der Erbmonarchie, vgl. *Boldt: Staatslehre.* 80 f.

[56] 1932 standen in aussichtsreicher Position zwei Kandidaten der Extremen, Thälmann (KPD) und Hitler (NSDAP), zur Wahl, gegen die nur mit Mühe eine erneute Wahl Hindenburgs durchzusetzen war.

[57] S. dazu *Boldt: Staatslehre.* 98 ff., zu Hegel selbst *C. Cesa: Entscheidung und Schicksal: die fürstliche Gewalt.* In: *Hegels Philosophie des Rechts.* Die Theorie der Rechtsformen und ihre Logik. Hrsg. von D. Henrich u. R.-P. Horstmann. Stuttgart 1982. 185–205. 197.

[58] In der Staatsrechtslehre behalf man sich damit, daß man eine Vermutungsregel für die Zuständigkeit des Monarchen aufstellte, *Boldt: Staatslehre.* 44 ff.

che, »der »Ja« sagt und den Punkt auf das »i« setzt«, damit eine Anordnung formell in Kraft treten kann (§ 280 Zus.), läßt sich so deuten. Darin liegt die allgemein geteilte Auffassung, daß der konstitutionelle Monarch nicht mehr willkürlich und selbstherrlich entscheidet, sondern an den »konkreten Inhalt der Beratungen gebunden« ist (§ 279 Zus.). Er kann auf eine eigene Stellungnahme verzichten, zumal er für die getroffenen Entscheidungen nicht selbst verantwortlich ist (§ 284), und braucht nur zu unterschreiben. Das muß er allerdings tun, denn die höchsten Entscheidungen ergehen, das ist zu jener Zeit und auch später noch ganz selbstverständlich, in seinem Namen. Dies heißt aber zugleich, daß er die Unterschrift verweigern kann, auch »gegen« ihn läßt sich keine Maßnahme treffen. Hegel erwähnt das in den *Grundlinien*, in denen es ihm an der angegebenen Stelle um die bloße Form des Entscheidens geht, nicht besonders. In einer vorangegangenen Vorlesung äußert er sich jedoch klarer. Dort wird ein Zusammenhang zwischen freier Beraterwahl und Entscheidung über den Inhalt der Beratungen hergestellt: Wie der Monarch seine Minister frei wählt, so entscheidet er auch selber über deren Vorlagen, d. h. er ist zwar an die Beratung, nicht aber an ihr jeweiliges Ergebnis gebunden.[59] Im Ergebnis bedeutet das eine Akzentverlagerung der monarchischen Tätigkeit auf ein Vetorecht, wie wir es auch bei anderen Theoretikern finden.[60] Eine Option für das pouvoir neutre – Modell Benjamin Constants liegt darin ersichtlich nicht; denn Constants Monarch tritt speziell zur Vermittlung von Konflikten zwischen Regierung und Kammern in Aktion, ist eine Art schiedsrichterliche Instanz. Davon ist bei Hegel nicht die Rede.

9. Ein verfassungsgeschichtlich hinreichendes Verständnis der Ausführungen Hegels über die Stellung des Monarchen erschließt sich nur, wenn man die zentrale Bedeutung berücksichtigt, die in den *Grundlinien* – und nicht nur dort – der Regierungsgewalt zugemessen wird. Hier zeigt sich Hegel ganz auf der Höhe seiner Zeit; denn die Modernisierung der Staaten zeichnet sich in jenen Jahren ja dadurch aus, daß die Minister als Träger der Regierung zum Angelpunkt des staatlichen Geschehens werden.[61] Sie gelten

[59] Vgl. § 140 in der Vorlesungsnachschrift 1817/18 sowie über die Möglichkeit, jedoch nicht Opportunität des Selbstregierens des Monarchen die Vorlesung von 1819/20 (Anm. 4) 253.

[60] Daß dem Monarchen diese Möglichkeit bleibt, hat Friedrich Wilhelm III. mit der Bemerkung konstatiert: »und wenn er es nun nicht macht?«, als ihm berichtet wurde, daß nach Hegel der Monarch nur noch das Tüpfelchen auf das »i« zu setzen brauchte (nach *Koselleck: Preußen zwischen Reform und Revolution.* Allgemeines Landrecht, Verwaltung und soziale Bewegung von 1791 bis 1848. Stuttgart 1967. 278).

[61] Zur Ersetzung der alten Kabinettsregierung durch moderne Beamtenministerien in Preußen und Süddeutschland vgl. *Huber: Deutsche Verfassungsgeschichte.* 145 ff., 338 f. Zum von Hegel unterschiedlich gebrauchten Regierungsbegriff vgl. *C. Cesa: Entschei-*

nicht mehr als »Fürstendiener«, sondern werden als »Staatsdiener« apostrophiert (vgl. § 294 A), die den Monarchen beraten (vgl. § 283), mit den Ständen verhandeln (vgl. § 300) und ihre Ressorts eigenständig verwalten. Hegel zeichnet in den §§ 287 ff. ein knappes Bild des bürokratisch-hierarchischen Staatsapparates, der im staatsleitenden Ministerium gipfelt und dem auch Züge der (ständischen) Selbstverwaltung nicht fehlen.

Doch nicht nur die Reduzierung der Position des Monarchen auf die (nur noch formelle) Spitze des Staates wird dadurch verständlich, sondern es bietet sich von hier aus auch eine politische Interpretation der Gewaltenteilungsvorstellung in der Rechtsphilosophie an. Ganz offensichtlich lehnt Hegel das Prinzip der Gewaltentrennung, wie wir es in klassischer Form in den USA verwirklicht finden, in dem jede der Gewalten »absolute Selbständigkeit« besitzt und sie sich gegenseitig beschränken, ab (§ 272). Wenn er dagegen darauf besteht, daß keine Gewalt von den anderen völlig getrennt konstruiert werden darf, daß vielmehr jede Gewalt die anderen Momente in sich enthält und alle zusammen die Einheit des Staates verkörpern und nicht sprengen, dann scheint er die Gliederung des Staates in einzelne Gewalten mehr im Sinne der *Gewaltenteilhabe* verstanden zu haben, wie sie sich in England seit Ende des 17. Jahrhunderts herausgebildet hat und in den Verfassungsstaaten des Kontinents praktisch rezipiert worden ist. Das läßt sich nicht nur an der Regierungsgewalt zeigen, die auch an der Gesetzgebung beteiligt erscheint und außerdem an der fürstlichen Gewalt »beratend« teilnimmt, sondern auch am monarchischen Element, das sowohl Träger der fürstlichen Gewalt ist, als auch eine zentrale Stellung in der Gesetzgebung einnimmt (§ 300) und darüber hinaus der Regierungsgewalt die auszuführenden Entscheidungen vorgibt (§ 287). Alle nehmen an allem teil, so könnte man formulieren, wenngleich in unterschiedlichem, der Art der Gewalt entsprechendem Maße. Mit einer Ausnahme. Es gilt dies augenscheinlich nicht für die gesetzgebende Gewalt. Weder ist das ihr eigene Element, das ständische, in den anderen Gewalten präsent, noch kann man sagen, daß die gesetzgebende Gewalt notwendiger Weise mit der fürstlichen Gewalt und Regierungsgewalt verbunden ist, denn deren Entscheidungen erfolgen zu einem großen Teil im gesetzesfreien Raum, so jedenfalls in der damaligen, von Hegel an keiner Stelle desavouierten Verfassungswirklichkeit.[62]

dung und Schicksal: die fürstliche Gewalt. In: *Hegels Philosophie des Rechts.* Die Theorie der Rechtsformen und ihre Logik. Hrsg. von D. Henrich u. R.-P. Horstmann. Stuttgart 1982. 185–205 u. 208.

[62] S. darüber den Artikel »Gesetz« in *Geschichtliche Grundbegriffe.* Bd 6. 903–908.

10. Was wird unter »Gesetz« und »Gesetzgebung« in jener Zeit verstanden? Gesetzen eignet, insbesondere in der Theorie, – neben ihrem befehlenden Charakter – zum einen Allgemeinheit. Darin kommt sowohl die sich gegen die Sonderrechte oder »Privilegien« des Feudalismus wendende Auffassung der Moderne als auch die philosophische Forderung nach Vernünftigkeit der vom Staat aufzustellenden Verhaltensregeln zum Ausdruck, denn die Vernunft ist »allgemein«, so auch bei Hegel (§§ 211, 258 A).[63] Zum andern werden Gesetze aber auch nach dem Erfordernis der Mitwirkung der Stände bestimmt. Doch nicht an der Aufstellung aller allgemeinen Regeln müssen »alle« beteiligt sein, sondern nur in dem Bereich, in dem die Freiheit und das Eigentum der Bürger tangiert werden. Diese sich schon in der bayerischen Verfassung von 1818 findende Freiheits- und Eigentumsformel begründet das Gesetzesverständnis einer ganzen Epoche.[64] Es läßt Spielraum für gesetzesunabhängige Anordnungen des Monarchen und der Regierung, die bei Hegel zwar ihrem Wesen nach »Exekutive« ist, aber in dieser Eigenschaft nicht etwa (nur) die Gesetze auszuführen und anzuwenden hat, sondern vielmehr, wie es in § 287 heißt, die »fürstlichen Entscheidungen«. Solche gesetzesfreien Anordnungen betreffen insbesondere die auswärtige Politik; das Gesetz ist bei Hegel dagegen allein ein Regelungsinstrument in der Sphäre der bürgerlichen Gesellschaft (§§ 211 ff.). Dementsprechend erscheint die gesetzgebende Gewalt auf die Regelung der »ganz allgemeinen inneren Angelegenheiten« beschränkt (§ 298). Darunter fallen bei Hegel im Einklang mit dem Zeitüblichen die privatrechtlichen Gesetze, die Rechte der Gemeinden und Korporationen, auch Verfassungsänderungen, und schließlich Geldbewilligungen (§ 299). Genaue Grenzen der gesetzgebenden Gewalt, die auch bei ihm durch die Mitsprache der Stände ausgezeichnet ist,

[63] Ebd. 899 f. und grundlegend *E.-W. Böckenförde: Gesetz und gesetzgebende Gewalt.* Von den Anfängen der deutschen Staatsrechtslehre bis zur Höhe des staatsrechtlichen Positivismus. Berlin 1958. Zu Hegel speziell s. *A. von Bogdandy: Hegels Theorie des Gesetzes.* München 1989. mit einer weder verfassungsgeschichtlich noch werkimmanent plausiblen Interpretation der von Hegel dem Monarchen und der Regierung zugeschriebenen Rolle bei der Gesetzgebung 170.

[64] Vgl. Titel VII. § 2 der bayerischen Verfassung vom 26. Mai 1818: »Ohne den Beyrath und die Zustimmung der Stände des Königreichs kann kein allgemeines neues Gesetz, welches die Freyheit der Personen oder das Eigenthum der Staatsangehörigen betrifft, erlassen, noch ein schon bestehendes abgeändert, authentisch erläutert oder aufgehoben werden«. Während hier noch ganz generell von »allgemeinen Gesetzen« gesprochen wird, die in besonderen Fällen zustimmungspflichtig sind, werden später nur noch die zustimmungspflichtigen Anordnungen als »Gesetze« bezeichnet im Gegensatz zu den nicht-zustimmungspflichtigen monarchischen »Verordnungen«. Hegel war die Freiheits- und Eigentumsformel aus den Verhandlungen der württembergischen Landstände in den Jahren 1815 und 1816 bekannt, wie sein Bericht darüber (*G.W.F. Hegel: Schriften und Entwürfe I* (1817–1825). Hrsg. von F. Hogemann u. Chr. Jamme. GW 15. Hamburg 1990. 36) zeigt.

gibt Hegel nicht an. Er unterscheidet zwar in der Anmerkung zu §299 zwischen dem Gegenstand der allgemeinen Gesetzgebung und dem, was der Bestimmung der Administrativbehörden bzw. der Regulierung durch die Regierung anheimzustellen ist, berührt dabei aber nur die Frage, wie intensiv eine gesetzliche Regelung ausfallen darf und wo ihre Grenze zur Ausführungsverordnung liegt – auch das ein zentrales Problem der konstitutionellen Theorie bis heute.[65] Von dieser vertikalen Abgrenzung von allgemeinem Gesetz und es konkretisierender Verordnung ist aber die horizontale als ebenso wichtig zu unterscheiden.[66] Das bleibt bei Hegel dadurch verdeckt, daß bei ihm die Bestimmung des Gesetzes als »Allgemeinen« prävaliert (vgl. §§211, 258 A), was den Eindruck zu erwecken vermag, die Regierungsgewalt subsumiere nur das Besondere unter die vorgegebenen generellen Regelungen. So ist es aber offensichtlich nicht gemeint – und würde auch einer Darstellung, in der es um die Seinserfassung des Staates (zu Beginn des 19. Jahrhunderts) geht, krass widersprechen. Wenn sich aber konstatieren läßt, daß auch bei Hegel die Gesetzgebung nicht das Allgemeine ist, das jeder Äußerung der fürstlichen Gewalt und Regierungsgewalt vorgegeben ist, dann läßt sich auch verstehen, daß sie in der Darstellung der konstitutionellen Monarchie erst als dritte, nämlich den beiden anderen gegenüber auf einen bestimmten Bereich des staatlichen Lebens beschränkte Gewalt erscheint, während die anderen Gewalten als staatsleitende immer präsent sind.

11. Nur im Bereich der Gesetzgebung ist auch eine Beteiligung der Stände vorgesehen. Das zentrale Problem der damaligen Verfassungsbewegung: wer soll das Volk vertreten und wie?, wird von Hegel in den Paragraphen 301 ff. behandelt. In dem Zusammenhang fällt zunächst auf, daß Hegel zwar des langen und breiten von der »bürgerlichen Gesellschaft« handelt, der Begriff des »Bürgers« bei ihm aber nur am Rande auftaucht[67] und er vom »Staatsbürger« überhaupt nicht spricht, obwohl in Deutschland zu jener Zeit durchaus bereits von »Staatsbürgern« die Rede ist und diese Be-

[65] Umgekehrt geht es heute nach den Erfahrungen mit der Weimarer Ermächtigungsgesetzgebung vor allem darum, die Delegierung von Gesetzgebungsfunktionen an die Regierung einzuschränken; vgl. Art. 80 GG.

[66] Hierbei geht es darum, die gesetzesunabhängige Verordnungsgewalt der Regierung (bzw. des Monarchen), wie sie früher vor allem in den sog. besonderen Gewaltverhältnissen (Schule, Militär u. a.) gegeben war, zu beschneiden und einer parlamentarischen Kontrolle zu unterwerfen. Heute neigt das Bundesverfassungsgericht zur Auffassung, daß alles »Wesentliche« vom Gesetzgeber zu entscheiden sei, sog. Wesentlichkeitstheorie; s. dazu die Angaben bei *K. Hesse: Grundzüge des Verfassungsrechts der Bundesrepublik Deutschland.* 20. Auflage, Heidelberg 1995. 220.

[67] Vgl. §§ 187, 190 A, 261.

zeichnung sogar in den damaligen Verfassungen Eingang gefunden hat.[68] Hegels »bürgerliche Gesellschaft« ist indessen eine ständische, keine »staatsbürgerliche«. Auch bei ihm wird, wie in jener Zeit noch überwiegend, die politische Teilhabe ständisch vermittelt. Die Mitglieder der Ständeversammlung sind demgemäß nicht einfach Vertreter des Volkes oder gar der »Einzelnen«, sondern »Repräsentanten einer der wesentlichen Sphären der Gesellschaft« (vgl. § 311 A). Gemeint sind damit freilich nicht mehr die traditionellen Standeseinteilungen sondern dem gesellschaftlichen Wandel entsprechende »neuständische«[69] Gliederungen. Das wird besonders deutlich, wenn Hegel dem »substantiellen« Stand derer, die den Boden bearbeiten, den Stand des Gewerbes gegenüberstellt und dazu außer dem Handwerksstand und dem Handelsstand bereits um 1820 den Fabrikantenstand (!) zählt, und dem Ganzen schließlich noch den »allgemeinen« Stand derer, die sich um die allgemeinen gesellschaftlichen bzw. staatlichen Angelegenheiten kümmern, hinzufügt (§§ 203 ff.). Modern mutet auch an, daß damit offenbar nicht mehr Geburtsstände, sondern Berufsstände, in die man nicht hinein geboren wird, sondern für die man sich entscheiden kann, gemeint sind (§§ 206, 308 A).

Die politischen Stände sind auch bei Hegel nicht einfach der Gesetzgeber, sondern sie treten bei der Legislation zu den Trägern der anderen Gewalten hinzu, allerdings nicht nur beratend, worauf sie manche Autoren in der Debatte jener Jahre beschränkt wissen wollen, sondern sie beschließen auch mit (§ 314). Das Zentrum der Tätigkeit liegt dagegen auch hier bei den »höchsten Staatsbeamten«; sie besitzen die »tiefere und umfassendere Einsicht«, zu der die Abgeordneten nur eine »Zutat von Einsicht« beisteuern, die daher rührt, daß ihnen die dringenden und speziellen Bedürfnisse und Mängel der Bereiche, aus denen sie kommen, besser bekannt sind als den Spitzen der Bürokratie (§ 301). Soweit, ihnen eine Gesetzesinitiative einzuräumen, was damals ebenfalls schon zur Debatte stand, geht Hegel nicht.[70] Das entspricht der Verfassungspraxis seiner Zeit. Bei ihm vermitteln die Abgeordneten lediglich zwischen Regierung und Volk (§ 316), indem sie einerseits Wünsche und Beschwerden von unten nach oben tragen, andererseits

[68] So spricht z.B. die Württembergische Verfassung vom 25. September 1819 im Abschnitt III »Von den allgemeinen Rechts-Verhältnissen der Staats-Bürger«. Weitere Verfassungsbeispiele in *Geschichtliche Grundbegriffe.* Bd 2, Artikel: *Bürger, Staatsbürger, Bürgertum*, 672–725. 703 Fn. 141. Dort auch zahlreiche Hinweise auf den Begriffsgebrauch in der Literatur; vgl. auch *M. Stolleis: Untertan – Bürger – Staatsbürger.* Bemerkungen zur juristischen Terminologie im späten 18. Jahrhundert. In: *Staat und Staatsräson in der frühen Neuzeit.* Hrsg. von M. Stolleis. Frankfurt am Main 1990. 298 ff., 310 ff.

[69] Ausdruck geprägt von *H. Brandt: Landständische Repräsentation.* 6.

[70] So ausdrücklich im § 149 der Vorlesungsnachschrift von 1817/18. Allgemein dazu *Boldt: Staatslehre.* 103 ff.

die politischen Beschlüsse, an denen sie, um eine vernünftige Beratung und Beschlußfassung zu gewährleisten, mit freiem Mandat und nicht instruktionsgebunden teilnehmen (§ 309 – auch das entspricht den Verfassungsbestimmungen der Zeit), dem Volk plausibel machen und auf diese Weise seine politische Einsichtsfähigkeit stärken (§ 314 ff.).[71] Was Hegel in diesen Passagen in den Rang einer staatsphilosophischen Aussage erhebt, stellt, alles in allem genommen, zwischen progressiven und reaktionären Vorstellungen eine mittlere Linie dar, die die Vernünftigkeit des Wirklichen insbesondere in der Einsicht der höchsten Staatsbeamten findet – eine Hommage an den Beamtenstand, der nicht nur der preußischen, sondern der Reformbürokratie in Deutschland überhaupt gegolten haben dürfte.[72]

12. Auch im weiteren folgt Hegel gängigen Vorstellungen, so wenn er die Vertretung der Stände auf zwei Kammern aufteilt, wie das, fußend auf dem englischem Vorbild, in den größeren deutschen Staaten – eine Ausnahme macht nur die kurhessische Verfassung von 1831 – üblich ist. Gerechtfertigt wird diese Aufteilung auch bei Hegel mit dem Hinweis auf den unterschiedlichen Charakter der beiden Kammern, auf die Zufallsmehrheiten ausschließende Beratung in mehreren Instanzen und auf die damit verbundene Schwächung oppositioneller Tendenzen gegenüber der Regierung (§§ 312 f.).[73] Auffällig ist, daß Hegel die erste Kammer den das Prinzip der Familie und den Grundbesitz repräsentierenden Majoratsherren reserviert (§ 305 ff.).[74] Das widerspricht den üblichen Zusammensetzungsmodalitäten, denen zufolge wir in der ersten Kammer in der Regel den hohen Adel und Vertreter des Klerus, der Universitäten und Städte finden, während Gutsbesitzer oft der zweiten Kammer zugewiesen sind.[75] Man kann darin eine Rücksichtnahme des in Preußen lehrenden Philosophen auf das ostelbische Junkertum sehen; vom englischen Vorbild (und dem Beispiel der französischen Charte von 1814) weicht diese Bestimmung insofern grundlegend ab,

[71] Dem dient bei Hegel das an dieser Stelle erörterte Prinzip der Öffentlichkeit. Vgl. auch die anschließenden Ausführungen zur Preßfreiheit (§ 319) sowie Hegels Option für Geschworenengerichte (§ 227 Zus.) und die Selbstverwaltung der ständischen Korporationen und Gemeinden – um das Selbstgefühl der Bürger zu stärken. Der Zusammenhang dieser Institutionen mit der ständischen Repräsentation in der 2. Kammer wird in § 153 der Vorlesungsnachschrift von 1817/18 deutlich herausgestellt.

[72] S. dazu den Auszug aus *F. Rosenzweig: Hegels Begriff der politischen Verfassung.* In: *Riedel: Materialien* Bd 2. 341–360. 354. Allgemein: *B. Wunder: Privilegierung und Disziplinierung.* Die Entstehung des Berufsbeamtentums in Bayern und Württemberg (1780 bis 1825). München 1978.

[73] Vgl. *Boldt: Staatslehre.* 275.

[74] Dazu jetzt *B. Bayer: Sukzession und Freiheit.* Historische Voraussetzungen der rechtstheoretischen und rechtsphilosophischen Auseinandersetzungen um das Institut der Familienfideikommisse im 18. und 19. Jahrhundert. Berlin 1999. 276 ff.

[75] *Huber: Deutsche Verfassungsgeschichte.* 342 f.

als ein Pairsschub, der z.B. in Constants konstitutionellem Modell eine zentrale Rolle spielt, nicht vorgesehen ist.

Die zweite Kammer ist in dieser strikt ständischen Aufteilung der »beweglichen Seite der bürgerlichen Gesellschaft«, dem Gewerbestand, vorbehalten, wobei das Abgeordnetenmandat durch die Korporationen vermittelt wird, in die dieser Stand gegliedert ist, und nicht über die einzelnen Gewerbetreibenden als Wählerschaft. Das sieht nach einer Adaption der altständischen Figur der »korporativen Repräsentation« aus, die seit Ende des 18. Jahrhunderts vehement bekämpft und durch moderne Repräsentationsvorstellungen überwunden worden ist.[76] Hegel denkt dabei offensichtlich an die Abordnung besonders erfahrener Vertreter dieses Standes, weswegen er die »atomistische Vorstellung« ihrer Wahl durch die Vielzahl der den Korporationen angehörenden Individuen ablehnt und eine solche Vorgehensweise für überflüssig hält (§§ 308, 311, auch § 303 A).

Unklar bleibt bei alldem, ob und wie der allgemeine Stand, die Beamtenschaft, in der Ständeversammlung repräsentiert wird; Hegel scheint ihn eher insgesamt zur Regierungsseite zu schlagen und die ständische Repräsentation den »Privatständen« vorzubehalten;[77] dem deutschen Staatsrecht ist eine solche Inkompatibilitätsregelung indessen fremd. Noch merkwürdiger erscheint der Ausschluß der Bauern, die damals immer noch weit über die Hälfte der Bevölkerung ausmachen, von der Repräsentation. Zu den Majoritätsherren der ersten Kammer gehören sie nicht, zum Gewerbestand werden sie von Hegel auch nicht gezählt. Dabei ist es geradezu eine der wichtigsten Errungenschaften des neuen Verfassungsrechts im 19. Jahrhunderts gewesen, daß nunmehr auch dieser zahlenmäßig bei weitem größte Stand im Gegensatz zu dem, was in früheren Zeiten üblich war, eine Repräsentation auf den Landtagen erhielt. Als Faustformel für die Repräsentation in der damaligen Zeit kann die Drittelung gelten: ein Drittel Adel, ein Drittel Vertretung der Städte und Gewerbe, ein Drittel Bauern.[78] Davon unterscheidet sich Hegels Ansatz offenbar grundlegend.

13. Wenn Hegel andererseits betont, daß die Regierungsmitglieder nicht von den gesetzgebenden Körpern ausgeschlossen sein sollen (§ 300 Zus.), so bedeutet das nicht – der zurückhaltende Verweis auf die englischen Verhältnisse macht das deutlich –, daß sie Abgeordnete sein müßten, was nach

[76] S. dazu *B. Stollberg-Rilinger: Vormünder des Volkes?* Konzepte landständischer Repräsentation in der Spätphase des Alten Reiches. Berlin 1999. bes. 81 ff.

[77] § 310 verlangt nicht unbedingt eine andere Auslegung. Vgl. dazu *O. Pöggeler: Hegels Begegnung mit Preußen.* In: *Hegels Rechtsphilosophie im Zusammenhang*, 345 (Anm. 26).

[78] Nachweis bei *H. Brandt: Der lange Weg in die demokratische Moderne.* Deutsche Verfassungsgeschichte von 1800 bis 1945. Darmstadt 1998. 76.

deutschem Staatsrecht zwar durchaus möglich, aber in der Staatspraxis nicht üblich war.[79] Vielmehr ist dieser Hinweis so zu verstehen, daß den Ministern eine Verhandlungsmöglichkeit mit den Ständen gegeben sein muß, durch ein Rederecht in den Kammern,[80] damit sie ihrer Aufgabe, zwischen Administration bzw. Monarch und Ständen zu vermitteln, nachkommen können. Infolgedessen soll »die Stellung der Regierung zu den Ständen ... keine wesentlich feindliche sein« (§ 301 Zus.). An dieser Stelle bewährt sich Hegels Denken in Vermittlungen. So begreift er die moderne Staatsverfassung überhaupt als ein »System der Vermittlung«; nicht nur die Minister, sondern auch die Stände vermitteln und zwar zwischen Regierung und Volk (§ 302 u. Zus.). Er steht damit jener gemäßigt liberalen Richtung in der deutschen konstitutionellen Theorie nahe, die auf Ausgleich, Versöhnung und Harmonie bedacht ist und sich gegen ein oppositionelles Verständnis der Rolle der Stände wendet.[81] Auf diese Weise umgeht er 1820 die Stellungnahme zu einem der großen politischen Probleme der konstitutionellen Monarchie, der Frage des Verhältnisses von Regierung und (ständischer bzw. parlamentarischer) Opposition.[82]

In bemerkenswertem Gegensatz dazu hat er dieses Problem jedoch in seiner Heidelberger Vorlesung im Wintersemester 1817/18 ausführlich erörtert und die Opposition zu einem wesentlichen Teil der Ständeversammlung erklärt.[83] Einmütigkeit mit der Regierung verfehle deren Sinn, sagte er damals, ebenso sei eine einmütige Opposition gegen das Ministerium abzulehnen. Hegel sah hier – nicht zuletzt wohl aufgrund seiner Kenntnisse des englischen Systems – die Notwendigkeit für das Ministerium, eine Mehrheit in der Ständeversammlung hinter sich zu haben, wie die Unumgänglichkeit parlamentarischer Oppositionsbildungen. Er ging dabei sogar so weit zu konstatieren, daß die Minister, die mit ihrer Gegenzeichnung die Verantwortung für die Entscheidungen des Monarchen vor den »Reichsständen« übernähmen, abtreten müßten, wenn sie nur von einer Minderheit in der

[79] Vgl. Huber Bd 1, 339 f. Eine ähnliche zeitgenössische Stellungnahme zu dieser Frage bietet *F. C. Dahlmann: Die Politik, auf den Grund und das Maß der gegebenen Zustände zurückgeführt (1835).* 2. Aufl. Göttingen 1847. 99; s. dazu *Boldt: Staatslehre* 183 f. sowie o. Anm. 16.

[80] So deutlich in § 149 der Vorlesungsnachschrift von 1817/18.

[81] Vgl. *Brandt: Landständische Repräsentation.* 165 ff. zur »liberal-romantischen Theorie 1814–1819« sowie *Boldt: Staatslehre.* 186 ff. und o. bei Anm. 13.

[82] S. dazu *L. Gall: Das Problem der parlamentarischen Opposition im deutschen Frühliberalismus.* In: *Politische Ideologien und nationalstaatliche Ordnung.* Studien zur Geschichte des 19. und 20. Jahrhunderts. Festschrift für Theodor Schieder. Hrsg. von K. Kluxen u. W. Mommsen. München-Wien 1968. 153–170 sowie den Artikel »Opposition« in *Geschichtliche Grundbegriffe.* Bd 4, bes. 485 ff.

[83] Vgl. § 156 der Vorlesungsnachschrift von 1817/18.

Versammlung unterstützt würden.[84] Um sie abzusichern, sei es daher besser, wenn es nicht nur zwei Parteien (des Volkes (!) und der Regierung) in der Versammlung gäbe, sondern drei, nämlich auch eine »unparteiisch« vermittelnde.[85] Was Hegel damals vortrug, war zwar noch keine Konzeption der »parlamentarischen Monarchie«,[86] denn es fehlte die Vorstellung von einer systematischen Abhängigkeit der Regierung vom Parlament – eine Auflösung der renitenten Ständeversammlung bleibt möglich, der Monarch behält sein freies Ernennungsrecht der Minister (deren parlamentarische Verantwortlichkeit aber ihre »Güte« positiv beeinflußt) –, doch es reichte nahe daran heran. Wie etwa gleichzeitig bei Benzenberg wurde die »öffentliche Meinung«, gegen die sich keine Regierung auf Dauer halten könne, für ausschlaggebend erachtet.[87]

Davon ist in den *Grundlinien* nichts mehr zu spüren. Zwar bleibt es bei der Verantwortungsübernahme der Minister (§ 284),[88] aber von Parteien,

[84] Ebd. §§ 140 und 156.

[85] Gemeint sind Parlamentsfraktionen. Wie aus einer ständisch zusammengesetzten Versammlung sich feste politische Parteirichtungen ergeben können, bleibt hier, wie auch bei anderen Autoren der Zeit, soweit sie sich überhaupt – weniger aufgrund der deutschen als ihrer Kenntnis der englischen und französischen Verhältnisse – mit der Frage der Parteien beschäftigen, dunkel. Kontemporär mit Hegel äußert sich dazu der Heidelberger Staatsrechtler *K. S. Zachariä: Vierzig Bücher vom Staate.* Bd 2. 1. Auflage Heidelberg 1820. 367 ff. Vgl. allgemein auch hierfür *Geschichtliche Grundbegriffe* Bd 4, Artikel »Partei, Fraktion«. 705 ff.

[86] So aber K.-H. Ilting in *G. W. F. Hegel: Die Philosophie des Rechts.* Die Mitschriften Wannenmann (Heidelberg 1817/18) und Homeyer (Berlin 1818/19). Stuttgart 1983. 5, 26. Dagegen schon *L. Siep: Hegels Theorie der Gewaltenteilung.* In: *ders.: Praktische Philosophie im Deutschen Idealismus.* Frankfurt am Main 1992. 255.

[87] Ebd. § 155. Zu Benzenberg s. o. Anm. 19.

[88] Hierbei handelt es sich offenbar um die Verantwortlichkeit der Berater des Monarchen gegenüber der Ständeversammlung und nicht, wie zuweilen irrtümlich angenommen wird (vgl. A. v. Bogdandy (Anm. 34) 170), gegenüber dem Monarchen selbst. Der Sinn des Paragraphen ist ja der allgemein konstitutionelle, daß der Monarch von der Verantwortung für seine Entscheidungen entlastet und sie dagegen von den Ministern übernommen wird. Auch in der Vorlesungsnachschrift von 1817/18 ist von der Verantwortlichkeit der Minister an derselben Stelle im Abschnitt über die »fürstliche Gewalt« die Rede (vgl. § 140), und hier wird ganz deutlich, daß die Minister mit der Gegenzeichnung der monarchischen Anordnungen das übernehmen, was man ganz allgemein als parlamentarische Verantwortlichkeit, d. h. als Rede- und Antwort-Stehen in der Ständeversammlung, bezeichnet. Allerdings ist von der Gegenzeichnung in den *Grundlinien* nicht mehr explizit die Rede. Dies kann daher rühren, daß sie selbstverständlich geworden ist. Auffälliger erscheint die Nichterwähnung der Ministeranklage, d. h. der juristischen Ministerverantwortlichkeit, in den *Grundlinien* im Gegensatz zu § 157 der älteren Vorlesungsnachschrift. Bei dieser Nachahmung des angels. impeachment handelte es sich immerhin um einen, allerdings mehr in der Theorie als in der Staatspraxis wichtigen »Ersatz« für die politische Verantwortlichkeit; vgl. die zeitgenössische, umfangreiche Monographie von R. von Mohl: Die Verantwortlichkeit der Minister in Einherrschaften mit Volksvertretung, rechtlich, politisch und geschichtlich ent-

Opposition und Rücktritt der Regierung ist nun nicht mehr die Rede. Auch die Rolle der öffentlichen Meinung wird nicht mehr so prononciert, die Vorstellung von der Preßfreiheit (im Jahr nach Karlsbad!) sogar deutlich zurückgenommen; sie verliert bei Hegel ihre für Liberale unverzichtbare Unantastbarkeit (§ 319).[89] Neben anderem dürfte das dem Hegel der *Grundlinien* den Vorwurf, »illiberal« geworden zu sein, eingetragen haben; jedenfalls hat die Feststellung der Rücknahme vordem vorgetragener politischer Positionen aufgrund der Entdeckung älterer Vorlesungsnachchriften den alten Vorwurf der Akkomodation Hegels an die nach den Karlsbader Beschlüssen gewandelten politischen Verhältnisse wieder aufleben lassen.[90] Die These ist bekanntlich umstritten, weil die Grundkonzeption der Hegelschen Rechts- und Staatsphilosophie offenbar über Jahre hinweg erhalten blieb.[91] Manches erscheint in den *Grundlinien* allerdings unklarer ausgedrückt als früher und könnte absichtsvoll verschleiert worden sein.[92] Vermuten läßt sich auch ein partieller Sinneswandel in jener bewegten Zeit. Die offensichtliche Akzentuierung der gouvernementalen Elemente in der *Rechtsphilosophie* muß nicht aus reinem Opportunismus erfolgt sein. Man muß berücksichtigen, daß damals alle Beteiligten erst allmählich Klarheit über die neue Regierungsweise gewannen und daß zunächst über Möglichkeiten spekuliert werden konnte, die sich erst mit der Zeit als unrealistisch – jedenfalls unter den gegebenen Verhältnissen – erwiesen. Immerhin erhebt sich damit erneut die Frage, wie »liberal« denn der Hegel von 1820 gewesen ist.

14. Die Frage, ob Hegel »liberal« oder »illiberal« gewesen ist, zielt auf seine Einordnung in das politische Spektrum seiner Zeit, aber auch darauf, was seine Rechtsphilosophie uns heute noch zu sagen hat. Sie hat durch den im Zweiten Weltkrieg erhobenen Vorwurf, daß die *Grundlinien* Ansätze zum

wickelt. Tübingen 1837. Zum Ganzen auch *Huber: Deutsche Verfassungsgeschichte* 338 f., 349 f.

[89] S. dagegen für die zentrale Bedeutung, die die Preßfreiheit seit dem Ende des 18. Jahrhunderts gewann und den ganzen Vormärz über behielt, etwa Kants Äußerungen 1793 zur »Freiheit der Feder« als dem »einzigen Palladium der Volksrechte« in: *Über den Gemeinspruch: Das mag in der Theorie richtig sein, taugt aber nicht für die Praxis.* (Kleinere Schriften zur Geschichtsphilosophie, Ethik und Politik. Hamburg 1959. 102).

[90] K.-H. Ilting in: *Hegel: Vorlesungen über Rechtsphilosophie.* 4 Bde. Stuttgart-Bad Cannstatt 1973 f. Bd 1. 102 ff.

[91] Zur Kritik an Iltings These vgl. z.B. *H. Ottmann: Hegels Rechtsphilosophie und das Problem der Akkomodation.* In: Zeitschrift für philosophische Forschung 33 (1979). Weitere Hinweise bei *R. Dreier: Bemerkungen zur Rechtsphilosophie Hegels.* In: *ders.: Recht – Moral – Ideologie.* Studien zur Rechtstheorie. Frankfurt am Main 1981. 316–350. 319 f.

[92] S. dazu auch die differenzierte Stellungnahme von D. Henrich in: *Hegel: Philosophie des Rechts.* 27 ff.

Totalitären zeigen,[93] an Brisanz gewonnen. Den apologetischen Bemühungen in der Zeit danach, Hegel als wahren Liberalen zu erweisen, begegnet heute jedoch, wie es scheint, wiederum eine gewisse Skepsis.[94] Aus verfassungsgeschichtlicher Sicht eine Antwort darauf zu finden, ist schwierig, weil der Liberalismus auch zu Hegels Zeit keine eindeutig umrissene politische Richtung darstellte.[95] Auch kann man in den *Grundlinien* manches entdekken, was sich als »liberal« ausnimmt, wie der Hinweis auf Schwurgerichte, das freie Mandat oder die Selbstverwaltung, während anderes wie das Fehlen von Grundrechten, die Ablehnung der Gewaltenteilung oder das Verfassungsverständnis überhaupt starke Differenzen zu liberalen Vorstellungen aufweist. Solche Hinweise auf vorhandene oder fehlende Institutionen und etwa gar gegenseitige Aufrechnungen bringen indes nicht viel. Verfassungsgeschichtlich bedeutsamer erscheint dagegen der Umstand, daß Hegels Staatssicht zunächst recht allgemein als »illiberal« und »servil« empfunden wurde, so z.B. auch von seinem Studienfreund Schelling.[96] Zwar schwankt auch hier das Urteil, was unter anderem daran liegt, daß sich die Einschätzung zu manchen Institutionen rasch änderte wie etwa zur Bürokratie, die Hegel vor 1820 noch als Instrument des Fortschritts, der Staats- und Gesellschaftsreform, zu begreifen vermochte, während sie den Zeitgenossen bereits in den Jahren darauf eher als ein Hemmnis für die erhoffte Liberalisierung erschien.[97] Doch wird man ungeachtet dessen dem offenbar verbreiteten Eindruck, den Hegels *Grundlinien* auf seine Zeitgenossen gemacht haben, Beachtung schenken müssen. Um das zu verstehen, scheint es am Sinnvollsten zu sein, vom allgemeinen Staatsverständnis auszugehen, so wie es damals liberale Autoren besaßen, und es mit Hegels Staatsauffassung in den *Grundlinien* zu konfrontieren. Von dorther lassen sich dann auch die Valeurs besser einschätzen, die die einzelnen Institutionen, wie z.B. die »Öffentlichkeit«, bei Hegel besitzen.[98]

[93] S. *K. R. Popper: The Open Society and Its Enemies.* Vol. 2, London 1945. Zu den Variationen dieses Vorwurfs s. *H. Ottmann: Individuum und Gemeinschaft bei Hegel.* Bd 1: Hegel im Spiegel der Interpretationen. Berlin/New York 1977. 204 ff.

[94] H. Ottmann ebd. 224 ff., 299 ff.

[95] Vgl. *D. Langewiesche: Liberalismus in Deutschland.* Frankfurt am Main 1988. 13 sowie *Liberalismus im 19. Jahrhundert.* Hrsg. von D. Langewiesche. Göttingen 1988. *Liberalismus.* Hrsg. von L. Gall. 2. Auflage Königstein/Ts. 1980, *J. J. Sheehan: Der deutsche Liberalismus.* Von den Anfängen im 18. Jahrhundert bis zum ersten Weltkrieg 1770–1914. München 1983.

[96] Nachweis bei *A. Hollerbach: Der Rechtsgedanke bei Schelling.* Quellenstudien zu seiner Rechts- und Staatsphilosophie. Frankfurt am Main 1957. 209.

[97] Zum Autoritätsschwund der Bürokratie s. *R. Koselleck: Preußen zwischen Reform und Revolution.* Allgemeines Landrecht, Verwaltung und soziale Bewegung von 1791 bis 1848. Stuttgart 1967. 398 ff.

[98] S. o. bei Anm. 71.

Was typischer Weise »liberales« Staatsverständnis ist, läßt sich recht gut umschreiben. Seit Lockes Feststellung, daß dem Staat die Aufgabe zukommt, das Eigentum (life, liberty and property) seiner Bürger zu schützen, wird der Staat, die civil society, als seinen Bürgern dienend aufgefaßt, und das bestimmt seine Aufgabenstellung.[99] Es kommt dies sehr klar in Artikel 2 der Deklaration der Menschenrechte von 1789 zum Ausdruck, in dem es heißt, daß das Ziel jeder politischen Vereinigung die Erhaltung der natürlichen und unveräußerlichen Menschenrechte sei, und diese Rechte als »liberté, propriété, sûreté et la résistance à l'oppression« bestimmt werden. Damit wird nicht ausgeschlossen, daß der Bürger auch Opfer für die Allgemeinheit zu bringen hat, aber doch eben für einen Staat, dessen Ziel es ist, ihm eine geschützte Existenz in Freiheit zu ermöglichen.

Daß dies ein zu Beginn des 19. Jahrhunderts auch in Deutschland verbreitetes Staatsverständnis war, macht niemand anders als Hegel selbst deutlich, wenn er in den *Grundlinien* den Not- und Verstandesstaat der bürgerlichen Gesellschaft als ein »System allseitiger Abhängigkeit« beschreibt, in dem die Verfolgung selbstsüchtiger Zwecke der gegenseitigen Rücksichtnahme und Hilfe der Mitbürger bedarf (§ 183). Der Staat werde in dieser Sichtweise »als eine Einheit verschiedener Personen, als eine Einheit, die nur Gemeinsamkeit ist«, aufgefaßt: Das sei der Standpunkt »viele(r) der neueren Staatsrechtslehrer« (§ 182 Zus.).[100] Hegel selbst teilt ihn allerdings nicht. Wenn man in diesem Staat seine Interessen nur dadurch befriedige, daß man zugleich »das Wohl des anderen mit befriedigt« (§ 182 Zus.), dann liegt dem für Hegel eine Vorstellungsweise zugrunde, wie man sie im gegenseitigen Vertrag des Privatrechts findet. Dort treffen sich auf verschiedene Zwecke gerichtete Interessen in einem Punkt und bilden auf diese Weise einen allgemeinen Willen, der für Hegel lediglich die »Form und Gestalt der Gemeinsamkeit« aufweist (vgl. § 71 für die vertragliche Übertragung des Eigentums) und der als ein allein durch die Kontrahenten gesetzter ein »nur gemeinsamer« ist. Wende man, was in neuerer Zeit sehr beliebt sei, diese Vorstellung auch auf den Staat an, so würden unzulässiger Weise privatrechtliche Vorstellungen in eine Sphäre übertragen, die »ganz anderer und höherer Natur« ist (§ 75 und Zus.).

Hegel macht in der Rechtsphilosophie im wesentlichen drei Argumente gegen diese Staatsvorstellung geltend: Erstens liefere man auf diese Weise den Staat der Willkür seiner Bürger als denjenigen, die über

[99] Vgl. *Locke: Second Treatise of Government*, chap. 7, 9.

[100] S. z.B. W. J. Behr (Anm. 28) §§ 3 f. in seinem Konstitutionsentwurf 319 ff.; allgemein auch *D. Klippel: Politische Freiheit und Freiheitsrechte im deutschen Naturrecht des 18. Jahrhunderts*. Paderborn 1976. 180 ff.

den Staatsvertrag verfügen, aus (§ 75 Zus.). Zweitens bleibe, wenn die Bestimmung des Staates »in die Sicherheit und den Schutz des Eigentums und der persönlichen Freiheit gesetzt« werde, das Interesse der Einzelnen der »letzte Zweck, zu welchem sie vereinigt sind, und es folgt hieraus ebenso, daß es etwas Beliebiges ist, Mitglied des Staates zu sein« (§ 258 A). Wenn, drittens, »Endzweck des Staates aber nur die Sicherung des Lebens und des Eigentums der Individuen« sei, so könne man von ihnen nicht verlangen, daß sie dieses aufopfern, um die Unabhängigkeit und Souveränität des Staates zu erhalten (§ 324). Demgegenüber weist Hegel darauf hin, daß die Staatsangehörigkeit, ihr Erwerb und ihr Verlust nirgendwo in der Willkür der Einzelnen stünden und auch nicht die Gründung von Staaten; es sei vielmehr die »vernünftige Bestimmung des Menschen, im Staate zu leben«, und daher für jeden »absolut notwendig, daß er im Staate sei« (§ 75 Zus.). Markanter wiederholt er das in § 258 A, wo er betont, daß es die »Bestimmung der Individuen ist, ein allgemeines Leben zu führen«, weil sie nur als »Glieder« des Staates, der selber »objektiver Geist« sei, »Objektivität, Wahrheit und Sittlichkeit« gewönnen (§ 258 A). Augenscheinlich mißtraut er einer bloßen, auf heterogenen Interessen und Zweckverfolgungen beruhenden, willkürlichen »Gemeinsamkeit«, einer »atomistisch« von den Individuen ausgehenden »geistlosen« »Zusammensetzung«, die keine wahre Einheit darstelle, welche er dagegen im »wirkliche(n) Geist«, in der den Individuen vorgegebenen sittlichen Substanz einer Familie und eines Volkes findet (§ 156).

Um zu verdeutlichen, was ihm vorschwebt, bedient er sich zweier, in seiner Zeit ebenfalls beliebter Figuren: des »Volksgeistes« und des »Organismus«. Das heißt zum einen, daß der Staat als »Wirklichkeit« einer Idee bei ihm nicht mehr, wie im naturrechtlich-vertragstheoretischen Denken und noch bei Kant, Ausdruck einer allgemeinen Vernunft sondern eines konkreten Volksgeistes (§§ 257, 349, 352) ist; Staaten haben insofern Individualität (§ 259 Zus.) – eine Einsicht, für die er sich auf Montesquieu beruft (§ 3) und die auf die Nähe Hegels zur damals aufblühenden Historischen Schule und zur Romantik hinweist. Ihrem inneren Aufbau nach stellen Staaten, zum anderen, Organismen dar (§§ 267, 269): Diese alte Staatsmetapher gewinnt zu Beginn des 19. Jahrhunderts im Kampf gegen die Vorstellung vom Staat als eines »leblosen« Mechanismus oder einer Maschine erneut an Bedeutung. Sie erlaubt es, die Staatsangehörigen als lebendige Teile eines Ganzen zu fassen, ausgestattet mit eigenem Bewußtsein und Willen, was dem Freiheitsbewußtsein der Zeit entgegenkommt, und zugleich an der Idee einer alle überragenden Einheit, die einen eigenen Zweck hat (§ 258) und sich überdies souverän selbst bestimmt (§ 269), somit nicht der Willkür der Einzelnen ausgeliefert ist, festzuhalten.[101] Vorstellungen dieser Art, mit starken Parallelen zu Hegels späterer Konzeption, finden sich bereits einige Jahre zuvor im Umkreis der Schellingschen Philosophie z.B. bei Johann Jacob Wagner, dessen Darlegungen Hegel allerdings offensichtlich wenig schätzte.[102]

15. Man hat oft darauf hingewiesen, daß Hegel mit seiner Idee des Staates auf antike Staatsvorstellungen zurückgegriffen und diese, Antike und Gegenwart versöhnend, mit der modernen Vorstellung von der bürgerlichen Gesellschaft verbunden habe.[103] Eine eingehende Beschäftigung Hegels mit den antiken Autoren läßt sich offenbar nachweisen; auch sind die Ähnlichkeiten seiner Ausführungen über die Staatsbezogenheit der Menschen mit des Aristoteles ζωον πολιτικον mit Händen zu greifen,[104] doch gilt es m. E. zu bedenken, daß es sich nicht nur darum handeln kann zu zeigen, daß wie bei Aristoteles, so auch bei Hegel, das Ganze (der Staat) vor den Teilen (den Bürgern, auch der bürgerlichen Gesellschaft, vgl. § 182 Zus.) da ist,[105] sondern daß es bei Aristoteles eine ganz eindeutige Staatszweckbestimmung gibt: die Sorge für die Glückseligkeit (Eudaimonie) seiner Bürger.[106] Diese Staatszweckbestimmung nimmt Hegel nicht auf; sie wird nur beiläufig im Zusatz zu § 265 erwähnt als wichtiges Mittel zur Stärkung des Staates. »Glückseligkeit der Bürger« als Zweck staatlichen Handelns, das ist für Hegel, wie auch für liberale Autoren der Zeit, offenbar eine durch die paternalistische Beglückungspolitik des Absolutismus eher diskreditierte und verbrauchte Vorstellungsweise. Stärkere Parallelen als zu Aristoteles gibt es

[101] S. dazu *B. Stollberg-Rilinger: Der Staat als Maschine. Zur politischen Metaphorik des absoluten Fürstenstaats.* Berlin 1986. 202 ff.; Artikel »Organ, Organismus, Organisation, politischer Körper« in *Geschichtliche Grundbegriffe* Bd 4, 579 ff.; *E.-W. Böckenförde: Der Staat als Organismus.* Zur staatstheoretisch-verfassungspolitischen Diskussion im frühen Konstitutionalismus. In *ders.: Recht, Staat, Freiheit.* Studien zur Rechtsphilosophie, Staatstheorie und Verfassungsgeschichte. Frankfurt am Main 1991. 244–262.

[102] *J. J. Wagner: Über die Trennung der legislativen von der exekutiven Staatsgewalt.* Ein Beitrag zur Beurteilung des Werthes landständischer Verfassungen. München 1804. 11: der Staat als »lebendiger Organismus«. Hegels Urteil (»besoffene Gedankenblitze«) bei *Stolleis: Geschichte.* 132 Fn. 83.

[103] So insbesondere *J. Ritter: Moral und Sittlichkeit.* Zu Hegels Auseinandersetzung mit der kantischen Ethik. In *ders.: Metaphysik und Politik.* Studien zu Aristoteles und Hegel. Frankfurt am Main 1969. 281–309; s. auch *M. Riedel: Studien zu Hegels Rechtsphilosophie.* Frankfurt am Main 1969. 116.

[104] S. z.B. § 75 Zus. und *Aristoteles: Politik* 1253a. Gewinn des Einzelnen an Tugendhaftigkeit durch den Staat (vgl. § 258 A) auch bei *Rousseau: Du Contrat Social* I, 8.

[105] So *K.-H. Ilting: Hegels Auseinandersetzung mit der aristotelischen Politik.* In: Philosophisches Jahrbuch 71 (1963/64). 38–58.

[106] Aristoteles a. a. O. 1323a – 1324b und passim; s. dazu *J. Ritter: Zur aristotelischen Theorie des Glücks.* In: *ders.: Metaphysik und Politik.* Studien zu Aristoteles und Hegel. Frankfurt am Main 1969. 57–105. 94 f.

dagegen, wie es scheint, zu Platon:[107] in der Darstellung der Staatseinheit als eines ständischen Gefüges mit einem allgemeinen, die Angelegenheiten des Staates besorgenden Stand, oder mit dem Bild vom Organismus, in den alle funktionell eingeordnet sind. Aber auch hier muß man die von Hegel sehr deutlich herausgestellten Differenzen berücksichtigen, die durch seine Konzeption der modernen, unantiken individuellen Freiheit gegeben sind (vgl. z.B. § 185 A).

Indessen ist es nicht nur das, der Versuch einer Integration individueller Freiheit und der Zweckvorstellungen der bürgerlichen Gesellschaft in eine übergreifendes Staatswesen, was Hegels Staatsvorstellung von der der großen antiken Autoren unterscheidet, sondern auch die übergreifende Staatsidee selbst. Sie ist deutlich geprägt von der Erfahrung der Aufsplitterung jeglicher staatlicher Einheit in der mittelalterlichen Feudalmonarchie (vgl. §§ 278 A, 75 Zus.) und der Vorstellung des modernen, diese Einheit wahrenden souveränen Staats, wie wir sie seit den Souveränitätstheorien Bodins und des Hobbes kennen.[108] Am klarsten kommt dies zum Ausdruck in den Abschnitten über »die Souveränität gegen außen« und »das äußere Staatsrecht« (§§ 321 ff., 330 ff.), in denen die Rücksichtnahme auf die Belange der bürgerlichen Gesellschaft und die ständische Mitbestimmung entfällt und Monarch und Staatsbeamte, dem Staatswillen Ausdruck gebend, allein handeln. Hier geht es um das »Wohl des Staats« und nicht des Einzelnen (§ 337) und um die Fähigkeit der »Völkergeister« (§ 352), auf ihre Art den Weltgeist zu verwirklichen, d. h. sich (als dessen Träger bzw. zur Bewahrung der eigenen Souveränität, § 331) gegen andere durchzusetzen. Das ist eine gänzlich unantike Vorstellungsweise vom Staat. Sie beruht auf einer eigentümlichen Forcierung der Souveränitätsidee, die gleichzeitig entwickelte Vorstellungen einer Einbindung der Staaten in das Völkerrecht[109] in den Hintergrund treten läßt (§ 333). Dementsprechend werden kontemporäre Ansätze, die Staaten durch internationale Verträge und Institutionen miteinander zu verbinden, wie die Heilige Allianz oder Kants Überlegungen zu einem »Ewigen Frieden«, von Hegel gering geschätzt (§§ 259 Zus., 324 Zus., 333 A). Nicht einmal die in Deutschland damals bereits bestehende Staatenorganisation mit ihren die »Souveränität« ihrer Mitglieder beschneidenden Bestimmungen, der Deutsche Bund, oder die Vereinigung von Staaten in Nordamerika

[107] So grundsätzlich auch *A. Th. Peperzak: Hegels Pflichten- und Tugendlehre.* Eine Analyse und Interpretation der Grundlinien der Philosophie des Rechts (§§ 142–157). In: *G. W. F. Hegel. Grundlinien*, 167–191, bes. 178, 182 (Anm. 33).

[108] S. *Geschichtliche Grundbegriffe.* Bd 6. Artikel »Staat und Souveränität« 107 ff. sowie *H. Quaritsch: Staat und Souveränität.* Bd 1: Die Grundlagen. Frankfurt am Main 1970. Von dorther läßt sich auch Hegels Polemik gegen die Gewaltenteilung als »Zertrümmerung« der staatlichen Einheit erklären, vgl. §§ 272 A, 300 Zus.

[109] *A. Nußbaum: Geschichte des Völkerrechts.* 1960.

werden einer Erwähnung für wert gehalten.[110] Offensichtlich negiert hier eine bestimmte Staatsideologie jene Wirklichkeit, die sie an sich gegen utopische Vorstellungen als eine vernünftige verteidigen will. Nicht nur bleiben die liberalen Forderungen nach einem deutschen Bundesstaat ebenso unbeachtet wie die Wünsche nach einer Frieden spendenden internationalen Organisation, sondern auch das, was damals schon »ist«, scheint als Nicht-Vernünftiges in Hegels Augen keine wahre, erwähnenswerte Wirklichkeit zu besitzen. Nach welchem Kriterium wird hier entschieden? – eine Frage, die sich unter anderem auch bei Hegels Feststellungen über die philosophisch gebotene Zusammensetzung von Ständeversammlungen stellt.

16. Vor der Bedeutung der internationalen Bühne, auf der die Staaten als souveräne Individuen Weltgeschichte vollziehen, tritt das Geschehen im Innern zurück. Am Ende wird sogar auch das für jede moderne Staatstheorie zentrale Thema des Verhältnisses des Einzelnen zum Staat von dorther bestimmt. Eine kurze Zusammenfassung des von Hegel recht eingehend behandelten, komplexen Verhältnisses mag das verdeutlichen:[111] Da der Staat als Wirklichkeit der sittlichen Idee, »als Geist eines Volkes ... die Sitte und das Bewußtsein seiner Individuen ist« (§ 274), geht Hegel davon aus, daß das gemeinte Sittliche den einem Volk angehörenden Subjekten nichts »Fremdes ist, sondern ein »Zeugnis ... von seinem eigenen Wesen«, für das sie als »ihren Endzweck tätig sind« (§§ 147, 260). Diese Identität von Subjektivität und allgemeinem Willen schließt jedoch nicht aus, daß Privatinteressen und allgemeiner Wille, obwohl im Einzelnen vereint (vgl. § 264), zueinander in Widerspruch treten können, wobei der Staatswille dem Privatwohl als »äußerliche Notwendigkeit« und »höhere Macht« gegenübertritt (§§ 261, 146). Das erinnert an Rousseaus Ausführungen über das Verhältnis der volonté générale zur volonté particulière.[112] Hegel löst das hier vorliegende Spannungsverhältnis dadurch auf, daß er die Erfüllung des Staatswillens zur (höchsten) Pflicht der Individuen als »Mitglieder des Staates« bzw. als »Untertan« erklärt, zugleich aber unter Aufnahme des Staatsaspektes des Not- und Verstandesstaates sie als »Bürger« des Schutzes von »Person und Eigentum« versichert (§§ 258, 261 A) und gerade darin, in den

[110] Anders dagegen zur selben Zeit Hegels »Gegenspieler« J. F. Fries (Anm. 6). Zu Hegels Wahrnehmung des Deutschen Bundes vgl. *O. Pöggeler: Einleitung* In: *G. W. F. Hegel. Vorlesungen über Naturrecht und Staatswissenschaft*. Heidelberg 1817/18 mit Nachträgen aus der Vorlesung 1818/19. Nachgeschrieben von P. Wannenmann. Hrsg. von C. Becker u.a. Hamburg 1983. XLVII.

[111] S. dazu auch *L. Siep: »Gesinnung« und »Verfassung«*. Bemerkungen zu einem nicht nur Hegelschen Problem. In: ders. *Praktische Philosophie im Deutschen Idealismus*. Frankfurt am Main 1992. 270–284.

[112] *Rousseau: Du Contrat Social* I, 7.

das »Zutrauen« zum Staat, die »politische Gesinnung« und das Selbstgefühl stärkenden Ordnungsleistungen (§ 268, vgl. auch § 265 Zus.) einerseits und der Bereitschaft, das, was für das Allgemeine notwendig ist, als Eigenes anzuerkennen, andererseits die »ungeheure Stärke und Tiefe« der modernen Staaten feststellen zu können glaubt (§ 260).

Das ersichtlich über Rousseaus Reflexionen hinaus führende Konstatieren von Vermittlungen zwischen privatem Interesse und staatlicher Notwendigkeit schließt indessen auch für Hegel die Möglichkeit einer Kollision beider nicht aus. Die Lösung dieses Konfliktes ist überraschend eindeutig: Dem Staatswohl gebührt der absolute Vorrang: »das Wohl eines Staates (hat) eine ganz andere Berechtigung ... als das Wohl des Einzelnen« (§ 337 A). Die dem Staat innewohnende sittliche Substanz erweist sich als »absolute Macht gegen alles Einzelne und Besondere, gegen das Leben, Eigentum und dessen Rechte« und bringt die »Nichtigkeit derselben« zum Bewußtsein (§ 323, vgl. § 70 Zus.). Auf diese Weise löst Hegel das Problem der Rechtfertigung der Aufopferung des Einzelnen für das Ganze, das seiner Meinung nach die liberale Staatstheorie nicht zu meistern vermochte (§ 324).[113] Ein solchermaßen starker Staat kann sich dann aber auch erlauben, gegenüber Dissenters »liberal« zu sein (vgl. § 270 A). – Der Staat als absolute Macht über den Privatinteressen: Nicht von ungefähr scheint Hegel dies in jenen Passagen der *Rechtsphilosophie* zu erörtern, in denen es nicht um innenpolitische Fragestellungen geht sondern um das äußere Verhältnis zu anderen Staaten, gegen die sich der Staat im weltgeschichtlichen Ringen durchsetzen muß.

17. Es kann kaum wunder nehmen, daß Hegels Position, die Ablehnung internationaler Friedensvorstellungen und die Konstatierung einer absoluten Herrschaft des Staates, seines Vorrangs gegenüber den Interessen der Bürger, von den Zeitgenossen als »illiberal« empfunden wurde. Zwar besitzt der Bürger auch in der Hegelschen Staatskonzeption individuelle Rechte, soweit es sich um seine persönlichen Belange im Not- und Verstandesstaat handelt, doch kennt die Konzeption keine Grundrechte; sie sind – gleichgültig, ob als Menschenrechte oder wie in den Verfassungen der süddeutschen Staaten als Bürgerrechte gegen den Staat aufgefaßt – mit Hegels Staatsvorstellung schlechthin nicht vereinbar.[114] Dieses, für die liberalen Vorkämpfer

[113] Noch deutlicher wird der Einzelne gegenüber dem Ganzen in den späteren Vorlesungen abgewertet; vgl. *A. Th. Peperzak: Hegels Pflichten- und Tugendlehre.* Eine Analyse und Interpretation der Grundlinien der Philosophie des Rechts (§§ 142–157). In: *G. W. F. Hegel. Grundlinien.* 167–191. 173 f. Angesichts dessen bleibt ihm nur der Rückzug in die Innerlichkeit, § 138.

[114] Vgl. dazu D. Henrich in: *Hegel: Philosophie des Rechts.* 31 ff. s. im Kontrast dazu Fries' Forderung 1816 nach einer Habeas-Corpus-Akte für die Deutschen und eine Beschränkung der Polizeibehörden, in die bürgerliche Freiheitssphäre einzugreifen, in der

bürgerlicher Freiheit grundsätzliche Manko wird auch dadurch nicht gemildert, daß – wie oft beschwichtigend argumentiert – Grundrechte in damaliger Zeit ohnehin rechtliche Relevanz erst durch eine sie konkretisierende Gesetzgebung erlangten.[115] Denn diese Argumentation übersieht, daß schon die Benennung solcher Rechte in den Verfassungen der Zeit ein Politikum ersten Ranges darstellte und mit dem Verweis darauf ein entsprechender Druck auf den Gesetzgeber ausgeübt werden konnte. Was Hegel demgegenüber in seiner Rechtsphilosophie bietet, kann man – wenn man an die gewundene Einlassung zur Pressefreiheit im § 319 denkt oder an die Ausführungen über die Gewissensfreiheit, die der Staat als subjektives Wissen nicht anzuerkennen vermag (§ 137 A) – kaum als vollgültigen Ersatz nehmen.[116] Aussagen dieser Art mußten, gerade auch im Zusammenhang mit den Karlsbader Zensurbeschlüssen, schockierend wirken, zumal die von Hegel angebotenen Garantien für die bürgerliche Rechtsstellung zwar einsichtiger Weise bei den staatlichen Institutionen angesiedelt sind (§ 286 A), aber lediglich in einer internen Behördenkontrolle (§ 295) und der Beschwerdemöglichkeit der Stände (§ 301) bestehen.[117] Mit Fug und Recht läßt sich daher in dieser Hinsicht vom »eigentlichen Defizit« der Hegelschen Rechtsphilosophie sprechen.[118]

2., umbenannten Auflage 1831: *Die Verfassung und Verwaltung deutscher Staaten nach staatsrechtlichen Ansichten historisch-philosophisch dargestellt und geprüft.* In: *J. F. Fries. Sämtliche Schriften.* Hrsg. von L. Geldsetzer u. G. König. Bd 9, Aalen 1971. 429. Eine grundlegende Erörterung bietet *G. Lübbe-Wolff: Über das Fehlen von Grundrechten in Hegels Rechtsphilosophie.* Zugleich ein Beitrag zum Verständnis der historischen Grundlagen des Hegelschen Staatsbegriffs. In: *Hegels Rechtsphilosophie im Zusammenhang* 421–446.

[115] S. dazu *R. Wahl: Rechtliche Wirkungen und Funktionen der Grundrechte im deutschen Konstitutionalismus des 19. Jahrhunderts.* In: Der Staat 18 (1979). 321 –348.

[116] So aber offenbar A. v. Bogdandy (Anm. 34) 110, 176 ff.; s. auch R. Dreier (Anm. 1) 325. Speziell zur Gewissens- und Religionsfreiheit vgl. *E.-W. Böckenförde: Bemerkungen zum Verhältnis von Staat und Religion bei Hegel.* In: *ders.: Recht, Staat, Freiheit.* Studien zur Rechtsphilosophie, Staatstheorie und Verfassungsgeschichte. Frankfurt am Main 1991. 115–142.

[117] A. Lasson kann daher später auch Verwaltungsgerichte in das System einfügen; vgl. V. Hösle (Anm. 51) 573. Abgelehnt hat Hegel dagegen das Ephorat als »Gegengewicht gegen die oberste Gewalt«, das Fichte vorgeschlagen hat; vgl. § 273 A. Zweifelhaft erscheint auch, ob Hegel überhaupt die Unabhängigkeit der Rechtsprechung anerkannt hat; vgl. seine Bemerkung zum Eingreifen Friedrichs II. im Müller-Arnold-Prozeß § 295 A.

[118] So L. Siep (*L. Siep: Hegels Theorie der Gewaltenteilung.* In: *ders.: Praktische Philosophie im Deutschen Idealismus.* Frankfurt am Main 1992, 305 f.). Wenn Siep allerdings darauf aufmerksam macht, daß typische Freiheitsrechte wie die Versammlungsfreiheit oder der Schutz des Briefgeheimnisses bei Hegel nicht vorkommen, so ist dazu zu sagen, daß sie überhaupt erst später als Grundrechte eingeführt wurden. Sie gehören zu Hegels Zeit noch nicht zum Grundrechtsbestand.

18. Der Grund für dieses »Defizit« liegt, verfassungsgeschichtlich gesehen, in der unbedingten Wahrung der Staatseinheit gegenüber dem Horrorbild eines in verschiedene, im 19. Jahrhundert nur als »Privatrechte« am Staat begreifbare, Gerechtsame aufgegliederten feudalen Gemeinwesens.[119] Seine Option für den modernen, die frühneuzeitlichen Bürgerkriege überwunden habenden souveränen Staat läßt Hegel nicht nur in der Landständeschrift gegen das »gute, alte Recht« der Stände polemisieren,[120] sondern erklärt auch seine ungewöhnlich intensive Auseinandersetzung mit Carl Ludwig von Hallers *Restauration der Staatswissenschaft* aus den Jahren 1816 ff. und die damit verbundene Verteidigung des modernen Gesetzgebungsstaates im § 258. Man darf bei dieser Wendung Hegels gegen die erneut ihr Haupt erhebende Reaktion nur nicht übersehen, daß von ihm der moderne Gesetzesstaat verteidigt wird, nicht jedoch eine liberale Staatskonzeption, die zu jener Zeit noch ganz überwiegend mit der aus dem Vernunftrecht stammenden Vorstellung vom Staats- und Gesellschaftsvertrag verbunden ist. Wie erwähnt, teilt für Hegel diese Auffassung den Mangel der feudalrechtlichen, indem auch sie den Staat zum Gegenstand »privatrechtlicher« Vereinbarungen macht und damit seine souveräne Einheit gefährdet.

Hegel berührt damit ein zentrales Problem liberal-rechtsstaatlicher Staatskonstruktion seit Locke: Läßt man den Staat gedanklich aus einem Vertrag der Bürger miteinander hervorgehen und bindet man dabei die Staatsgewalt an einen die Rechte der Bürger schützenden Staatszweck, dann ergibt sich im Fall einer Kollision zwischen staatlicher Anordnung und bürgerlicher Freiheit die Frage, auf wessen Seite das Recht ist und wer darüber urteilen darf – ein Problem, das Locke nicht zu lösen wußte und das als Frage nach einem allfälligen »Widerstandsrecht« die staatsrechtliche Literatur beschäftigte.[121] Bis in Hegels Tage gab es eine intensive Auseinandersetzung mit diesem sehr ernsten Problem wie z.B. Kants Ausführungen dazu zeigen oder der berühmte *Anti-Hobbes* des Juristen Paul Johann Anselm Feuerbach aus dem Jahre 1797.[122] Feuerbach widmete dem Problem der »Grenzen der höchsten Gewalt« eine minutiöse Erörterung, der er die Idee einer vertraglichen Begründung des Staates zugrunde legt. Es überrascht, daß bei Hegel keine ernsthafte Ausein-

[119] Vgl. bei Anm. 108. Dagegen macht D. Henrich *(Hegel: Philosophie des Rechts.* 26) geltend, daß die Staatsvorstellung Hegels direkt aus seinem metaphysischen Konzept und nicht aus einer politischen Orientierung oder Option folge. Auch hier gibt es augenscheinlich eine bemerkenswerte Differenz zwischen der philosophischen und verfassungsgeschichtlichen »Erklärung«.

[120] *G.W.F. Hegel: Schriften und Entwürfe I* (1817–1825). Hrsg. von F. Hogemann u. Chr. Jamme. GW 15. Hamburg 1990. 60.

[121] *Locke: Second Treatise on Government*, chap. 18 f.

[122] S. Kant 1793 (Anm. 89) 97 ff.; *P. J. A. Feuerbach: Anti-Hobbes oder über die Grenzen der höchsten Gewalt und das Zwangsrecht der Bürger gegen den Oberherrn.* Gießen 1797.

andersetzung mit dieser staatstheoretisch zentralen Frage stattfindet, daß er das schon bei Rousseau nicht mehr privatrechtlich zu verstehende Vertragsargument nicht aufgreift[123] oder wenigstens Kants Version des Staatsvertrags als eines »Probiersteins« der Rechtlichkeit staatlicher Gesetzgebung,[124] sondern die Sache kurzer Hand mit dem Hinweis auf die Vorrangigkeit staatlicher Belange vor denen der Bürger abtut.

Es geht dabei wohlgemerkt nicht allein um den Extremfall der Aufopferung des Individuums und seiner Rechte zu Gunsten der gefährdeten Staatsexistenz sondern darum, daß aufgrund ihrer prätendierten sittlichen Höherrangigkeit der Staatsgewalt von Hegel grundsätzlich keine Grenzen gezogen werden (es sei denn, man versteht die Mitwirkung der Stände im Gesetzgebungsbereich als funktionales Äquivalent dafür) – ein Manko, das umso schwerer wiegt, als Hegel einräumt, daß der Staat »in der Welt« stehe, »somit in der Sphäre der Willkür, des Zufalls und des Irrtums«, und ein »übles Benehmen« ihn »defigurieren« könne. Hegel beruhigt sich damit, daß auch einem solchen Staat, wie dem Verbrecher oder Krüppel das Menschsein, die sittliche Idee des Staates an sich innewohne, und er zieht aus der Feststellung der Existenz deformierter Staaten keine weiteren Konsequenzen (§ 258 Zus.).[125] »Der Staat in dieser Philosophie ist der bodenlose Abgrund, der alles andere verschlingt und für seinen Zweck verdaut«: das war daraufhin der Eindruck des anonymen Rezensenten der *Rechtsphilosophie* im »kritischen Jahrbuch der Literatur« 1822.[126] Ein hartes, ein überzogenes Urteil. Aber man wird zugeben müssen, daß Hegels Sicht von den Staaten, die sich zueinander im kriegerischen »Naturzustand« befinden (§ 333), und daraus resultierende Rückwirkungen auf ihre innere Situation eine offene Flanke bot für jene Machtstaatstheorien, die sich in der Tat später auf Hegel berufen haben.[127]

[123] Hegel ist der Meinung, daß Rousseaus volonté générale nicht das an und für sich Vernünftige des Willens beinhalte, sondern aufgrund ihrer vertraglichen Hervorbringung und des Versuches, sich ihrer durch Abstimmungen zu vergewissern, nur das Gemeinschaftliche der Willkür der Einzelnen darstelle, deshalb nur formell allgemein sei; vgl. §§ 29 A, 258 A. Er übersieht dabei, daß Rousseau zwischen dem inhaltlich durch das bien commun bestimmten Allgemeinwillen und der bloßen volonté de tous deutlich unterscheidet; vgl. den *Contrat Social* II, 3.

[124] Kant im *Gemeinspruch* (Anm. 89) 94 f. Heute dagegen wird das Vertragsargument wieder ernsthaft diskutiert; vgl. *W. Kersting: Die politische Philosophie des Gesellschaftsvertrags*. Darmstadt 1994, mit einer Kritik der Hegelschen Position 252 f.

[125] S. kritisch dazu *R.-P. Horstmann: Hegels Theorie der bürgerlichen Gesellschaft* (§§ 158–256). In: : *G. W. F. Hegel. Grundlinien*, 193–216. 214 f.

[126] *Riedel: Materialien*. 134.

[127] Zum Neuhegelianismus s. *H. Ottmann: Individuum und Gemeinschaft bei Hegel*. Bd 1: Hegel im Spiegel der Interpretationen. Berlin/New York 1977. 124 ff.; auch *H. Kiesewetter: Von Hegel zu Hitler*. Die politische Verwirklichung einer totalitären Machtstaatstheorie in Deutschland (1815–1945). 2. Auflage Frankfurt am Main 1995. Der To-

Gewiß. Indem Hegel von der Prävalenz des Staates und damit von dessen Willen bildendem Volksgeist ausgeht, löst er manches Problem, vor das sich das Vernunftrecht gestellt sah, wie z.B. die Frage, wie Vernunft wirklich wird. Hegel vermeidet den Rekurs auf die Gesetze einer allgemeinen Vernunft, um das, was rechtens ist, festzustellen. Er rügt, wohl nicht zu Unrecht, die inhaltliche Leere der Besinnung auf solch ein allgemeines Vernunftgesetz bei Kant auch in der *Rechtsphilosophie* (§ 135 A) und zeigt, wie der allgemeine Wille als in einem Volk befindliche Vorstellung von Sittlichkeit in der Gesetzgebung konkret werden kann (wobei er allerdings stillschweigend zu unterstellen scheint, daß die politischen Entscheidungsinstanzen tatsächlich im Sinne des vorausgesetzten Volksgeistes handeln).[128] Aber das grundsätzliche Problem, wie es mit dem Recht des Individuums bestellt ist, das sich gegen wüste Volksgeister wehrt, die glauben eine weltgeschichtliche Mission zu erfüllen, um am Ende konstatieren zu müssen, daß nicht sie, sondern ihre Gegner Weltgeschichte gemacht haben – die Eule der Minerva stellt so etwas leider ja erst post festum fest – , dieses Problem ist damit offenbar nicht gelöst. Mehr noch. Was eigentlich läßt Hegel noch in einer höchst romantisch anmutenden Weise vom einheitlichen Volksgeist, der das Leben der Völker bestimmt, reden – an der Schwelle zur

talitarismusvorwurf (o. Anm. 93) läßt sich nicht damit entkräften, daß es Hegel darum ging, auch die individuellen Interessen der Bürger in seiner Staatskonzeption zu berücksichtigen; denn der totalitäre Staat zeichnet sich gerade dadurch aus, daß er beides: totalen Staatsvorrang und traditionelle bürgerliche Rechtssphäre miteinander verbindet; vgl. *E. Fraenkel: Der Doppelstaat.* Frankfurt am Main, Köln 1974 (engl. Originaltitel: *The Dual State*, 1940). Es kam nicht von ungefähr, daß gerade Hegelianer die parteienstaatliche Zerrissenheit der Weimarer Republik perhorreszierten und für die »Volksgemeinschaft« und den nationalsozialistischen Machtstaat optierten. Auch für die Ersetzung des Monarchen durch den »Führer« ließen sich bei Hegel Argumente finden; vgl. § 318 Zus. Die entscheidende Differenz zum NS-Staat liegt m. E. darin, daß Hegel ein strikter Vertreter des Gesetzesstaates gewesen ist und in dieser Konzeption, in Verbindung mit einem echte gesetzgeberische Funktionen ausübenden ständischen Parlament, eine rechtsstaatliche Garantie gelegen hat, die der totalitäre Staat mit seinen willkürlichen Durchbrechungen dieser Schranke nicht kennt. Vgl. in dem Zusammenhang auch Hegels Ablehnung des Regierens mit »Kabinettsbefehlen« in § 157 der Vorlesung von 1817/18 und dagegen die nationalsozialistische Praxis der »Führerbefehle«. Die Neuhegelianer der 30er Jahre, meist Juristen, versuchten vergeblich, ihr Staatsverständnis mit der den Staat zersetzenden Politik der Nationalsozialisten in Einklang zu bringen. Zum Ganzen s. *K. Anderbrügge: Völkisches Rechtsdenken.* Zur Rechtslehre in der Zeit des Nationalsozialismus. Berlin 1978. 203 ff.; *H. Rottleuthner: Die Substantialisierung des Formalrechts.* Zur Rolle des Neuhegelianismus in der deutschen Jurisprudenz. In: *Aktualität und Folgen der Philosophie Hegels.* Hrsg. von O. Negt. Frankfurt am Main 1970. 211–264.

[128] Die damit verbundene Fragestellung ist heute wieder, zum Teil unter Berufung auf Hegel gegen Kant und den Liberalismus, in der Diskussion über den Kommunitarismus aufgegriffen worden; vgl. etwa *A. Honneth: Kommunitarismus.* Eine Debatte über die moralischen Grundlagen moderner Gesellschaften. Frankfurt am Main, New York 1994.

Klassengesellschaft des 19. Jahrhunderts, deren Problematik er, belehrt von der Staatsökonomie seiner Zeit, bereits erkennt (vgl. § 245)? Was hat es für einen Sinn, von dem einen Volksgeist zu sprechen, wenn der sich gerade anschickt, sich als ein in moderne Interessengruppen und Parteiungen dirimierter, als Ausdruck einer klassenmäßig gespaltenen oder pluralistisch aufgegliederten Gesellschaft zu begreifen? Was bedeutet dann der Rekurs auf den seines sittlichen, im Volke wurzelnden Inhalts beraubten, der bürgerlichen Gesellschaft gleichwohl vorausgesetzten oder überstülpten einheitlichen Staatswillen?[129] Das führt zur letzten Frage: Wie modern ist eigentlich – verfassungsgeschichtlich gesehen – Hegels Rechtsphilosophie?

19. Die Frage nach der Modernität der Hegelschen Rechts- und Staatsphilosophie ist immer wieder gestellt worden.[130] Sie läßt sich schwer beantworten, weil nicht immer klar ist, was damit gemeint wird: Modernität zu Zeiten Hegels oder bezogen auf die Gegenwart? Außerdem: Manches, was zu Hegels Zeiten als modern anmutete, mag diese Qualität bald verloren haben, damals Unmodernes hingegen wieder modern geworden sein. Nach meinem Eindruck sind Tradition und Moderne bei Hegel stark miteinander vermischt, allerdings nicht so, daß man sagen könnte, Hegel habe in der *Rechtsphilosophie* einfach die Modernität der bürgerlichen Gesellschaft mit einer traditionellen, gar antiken Vorstellung vom Staat verbunden. In Beidem findet man vielmehr Tradition und Modernität zugleich. So ist der Übergang von der alten societas civilis zur nicht-staatlichen »bürgerlichen Gesellschaft«, den Hegels Überlegungen widerspiegeln, sicherlich etwas Modernes, weniger modern ist dagegen, daß diese Gesellschaft noch als eine ständische und nicht als staatsbürgerliche begriffen wird. Modern wiederum ist ihre neuständische Fassung. Veraltet, ja überholt erscheint hingegen die Aufteilung des Gewerbestandes in Korporationen und seine über sie vermittelte Repräsentation in der Ständeversammlung. Doch hat andererseits das Korporationswesen wenig später eine neuartige Fortsetzung in den seit der Jahrhundertmitte gebildeten Kammern (Handwerkskammern, Industrie- und Handelskammern usw.) gefunden.

Ähnlich verhält es sich mit Hegels Staatsvorstellung. Seine Idee des sou-

[129] Vgl. in dem Zusammenhang die mit einer Kritik der Staatssouveränitätsvorstellung Hegels verbundene Begründung einer »pluralistic theory of the State« 1915 durch *H. Laski: The Sovereignty of State.* In *ders.: Studies of the Problem of Sovereignty.* London 1968. »Volk« und »Nation« werden von Hegel in der *Rechtsphilosophie* offenbar synonym gebraucht, vgl. z.B. §§ 3, 181. Es wird aber nicht geklärt, was für eine (ja nicht immer staatlich verfaßte) Gemeinschaft solch ein Volk mit besonderem »Geist« und »Nationalcharakter« darstellt.

[130] Vgl. zuletzt *H. Schnädelbach: Die Verfassung der Freiheit* (§§ 272–340). In: *G. W. F. Hegel. Grundlinien,* 243–265. 258.

veränen Staates und die damit verbundene Bemühung, die Einheit des Staates unbedingt zu wahren, sind Ausdruck eines modernen, in der Neuzeit aufgekommenen Staatsverständnisses. Modern ist auch die von ihm so eindringlich hervorgehobene Staatsleitungsfunktion der Bürokratie – jedenfalls zu seiner Zeit. Ein paar Jahre später wirkt das Hofieren des Beamtenstaates dagegen eher als reaktionär. Schwurgerichte, wie sie bei Hegel erwähnt werden, sind modern, haben sich in der angelsächsischen Form der jury allerdings in Deutschland nicht durchsetzen können. Ebenso mutet die Reduktion der Stellung des Monarchen modern an, weniger dagegen Hegels Vorstellung von der Zusammensetzung der Ständeversammlung. Der Versuch, den Staat als einen Organismus zu begreifen, begegnet uns bekanntlich schon in der Antike, er ist sozusagen uralt, aber zu Hegels Zeiten für einige Zeit wieder modern geworden. Auch in den folgenden Jahrzehnten gibt es Autoren, die mit dieser Vorstellung arbeiten, und noch heute spricht man von »Staatsorganen« – vom »Staatsorganismus« dagegen allenfalls nur noch in bildlicher Weise. Mit seiner Idee vom sittlichen Staat hat Hegel ältere Staatsvorstellungen »überwunden«. Die zu seiner Zeit noch moderne Staatsvertragsvorstellung schwindet bis zur Mitte des 19. Jahrhunderts gänzlich aus der Staatstheorie, und es mehren sich in späterer Zeit die Berufungen auf die »richtige« Staatsauffassung Hegels. Andererseits hat sich heute das liberale Staatsverständnis durchgesetzt und die Behauptung, daß der Staat eine sittliche Substanz darstellen könnte, erntet Kopfschütteln. In ähnlicher Weise ist der »Volksgeist« eine zu Hegels Zeiten aufkommende, durchaus moderne Kategorie; heute läßt sich mit dieser Vorstellung wenig anfangen, aber vor einigen Jahren war der »Volksgeist« noch in der »Volksgemeinschaft« vollkommen präsent. Man kann daraus lernen, daß die Entwicklung nicht einlinig vom Alten zum Neuen geht. Manches, was schon einmal als überholt gegolten hat, erscheint, zum Teil im neuen Gewande, wieder. Hegels Verfassungsbegriff ist nicht der moderne liberale seiner Zeit und unserer Zeit, aber er wird immer wieder dort aufgegriffen, wo es um eine Destruierung oder Relativierung des liberalen Verfassungsideals geht.[131] Auch die machtstaatliche Komponente in Hegels Staatsphilosophie erfreut sich immer wieder großen Zuspruchs; ihre Aktien sinken in den Zeiten, in denen, wie heute, Völkerbundsideen und »Vereinte Nationen« die Oberhand gewinnen.

[131] Vgl. etwa *Carl Schmitt: Verfassungslehre.* München-Leipzig 1928, 1. Abschnitt, 1–121.

20. Man hat Hegels Position mit »Tradition und Revolution« umschrieben und dabei vor allem auf das revolutionär Neue in Hegels Denken abgehoben.[132] Verfassungsgeschichtlich gesehen ist Hegels Einschätzung der Revolution, auch der Französischen Revolution, abgesehen von enthusiastischen Äußerungen in der Jugendzeit, eher ablehnend-skeptisch. So stellt er in § 258 der Rechtsphilosophie fest, daß der Umsturz in Frankreich nur das »vermeinte Vernünftige« hervorgebracht habe, nämlich »ideenlose Abstraktionen« mit fürchterlichen Folgen. Etwas früher, in der Heidelberger Vorlesung im Wintersemester 1817/18 gibt er zu bedenken, daß eine Verzögerung notwendiger Maßnahmen der Gesetzgebung eine Quelle der Unzufriedenheit und Revolution sein könnte; das rückt ihn in die Nähe derer, die, wie z.B. Kant bereits im Ausgang des 18. Jahrhunderts, rechtzeitige Reformen anmahnten, um der Revolution vorzubeugen.[133] Hegel denkt offenbar eher historisch-»evolutionär« als revolutionär. Seine Revolutionsskepsis wurzelt, wie es scheint, in der Ablehnung jenes bodenlosen »Sollens«, das willkürliche Forderungen aufstellt und durchzusetzen sich anschickt, ohne fest in der Wirklichkeit gegründet zu sein.[134] Gewiß, auch Hegel nimmt das Revolutionsideal der Freiheit auf, seine Rechtsphilosophie gründet bekanntlich darauf, aber Freiheit als Ausgang staatlichen Handelns und ihr Schutz als Staatszweck ist keine neue, sondern seit längerem eine zentrale Vorstellung in der politischen Theorie jener Zeit.[135] Was Hegel anlangt, scheint eher die Domestizierung der »subjektiven Freiheit« durch die »objektive« der Sittlichkeit eines ganzen staatsbildenden Volkes, als der »wahren«, sein Anliegen gewesen zu sein, nicht jedoch die revolutionäre Befreiung aus den Fesseln der Tradition und der Aufbruch zu neuen Ufern.[136]

[132] So vor allem 1957 *J. Ritter: Hegel und die französische Revolution*. In: *ders.: Metaphysik und Politik*. Studien zu Aristoteles und Hegel. Frankfurt am Main 1969. (Anm. 103) 183–255; *M. Riedel: Tradition und Revolution in Hegels »Philosophie des Rechts«*. In: *ders.: Studien zu Hegels Rechtsphilosophie*. Frankfurt am Main 1969. 100–134; s. dazu auch H. Ottmann (Anm. 127) 338–346.

[133] S. § 146 der Wannenmann-Nachschrift. Dort ist auch von der Revolution »von oben« durch die Fürsten die Rede. Zur allgemeinen Mahnung, Reformen einzuleiten, um Revolution zu vermeiden s. den Artikel »Revolution« in *Geschichtliche Grundbegriffe* Bd 5. 750 (mit Hinweis auf Kant). Die Annahme von D. Henrich (in: *Hegel: Philosophie des Rechts*, 19 f., daß Hegel ein revolutionsartiges »Notrecht der Armen« anerkannt habe, dürfte eine Überinterpretation der Aussagen der Vorlesung von 1819/20 darstellen. Wie in § 248 der *Grundlinien* offeriert Hegel auch dort als Ausweg die Auswanderung (»Kolonisation«). Ein Recht gegen den Staat (vgl. Anm. 114) kennt Hegel auch in diesem Fall nicht.

[134] Vgl. dazu *O. Marquardt: Hegel und das Sollen*. In: Philosophisches Jahrbuch 72 (1964/65). 103–110.

[135] S. die Nachweise bei D. Klippel (Anm. 27), bes. 57 ff., 178 ff.

[136] Kritisch zu Hegels Freiheitsbegriff *E. Tugendhat: »Kehraus mit Hegel«*. In *ders.: Selbstbewußtsein und Selbstbestimmung. Sprachanalytische Interpretationen*. Frankfurt am Main 1979. 321 ff.; Ernst Bloch sprach in dem Zusammenhang von einer »Prozeß-

Hegels Staatsphilosophie macht weniger den Eindruck des Revolutionären als den eines Systems der Vermittlung von Gegensätzen; das ist seine Idee der Staatsverfassung (§ 302 Zus.). Damit aber erweist er sich als ein politischer Theoretiker, der in der Tat das Wesen des Staates seiner Zeit, der konstitutionellen Monarchie, begriffen hat. Denn die ist ja nichts anderes als der Versuch gewesen, die damals aufgebrochenen gesellschaftlichen und politischen Gegensätze miteinander zu vermitteln und zu versöhnen:[137] Volkssouveränität und Fürstensouveränität, Regierung und Parlament, Staat und Gesellschaft, individuelle Freiheit und Staatsräson. Für viele, die diesen Vermittlungsversuchen mißtrauten, war die konstitutionelle Monarchie daher bloß eine Erscheinung des Übergangs.[138] Und ganz folgerichtig ist auch Hegels Staatskonzeption mit ihren zum Teil schwankenden Bestimmungen ein »Verfassungsprogramm des Übergangs« genannt worden.[139] Das mag dem philosophischen Gehalt seiner Überlegungen nicht gerecht werden. Für einen Verfassungshistoriker bleibt indessen erstaunlich, welche Anstrengung des Begriffs einer der flüchtigsten Erscheinungen der Verfassungsgeschichte, der konstitutionellen Monarchie, zuteil wurde.

bremsung«; vgl. O. Marquardt (Anm. 134) 108, 117. Das Problem liegt offenbar darin, daß Hegel Schwierigkeiten hat, ein noch nicht realisiertes, in die Zukunft verweisendes, jedoch seinsmächtiges Sollen vom bloßen Wünschen zu unterscheiden.

[137] S. dazu *Boldt: Staatslehre.* 278 ff. Zum Ganzen auch *H. Lübbe: Politische Philosophie in Deutschland.* Basel – Stuttgart 1963. 41 ff.

[138] Vgl. *R. Koselleck: Staat und Gesellschaft in Preußen*, 1815–1848. In: *Moderne deutsche Sozialgeschichte.* Hrsg. v. H.-U. Wehler. 2. Auflage Köln-Berlin 1968. 81; *Boldt: Staatslehre.* 299.

[139] *R. Grawert: Verfassungsfrage und Gesetzgebung in Preußen.* Ein Vergleich der vormärzlichen Staatspraxis mit Hegels rechtsphilosophischem Konzept. In: *Hegels Rechtsphilosophie im Zusammenhang*, 308 f.

Otto Pöggeler (Bochum)

Hegel und die Französische Revolution

Die russische Revolution seit 1917 stand im Schatten der Französischen Revolution; es schien ein vorbestimmtes Verhängnis, daß auch in Rußland die Phase der Schreckensherrschaft und ein neuer Napoleon kommen müsse. Als man jedoch 1989 die zweihundertste Wiederkehr des Ausbruchs der Französischen Revolution zu feiern hatte, stand geschichtlich etwas ganz anderes im Vordergrund des Interesses: der Zusammenbruch des kommunistischen Systems als Ergebnis der Revolution von 1917. Nicht mehr nachvollziehbar war die Hoffnung von Karl Marx, eine bloß bürgerliche Revolution würde durch eine letzte proletarische Revolution überboten. Ein Revolutionshistoriker wie Jean Furet erklärte die russische Revolution für eine Katastrophe. »1917 ist nunmehr Vergangenheit; es sind die Grundsätze von 1789, mit denen sich heute die Hoffnungen verbinden.«

Das Lob der Französischen Revolution geschah unter der Voraussetzung, daß sie (mit Tocqueville) auch nur als eine zweite Revolution, nämlich als Fortsetzung eines Reformprozesses und Stärkung einer staatlichen Spitze gesehen werde. Die Bestimmung der Revolution als einer »bürgerlichen« fasse ihre Vielschichtigkeit nicht, z.B. weder die antikapitalistischen Tendenzen der Sansculotten und der Bauern noch die Militarisierung. Es führe aber auch keine Linie vom Völkermord in der Vendée zum Holokaust Hitlers, zu Stalin und zu Pol Pot, da der moderne Totalitarismus noch nicht ausgebildet gewesen sei. Die Tendenzen der Französischen Revolution seien erst in den letzten Jahrzehnten zur Vollendung gekommen – fern vom einstigen Atheismus und militanten Laizismus in der wirtschaftlichen Stabilität einer ausgebildeten Demokratie. Die Zeitgenossen der Revolution, darunter auch Beobachter in anderen Ländern wie Burke und Hegel, hätten die Vielschichtigkeit der Revolution noch besser gesehen als jene Historiker, die sie dann als einen Block mit einer leitenden Idee hatten fassen wollen.[1]

I. Eine Diskussion mit Hegel

Im Jahre 1956 hielt Joachim Ritter vor der Arbeitsgemeinschaft für Forschung in Düsseldorf seinen Vortrag *Hegel und die französische Revolution*. Ritter konnte sich auf seinen einstigen Mitschüler bei Ernst Cassirer,

[1] Eberhard Weis bringt das Zitat aus dem Interview von 1989 in seinem Vorwort zu *François Furet: Zur Historiographie der Französischen Revolution heute*. Privatdruck der Siemens-Stiftung. München 1989. 12.

Éric Weil, berufen, der in seinem Buch *Hegel et l'État* von 1950 die Polemik von Haym und Popper gegen Hegel als gegenstandslos abgetan hatte. Ritter selbst übernahm aus Hegels erster Schrift, der Streitschrift über die Differenz des Fichteschen und Schellingschen Systems, die hermeneutische Leitvorstellung, daß Geschichte sich in ständig neuen Entzweiungen weiterbilde. Hegel habe die Entzweiung vom Staat und die Verselbständigung der Sphäre von Gewerbe, Handel und privatrechtlicher Absicherung gesehen und damit durchgesetzt, daß der moderne Mensch nicht Freier oder Sklave, Adeliger oder Gemeiner sei, sondern zuerst einmal Bürger. Gleich zweimal wird der Paragraph 209 der *Rechtsphilosophie* zitiert, nach dem der Mensch in der modernen politischen Ordnung gilt, »weil er Mensch ist, nicht weil er Jude, Katholik, Protestant, Deutscher, Italiener usf. ist«.[2] Die englische industrielle Revolution wird hier mit der Französischen Revolution verknüpft und von ihrer philosophischen Spiegelung im deutschen Bereich her interpretiert. Ernst-Wolfgang Böckenförde führte Ritters Anliegen fort, wenn er 1972 in der Düsseldorfer Akademie seinen Vortrag *Die verfassungstheoretische Unterscheidung von Staat und Gesellschaft als Bedingung der individuellen Freiheit* hielt. Ritters Grundgedanken prägten so die neue Deutung der Verfassungsgeschichte wie die Verfassungswirklichkeit der Bundesrepublik Deutschland. Eingeschlossen war dabei eine liberale und soziale Interpretation oder Uminterpretation der Verfassungslehre von Carl Schmitt, wie Hermann Lübbe ausdrücklich feststellte.[3]

Carl Schmitt suchte über Hegel Aufklärung in den Vorlesungen, die Alexandre Kojève in den dreißiger Jahren in Paris hielt. Eine Auswahl aus diesen Vorlesungen erschien 1947, eine weitere Auswahl daraus in deutscher Übersetzung 1958. Auf Schmitts Empfehlung hin und bei Anwesenheit Schmitts hielt Kojève im Januar 1957 im Düsseldorfer Rhein-Ruhr-Club einen Vortrag über das Problem der unterentwickelten Regionen. Konnte Joachim Ritter sich nicht durch den russischen Emigranten bestätigt sehen, der Hegels bürgerliche Gesellschaft zur Weltzivilisation sich ausweiten sah? Für den ersten Band der Hegel-Studien von 1961 hatte Ritter eine größere Auseinandersetzung mit Kojève vorgesehen. Als er das erbetene Manuskript meines Aufsatzes *Zur Deutung der Phänomenologie* mit der Kritik an Kojève einsah, konnte auch ein Gang nach Canossa Ritter nicht zu seinem Beitrag

[2] Vgl. *Joachim Ritter: Metaphysik und Politik.* Studien zu Aristoteles und Hegel. Frankfurt am Main 1969. 201, 228. Ritters spezifische Hermeneutik bedient sich auch anderer geschichtlicher Exempel; vgl. *Otto Pöggeler: Schritte zu einer hermeneutischen Philosophie.* Freiburg/München 1994. 92 ff.

[3] Freilich kann Hermann Lübbe in seinen vielen Äußerungen zum Thema Schmitt auch als »Romantiker der Ausnahmesituation« kritisieren.

bewegen.[4] Die Wahl zum Rektor seiner Universität, dann die Konzentration auf die Arbeit am *Historischen Wörterbuch der Philosophie* führte auf andere Wege. Bis heute liegt die vielfach versprochene Edition von Ritters Kommentar zur Hegelschen Rechtsphilosophie und überhaupt seiner Vorlesungen nicht vor. Die Auseinandersetzung seiner Schule mit Kojève liest man z.B. in der Münsteraner Dissertation *Hegel und das Ende der Geschichte* von Reinhart Klemens Maurer, die 1965 als Buch erschien. Statt eine Leitvorstellung der Differenzschrift mit der Neuinterpretation der Rechtsphilosophie zu verbinden, wurde schließlich Hegels Lehre von den wachsenden Sphären der Anerkennung aus der Jenaer Zeit und der *Phänomenologie des Geistes* als Grundlegung einer praktischen Philosophie genommen.[5]

Mußte nicht auch Kojèves Ansatz in seiner geschichtlichen Verwurzelung gesehen werden? Als Carl Schmitt 1932 seine Schrift *Der Begriff des Politischen* in zweiter Auflage vorlegte, versuchte Leo Strauss eine grundsätzliche Auseinandersetzung. Nach Schmitt muß die Politik als Ausgrenzung einer Gemeinschaft gewahrt werden, damit menschliches Leben religiös unter das Gericht treten kann; nach Strauss muß eine politische Philosophie eine Ordnung aufzeigen jenseits des Streites der Meinungen. In der Verfolgung durch Politiker, die sich an Meinungen orientieren und mit ihnen kämpfen, zeigt ein Philosoph wie Maimonides im Anschluß an die klassische Antike die Ausrichtung auf das Gesetz. Während nach Julius Guttmann die jüdische Philosophie um Philosophie und Offenbarung ringt, geht es für die großen Philosophen um *Philosophie und Gesetz* (wie Strauss 1935 im Titel seines Maimonides-Buches formuliert). Die neuzeitliche politische Philosophie untergräbt diesen Sachbezug, wenn sie den Kampf auf Leben und Tod und den Weg zum Gewaltmonopol des Staates als Gesetz der Geschichte faßt und so Machiavelli wie Marx aufnehmen kann.

Kojève, der Weggefährte von Strauss, übernahm die Aufgabe, Hegels Phänomenologie des Selbstbewußtseins als Verarbeitung von Hobbes auszulegen. Doch blieb Kojève Hegelianer: die Arbeit und der Kampf um Anerkennung führen zur homogenen bürgerlichen Gesellschaft, die sich ausweitet zur Weltzivilisation; selbst eine Tyrannei kann als ein geschichtlicher Übergang in diesem Prozeß einen Sinn haben. Strauss entfaltete dagegen seine Kritik an der Tyrannei von der klassischen politischen Philosophie, nämlich von einem Dialog Xenophons, aus. Als sein Schüler Bloom Kojèves Vorlesungen auf englisch herausbrachte, fand er in seiner Einführung in Nietzsche die Konsequenz von Hegels Historismus: die letzten Menschen können

[4] Vgl. jetzt *Otto Pöggeler: Hegels Idee einer Phänomenologie des Geistes.* Freiburg/München 1973, erweitert 1993. 170 ff., 232 ff., 404 ff.

[5] Vgl. *Ludwig Siep: Anerkennung als Prinzip der praktischen Philosophie.* Freiburg/München 1979; *Praktische Philosophie im deutschen Idealismus.* Frankfurt am Main 1992.

sich nur noch Meinungen zublinzeln; der deutsche Geist, der im Hegelianismus seine Antwort auf die Revolution gab, vergifte die politischen Traditionen Amerikas. Als jedoch 1989 das Sowjet-Imperium zusammenbrach, konnte Francis Fukuyama in einem Bestseller Kojèves Hegelianismus wieder aufnehmen: die bürgerliche Gesellschaft mit ihrem Markt und ihrer Demokratie habe sich weltgeschichtlich durchgesetzt und damit das »Ende der Geschichte« herbeigeführt.[6]

Kojève war durch die Oktober-Revolution aus Rußland vertrieben worden; so mußte er fragen, wie 1789 die Kette der Revolutionen begonnen hatte. Damit wurde Hegel aktuell; doch hatte Hegel Napoleon begreifen wollen, der die Revolution beendet, nämlich die Freisetzung der bürgerlichen Eigentätigkeit rechtlich stabilisiert hatte. Mußte Kojève als Philosoph nunmehr nicht begreifen, was Stalin mit und für die Revolution getan hatte? Raimond Aron fragte sich, ob hinter dieser Auffassung nicht ein versteckter Patriotismus des Exilrussen stecke, denn Freunden gegenüber habe Kojève ja nie die Brutalitäten des Stalinismus geleugnet. Ein Hörer wie Bataille fragte schon im Dezember 1937 brieflich, was nach dem Ende der Geschichte bleibe. Später protestierte Bataille: der Mensch mit seinen Leidenschaften und Schicksalen gehe in das hegelianische Ende der Geschichte nicht ein. Kojève gab zu: vor der Inkarnation des Weltgeistes in der Weltzivilisation kämen große Imperien wie Amerika und Rußland. Hitler sei ein bloßer Anachronismus gewesen; doch hoffte Kojève zeitweise auf ein Imperium der romanischen Länder in Europa, das der bleibenden Bedrohung durch Deutschland wie der Amerikanisierung Frankreichs widerstehe. Eine Reise nach Japan belehrte dann darüber, daß dieses Land auch dereinst in der Isolation von der Geschichte den Sinn menschlichen Lebens in der Kultur des Blumensteckens, der Teezeremonien und der No-Spiele hatte finden können; diese Erfüllung menschlichen Glücksverlangens bleibe auch in der homogenen Weltzivilisation.[7]

Carl Schmitt hat im Hegelianismus Kojèves die entscheidende Gegenposition erkannt und so das Gespräch gesucht. In seinem Aufsatz *Nehmen, teilen, weiden* fragt Schmitt, ob es nur noch um ein Teilen und Weiden, also um die Verteilung des Reichtums, gehe oder auch noch um ein Nehmen, das als Landnahme Geschichte begründe und vor einer einheitlichen Weltproduktion bewahre. Kojève antwortete ihm im Mai 1955 auf die Zusendung dieses Aufsatzes, daß das Ziel der Geschichte in der Tat die Einheit der Welt und das homogene Verteilen sei. Kojève sagte von der Welt, die in Ost und

[6] Vgl. *Otto Pöggeler: Ein Ende der Geschichte?* Von Hegel zu Fukuyama. Opladen 1995.

[7] Die verschiedenen Optionen Kojèves werden dargestellt in *Dominique Aufret: Alexandre Kojève.* La philosophie, L'Etat, la fin de l'Histoire. Paris 1990. Vgl. zum einzelnen auch *Martin Meyer: Ende der Geschichte?* München, Wien 1993. 95, 109 ff., 121 f., 125.

West geteilt war, jener werde »der Letzte« sein, der dieses Teilen in seiner Welthälfte erreiche (ein Wort, dessen Prophetie sich 1989 für Fukuyama erfüllte). Der »Herr«, der für seine Ehre kämpft, ist als tragischer Mensch für Kojève der todeswürdige Verbrecher, der in die vergangene Geschichte gehört. Als Kojève 1957 in Düsseldorf einen modernen, fordistisch aufgeklärten, »gebenden« Kapitalismus propagierte, bemerkte Schmitt, daß keiner geben könne, ohne irgendwie genommen zu haben. Die homogene Weltgesellschaft des Hegelianismus war für ihn nicht (wie für Strauss) die Welt von Nietzsches letzten Menschen, sondern der Antichrist. Mit dem zweiten Thessalonicherbrief hoffte er auf den Aufhalter (katechon), der die Geschichte in individualisierten Zusammenhängen festhält und so den Raum öffnet für religiöse Entscheidungen.[8]

Als Ernst Jünger im Frühjahr 1948 nach Rom ging, gab Carl Schmitt ihm Grüße mit an Erik Peterson. Dieser dialektische Theologe, zum Katholizismus konvertiert, hatte 1935 Schmitt vorgehalten, der eschatologische Vorbehalt verbiete dem Christen, politische Folgerungen aus seinem Glauben zu ziehen. Schmitt antwortete in seiner *Politischen Theologie II*, diese Argumentation leide an der »protestantischen« Scheidung zwischen Glauben und Politik. Später hat man diesen Streit zwischen Schmitt und Peterson auf seinen weltgeschichtlichen Ursprung, die Selbstunterscheidung Israels von Ägypten, zurückzuführen versucht.[9] Ernst Jünger hatte in der Aggregierung Toynbees zum großen Generalstab der USA die Bestätigung gefunden, daß die Geschichtsphilosophen fast noch wichtiger seien als die Atomphysiker. Dazu schrieb Schmitt dann an Pascual Jordan über die Geschichtsphilosophen: »Natürlich, sie werden im gleichen Maße wichtiger, wie der Bürgerkrieg und die moralische und historische Unterminierung des Gegners eine stärkere Waffe ist als die Atombombe, deren Physik oder Technik keine Antwort auf die Frage gibt, welchen Menschen man sie auf den Kopf werfen soll.« Toynbee hatte eine dritte Kraft zum Westen und Osten gesucht. Da Deutschland aus einem neuen Europa nicht auszuschließen sei, blieb die »German Crux« für ihn das Hindernis, Europa als dritte Kraft anzuerkennen. Für Schmitt zeigte die Behandlung des Falles Katyn, daß die Nürnberger Prozesse eine Siegerjustiz seien, in der die Sowjet-Union sich der amerikanischen moralischen Empörung bediente: gegen die Wahrheit wurde die Ermordung der polnischen Offiziere in Katyn jahrzehntelang den Deutschen in die Schuhe geschoben. Schmitt suchte eine »Freisprechung«, indem er Hegels *Phäno-*

[8] Meyer (s. Anm. 7) interpretiert den Briefwechsel Kojève – Schmitt, der noch nicht ediert ist, im einzelnen, vgl. 147, 162, 163.

[9] Vgl. zu diesen Diskussionen *Pöggeler: Ein Ende der Geschichte?* (s. Anm. 6). S 22 f. Vgl. ferner *Carl Schmitt: Glossarium.* Aufzeichnungen der Jahre 1947–1951. Berlin 1991. 127; zum folgenden vgl. 136, 127, 117, 228 f.

menologie als ein Hölderlinsches Buch las und zurückging zu Hegels Naturrechts-Aufsatz.

Schmitt ging davon aus, daß der alte Hegel in seiner Hamann-Rezension ebenso ungerecht geurteilt habe wie der alte Goethe, als er Hölderlin, Kleist und sogar Schubert erledigte. Im Goethekult fand Schmitt das Urbild jener wohlgeborenen Rasse, die 1936 zur Macht kam.[10] Zu diesen Verderbern der deutschen Geschichte stellte Schmitt die Junghegelianer. Er fand im atheistischen Bruno Bauer (gegenüber der »Halb-Informiertheit« v. Kempskis) den »Partisanen«. Als er Stirners bekanntes Buch geschenkt bekam, notierte er, daß es schon zu seiner »Attendorner Gymnasial- und Plettenberger Jugendzeit« gehört habe! Er hatte aber eine Linie gezogen von Stirner zum »Bruder Straubringer«, also zu Hitler, der jedoch den Schritt vom »Ich-Bankerotteur« zum Führer eines »Volkes«, also der »Unmündigen«, getan habe.

Wieso kann der frühe Hegel freisprechen? Der Jenaer Naturrechts-Aufsatz läßt die Natur als zweite Natur zu ihrem Recht kommen; dabei wird der Bourgeois, der in seiner unpolitischen Haltung der Kompensation durch Religion bedarf, vom Citoyen getrennt, der die Geschichte und sein eigenes Schicksal als tragisches erfährt. Die Geschichte bildet sich in tragischen Entzweiungen fort, und auch seinen geschichtlichen Part wollte Schmitt als einen tragischen anerkannt und nicht durch ein Recht als Siegerrecht diskriminiert sehen. Am 2. August 1948 notierte Schmitt dann: »Erschütternd: der junge Hellingrath entdeckte (um 1910) Hölderlin *gegen* Goethe; den heimlichen, d.h. den wahren, nicht öffentlichen Deutschen. Ich entdeckte heute in Hegels Rechtsphilosophie den § 247.« In diesem Paragraphen hielt der späte Hegel den Unterschied von Land und Meer fest: das Land wird bäuerlich und adelig durch das Familienleben und die Haftung an Grund und Boden organisiert, das Meer bringt die Industrie in den Welthandel ein.[11] Schmitt konnte diesen Gegensatz als Bestimmung der weltgeschichtlichen Konstellation aufnehmen. So war der Boden vorbereitet für die Begegnung mit dem persönlichen Freund und geistigen Erzfeind, mit Kojève. Für diesen war das Land im Meer und seinem Handel, nämlich in der einheitlichen arbeitsteiligen Weltzivilisation untergegangen.

Mußte das kontinentale Deutschland sich nicht gegen die hegelianisch konzipierte Weltzivilisation wehren? Schon vor dem Ersten Weltkrieg hatte jene Tradition sich ausgebildet, die dann 1915 durch Werner Sombart den Unterschied der Engländer und der Deutschen auf die Nietzsche-Formel »Händler und Helden« zurückbrachte. Wenn der Norweger Knut Hamsun

[10] Vgl. *Schmitt: Glossarium.* 65, 67; zum folgenden vgl. 140, 48, 185.

[11] Bekanntlich erfuhr Schmitt (gemäß einem früheren Merian-Artikel) im Sauerland das Meer, das seine Wolken zuerst über Bochum, dann vor dem Ebbegebirge, schließlich vor dem Kahlen Asten abregnen läßt.

1920 für seinen Roman *Segen der Erde* den Nobelpreis bekam, dann zeigte sich sehr konkret: auch Landstreicher und Weltumsegler suchten in einer Zeit des Umsturzes noch einmal eine neue, eine bäuerliche Verwurzelung. Wohin der Haß auf die Seemacht England führte, zeigt Hamsuns späteres Schicksal. Nach dem Zweiten Weltkrieg suchte man – vor allem von den französischen Optionen aus – den neuen Anschluß an Hegel. Dabei mußte dann Hegels Antwort auf die Französische Revolution wieder virulent werden, und die Wege von Schmitt, Strauss und Kojève bekamen Aktualität.

Hegels Konzeption und seine Optionen wurden in unterschiedlichsten Zusammenhängen erörtert.[12] Schmitt konnte nicht außer Betracht bleiben, war es doch das Ziel des jungen Juristen gewesen, in Berlin »Staatsrechtslehrer, Nachfolger von Hegel« zu werden. Jacob Taubes publizierte Auseinandersetzungen mit Schmitts politischer Theologie in drei Bänden: *Der Fürst dieser Welt. Carl Schmitt und die Folgen* (1983), *Gnosis und Politik* (1984) und *Theokratie* (1987). Taubes selbst akzeptierte weder den europäischen Weg, Kaiser und Papst oder weltliche und geistliche Macht als Dualität festzuhalten, noch die Theokratie. Unter Rückgriff auf Walter Benjamin konzipierte er eine negative politische Theologie, die Schmitts Weg rückgängig machte und dem politischen Bereich nur Legalität, nicht Legitimität gewährte. Der Apostel Paulus wurde in die jüdische Tradition zurückgeholt; er schien aber überholt worden zu sein durch Freud, der die Erbsünde als Ermordung des Urvaters durch die Söhne interpretierte, also als eine nötige, tragische Schuld, die erst zur freien Gesellschaftsbildung führe. Auch gegenüber Blumenbergs Kritik an Schmitt hielt Taubes fest, daß die Neuzeit keine eigene Legitimität gewann, sondern sich zu Unrecht durch »Säkularisierung« des Bezuges der politischen Fragen auf Religion zu entledigen suchte.[13]

Taubes berichtet, daß man 1948 in Jerusalem Schmitts Verfassungslehre für drei Monate aus der Bibliothek auslieh für die Arbeit an einer Verfassung Israels. In Plettenberg führte Schmitt Taubes auf den Joachim-Ritter-Weg (denn er benannte die Wege dort nach den Besuchern, mit denen er zuerst dort gegangen war). Kojève fuhr 1967 von einem Vortrag in Berlin direkt

[12] Vgl. *Henning Ottmann: Individuum und Gemeinschaft bei Hegel.* Band I: Hegel im Spiegel der Interpretationen. Berlin, New York 1977. Zum folgenden vgl. *Nicolaus Sombart: Jugend in Berlin.* München und Wien 1984. 277 f.; *Bernd Rüthers: Entartetes Recht.* Rechtslehren und Kronjuristen im Dritten Reich. München 1988. 163 ff. Zum Thema vgl. *Reinhard Mehring: Pathetisches Denken.* Carl Schmitts Denkweg am Leitfaden Hegels. Katholische Grundstellung und antimarxistische Hegelstrategie. Berlin 1989; *Jean-François Kervégan: Hegel, Carl Schmitt.* Le politique entre spéculation et positivité. Paris 1992.

[13] Vgl. *Jacob Taubes: Die Politische Theologie des Paulus.* 2. Aufl. München 1995. 130, 89, 169, 95.

nach Plettenberg: »Mit wem sonst ist in Deutschland zu reden?«[14] Man mußte schon Widerstandskräfte haben, wenn man sich nicht zum Machiavelli unserer Zeit ziehen ließ. Nicolaus Sombart, Hanno Kesting und Reinhart Koselleck planten in Heidelberg ein »Archiv für Weltbürgerkrieg und Raumordnung«. Von der Französischen Revolution, der Konfrontation zwischen Napoleon und Hegel her sollte die Gegenwart, in Ost und West aufgeteilt, verstanden werden. Der Rückgriff auf Hegel und Schmitt sollte verhindern, daß die Teilungsproblematik zur nationalen deutschen Angelegenheit regredierte. Der Ausweg in die Skepsis wurde ebenso verworfen wie die Schaumschlägerei. »Schlimmer noch als die auf den Marquard gekommene Philosophie ist freilich die Eschatologie des ‹Apokalyptikers der Gegenrevolution› Jakob Taubes, der über zwanzig Jahre in Berlin ungestraft sein Unwesen getrieben und die Geister verwirrt hat. / Es ist weder in Frankfurt am Main noch in Berlin, geschweige denn in Münster oder Freiburg gelungen, den Anspruch auf Weltniveau zu behaupten.«[15]

Als Schmitt von Nicolaus Sombart, dem Sohn Werner Sombarts, ein Cappricio bekommen hatte, schrieb er am 27.6.48 in sein *Glossarium:* »Traurig der Gedanke, daß dieser Junge, den ich liebe, unter die Fruchtabtreiber gegangen ist; er hat einen herrlichen Keim echter wissenschaftlicher Intuition (die Existenz gegen den Apparat) literarisch abgetrieben, aus Ungeduld, Bequemlichkeit, Genußsucht; Eitelkeit und Darbietungsbedürfnis seiner knabenhaften Mysterien des Umgangs mit Mädchen.« Von diesen knabenhaften Mysterien her hat Sombart dann auch Schmitts Bonner Jahre (die unglückliche Geschichte mit der falschen Reichsgräfin) zum Geheimnis der Schmittschen Rechtslehre machen wollen. Seine Heidelberger Freunde gingen andere Wege. Hanno Kesting publizierte 1959 seine »Deutungen der Geschichte der Französischen Revolution bis zum Ost-West-Konflikt«: *Geschichtsphilosophie und Weltbürgerkrieg.* Das Buch stand aber im Schatten von Karl Löwiths Darstellung *Weltgeschichte und Heilsgeschehen,* die von Kesting aus dem Englischen übersetzt worden war. Dort zitierte Löwith in einem Anhang über die Verwandlungen der Lehre des Joachim von Fiore Friedrich Schlegels Athenäums-Fragment, der »revolutionäre« Wunsch, das Reich Gottes zu realisieren, sei der Anfang der modernen Geschichte. Schlegel wurde eingeführt als »Zeitgenosse Fichtes«; die Goethezeit mit ihren unterschiedlichen Tendenzen kam nicht in den Blick. Ist es aber nicht absurd, den Bezug zur Geschichte zurückzuführen auf das kosmische Denken der Griechen, das Nietzsche zu wiederholen versuchte, und die christliche

[14] Vgl. *Taubes: Die Politische Theologie des Paulus.* 134, 10, 137; zum folgenden vgl. *Pöggeler: Ein Ende der Geschichte?* (s. Anm. 6). 37 f.

[15] Vgl. *Nicolaus Sombart: Heidelberger Lehrjahre.* In: Frankfurter Allgemeine Zeitung. 12. April 1997.

Eschatologie? Hat die moderne Erfahrung von Geschichte als Entwicklung und Individualisierung keinen systematischen Wert? Und muß in dieser Erfahrung nicht die Revolutionserfahrung eingetragen werden?

Für Reinhart Koselleck wurde die philosophische und politische Auseinandersetzung der Deutschen mit der Französischen Revolution zum Thema seines Lebenswerkes. Er dankte 1959 beim Druck seiner Heidelberger Dissertation *Kritik und Krise* von 1954 Carl Schmitt für wegweisende Gespräche. Der erste Satz der Einleitung sah die europäische Geschichte maßgeblich bestimmt durch die Konfessionskriege und dann durch die Französische Revolution. Die englische, französische und deutsche Aufklärung wurde als Kritik gefaßt; die Erfahrung der Religions- und Bürgerkriege wurde mit Hobbes und mit Hegels Phänomenologie des Selbstbewußtseins formuliert als Einsicht in den Kampf aller gegen alle und als Furcht des Todes als des absoluten Herrn. Die Rede von der Krise stammte aus dem Streit, der Scheidung und der Entscheidung im griechischen Rechtswesen. Sie wurde durch die Johanneische Theologie erweitert und verschärft. Sie verschwand in der Sprache der Medizin und wurde aus diesem »Untergrund« wieder als Leitwort hervorgezogen.[16] Der deutschen Antwort auf die Französische Revolution galt Kosellecks grundlegendes Buch über die preußischen Reformen. So konnte das Lexikon *Geschichtliche Grundbegriffe* die Geschichtswissenschaft von ihren Elementen her durchleuchten. Die Aufsatzsammlung *Vergangene Zukunft* sah im Einsatz der Romantik und des Idealismus eine Verschärfung der Zeitlichkeitserfahrung, die durch die revolutionären Umstürze nicht nur im politischen Bereich hervorgerufen wurde; neben Hegels Geschichtsphilosophie traten Friedrich Schlegels späte Vorlesungen, die über jede konfessionelle Stellungnahme hinaus Grundvorstellungen wie die der Individualität und der Offenheit der Geschichte durchsetzten und so die Historische Schule vorbereiteten.[17]

Mußte man sich in Deutschland nach dem Zweiten Weltkrieg nicht fragen, ob die deutsche Geschichte nicht auch einmal wie die italienische Geschichte mit Dante und dann die englische, die spanische und die französische Geschichte ihre große Zeit gehabt hatte? Hier boten sich jene Jahrzehnte an, über die man den Namen Goethes gestellt hatte; doch mehr als Goethe selbst mußte die Erfahrung jener jungen Leute interessieren, die mit Hölderlin und

[16] Vgl. *Reinhart Koselleck: Kritik und Krise.* Neuauflage Frankfurt am Main 1973. 24, 197 f. – Zum folgenden vgl. *Reinhart Koselleck: Preußen zwischen Reform und Revolution.* Stuttgart 1967 und 1975.

[17] So darf Friedrich Schlegels Leistung nicht nur (mit Ernst Behler und Derrida) von den frühen Fragmenten her gefaßt werden; vgl. meinen Beitrag *Konkurrenz in Sachen Geschichtsphilosophie: Friedrich Schlegel und Hegel.* In: Hegels Vorlesungen zur Philosophie der Weltgeschichte. Hrsg. von E. Weisser-Lohmann und D. Köhler. Hegel-Studien Beiheft 38 Bonn 1998. 165 ff.

seinen Freunden zwischen die politischen Gruppierungen gerieten oder mit dem vierzehnjährigen Gefreiter-Korporal Kleist und dem gerade dreizehn Jahre werdenden Fähnrich Clausewitz vor Mainz lagen, als die französisch besetzte Stadt zurückerobert wurde und dabei in Flammen aufging. Wenn die Goethezeit jene einschloß, die um 1770 geboren wurden, dann konnte sie nicht mehr nach Klassik und Romantik aufgeteilt werden; auch war es nicht weiter möglich, die Entstehung des historischen Bewußtseins vorzüglich an die Freiheitskriege statt an die Herausforderung durch die Revolution überhaupt zu knüpfen. Diese Zeit mußte neu erschlossen werden von jenen Gruppierungen her, die sich an unterschiedlichen Orten damals gebildet hatten.[18]

Es ist selbstverständlich, daß inzwischen Korrekturen am Vortrag Joachim Ritters über Hegel und die Französische Revolution nötig wurden. Z.B. kann man nicht mehr Hegels Stewart-Kommentar in die Berner Zeit verlegen; beachtet man Hegels lange und schwierige Auseinandersetzung mit dem Prinzip des »Eigentums«, dann ist klar, daß der Kommentar erst in Hegels Frankfurter Zeit entstehen konnte. Was Heidegger betrifft, so ist es nicht möglich, Rousseau mit ihm einfach aus Hölderlins Rhein-Hymne herauszueskamotieren. Hegel exzerpierte sich Rousseaus Antwort an d'Alembert, in der statt der Theater, die zur Passivität verdammen, Volksfeste gefordert wurden. Umgekehrt mußte die überhitzte Entdeckung oder Wiederentdeckung von Hölderlins Nähe zu deutschen »Jakobinern« durch Bertaux bei Peter Weiss in der dramatischen Aufarbeitung in saurem Kitsch enden. Die wirkliche Geschichte zeigte Unerwartetes: etwa eine Begegnung des Jenaer Hegel mit Adam Müller.

Gedanken, über deren Prinzipien entschieden war, bedurften bei Hegel zur Konkretisierung und Anwendung vieler Jahre. So führte Hegels Ansatz aus seinen letzten Jenaer Jahren erst nach der Niederschrift der Heidelberger *Enzyklopädie* zur Etablierung der Sphäre der »bürgerlichen Gesellschaft«. Wenn Hegel ebenfalls seit den letzten Jenaer Jahren und seit der Phänomenologie ein »Ende« der Geschichte zu denken versucht, dann denkt er nicht nur an Partikulares, wie die weltweite Freisetzung der Wirtschaft, des Handels und deren rechtlicher Absicherung. Das Ende bezieht sich bei ihm überhaupt auf die Unterscheidung und Bestimmung der Sphären des zu sich gekommenen Geistes. So notierte er sich zum Paragraphen der Heidelberger *Enzyklopädie* über die offenbare Religion: »Alles heraus aus dem verschlossenen Gotte«. Noch in der Mitte der Jenaer Jahre hatte er auf eine andere und neue Zukunft im Zusammenspiel von Politik und Religion gehofft. Bei

[18] Vgl. das Nachwort zur 2. Auflage von *Otto Pöggeler: Hegels Kritik der Romantik.* München 1999. – Vgl. ferner die Übersicht über die einschlägigen Kolloquien durch *Andreas Großmann: Orte Hegels und Hegels Ort.* Bemerkungen zur »Topographie« des Idealismus. In: Hegel-Studien 28 (1993), 57 ff.

diesem Wandel der Optionen mußte die Erfahrung der Französischen Revolution sich auf den unterschiedlichen Etappen seines Denkens jeweils neu bestimmen.

II. Hegel und die europäischen Revolutionen

Hegel, der Beamtensohn aus der Residenzstadt Stuttgart, wurde anders als die Klosterschüler Hölderlin und Schelling im Geist der Spätaufklärung erzogen. Zweifellos hat der Tübinger Student dann die Begeisterung für die Revolution in Frankreich geteilt, mag nun »Kopf ab« sein Lieblingswort gewesen sein oder auch nicht. Die Niederschriften, die aus Hegels letztem Tübinger Jahr erhalten sind, orientierten sich z.B. mit Schiller am Bild Griechenlands. Als Hofmeister einer Berner Adelsfamilie rückte Hegel dem Revolutionsgeschehen noch näher. Weihnachten 1794 schrieb er an Schelling von der »Schändlichkeit der Robespierroten«; offenbar fand er es gerecht, daß der Massenmörder Carrier guillotiniert worden war. Die Frage: »Lest Ihr noch französische Papiere?«, kam nicht mehr ohne Verstörung heraus. Mit dem Schriftsteller Oelsner lernte Hegel einen »Jakobiner, jedoch von der sehr gemäßigten Klasse« kennen (wie das Journal *Minerva* schrieb). Als Hegel von Bern zurückkehrte, stritt der württembergische Landtag mit dem Herzog. Stuttgarter Freunde, offenbar aus der Reihe der Revolutionsbegeisterten, lehnten jedoch eine Publikation von Hegels Stellungnahme zum Streit des Landtags mit dem Herzog ab: es gebe keine angemessene Rache für das Verbrechen der »Sachwalter der großen Nation«, welche die »heiligsten Rechte der Menschheit der Verachtung und dem Hohn« der Feinde preisgegeben hätten.[19]

Hegel hatte am 16. April 1795 in einem Brief an Schelling »vom Kantischen System und dessen höchster Vollendung« eine »Revolution in Deutschland« erwartet, die vorhandene Prinzipien anwenden sollte: die Völker würden wieder ihre Würde fühlen, die Philosophen würden die Bestimmung des Menschen für die Freiheit erweisen; so würde der Nimbus um die Häupter der Unterdrücker und Götter der Erde verschwinden. Diese Beziehung der deutschen Philosophie auf die Französische Revolution gebraucht einen damaligen Topos. So stellte Oelsner in Ebels Übersetzung der Schriften von Sieyès Calvin und Luther, Sieyès und Kant als Reformer der Welt nebeneinander. Hegel befand sich in Bern (und nicht erst in Frankfurt) in jener Lebenskrise, die nach seiner Psychologie den Jüngling zum Mann werden läßt; er neigte zu einer gefährlichen Radikalität. So konnte er

[19] Vgl. dazu und zum folgenden das Kapitel Philosophie und Revolution beim jungen Hegel. In: *Otto Pöggeler: Hegels Idee einer Phänomenologie des Geistes.* (s. Anm. 4). 13 ff.

die Juden dafür loben, daß sie einen Messias töteten, der kein politischer Messias sein wollte, und sich dann lieber unter den Trümmern ihres Staats begruben als sich dem römischen Imperium zu unterwerfen.

Mit dem englischen Historiker Gibbon fragte Hegel nach der »geheimen Revolution in dem Geiste des Zeitalters«, die zum Untergang der griechischen Freiheit und der schönen Religiosität geführt hatte. Das Wort »Revolution« bezeichnete zuerst den Umlauf der Sterne; so konnte die Glorious Revolution gerade den Rücklauf in die vorgeschriebenen Bahnen preisen. Doch langsam – in der Renaissance, dann mit der Französischen Revolution – lernten die Menschen, daß sie Neues erstreben konnten. Im sicheren Frankfurt publizierte Hegel 1798 seine Übersetzung einer Streitschrift gegen die Unrechtsherrschaft der Berner über das Waadtland. Zur abendländischen Geschichte trat das Modell der Schweizer Geschichte: die alte Freiheit ging verloren; wird der Verlust nicht durch Reformen rückgängig gemacht, dann kommt es zu revolutionären Ausbrüchen. Überraschenderweise verwandte Hegel zur Kommentierung des vierten Briefes dieser Streitschrift auch die Feststellung der ständischen Gliederung in der abendländischen Geschichte aus Johannes von Müllers *Geschichte der Schweiz.*[20] Die griechische Unterscheidung zwischen den Freien und den Sklaven galt nicht mehr; die Bürger, die arbeiten, erschienen als Stand neben dem Adel und den Priestern. Für die freien Griechen waren Gewerbe und Handel ohne Würde; in der europäischen Geschichte bekamen sie ihren Ort im gesellschaftlichen Ganzen.

Mit der Ausarbeitung *Der immer sich vergrößernde Widerspruch* versuchte Hegel 1799/1800 eine Analyse der Situation der Menschen im zerfallenden deutschen Reich. Schillers Gedanken einer ästhetischen Erziehung zur Politik gaben der Antwort der jungen Deutschen auf die Revolution die Ausrichtung. Man muß die Position dieser Analyse hineinstellen in die Postitionen der Goethezeit überhaupt.[21] Dabei darf man aber nicht übersehen, daß Hegel mit den Schritten, die er in Frankfurt tat, in der Nähe Hölderlins stand. Da Hegel mit eigenen Augen die Zerstörungen in Mainz und am Rhein sah, konnte er sich mit dem Freundeskreis um Hölderlin fragen, wie das alte Deutsche Reich unter Führung Österreichs zum Widerstand gegen die französische Eroberungspolitik geführt werden könne. In den ersten Jenaer Jahren stellte Hegel nicht nur Schelling gegen Fichte; er führte auch diese seine politischen Überlegungen fort.

[20] Vgl. *Johannes von Müller – Geschichtsschreiber der Goethezeit.* Hrsg. von Christoph Jamme und Otto Pöggeler. Schaffhausen 1986.

[21] Vgl. *Remo Bodei: Dekompositionen.* Formen des modernen Individuums. Stuttgart 1996. – Zum folgenden vgl. *Pöggeler: Politik aus dem Abseits.* Hegel und der Homburger Freundeskreis. In: Homburg vor der Höhe in der deutschen Geistesgeschichte. Hrsg. von Christoph Jamme und Otto Pöggeler. Stuttgart 1981 und 1986. 67 ff; vor allem 83 ff.

Hegel blickt in den Ausarbeitungen zur Verfassung Deutschlands auf die europäische Verfassungsgeschichte im ganzen. Er läßt das Lehnssystem aus der altgermanischen Freiheit entspringen; das System der repräsentativen Verwaltung der gemeinsamen Angelegenheiten wird dann aus dem Lehnssystem abgeleitet. So ist es für Hegel »die albernste Einbildung«, die Repräsentation »für eine Erfindung der neuesten Zeiten« zu halten.[22] Wenn Hegel von der Wahrheit spricht, die in der Macht liege, so gibt er eine schlichte Erkenntnis wieder: wenn die Zeit für kleine Staaten abgelaufen ist, dann kassiert Frankreich das naheliegende Genf, doch sendet Napoleon dem fernen San Marino republikanische Grüße. Auch die Berufung auf Machiavelli bedeutet keinen Machiavellismus: mit einer Tradition, für die Herder steht, ist Machiavelli jener, der für die Einigung Italiens gegen fremde Eroberer eintritt. Hegel kombiniert den französischen Zentralismus, der in der Bewältigung der Revolution einen neuen Gipfel erreicht, mit der Dürre und Unfreiheit beim Parvenü Preußen. Österreich soll Sachwalter des Reiches sein können, weil es die Repräsentation bewahrt habe. Man fragt sich, wo denn das alte Österreich wirklich die Freiheit von unten herauf aus Kommunen und Korporationen aufgebaut habe. Hegel mußte einsehen, daß er Illusionen folgte, Österreich sich von der Leopoldinischen Politik abwandte, der Kaiser die Krone des Reiches niederlegte.

Es überrascht, daß Hegel diese Überlegungen mit einem Rückgriff auf die politische Philosophie von Platon und Aristoteles verbinden konnte. Im Naturrechts-Aufsatz ist das »Recht« so weit gedacht, daß auch das Recht des Weltgeistes zur Fortbildung der Geschichte in den Blick kommt. Hegel schließt seinen Aufsatz mit der Aufforderung, im gegliederten Volk die schönste Gestalt der Individualisierung der Sittlichkeit zu erkennen. Wer vom Volk her denke, lasse sich nicht durch die »Gestaltlosigkeit des Kosmopolitismus«, die »Leerheit der Rechte der Menschheit« oder der »Weltrepublik« verführen. Die »sittliche Lebendigkeit« sei nicht »gegen Individualität protestantisch und revolutionär«. Hegel hatte mit Schelling die »Katholizität« gefordert, welche keine Konfession meinte, sondern jene Verbindlichkeit des Religiösen, wie sie die Griechen über die Mythologie und das Mittelalter über den Zusammenhang von Dogma, Predigt und Kunst erreichten. So mußte er die Verbindung von Aufklärung und Romantik ablehnen, wie Schleiermacher sie in den freien Gemeinden und Gemeindchen seiner neuen Religiosität suchte. Ebenso ferngerückt ist nun jener Republikanismus, der mit der Forderung »one man, one vote« schließlich auf eine Welt-

[22] Vgl. *Pöggeler: Hegels Idee einer Phänomenologie des Geistes* (s. Anm. 4). S 51. – Hegels zeitweilige Annäherung an Österreich darf als gesichert gelten, vgl. *Pöggeler: Hegels Option für Österreich.* Die Konzeption korporativer Repräsentation. In: Hegel-Studien 12 (1977), 38 ff.

republik zielte. Die Repräsentation sollte vielmehr als eine »existentielle« aus den Kommunen und Korporationen erwachsen.

Wenn Hegel 1803/04 in den Aufzeichnungen zur Natur- und Geistesphilosophie die Potenzen herausstellt, in denen ein Volk Existenz gewinnt, dann nennt er das Gedächtnis und die Sprache, das Werkzeug und damit die Sphäre der Arbeit, schließlich Besitz und Familie. Damit knüpft er an Aristoteles an, der freilich in seiner *Politik* die Ökonomie mit dem Haus verknüpfte, dann in der Vernunft- und Sprachfähigkeit des Menschen die Voraussetzung für die gemeinsame Verwaltung der Anliegen der Polis sah. In der Realphilosophie von 1805/06 setzte Hegel nach einer erneuten Zuwendung zu Fichte das Ich und damit Intelligenz und Willen als die Grundlage an, von der aus im wirklichen Geist Formen wie Arbeit, Tausch und Recht unterschieden werden können. Damit wurde Hegel fähig, die »tragische Entzweiung« zwischen dem Citoyen und dem Bourgeois zu überwinden und die ständische Gliederung funktional aus den Aufgaben des Gemeinwesens zu entfalten. In der Staatsbildung unterschied Hegel verschiedene Wege, wie die Willen der Einzelnen zum Allgemeinwillen werden können. Auch die Stiftung des Staates durch einen Theseus sowie die Tyrannei als reine entsetzliche Herrschaft gehören zu diesen Wegen. Robespierre habe unrecht gehabt, weil er die Tyrannei blind habe festhalten wollen statt sie als Übergang in der Fortbildung der Geschichte und ihrer »Notwendigkeit« zu sehen.[23]

Die *Phänomenologie des Geistes* nimmt die Französische Revolution als ein Exempel, das eine ungenügende Staatsbildung sichtbar macht. Die Revolution hat als Voraussetzung den Kampf der Aufklärung mit dem Glauben; sie setzt die absolute Freiheit auf den Thron und vernichtet alle vorgegebenen gesellschaftlichen Gliederungen. So bleibt sie in ihrer abstrakten Setzung der Schrecken des Negativen, wie die Guillotine ihn ausdrückt. Wiederum läßt Hegel die deutsche Revolution des Geistes als eine parallele Entwicklung folgen: nach einer Behandlung des Kantianismus gibt Jacobis Roman *Woldemar* die Gestalten vor, die in der Wirklichkeit Schleiermacher, Novalis, Hölderlin, Schlegel hießen. Tocqueville faßte Jacobis Roman als Dokument der verinnerlichten Revolutionssucht in Deutschland; Hegel führte mit ihm zur Problematik des Gewissens und seiner vertieften Freiheitserfahrung.[24] Als Hegel mit den letzten Manuskriptteilen seiner *Phänomenologie* durch das brennende Jena eilte, konnte er Napoleon in die Stadt

[23] Hegel erreicht die Prinzipien seiner Rechtsphilosophie schon 1805/06, die Institutionenlehre erst in Heidelberg und Berlin; vgl. *Rolf P. Horstmann: Über die Rolle der bürgerlichen Gesellschaft in Hegels politischer Philosophie.* In: Hegel-Studien 9 (1974), 209 ff.

[24] Vgl. *Pöggeler: Hegels Idee einer Phänomenologie des Geistes* (s. Anm. 4). 418; *Dietmar Köhler: Hegels Gewissensdialektik.* In: Hegel-Studien 28 (1993), 127 ff.

einreiten sehen. Napoleon war ihm die Weltseele, konzentriert auf den Punkt über dem Sattel des Pferdes. Keineswegs zeigte sich Napoleon als Spitze des avancierten Weltgeistes, der Geschichte schafft; vielmehr trug er wie die Weltseele der Neuplatoniker die Gesetze jene Verfassungen einer neuen konstitutionellen Monarchie im Kopf, die den arrondierten deutschen Staaten Halt geben sollten. Hegel wiederholte diese Sicht am 29.8.1807, als er an Niethammer schrieb, der »große Staatsrechtslehrer« sitze in Paris.[25] Die konstitutionelle Monarchie des Königreiches Westfalen war für Hegel geschichtsbildende Wirklichkeit, kein bloßer Schein. Wenn freilich der König von Westfalen im hessischen Kassel saß, dann war das realitätsfern und unhaltbar (nicht so aufzunehmen, wie nach 1945 der Ausdruck »Nordrhein« aus dem Mund englischer Besatzer, obwohl niemand vom »Südrhein« sprach). Als Napoleon in Spanien und in Rußland (wo Hegels einziger Bruder umkam) scheiterte, sprach Hegel von Tragik. Erst langsam lernte er, Napoleons Mißachtung der Eigenheit der Völker zu tadeln. Die *Phänomenologie*, so schrieb Hegel dann an Niethammer, habe diesen Fall und damit den Übergang des Geistes in ein anderes Land vorausgesagt.

Erst spät ließ Hegel sich überzeugen, daß die neue Großmacht Preußen in ihrem Aufbau besonders der Philosophie bedürfe. Doch kam er in ein Preußen, in dem die Reformer aus der Regierung vertrieben wurden und nur im Schul- und Universitätsbereich ein kleines Spielfeld behielten. Hegels Vorlesungen über die Philosophie der Weltgeschichte zeigen, wie sehr Hegel noch in seiner Berliner Zeit seine Geschichtssicht variierte. Die Revolutionen in Südeuropa und 1830 auch in Frankreich schienen ihm deutlich zu machen, daß nur die protestantische Christlichkeit zur Staatsbildung fähig sei. Jene, die in Paris etwa für die Pressefreiheit kämpften, mußten freilich in dieser Auffassung eine merkwürdige Caprice eines weltfremden preußischen Professors sehen. Hegel aber glaubte das französische Prinzip der »Atomistik« anprangern und den Bankrott des »Liberalismus« ausmachen zu müssen. Die letzte Vorlesung von 1830/31 sah in der Reformation den Aufgang der alles verklärenden Sonne, doch habe die Entwicklung der »sittlichen Weltlichkeit« noch gefehlt. So konnte gerade diese Vorlesung die Französische Revolution als »herrlichen Sonnenaufgang« preisen.[26] Die

[25] Zum einzelnen vgl. *Pöggeler: Hegels Idee einer Phänomenologie des Geistes.* S 63. – Zum Rheinbund vgl. *Helmut Berding* im Band über Johannes von Müller (s. Anm. 20). S 189 ff. Vgl. ferner *Mainz – »Centralort des Reiches«.* Hrsg. von Christoph Jamme und Otto Pöggeler. Stuttgart 1986.

[26] Vgl. *Andreas Grossmann: Weltgeschichtliche Betrachtungen in systematischer Absicht.* Zur Gestalt von Hegels Berliner Vorlesungen über die Philosophie der Weltgeschichte. In: Hegel-Studien 31 (1996), 27 ff. Über Hegel und Preußen vgl. *Rolf Grawert* und *Otto Pöggeler.* In: Hegels Rechtsphilosophie im Zusammenhang der europäischen Verfassungsgeschichte. Hrsg. von Hans-Christian Lucas und Otto Pöggeler. Stuttgart 1986. 257 ff.

preußische Städteordnung konnte Hegel sich kurz vor dem Tode noch beschaffen; damit aber mußte er sehen, daß man seinem Gedanken nicht gefolgt war, in den Korporationen neuer Art eine Stabilisierung der unruhigen Arbeitsverhältnisse zu suchen. Man fragt sich, wie Hegel sich verhalten hätte, wenn er nur siebenundsiebzig Jahre geworden wäre und die Revolution von 1948 hätte erleben müssen. Wäre er zu seinen polnischen Schülern auf den Barrikaden gegangen oder hätte er sich neben seinen Hauptnachschreiber von Griesheim gestellt, der die Unruhen niederschlug?

Blickt man auf Hegels Verhältnis zu den revolutionären Bewegungen im damaligen Europa, dann zeigt sich, daß Hegel seine Erfahrungen machte. Er wechselte seine Optionen, entfaltete aber gerade so eine leitende Konzeption. Diese Konzeption sucht die Gliederung der Gesellschaft neu zu interpretieren. Dem Fürsten und dem Adel, aber auch dem Bürgertum der Städte werden funktional neue Rollen gegeben; die Konsequenzen bis hin zum System der zwei Kammern werden gezogen. So gab Hegel dem Land und der Stadt ihren Ort im gesellschaftlichen Ganzen; doch fällt auf, daß dem Beamtensohn das freie Bauerntum, wie es sich damals noch in Westfalen z.B. zeigen konnte, fremd blieb. Die korporative Gliederung der Städte wurde durch die Geschichte selbst überholt, insofern sich die Arbeitszusammenhänge über den Bereich einer einzelnen Stadt und ihrer Gliederung hinausentwickelten. So kann es keinen engen Anschluß an Hegel mehr geben. Wer die Geschichte mit ihrer Offenheit ernst nimmt, kann auch nicht mehr mit Hegel beanspruchen, Unruhe geschichtlicher Entfaltungen in eine abgeschlossene Systematik einbringen zu können.

www.ingramcontent.com/pod-product-compliance
Lightning Source LLC
LaVergne TN
LVHW090325051026
849518LV00005B/1887